全国公路工程造价人员资格考试培训教材

公路工程施工招投标与计量

Gonglu Gongcheng Shigong Zhaotoubiao yu Jiliang

交 通 部 公 路 工 程 定 额 站
湖南省交通厅交通建设造价管理站

人民交通出版社

内 容 提 要

本书为“全国公路工程造价人员资格考试培训教材”之一，系以近年来交通部最新颁布的法规、规范为依据，邀请众多专家，同时广泛收集了广大培训师生意见编写而成。本书主要包括：公路工程施工招标，施工投标，计量与支付，工程变更及索赔，以及附录中13个招投标相关法规、办法，以及工程中计量支付表格等内容。全书内容系统、全面，具有很高的实用价值。

本书为全国公路工程造价人员资格考试重要备考用书。同时，本书也是从事公路工程造价管理、公路工程设计、施工、监理等工程技术人员学习公路工程造价知识的参考用书，也可供有关院校师生学习参考。

图书在版编目（CIP）数据

公路工程施工招投标与计量/交通部公路工程定额站，湖南省交通厅交通建设造价管理站．—北京：人民交通出版社，2007.4

全国公路工程造价人员资格考试培训教材

ISBN 978-7-114-06498-2

Ⅰ.公… Ⅱ.①交…②湖… Ⅲ.①道路工程-工程施工-招标-资格考核-教材②道路工程-工程施工-投标-资格考核-教材③道路工程-计量-资格考核-教材 Ⅳ.U415.13

中国版本图书馆CIP数据核字（2007）第048435号

书　　名：全国公路工程造价人员资格考试培训教材
　　　　　公路工程施工招投标与计量

著 作 者：交通部公路工程定额站　湖南省交通厅交通建设造价管理站

责任编辑：卢仲贤

出版发行：人民交通出版社

地　　址：（100011）北京市朝阳区安定门外外馆斜街3号

网　　址：http://www.ccpress.com.cn

销售电话：（010）85285838，85285995

总 经 销：北京中交盛世书刊有限公司

经　　销：各地新华书店

印　　刷：北京凯通印刷厂

开　　本：787×1092　1/16

印　　张：21

字　　数：520千

版　　次：2007年5月　第1版

印　　次：2007年5月　第1次印刷

书　　号：ISBN 978-7-114-06498-2

印　　数：0001—3000册

定　　价：46.00元

编委会 Bianweihui

《全国公路工程造价人员资格考试培训教材》

前言 Qianyan

公路交通是国民经济和社会发展的重要先导性、基础性产业。公路交通的发展必须贯彻落实党和国家关于构建社会主义和谐社会，建设节约型、创新型国家的伟大战略决策。建立公路工程造价人员培训考试制度，培养一支高素质的造价管理队伍，切实加强公路建设中的投资控制和造价管理，最大限度地节约资金和资源，就是贯彻落实这一战略决策的具体实践。

公路工程造价人员培训考试制度已在全国实施了十余年。为了统一培训内容，提高培训质量，交通部公路工程定额站曾组织力量于1994～1998年编撰了一套五册培训教材和一册复习题集，并于2001～2002年进行修订。这套培训教材的使用效果得到了业内人士的一致认可。

近几年，国家在工程造价领域出台了一些新的法律、法规，交通主管部门也颁布实行了一些新的技术标准。为了在培训教材中吸纳实践中的最新经验和成果，体现国家新的标准和规范，2005年起，交通部公路工程定额站委托湖南省交通厅交通建设造价管理站对原教材和复习题库进行修编。

湖南省交通厅交通建设造价管理站接受任务后，立即组织交通系统有关专家和长沙理工大学等高校有关教授组成编写小组，依据考试大纲的要求制定《修编计划》，分工负责，对原教材进行调整、充实和修改。

2006年交通部公路工程定额站邀请了上海、新疆、湖北、湖南等省公路工程造价专家对新编修教材进行了认真细致的评审。后又经2006年参加公路工程造价人员培训考试的考生试用本新编教材，在广泛收集考生和任课教师意见后，组织考前培训的任课教师对本新编教材做了进一步的修改。这样才形成了新版《全国公路工程造价人员资格考试培训教材》。

新版教材增加了“工程量清单计价、风险管理、市场经济下造价咨询、全寿命周期成本概念、职业道德”等内容；补充了“定额的编制、常用材料参数、决算的编制”；充实了“经济评价、辅助工程量的计算、材料价格的计算”等。在新版教材中对公路施工技术做了较为详细的介绍，特别是隧道的导管、管棚等施工技术，并在有关章节中编入了最新公路工程施工招投标规定。

新版《全国公路工程造价人员资格考试培训教材》分为：《公路工程造价管理相关知识》、《公路工程定额编制与管理》、《公路工程造价编制与项目经济评价》、《公路工程技术》、《公路工程施工招投标与计量》、《复习题库与案例分析》、《考试复习指南》七册。

新版《全国公路工程造价人员资格考试培训教材》保留了原教材的一些内容。修编工作主要由湖南省交通厅交通建设造价管理站、长沙理工大学等专家、教授完成。在编写过程中交通部公路工程定额站的领导和专家多次来长沙进行指导。在此，对交通部公路工程定额站的领导、专家和参加《全国公路工程造价人员资格考试培训教材》的所有原编写人员和修编人员表示感谢。

由于编写时间较短，加上受主客观条件所限，错漏之处在所难免，在使用中如发现问题，请及时与湖南省交通厅交通建设造价管理站联系。

编　者

2007年3月

目录 Mulu

第一章　绪　　论

第一节　公路工程招标投标概述

一、招标投标的基本性质和法律特征

(1)招标投标是建设市场的交易方式,是在双方同意基础上的一种买卖行为,其特点是由唯一的买主(业主)设定标的,招请若干家卖主(投标人)公平竞争,通过秘密报价、评比从中择优选择卖主,并与其达成交易协议的过程。

(2)招标投标是市场竞争的表现形式,是建立社会主义市场经济体制的过程中培育和发展建设市场的一项重要的改革措施,是竞争机制在建设市场产生作用的体现,是促进竞争的重要手段,是促进建设市场由垄断、封闭市场逐步向完全竞争市场转化和开放市场的重要条件。

(3)招标投标是建筑产品的价格形成方式,是价格机制(价值规律和供求规律)在建设市场产生作用的体现。

(4)招标投标是承包合同的订立方式,是承包合同的形成过程。

(5)招标投标是一种法律行为。根据我国的法律规定,合同的订立程序包括要约和承诺两个阶段,招标投标的过程是要约和承诺实现的过程(在招标投标过程中投送标书是一种要约行为,签发中标通知书是一种承诺行为)。招标投标是当事人双方合同法律关系产生的过程。正因为招标投标是一种法律行为,所以,它必然要受到法律的规范和约束,它必须服从法律的规范和要求。

二、招标投标的基本原则和要求

招标投标的基本原则和要求,是由招标投标的基本性质和法律特征决定的。

1．合法原则

由于招标投标是合同的订立方式,招标投标行为是一种法律行为,所以,它必然要受到法律的规范和约束,服从法律的规范和要求。合法原则包括主体合法、内容合法、程序合法、代理合法等要求。

(1)主体资格合法。即招标投标过程中买卖双方的主体资格应符合要求。公路勘察设计合同的主体是业主和勘察设计单位,公路施工承包合同的主体是业主和施工承包单位,公路施工监理合同的主体是业主和监理单位。根据合同法的规定,它们都必须具备法人资格,而且要有相应的履约能力。所以,工程建设过程中,作为业主要取得合法资格,首先必须办理法人登记(实行建设项目法人制是我国建设市场经济体制改革的一项重要内容,实行项目法人制后的业主是一个自我发展、自负盈亏、自我约束的经济实体,而不是政府机构的附属物),而且应

具备(筹集到)工程建设所需要的资金。同样,作为设计单位、施工单位或监理单位在参加投标活动之前,也必须具有法人资格,而且必须具有相应的技术等级和履约能力。

(2)合同内容合法。即招标文件中的合同内容必须遵守法律和法规,不得损害国家利益和社会公共利益,内容表述应当真实、准确,主要条款应当完备齐全。

(3)程序形式合法。即组织招标投标活动时应符合法定的程序和要求。当前,规范公路工程招标投标行为的法律法规除《中华人民共和国合同法》、《中华人民共和国招标投标法》、《中华人民共和国反不正当竞争法》外,还有交通部颁发的《公路工程施工招标投标管理办法》、《公路工程建设市场管理办法》。公路工程招标投标过程中,必须符合上述法律和法规的规定。

(4)代理制度合法。即参与招标投标活动的各家,如要委托他人代理招标投标活动,则代理单位应取得代理人的合法资格,按要求办理法人代表证明书或法人代表授权委托书,在从事代理活动过程中,不得有违反合同法中有关代理制度的各项规定。

2. 平等原则

平等原则是由合同的订立原则所决定的,平等原则(公平交易)也是市场交易的基本要求。平等原则包括地位平等、权利平等、意志平等和平等竞争,以及投标面前机会均等等内容。

3. 公开、公正原则

公开原则要求招标投标活动具有高度的透明度,实行招标信息、招标程序公开。评标时按公开发布招标通告,公开开标,公开中标结果,按事先规定的方法进行评标,使每一个投标人获得同等的信息,知悉一切条件和要求。公开原则是保证公平、公正的必要条件。公正原则要求评标时按事先公布的标准对待所有的投标人。

4. 优胜劣汰原则

它是效率优先的具体要求,也是通过市场竞争优化资源配置的必然结果。

5. 遵循价值规律和服从供求规律相统一的原则

即在定标时,其中标单位的价格既应符合价值规律,也应反映供求规律的作用;既应反映建筑产品的社会必要劳动消耗量,也应反映当前的市场价格;既应经济,也应合理。

6. 诚实信用原则

诚实信用原则要求招标投标双方尊重对方利益,信守要约和承诺的法律规定,履行各自义务,不得规避招标、串通哄抬投标、泄露标底、骗取中标、非法转包合同等。

招标投标的基本原则是保证招标投标合法有效的基本条件。违反招标投标合法原则的合同是无效合同,甚至是违法合同,从订立时起就不具有法律约束力,也不受法律保护;违反公平原则的合同是可撤销合同,同样也不受法律的保护,当事人可以向人民法院申请变更或撤销。

正因为招标投标是一种法律行为,它必然产生相应的法律后果。这种法律后果的具体表现是,承包人在投标有效期内不能变更和撤销标书,否则业主有权没收投标保证金;而业主在签发中标通知书后,双方的合同关系即告形成。

招标投标的法律属性要求我们在实际工作中,必须严肃认真地对待招标工作,周密细致地组织招标投标工作,最大限度地保证招标投标工作质量。

世界银行在其贷款项目的施工招标中,要求奉行"三 E"原则,即效率原则、经济原则、公平原则。"三 E"原则实际上是上述原则中平等原则、优胜劣汰原则、遵循价值规律与服从供求规律相统一原则的反映。

三、招标投标的法律与法规

规范招标投标的法律法规很多，主要的有：

1.《中华人民共和国招标投标法》

（1999 年 8 月 30 日　中华人民共和国主席令第 21 号公布）

2.《关于禁止在市场经济活动中实行地区封锁的规定》

（2001 年 4 月 21 日　国务院[2001]第 303 号公布）

3.《公路工程施工招标资格预审办法》

（2006 年 2 月 16 日　交通部交公路发[2006]第 57 号公布）

4.《公路工程施工招标投标管理办法》

（2006 年 6 月 23 日　交通部令[2006]第 7 号公布）

5.《关于整顿和规范公路建设市场秩序的若干意见》

（2001 年 5 月 21 日　交通部交公路发[2001]第 190 号公布）

6.《公路建设项目评标专家库管理办法》

（2001 年 6 月 11 日　交通部交公路发[2001]第 300 号公布）

7.《评标委员会和评标方法暂行规定》

（2001 年 7 月 5 日　国家发展计划委员会等七部委令[2001]第 12 号公布）

8.《公路工程勘察设计招标投标管理办法》

（2001 年 8 月 21 日　交通部令[2001]第 6 号公布）

9.《公路工程勘察设计招标评标办法》

（2001 年 9 月 29 日　交通部交公路发[2001]第 582 号公布）

10.《关于认真贯彻执行公路工程勘察设计招标投标管理办法的通知》

（2002 年 7 月 11 日　交通部交公路发[2002]303 号公布）

11.《关于对参与公路工程投标和施工的公路施工企业资质要求的通知》

（2002 年 11 月 25 日　交通部交公路发[2002]第 544 号公布）

12. 关于发布《公路工程勘察设计招标资格预审文件范本》和《公路工程勘察设计招标文件范本》的通知

（2003 年 2 月 21 日　交通部交公路发[2003]第 52 号公布）

13.《公路工程施工招标评标委员会评标工作细则》

（2003 年 3 月 11 日　交通部交公路发[2003]第 70 号公布）

14.《关于严格禁止在工程建设中带资承包的通知》

（1996 年 6 月 24 日　建设部、国家计委、财政部以建设[1996]347 号文联合公布）

15.《关于国务院有关部门实施招标投标活动行政监督的职责分工意见》

（2002 年 5 月 3 日　国务院国办发[2000]第 34 号公布）

16.《国家计委关于指定发布依法必须招标项目招标公告的媒介的通知》

（2002 年 6 月 30 日　国家发展计划委员会公布）

17.《招标公告发布暂行办法》

（2000 年 7 月 1 日　国家发展计划委员会令［2000］第 4 号公布）

18.《工程建设项目招标范围和规模标准规定》

（2000 年 7 月 1 日　国家发展计划委员会令［2000］第 4 号公布）

19.《关于禁止串通招标投标行为的暂行规定》

（国家工商总局 2000 年第 82 号令公布）

20. 关于进一步贯彻《中华人民共和国招标投标法》的通知

（2001 年 7 月 27 日　国家发展计划委员会计政策［2001］第 1400 号公布）

21.《关于健全和规范有形建筑市场的若干意见》

（2002 年 1 月 30 日　建设部、国家计委、监察部联合公布）

22.《评标专家和评标专家库管理暂行办法》

（2003 年 2 月 22 日　国家发展计划委员会令［2003］第 29 号公布）

23.《工程建设项目施工招标投标办法》

（2003 年 3 月 8 日　国家发展计划委员会、建设部、铁道部、交通部、信息产业部、水利部、中国民用航空总局令［2003］第 30 号公布）

24.《关于贯彻国务院办公厅关于进一步规范招投标活动的若干意见的通知》

（2004 年 11 月 22 日　交通部交公路发［2004］688 号公布）

招标投标的法律法规，是组织招标投标工作的法律准绳。

四、招标投标的意义与作用

实行招标投标制度的意义，在于通过招标投标引进竞争机制，防止垄断和地方保护主义现象，保护建设市场，减少建设市场的行政干预，规范业主和承包人的行为。招标投标制度的开展具有如下作用。

（1）有利于促进社会主义市场经济体制的建立和完善。

（2）有利于促进建设市场的统一和开放以及有序竞争，培育和发展建设市场。

（3）有利于促进社会劳动生产力水平的提高，即促进企业的技术进步和管理水平的提高，在保证工程质量和工程进度的前提下，降低工程造价，提高投资效益。同时也有利于促使建设单位按程序办事、认真做好招标的前期准备工作，还有利于保护承包人的合法权益。

实践证明，凡是严格按照招标的基本原则（合法原则、公平原则）以及招标的基本程序组织招标的建设项目，在投资控制、质量控制以及进度控制上都收到了明显的效果。如京津塘高速公路招标、鲁布革水电工程招标都是实行招标制度后取得明显效果的一些典型项目。特别是下文所介绍的鲁布革水电工程施工招标更具有代表性。

鲁布革水电工程（引水系统）国际招标（及施工）简介

鲁布革水电站位于云贵交界处的南盘江左岸支流黄泥河上，电站装机 4 台，装机容量 60 万千瓦，总投资约 9 亿元人民币（当时价格）。

整个工程包括首部枢纽、引水系统和地下发电厂房三大部分，业主为云南省电力局。鲁布革水电工程是我国改革开放后利用世界银行贷款的第一个水电工程项目。世界银行对鲁布革工程的贷款很感兴趣,在进行了贷款项目评价后,同意贷款14 540万美元,其中引水系统为3 540万美元。其贷款资金发电后20年内还清。按照世界银行的规定和要求,业主对利用世界银行贷款的引水系统工程实行了国际竞争性招标。为搞好项目管理,世界银行还聘请了由国际著名专家组成的高级咨询团,每年进行一次决策性咨询,并推荐澳大利亚的SMEC公司和挪威的AGN公司作为常驻咨询专家组,分别对首部枢纽、引水系统和地下发电厂房提供咨询服务。

引水系统工程招标的主要施工项目包括:直径8m、长9.4m的引水隧洞开挖和混凝土的衬砌、灌浆;直径为13m、深68.5m的调压井的开挖和混凝土的衬砌;调压井上池、塔室和起重机房的明挖和混凝土浇筑;交通隧洞和两条直径4.6m、倾角48°的压力钢管斜井的开挖、钢管安制、回填混凝土及灌浆;四条压力支管的开挖和接岔管与支管的制作、运输;以及相应的临时工程。其主要工程量为明挖土石方12万m^3;地下开挖土方60.1万m^3;混凝土衬砌13.1万m^3;锚杆5万m;混凝土喷涂4.5万m^2;排水孔1.1万m;固结灌浆4.8万m^3;钢管制作、运输与安装2 940t,金属结构制造安装50.90t等。全部工程施工期限为1597天。

鲁布革水电工程的命名从布依族语而来。当年,水电勘测人员在进行该工程的勘测时不知该处地名,就找当地老百姓打听,当地老百姓是布依族人,告知为“鲁布革”(音),勘察人员遂将该电站取名为鲁布革电站。后来方知鲁布革是“不知道”的意思。就是这么一个“不知道”工程,通过国际招标在国内建设市场产生了很大的震动和深远的影响。

招标是严格按照世界银行规定的招标程序进行的。首先在国内外有影响的报纸上刊登了招标广告,对有参加投标意向的承包人发出了资格预审通知,共有13个国家的32家承包人参加了资格预审。根据世界银行规定,工程所在国的投标人可以享受7.5%的投标优惠。因此,我国有多家承包单位申请参加投标,而境外也有多家承包人希望和我国的承包人联营(联营体拥有国外技术优势、国内廉价劳动力优势、投标优惠优势等),为此我国有几家施工单位与外商组成了联营体参加资格预审。如参加投标的中国贵华西德霍兹曼联营公司和中国闽昆挪威FHS联营公司,就是我国的施工单位与境外承包人联合组成的施工联营体。资格预审工作自1982年9月进行,经过资格审查,最后有15家承包人取得了投标资格。资格审查工作完成后,业主开始进行正式的施工招标工作。1983年6月15日业主发售招标文件,7月下旬,承包人进行现场考察,业主随后组织了标前会议,对投标人提出的问题进行了书面解答和澄清,对招标文件中的遗漏,以“招标补遗”的形式作了修订和补充。在此之后,投标人进行了认真细致的编标工作。最后,共有8家投标人投送了标书。开标工作于1983年11月8日在中国技术进口公司进行,开标结果如表1-1所示。

七家承包人都是资金雄厚、经验丰富、国际信誉良好、可以较好地完成工程建设的施工单位。从标价分析,报价较低的前三家单位分别是日本大成、日本前田、意美合资英波洁洛公司,他们的标价比较接近,而居第四位的中国贵华霍兹曼联营公司的标价与前三名相差2 720万元至3 660万元。显然,第四名以后的承包人已不具备竞争实力。为此,业主和招标单位对前三家承包人深入进行审议,主要从标价、优惠条件、财务实力、施工能力和经验、施工进度和方法等方面进行了比较。在标书澄清过程中,大成和前田展开了激烈角逐,前田公司表示其报价较大成公司高的原因是施工中拟投入的设备为一流的新式设备,为挽回标价较高的竞争劣势,前田提出施工结束后愿将上述施工设备无偿赠给中方,并免费赠送84万元的配件。大成公司不甘示弱,表示愿意更新41台原标书中列明的旧施工设备,也表示施工结束后将施工设备无偿赠与中方,并免费进行技术转让。竞争异常激烈,究竟鹿死谁手,中方待价而沽。最后,大成公司力压群雄,以最低标价、赠送施工设备等附加优惠条件以及以往的施工经验和信誉等原因夺标。

鲁布革水电工程的开标结果　　表1-1

投标人名称	投标总价 折合人民币(元)	其中	
		外币	人民币(元)
1.日本大成公司(TAISEl)	84 630 590.97	5 283 900 000 日元	40 128 000.00
2.日本前田公司(MAEDA)	87 964 864.20	5 225 150 160 日元	43 975 082.00
3.意美合资英波洁洛联营公司(LMPRGILO)	92 820 660.50	25 134 954.97 美元	42 700 914.00
4.中国贵华霍兹曼联营公司(RHILIP-PHOLZHANS)	119 947 489.60	31 210 240.97 美元	59 035 630.50
5.中国闽昆挪威 FHS 联营公司	121 327 425.30	18 396 479.97 美元	84 494 834.00
6.南斯拉夫能源工程公司(ENERGOPROjExT)	132 234 146.30	39 088 175.00 美元	54 292 321.00
7.法国 SBTP 公司	179 393 219.02	424 252 507.6 法郎	74 452 344.02
8.原联邦德国霍克蒂夫公司所送标书不符合招标文件规定,作为废标			
标底	14 958 0000.00		

1984年6月16日业主向大成公司签发了中标通知书,双方于7月14日在昆明正式签订了合同。7月31日监理工程师下达了开工令,工期1597天的引水系统工程随即正式开工。

从以上的招标结果不难看出,大成公司的标价只有标底价格的57%,还不到最高标价的一半,大成公司能否按时按质完工?它的标价是否是"钓鱼"标价?对此,许多人心存疑问,但事实证明,人们的担心是多余的。工程开工后,大成公司只派驻了31名员工(工程师13人,工人18人),其他人员及翻译二百多人均在我国当地单位中聘任,可以说是中国工人在承担鲁布革水电工程引水系统的建设,但正是中国的工人加上大成的管理,创造了国际一流的生产效率和施工质量。施工情况表明,大成公司无论是施工质量还是施工进度均有上佳表现。而工程造价除少量索赔(不到合同价的2.5%)外,基本控制在合同造价的水平上,也就是说比预期造价(标底价)节约费用6 000万元,特别是引水隧洞提前了5个月贯通,为整个工程的提前竣工创造了良好的条件。

鲁布革水电站的招标实践表明,施工招标在中国是大有可为的,特别是在完善和建立社会主义市场经济的今天,更加具有现实意义。

第二节　招标的范围与形式

一、招标范围

招标范围,根据《中华人民共和国招标投标法》第三条的规定。

在中华人民共和国境内进行下列工程建设项目,包括项目的勘察、设计、施工、监理以及与工程建设有关的重要设备、材料等的采购,必须进行招标:

(1)大型基础设施、公用事业等关系社会公共利益、公众安全的项目;

(2)全部或部分使用国有资金投资或国家融资的项目;

(3)使用国际组织或者外国政府贷款、援助资金的项目。

由此可知,公路工程项目建设中的上述环节都必须组织招标。因此,根据标的的不同,公路工程招标可分为勘察设计招标、施工监理招标、材料设备招标和施工招标。

二、强制招标的标准

强制招标的标准,根据《公路工程施工招标投标管理办法》第三条规定。

下列公路工程施工项目必须进行招标,但涉及国家安全、国家秘密、抢险救灾或者利用扶贫资金实行以工代赈等不适宜进行招标的项目除外:

(1)总投资额在3000万元人民币以上的公路工程施工项目;

(2)施工单项合同估算价在200万元人民币以上的公路工程施工项目;

(3)法律、行政法规规定应当招标的其他公路工程施工项目。

根据《公路工程勘察设计施工招标投标管理办法》第二条规定,公路建设项目的勘察、设计单项合同估算在50万元人民币以上的或者建设项目总投资额在3000万元人民币以上的,必须进行勘察设计招标。

根据《工程建设项目招标范围和规模标准规定》第七条规定,强制招标的最低标准:

(1)施工单项合同估算价在200万元人民币以上的;

(2)重要设备、材料等货物的采购,单项合同估算价在100万元人民币以上的;

(3)勘察、设计监理等服务的采购,单项合同估算价在50万元人民币以上的;

(4)单项合同估算价低于第(1)、(2)、(3)项规定标准,但项目总投资额在3000万元人民币以上的。

上述标准是工程建设项目强制招标的最低标准,任何单位和个人不得将依法必须进行招标的项目化整为零或者以其他任何方式规避招标。

三、勘察设计招标

公路工程勘察设计招标,是指招标人按照国家基本建设程序,依据批准的可行性研究报告,对公路工程初步设计、施工图设计通过招标活动选定勘察设计单位的招标活动。有特殊要求的工程可以进行方案招标。

公路工程勘察设计招标过程中,由业主在可行性研究工作的基础上提出勘察设计招标文件,包括勘察设计标准规范、勘察设计原始资料及基本的原则要求(如路线走向、桥址位置、计划工期等),然后由勘察设计单位提出自己的勘察设计方案及投标文件,业主通过评标委员会综合评标,从中选择一家方案优秀、设计费用(报价)适中的单位作为本项目勘察设计单位。

勘察设计招标,应遵循法律法规及《公路工程勘察设计招标投标管理办法》的有关规定。在勘察设计招标过程中,重点应考察设计单位的水平、设计方案的优劣。设计方案的优劣对工程造价有决定性的影响,因此,业主在勘察设计招标中,应认真评价勘察设计方案的可行性、可靠性以及技术实施的难易程度(这些因素对工程造价和工期也有重要影响)。另外,勘察设计单位的业绩、技术经历、技术等级也是考察勘察设计单位的一些重要方面,而勘察设计费用报价只要适中即可。为此，勘察设计招标投标中，投标文件采用双信封制。

四、施工监理招标

施工监理招标，是针对公路工程施工监理工作、选定施工监理队伍的招标活动。施工监理招标是公路工程推行施工监理制度后发展起来的一种重要的招标形式。施工监理招标过程中，由业主制订招标文件(包括监理合同条款、服务范围、施工图纸、监理规范等内容)，监理单位在此基础上提出监理规划和监理费报价，业主通过评标委员会综合评比，从中选择一家监理方案优秀、监理费用适中的单位承担本项目的监理工作。监理招标的目的是优选监理单位、优化监理规划从而达到保证工程质量、工期及控制工程造价的目的。因此，业主在监理招标过程中，应对拟承担本项目监理工作的人员素质、经验、资质等进行重点评定，在人员资质、监理经验及方案优秀的情况下，再考察其监理费报价是否合理适中。

五、材料设备招标

公路工程建设过程的材料设备招标，主要是对一些特种材料和机械设备(国内市场上依赖进口、国际市场上受少数供应商或制造商的垄断，易形成垄断价格的材料设备)进行招标。招标过程中，由业主提出所需材料、设备的品种和规格及数量要求，供应商或制造商据此提供自己的材料设备性能和报价，业主择优选择材料或设备供应单位。材料设备招标过程中，价廉物美是选择供应商或制造商的基本原则。

六、施工招标

公路施工招标是由业主通过招标方式选择施工单位的过程。施工招标的目的，是在保证施工质量和工期的前提下降低施工成本和工程造价。由于施工招标文件中，招标项目具有明确的规范和要求(即质量标准等要求非常明确且可操作性强)，因此，投标报价的高低是施工评标中应予重点考虑的第一要素。本书第二章主要介绍施工招标的基本程序和工作内容。

除以上四种基本形式外，公路工程招标实践中还有设计与施工总招标这种形式。即由业主事先提出设计施工的基本原则和要求，招标过程中，由设计单位和施工单位组成设计施工联合体进行投标，业主从中选择一家工程造价低、工期符合要求的单位承担本项目的设计和施工。这种招标形式有利于优化设计方案、降低工程造价，也有利于做到设计和施工综合安排，加快工程的整体进度(设计、施工总承包模式，有利于业主减少项目管理工作，而将主要精力投入到项目的经营工作中去)。

第三节　招标方式及市场准入

一、法定招标方式

法定招标方式包括公开招标、邀请招标方式。

1. 公开招标

公开招标是指招标人以招标广告的方式邀请不特定的法人或其他组织投标的招标方式。

公开招标又称为无限竞争招标，其特点是招标过程中投标人的数量不受限制，凡是符合条件的投标人均可参加投标。它有效地贯彻了公平竞争原则，有利于打破地区保护和行业封锁，促进完全竞争的建设市场的形成以及降低投标报价。根据有关法规规定，依法必须进行招标的项目，全部使用国有资金投资或者国有资金占控股或主导地位的项目，应当公开招标。但公开招标又存在着以下缺陷。

（1）公开招标虽然有利于施工中提高资源的使用效率，但却会影响市场的交易效率、延长交易时间、增大交易成本。例如，公开招标会增大招标单位的开支、工作量和工作时间；同时也会增大投标的社会成本（投标人越多，投标的社会总成本越大）。如图 1-1 所示，横坐标表示投标人的数量，纵坐标表示成本或价格。公开招标时，投标人数量很多，竞争因此愈加充分激烈，由于竞争具有促进企业的技术进步及降低成本的作用，因而按最低价选定中标单位时，中标单位的施工成本相应会越小。但是技术条件的限制会使得施工成本在投标人达到一定数量时趋于稳定，此时，即使增加投标人数量，其施工成本并不会下降。图 1-1 中，C_S 代表随着投标人数量增多，其中标单位施工成本的变化曲线，C_S 曲线最终会渐近于 C_L。但随着投标人数量的增多，其交易成本会成比例地显著增加（见图 1-1 中的 C_J 曲线）。因此，总成本曲线会是一条 U 形曲线。从总成本曲线可知，投标人数量应控制在总成本最小时的数量，当小于或超过该数量时，其总成本都会增加。公开招标总体上会使得投标人的数量增多，实践中当投标人的数量低于最佳数量时，公开招标有利于资源总效率（即考虑交易成本后的效率）的提高，但超过最佳数量后却会使资源总效率降低。

设 C_T 为总成本、C_J 为交易成本、C_S 为施工成本，则有：

$$C_T = C_J + C_S$$

求导得：

$$\frac{dC_T}{dQ} = \frac{dC_J}{dQ} + \frac{dC_S}{dQ}$$

从上式可知，当 $\frac{dC_T}{dQ} > 0$，即 $\frac{dC_J}{dQ} > \frac{dC_S}{dQ}$ 时，投标人增加，总成本增加。因此，当投标人数量超过最佳数量时，增加投标人所增加的交易成本会大于增加一投标人所降低的施工成本，此时，不限制投标人数量的公开招标只会损害资源的总效率。

（2）公开招标可能会加剧低价抢标现象，不利于健康有序地开展市场竞争。实践中，建设项目的成本是根据概算来予以控制的。如图 1-2 所示，C_K 代表概算得出的成本控制线，所以

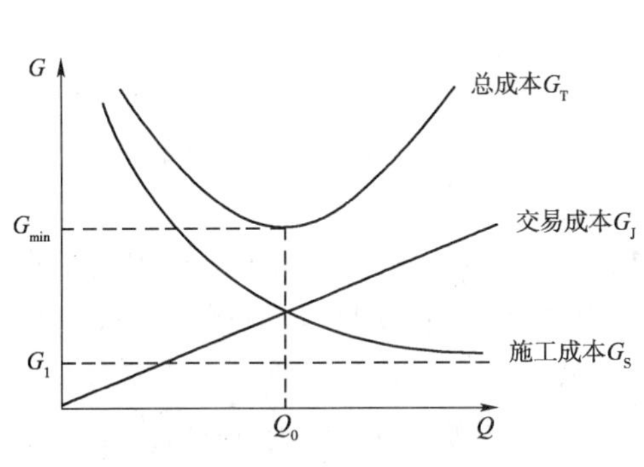

图 1-1　公开招标中的施工成本曲线

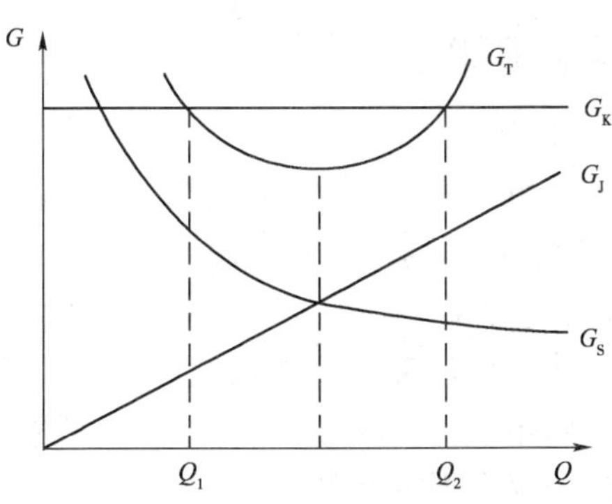

图 1-2　公开招标时的造价控制曲线

只有当 $C_T < C_K$，即只有当投标人数量 Q 满足：$Q_1 < Q < Q_2$ 时，其招标才是有效率的，即有利于资源消耗的降低。当公开招标且投标人的数量很多超过 Q_2 时，会出现 $C_T > C_K$，此时，施工单位为取得中标资格，只得采用低价亏损策略，使报价中考虑的施工成本低于施工的实际成本，施工企业出现亏损，严重者会出现倒闭，这对建设市场的培育和发展是不利的。

(3)公开招标会加大评标定标的难度。随着投标人数量的增多，投标人各项条件呈现参差不齐的现象，评标定标中不得不采用专家评标的主观评标方法，主观与客观的矛盾会使得主观评标影响客观公正。

综上所述，公开招标有其有利的一面，也有其不利的一面，特别是它会增大交易成本，由此影响完全竞争的形成(完全竞争市场中，假定其交易成本为0)。

2. 邀请招标

邀请招标是招标人以投标邀请书的方式邀请特定的法人或者其他组织投标的招标方式。邀请招标的特点是投标人的数量受到限制，通常称为有限竞争招标。如图1-2，只有当投标人的数量限制在 Q_1 至 Q_2 的范围时，才有 $C_T < C_K$，即才有可能通过招标达到降低工程造价，提高资源效率的作用。邀请招标在一定程度上限制了竞争，但却提高了交易效率，减少了交易成本。因此，如果科学地确定投标人的数量，使投标人的数量 Q 满足 $Q_1 < Q < Q_2$，则邀请招标不仅可以降低交易成本、缩短交易时间，而且可以起到降低工程造价、提高资源效率的作用。经验表明，投标人限制在5~8家的邀请招标是有效率的。根据《中华人民共和国招标投标法》的规定，招标人采用邀请招标方式的，应当向三个以上具备相应资格的特定的法人发出投标邀请书。

公路工程施工招标投标应当对潜在投标人进行资格审查。

公路工程施工采用公开招标的，招标公告发布后，招标人应当根据潜在投标人提交的资格预审申请文件，对潜在投标人的资格进行审查。招标人只向资格预审合格的潜在投标人发售招标文件。在投标前对投标申请人进行的资格审查又叫资格预审。这种在资格预审的基础上进行邀请招标的方式国际上又称为两阶段招标。

公路工程施工采用邀请招标的，投标邀请书发出后，招标人应当根据投标人提交的投标文件，对投标人的资格进行审查。这种在开标后，在评标时对投标申请人进行的资格审查又叫资格后审。

公路工程施工招标资格审查的内容和程序，见本书第二章第三节的有关内容。

二、非法定招标方式

1. 议标

议标方式的竞争性是通过建设市场本身的性质反映出来的，只有当建设市场本身已成为完全竞争市场，其议标方式才是科学合理的方式。此时，产品的市场价格反映了资源使用效率，而且业主和施工单位又拥有完全的建筑产品价格信息，所以，业主和承包人很容易根据市场价格来达成建筑产品的交易协议，从而可以缩短交易时间、节省交易成本(此时的交易成本可以忽略不计)。如果建设市场不是完全竞争市场或离完全竞争市场的距离很远，则采用议标方式不仅会损害资源的使用效率(所选定的施工单位可能竞争力不强)，而且，由于业主和承包人之间对建筑产品的交易价格分歧很大(各自拥有的价格信息不足)，需要通过长时间的谈判，才能达成交易协议，以致延长议标时间，降低交易效率，增大交易成本。

因此，在当前市场条件下，根据我国的法律规定，议标方式只适宜于招标的强制范围和规模标准之外的项目。

2. 比价招标

除了公开招标和邀请招标方式外，国际上还有一种比价招标方式，它比邀请招标更简单，投标人为 3 家左右，故称三家报价。招标中，投标人无须资格预审，业主可以从过去合作的客户中邀请三家左右承包单位投标，并以标价最低的单位作为中标单位。这种方式主要在一些工期很急、规模较小、技术不太复杂、有保密要求的工程中使用，业主很省事，无须仔细评标，但不能在大型项目的招标中采用。

三、招标的市场环境

以上对公开招标、邀请招标、议标和比价招标等几种招标方式，从竞争和效率的角度进行了分析和比较，并阐述了各自的特点和所适应的市场环境。对公开招标和邀请招标方式而言，其所适应的市场环境应满足下述要求。

(1)建设市场是买方市场。所谓买方市场是一种买方(业主方)起主导和控制作用的市场结构。形成买方市场的条件是供大于求，即施工单位很多，而建设任务相对不足。如果不满足该条件，则在进行公开招标或邀请招标时，会由于投标人的数量不够使招标竞争无法有效地进行，导致通过公开招标或邀请招标难以起到提高资源使用效率的作用。当建设市场不满足买方市场的条件时，由于施工单位数量不足，因此，投标人的数量通常会小于 Q_1，所以，此时的总成本 C_T 反而会大于控制成本 C_K，这时还不如通过其他方式(如议标方式)定标为好。例如，在 20 世纪 90 年代我国的公路勘察设计市场中，由于能胜任高速公路勘察设计工作的设计单位不多，且勘察设计任务充足，加上勘察设计招标的难度较大，其交易成本高、交易效率低，所以公路勘察设计招标工作难以有效地进行，实践中采用招标方式确定公路勘察设计单位的情况较少。当前，我国为搞好公路勘察设计招标工作，应扩大招标市场的开放度，提升设计单位水平，增加高水平设计单位的数量和供给。

(2)建设市场尚未形成完全竞争的市场结构或离完全竞争市场的距离较大。如前所述，公开招标和邀请招标的目的是促进市场竞争，使非竞争或非完全竞争市场变成或趋近于完全竞争市场。但如果建设市场本身已成为完全竞争市场或接近于完全竞争市场，则公开招标或邀请招标失去了本身的意义。因此，可以预见，公开招标和邀请招标是建设市场在一定时期，即尚未形成或趋近于完全竞争市场时的产物，随着建设市场经济体制改革的深入和完全竞争的建设市场的形成，公开招标和邀请招标必然会退出建设市场的历史舞台。例如，当前我国的建材市场，如水泥材料市场、钢材市场就比较接近于完全竞争市场。施工中采用公开招标或邀请招标确定水泥或钢材供应单位或供应价格的作用不大，反而会由于社会成本的增加而增加总成本。

作为议标所适应的市场环境，是完全竞争市场或不宜采用公开招标或邀请招标的施工项目，其理由已在前面作了阐述和说明。

四、市场准入

从前面的分析可知，买方市场有利于竞争的市场环境的形成，在买方市场条件下，竞争会促使施工企业引进新技术,消化和吸收新工艺,不断改善经营管理,提高劳动生产率,提高施工质量,降低成本,提高资源的使用效率。同时,竞争造成的优胜劣汰,会不断使资源向那些能使其产生较大效益的生产者手中集中,从而形成施工企业的规模经济。适当的规模经济又有利于资源效率的提高和成本的降低,由此产生有效和良性的竞争格局。但如果买卖双方之间的比例严重失调,则会导致过度竞争,如图 1-2 所示。此时,投标人因数量过多,超过上限值 Q_2,不仅会损害资源的总效率,还会出现竞争无序状态,低价抢标现象严重,不正当竞争现象加剧,不利于市场的健康发展。

因此,这种现象应加以限制和控制,其方法是在微观上进行资格预审和采取适当的招标方式,在宏观上实行市场准入,即建立市场准入规则。市场准入要求施工企业在进入市场前需遵循一定的法规和具备基本的条件,如办理法人登记,取得相应的资质等级和经营资格。《公路建设市场管理办法》规定,施工企业在从事公路施工项目的投标之前,应办理资信登记。在资信登记过程中,将详细审查施工企业的法人资格、技术等级、经营许可范围、注册资产,过去从事公路、桥梁工程施工的业绩,企业的技术力量和财务状况等。从而限制那些竞争力低的企业的进入,避免可能出现的交易成本上升现象和低价抢标等无序竞争状况,保证建设市场的竞争能健康、有序地进行。

实行市场准入制度的原因,还在于该制度能保证招标投标过程中,能有效地保证合同价格较好地遵循价值规律的作用。从市场供求理论可知,当市场供给增加、供给曲线右移时,市场价格下降。特别是当需求缺乏弹性时,使得市场价格下降得很厉害,许多企业因市场价格下降而亏损(市场价格低于生产成本)。这表明此时的市场价格并未能反应建筑产品的社会必要劳动消耗量,即未反映价值规律的作用。这种违背价值规律的现象如果长此以往,则会导致建筑市场的混乱,爆发严重的市场危机。为防止这种现象的发生,因而实行市场准入。

第四节　FIDIC 条款与工程招标

一、FIDIC 的起源与发展

FIDIC 是法语"Ferderation Internationale DesIngenieurs Conseils"的缩略词,即"国际咨询工程师联合会"的法文缩写。

国际咨询工程师联合会(FIDIC)是一家国际性的咨询工程师组织。该组织于 1913 年由法国、比利时等五个欧洲境内的独立的咨询工程师协会创立。FIDIC 成立以来,始终坚持独立性和公正性的工作宗旨,并积极发展和扩大该组织的影响力。1949 年英国土木工程师协会(ICE)成为该组织的正式代表,1959 年,美国、南非、澳大利亚和加拿大相继加入了联合会。到目前为止,该组织拥有 60 多个成员国,下设四个地区分会,即亚太地区分会(ASPAC)、欧共体地区分会(CEDIC)、非洲成员分会(CAMA)和北欧成员分会(RINORD),总部设在瑞士洛桑。该组织已成为国际上最具权威的被世界银行认可的咨询工程师机构。

二、FIDIC 文件

国际咨询工程师联合会成立以来,除了致力于该组织内部的职业道德建设和加强成员之间的相互交流外,还充分利用自身的公正性和权威性,制定和出版了一系列合同及合同管理文件,这些文件对促进合同和合同管理的标准化产生了重要影响。

(1)土木工程施工合同条件。简称为FIDIC条款或FIDIC条件。该文件于1957年首次出版,至今已发行了四个版本。由于该文件的封面采用了红色,故又称“红皮书”。它是一份业主和承包人签订施工承包合同的国际工程承包合同标准文本,由于它很好地满足了公平性和可操作性的要求,因而在国际上得到了世界银行、国际承包人会等权威机构的认可和采纳。目前世界银行贷款项目规定必须采用FIDIC条款作为合同文本。本书也将以该文本为参照来详细介绍公路工程施工监理的原理与方法。

(2)业主与咨询工程师标准服务协议书。简称为IGRA。该文件于1979年首次出版,至今发行了四个版本。由于该文件的封面采用了白色,故又称为“白皮书”。1979年,FIDIC编制了《设计和施工监督协议书国际范本及通用规则》,即“IGRA1979D&S”,“IGRAPI”;1980年又出版了《业主与咨询工程师项目管理协议书国际范本及通用规则》,即“IGRA1980PM”。1990年,FIDIC在以上文件的基础上编制了《业主咨询工程师标准服务协议书》以代替上述文件。该文件是业主和咨询工程师签订咨询监理合同的标准文本。可用于投资前研究、可行性研究、设计及施工监理、项目管理等咨询监理合同的订立。FIDIC于1990年出版了《业主与咨询工程师标准服务协议书应用指南》一书,帮助使用者更好地理解和执行该文件。

(3)电气和机械工程合同条件。它是一份用于业主与承包人签订电气和机械工程合同的标准文本,至今已出版了三个版本,由于该文件的封面采用了黄色,故又称为“黄皮书”。

(4)土木工程合同招标程序。它是一份规范土木工程招标及合同订立程序的标准文件,和FIDIC条款配套使用。

(5)土木工程施工分包合同条件。该文件于1994年首次出版发行,是一份用于承包人和分包人签订施工分包合同的标准文本。该文本与FIDIC条款相互配套,由于该文件较公平地确定了承包人与分包人在订立分包合同时的权利义务和风险责任,因此对分包合同的订立具有重要的使用价值。为配合该文件的理解和执行,FIDIC还专门编写了《土木工程施工分包合同条件应用指南》一书。

(6)设计—建造与交钥匙工程合同条件。该文件是一份设计施工总承包合同的标准文本,于1994年出版。由于该书的封面为桔红色,故又称为“桔皮书”。

(7)其他文件。如《咨询工程师在项目中的作用》、《为工程服务的独立咨询工程师使用指南》、《根据能力进行选择》等。参阅这些文件,对进一步理解与执行FIDIC条款及其他合同文件,搞好咨询、监理工作是很有作用的。

值得注意的是FIDIC编制的上述文件的原版均为英文,读者在阅读其英译本时,应认真地研究原版文件。

三、FIDIC施工合同条件的产生与发展

FIDIC施工合同条件(以下简称FIDIC条款)的第1版于1957年出版发行,它的产生有着深刻的历史背景。

第二次世界大战结束后,世界各国进入了战后恢复建设和经济发展的黄金时期,以美国为首的西方少数国家,利用自身资金和技术优势,在加强资本输出的同时,也加紧了对外工程承

包及技术输出,国际工程承包业因此进入了蓬勃发展的阶段。但由于工程承包合同未能达到标准化的水平,在公平性、风险责任的合理性以及合同的可操作性上均存在各种问题,因而合同在履行中经常出现履约不佳、成本增加以及施工合同各方彼此之间缺乏所需的信任而引起的争端等现象。另外,非标准化的合同使得承包人在投标中难以在短期内完全明确合同中的义务和风险责任,以及为承担其义务和风险责任所需发生的成本和费用,承包人被迫加大风险报价,以致出现标价较高的现象。非标准化的合同也不利于合同管理(或监理)的标准化以及管理人员的培训,因为他们不得不按照不断变化的合同条件去工作。

以上问题促使国际咨询工程师联合会编制和出版一套标准化的土木工程施工合同条件,专门用于国际工程承包项目。FIDIC 条款的第一版正是在这种背景下出版发行的,并很快以"红皮书"而闻名于世。该文件在编制第一版的过程中,以当时正在英国使用的合同格式为蓝本,由于该合同格式由英国土木工程师协会(ICE)出版,因而具有很强的英国特色,其特点一方面能较好地适用英国合同法的规定(但不一定能完全适应其他国家合同法的规定);另一方面是沿用了 ICE 合同中的工程师制度,且工程师的职权在 FIDIC 条款中进行了明确而详细的规定。

1963 年,国际咨询工程师联合会编制出版了 FIDIC 条款的第 2 版。第 2 版没有改变第 1 版中的有关条款,只是在第 1 版的基础上增加了一个第三部分。第三部分的编撰提供了用于疏浚和填筑合同时,对通用条件所作的一些具体变动。第 2 版的编制和出版使 FIDIC 条款有了更广的适用面,能适用于各种不同类型的土木工程施工合同。

1977 年,国际咨询工程师联合会编制出版了 FIDIC 条款的第 3 版。第 3 版对第 2 版作了全面的修订,并提供了一本与之配套的解释性文件,题为"土木工程合同文件注释"。第 3 版 FIDIC 条款出版后在国际上得到了比过去更广泛的应用。

在第 3 版 FIDIC 条款的使用过程中,国际咨询工程师联合会专门成立了一个起草委员会,其成员来自于下属的土木工程合同委员会(CECC),一直负责监督第 3 版的使用,为第 4 版的编制和出版收集修订意见。

1987 年 9 月国际咨询工程师联合会在瑞士洛桑举行的 FIDIC 年会上,发行了 FIDIC 条款的第 4 版,该文件于 1988 年和 1992 年做了两次订正。第 3 版和第 4 版之间有许多重要差异。国际咨询工程师联合会针对第 4 版编制了一本《土木工程施工合同条件应用指南》,就第 3 版与第 4 版之间的差异作了详细论述,并对第 4 版的每一条款作了注解。以下是 FIDIC 条款第 4 版在编制过程中所作的重要调整。

(1)工程师在合同中的作用得以保留,但其性质和地位有所变化。在第 3 版 FIDIC 条款中,工程师的独立性更强。条款中工程师除有权管理合同及进行工程监理外,还拥有独立处理费用增加及决定额外付款和工程延期的权力。即业主已完全将合同履行中的各项管理工作委托给工程师进行,而自身的职责仅仅是根据工程师的签证支付有关款项及提供施工的外部条件和接受工程项目。这一规定是在工程师"应照顾业主的最佳利益"这一准则下制定出来的,因而业主有理由相信工程师的行为是符合和代表业主利益的,业主无需在合同管理中投入更多的精力,业主只需根据工程师的签证"买单"即可。FIDIC 条款第 3 版的这一规定在世界银行贷款给发展中国家的项目中使用时遇到了一些困难,由于工程师的业务水平和职业道德水平与 FIDIC 的要求有一定的差距,因此,有必要对工程师的行为进行监督和制约。另外在发展中国家，业主在合同管理中扮演着重要角色，它们经常要参与甚至组织合同的管理工作。于是在第4版FIDIC条款中，雇主的作用规定得更加明显，条款中规定费用的增加或工程延期由工程师决定，但在作出决定前工程师有义务和雇主以及承包人协商。这一规定使得FIDIC条款中的工程师独立性有所削弱，但在公正性上提出了更高的要求，因而第4版FIDIC条款中专门增加了工程师行为公正性要求的条款，规定“工程师在按照合同自行表明其意见、决定或同意或表示他的满意或批准，或确定其价值，或采取可能影响业主或承包人的权利和义务的行动时，他应在合同条款规定内，并兼顾所有条款的情况下，作出公正的处理”。FIDIC条款第4版的上述变动，实际上是基于FIDIC新的职业道德准则“工程师应维护业主的合法利益”的精神的基础上产生的。

(2)在更大程度上注意了“工程设备”，即施工过程中经常出现的设备安装工程的事实，因而FIDIC条款第4版能适应施工中既有建筑工程也有安装工程的项目合同。另外，还考虑到了施工中承包人有时需要承担部分永久工程设计工作的现象，增加了与承包人设计义务有关的合同条款(详见FIDIC条款第7条)。

(3)所规定的程序更为详尽，做法更为具体。如新的索赔程序条款(见第4版FIDIC条款第53条)，详细地规定了施工索赔的基本程序。又如新的计量与支付条款(见第4版FIDIC条款的第60条)，比第3版更详细地规定了各支付阶段的支付内容及支付程序。另外在保函和保证书、风险分配、保险、争端解决程序等方面更多地考虑了实践的需要及法律上的要求，兼顾了效率与公平原则，作出最大的努力以使合同双方之间的权利和义务达到总体平衡。

(4)第二部分(专用条件)已从备忘录形式扩展为一套完全展开的示范条款，单独装订成册，以前的第三部分(疏浚和填筑工程合同条款)也被编入第二部分中。

(5)除以上调整外还注意了以下问题。

①尽量使用现代语言以便负责现场管理的人员更容易理解。

②更注意了名词和术语上的标准与规范化，如第3版中的“保修期”修改为“缺陷责任期”；又如“驱除承包人”改为“终止对承包人的雇用”；还有“费用”等名词和术语的进一步标准化。

③只有在必须改动的地方才改动，且充分反映现行实践的要求。

四、FIDIC合同条件在我国公路工程中的应用

为迅速改变公路交通的落后状况、加快公路建设事业的发展，我国从20世纪80年代开始积极引进世界银行贷款来进行公路工程项目的投资和建设。第一批公路世界银行贷款项目有陕西的西三公路(西安至三源)和山东的晏高公路(晏城至高塘)，该项目采用了FIDIC条款第3版作为施工承包合同的通用条件。1987年第二批公路世界银行贷款项目——京津塘高速公路开工兴建，它也采用了FIDIC条款的第3版作为施工承包合同的通用条件。由于该项目全面按照世界银行的要求推行了FIDIC合同管理模式以及公平竞争的施工招标制度和独立公正的监理制度，因而在项目的质量、工期和效益上取得了良好的效果，并总结积累了一套适合我国国情的承包合同制度、施工监理制度，为公路工程施工监理制度的形成和推广奠定了良好的基础。

1989年我国的第三批公路世界银行贷款项目——济青高速公路、成渝公路、南九(南昌至

九江)公路相继开工兴建,这批贷款项目采用了 FIDIC 条款第 4 版作为施工承包合同的通用条件。随后我国的世界银行贷款项目逐年增多,杭甬、沪杭、开洛、广佛、深汕、泉厦、湘耒等一大批公路世界银行贷款项目相继兴建。到目前为止,我国的公路国道主干线上有相当一部分项目引进了世界银行贷款。

世界银行贷款项目的建设,为我们认识和利用 FIDIC 条款提供了良好的条件。在使用 FIDIC 条款的同时,我国就如何结合我国国情,推行具有 FIDIC 特色的合同模式和合同管理进行了积极有益的探索。财政部于 20 世纪 80 年代末向世界银行提出了编制符合中国国情的 FIDIC 条款的报告。该报告得到世界银行的同意,世界银行于 1989 年开始组织专家编制具有中国特色的 FIDIC 条款,即后来由财政部出版的《世界银行贷款项目土木工程采购与招标文件范本》,该文件于 1990 年 6 月正式完成,随后批准在中国使用。该文件分中、英文两个版本:英文版共有合同条款 78 条,规定在土木工程国际招标时使用;中文版共有合同条款 44 条,要求在土木工程国内招标时使用。

该文件出版后被我国的一些世界银行贷款项目的公路,如杭甬高速公路、深汕高速公路作为施工承包合同的通用条款。

目前,在我国形成了 FIDIC 条款第 3 版、第 4 版、财政部版的 FIDIC 条款、建设部版的 FIDIC 条款及交通部版的 FIDIC 条款在使用中并存、业主可酌情择用的局面。

我国的公路工程建设在世界银行贷款项目的推动下取得了长足发展,在世界银行贷款项目的实践中,广大技术和管理人员逐步认识了 FIDIC 合同模式的优越性,并就如何结合我国国情开展 FIDIC 模式下的合同管理和施工监理进行了大量的研究和探索。1992 年交通部组织专家编制出版了《公路工程国际招标文件范本》。1995 年编制出版了《公路工程国内招标文件范本》。在国际范本中,通用条款沿用了 FIDIC 条款第 4 版,而国内范本则在监理工程师的职权上根据我国的实际作了相当的调整(监理的职权主要是管理和执行合同,包括依据合同进行质量控制、进度控制及计量支付,而变更合同的权力包括处理工程变更、费用索赔、工程延期的权力则受到业主的限制和制约)。2003 年又对《公路工程国内招标文件范本》进行了修订。

五、FIDIC 条款的特点

FIDIC 条款的基本特点,主要有以下几个方面。

1. 条款严密,逻辑性强

作为一份标准的格式合同,FIDIC 条款首先保证了合同文件的严密性和系统性。严格地说,FIDIC 条款的 72 条并不能构成一份完整的合同,如质量要求及标准、计量方法、合同的单价与总价、工程的结构形式与要求等内容在 FIDIC 条款中并未得到说明,而是通过其他文件如技术规范、图纸、工程量清单等来进行详细规定的。所以 FIDIC 条款在第 5 条中明确指出了构成合同的所有文件及优先次序,这既明确了 FIDIC 条款与其他合同文件的关系,也保证了合同文件的严密性。

FIDIC 条款严密性的第二个表现是文字上的严密性。这在 FIDIC 条款的第一条中即明显地体现出来了。FIDIC 条款的第 1 条是一些条款中出现的名词、术语的定义和解释,它进一步规范了条款中的名词术语的涵义,避免了可能出现的歧义及合同各方在理解和执行合同文件中的争议。例如,FIDIC 条款中的“费用”一词,在未定义的情况下,人们可能有各种各样的理解，但这会使得在处理索赔费用时，业主、承包人、监理工程师对索赔费用的构成产生很大的争议，但 FIDIC 条款第一条就“费用”进行了定义，明确指出“费用”不包含利润，因而消除了产生争议的可能性。实际上，除第 1 条外，其他条款均分别就本条出现的一些新名词进行了定义和说明，如第 20 条中“雇主的风险”的涵义，第 49 条中的“缺陷责任期”的涵义等。通过这种方式保证了文字上的严密性。

2. 内容广泛具体，可操作性强

FIDIC 条款的内容广泛具体是其另一个显著特点。可以说，在施工过程中可能出现的各种问题，在 FIDIC 条款中均进行了具体说明，哪怕是一些不太常见的问题，在 FIDIC 条款中均有具体的处理和解决办法，这有效地避免了过去在合同中存在的合同条款笼统、不全面、不具体，问题发生后无合同依据而扯皮不断的现象，增强了合同的可操作性。

FIDIC 条款在逻辑上的严密性也是其中的一个特点。读者在阅读 FIDIC 条款时会发现条款之间互相交织、错综复杂，初次阅读者难于理解。但这正体现了 FIDIC 条款在逻辑上的严密性以及条款之间的密切联系。如 FIDIC 条款第 2.6 条要求工程师在监理过程中要行为公正。但行为公正的标准是什么呢？似乎条款未给予回答。实际上，由于 FIDIC 条款第 67 条专门说明了争议仲裁的规定，而第 2.6 条又规定监理的一切工作“均可按 67 条规定予以公开、复查或修正”。因此公正的标准就不言而喻了（即凡是经得起仲裁机构审查的行为，即为公正的）。

合同条款的严密性，还表现在担保制度的严密性和保险制度的严密性上。FIDIC 条款中确定了一套严密、系统的担保制度。如规定在签署合同协议书前承包人必须办理履约担保（且规定了担保的格式）；在办理动员预付款支付手续前承包人必须提交动员预付款担保；在施工过程中扣留部分保留金作为缺陷责任的担保；在施工过程中以施工机械设备为抵押作为履行合同的补充担保。总之，担保已成为承包人的一项义务，FIDIC 条款已就此分别作了明确详细的规定，从而有效地制约了施工过程中可能出现的违约现象甚至诈骗现象。保险制度的规定也是非常系统、严密的。

3. 风险责任明确，权利、义务公平

权利、义务的公平性，首先体现在风险责任分配的合理性。在工程施工过程中，承包人经常面临各种各样的风险。如：

（1）物价上涨或通货膨胀；

（2）国家或政府的政策、法令、法律、法规的变更或修改；

（3）异常复杂的地质条件或其他不可预见的外界障碍；

（4）工程变更；

（5）业主不能及时提供施工的外部条件及按时付款而影响正常的施工；

（6）监理工程师错误指示或其他不可预见的工作而引起的费用增加和工期延长；

（7）其他不可抗力事件，如突发的天灾、人祸等等造成的损失。

上述事件都是承包人事先不可预见、发生不可控制、损失不可避免的风险事件，它具有突发性和损失不确定性的特点。因此，强制性地笼统地要求承包人承担上述风险损失或在报价中考虑上述风险损失本身就是一种不公平的规定。而且由于这种风险损失无法准确地预见而可能导致承包人在报价上考虑的风险费用与实际发生的风险损失之间产生很大的差距，因而引起价格上的不公平性，甚至产生显失公平的现象。

【例】 某合同规定所有风险均由承包人承担。某施工单位经计算该项目的成本为10 000万元,但风险损失无法准确估计。于是,承包人乐观地估计风险不会发生,并提出了报价为10 000万元的保本价格,该项目的工期为4年。但承包人开始施工以后,却出现了20%的物价上涨率,结果使得承包人的实际支出达到:$10\ 000 \times (1+20\%)^4 = 20\ 736$万元。

很显然,实际支出与合同价格差距太大,达到20 736万元,出现了价格上的不公平性。反之,如果承包人以20%的物价上涨率考虑了风险报价,因而其投标价20 736万元。但施工中却没有发生物价上涨现象,其实际支出只有10 000万元,价格上也因此出现了相反的不公平现象。

FIDIC条款为避免上述现象的发生,对风险责任的处理作了另一种形式的规定,即在风险责任中,凡是承包人通过加强管理不能克服的风险(即不可预见风险)均由业主承担,承包人在报价中无须考虑。这类风险损失发生后,由监理工程师本着客观公正的态度如实(确定额外付款)支付给承包人,承包人在报价中仅需考虑通过加强管理可以避免克服的风险损失或相应发生的风险管理费。FIDIC条款的这一规定保证了合同的公平性。

FIDIC条款中权利、义务的公平性,还表现在它作为一种格式条款不存在加重一方(如承包人)责任、免除另一方(如业主)责任的条款存在。由于FIDIC条款是由国际咨询工程师联合会本着独立、公正的原则起草的,又征求了国际承包人会的意见,这在客观上为条款的公平性提供了保障。

寻求公平性与操作性的有机统一,也是FIDIC条款的一大特点。例如,FIDIC条款中52.1条规定,工程变更后原则上应采用工程量清单中的相应单价作为计价依据,这有利于增加合同在价格上的可操作性,但当合同存在不平衡报价时,则会有损合同的公平性,所以FIDIC条款第52.2条又规定当工程变更关系到整个工程或其中任何部分的性质或数量,在此情况下,工程师认为由于该变更工作,合同中所包括的任何工程项目的费率和价格已变得不合适或不适应时,则可变更单价。因此保证了公平性与可操作性的统一。

4. 监理制度严格,监理工程师职权明确

FIDIC条款与我国以前的施工承包合同格式条款相比较,有一个明显的特点,即在施工合同中确立了一套独立、公正的施工监理制度,明确了监理工程师在施工合同中的性质、地位,以及监理工程师在各项工作中的职权,甚至连具体的监理工程师(或监理单位)的姓名、身份都在专用条款中作了说明。FIDIC条款将法律规定的监理制度有机地融入施工合同之中,并且通过施工合同的形式予以明确。这一方面保证了监理地位的合法性,使得监理制度不再是一种由业主单方聘用的代理制度,而是一种由业主、承包人联合委托,通过施工合同(双方)来授权的独立监理制度;另一方面又保证了监理工程师权力的稳定性,使得FIDIC条款中监理工程师的职权规定成为施工合同的一部分,任何一方都得尊重监理工程师在职权范围内的工作,任何一方无权擅自变更或撤销监理工程师的权力。因为擅自变更或撤销监理工程师权力的行为就是一种擅自变更或撤销施工合同的行为,按《中华人民共和国合同法》规定是应承担违约责任的。

六、FIDIC条款的作用与效果

1. 有利于FIDIC合同的正常履行

合同条款的严密性和可操作性,减少甚至避免了合同履行中可能存在的争议和扯皮;合同条款的公平性,为业主、承包人双方的平等合作和诚实信用提供了良好的外部环境;独立公正的监理制度,为承包合同的正常履行提供了公平、高效的合同内部监督机制,有利于合同争议的迅速解决;担保制度、仲裁制度,为合同履行提供了法律上的监督和制约机制;工程保险制度,由于能避免业主、承包人双方的风险损失,而为业主、承包人履行合同提供了客观的保证。这一切都为合同的正常履行奠定了基础,并在很大程度上避免了履约不佳、成本增加,以及由于施工合同各方彼此之间缺乏所需的信任而引起的争端,有利于顺利地完成合同。只要业主、承包人、工程师之间能紧密配合,就能将工程延期的风险和误解降低到最小程度。在这种合同关系下,业主可期望从高效率的承包人那里得到按规定的时间和成本圆满完成的工程项目。同样,承包人可期望得到合理的工作条件,公平均等地运用合同,并能很快收到有权获得的付款。

2. 有利于招标工作的健康开展及降低投标报价和工程造价

FIDIC 条款中关于风险责任的处理规定,使得承包人仅需承担通过加强管理可以避免和克服的风险损失费,而这些风险损失费只要加强管理或及时办理保险即可以从根本上予以消除,因而,承包人在报价中只需考虑成本和利润即可,或者说成本的高低决定承包人报价的高低及相应的竞争力。这有利于承包人之间健康地开展竞争,真正达到通过招标,促进施工技术进步、劳动生产率提高和管理水平提高从而降低施工成本的作用。而如果在合同中规定其不可预见的风险责任由承包人承担,则承包人在报价中除考虑成本和利润之外,承包人还会考虑不可预见费(即风险费),承包人的风险偏好不同,所考虑的不可预见费的大小就不一样。由于不可预见损失有时很大甚至超过施工成本(见前示例),因而在这种模式下,承包人的总报价无法真实地反映承包人的施工成本及竞争力。风险损失的不确定性,可能使得承包人的报价出现下列几种情况。

(1)乐观报价。即认为不可预见风险不会发生,因此,在报价中其风险费报得很低甚至不报价,这是一种投机侥幸的心理,许多承包人为了低价抢标而采用这种方式。

(2)悲观报价。即认为上述风险在施工中都会发生,而且造成损失很大,因此,承包人在报价中考虑大笔的不可预见费。

(3)可能性报价。即根据风险发生的主观概率来计算风险费用的均值,以此作为报价中的不可预见费。

上述三种情况在投标中均可能发生,因而使得投标价中不可预见费的差别很大,从而掩盖投标人真实的竞争力,使招标过程变成承包人的投机和赌博过程,这对健康开展招标显然是不利的。

FIDIC 条款避免了上述情况,因而作为竞争力强的投标人,能通过优化施工方案和施工方法以及加强管理降低施工成本,在此基础上提出一份有竞争性的投标书,而其中不必包括大笔的不可预见费用以补偿不可预见的风险损失,因而可降低投标报价。在施工过程中,如果风险损失不发生,业主即可不支出概算中的预留费用,只有当确实发生这类风险时,业主才需从概算中支付这笔费用。所以说,FIDIC 条款的这种规定有利于工程造价的合理确定与有效控制。

使用 FIDIC 条款有利于降低标价的另一个原因是:由于投标人长期使用所熟悉的 FIDIC 条款,因而非常明确承包人在合同中的权利义务及相应的费用,这就意味着他们不必为他们不熟悉的合同条款以及这些条款可能引起的估价困难的后果在报价中作出资金上的准备,即不必考虑因未完全明确合同中的权利义务而需额外增加的不可预见费,因而其投标报价会相应降低。

3. 有利于监理工作正常开展

由于FIDIC条款建立了独立、公正的施工监理制度，明确了监理工程师在各项工作中的职权，因而有利于监理工作的正常开展，保证监理工程师职权的贯彻和落实，排除各种行政干扰和其他可能造成的监理工作障碍，从而保护业主、承包人的合法权益，有效地进行投资控制、质量控制、进度控制和合同管理。

4. 为合同的标准化和规范化提供条件

长期使用FIDIC条款也为合同管理（监理）工作的标准化和规范化提供了条件。并为培训合同管理人员提供了一个稳定的依据，避免使他们不得不按照不断变化的合同条款去工作。

七、FIDIC条款的使用条件与要求

从FIDIC条款的产生过程可以看出，FIDIC条款是在市场经济高度发达、法律制度相对完善的西方国家（英国）产生的，它是英、美合同法律的产物，是国际工程承包合同管理的经验总结。可以说，FIDIC条款有着深刻的理论基础和广泛的实践基础。因此，完善的市场经济体制、法律制度和健全的市场机制（包括竞争机制），是FIDIC条款使用的基本条件。具体来讲，应具备以下配套条件：

1. 公平竞争的施工招标制度

前已述及，FIDIC条款的使用有利于降低投标报价和工程造价，但这种积极作用是以竞争性的施工招标为前提条件的，且在招标过程中，应满足公平原则。离开了这一基本条件，FIDIC条款的优势无法发挥，更谈不上降低标价的作用了。所以在选择承包人的过程中，只有采用公开或邀请招标（在资格预审基础上的邀请招标），且招标过程中满足效率、经济与公平原则，遵循价值规律、竞争规律和供求规律，根据竞争力高低来选择施工单位，才能充分发挥FIDIC条款的作用，并满足施工过程中的公平与效率原则，达到降低资源消耗，提高资源使用效率的作用。关于施工招标的有关问题，详见本书的第二章。

2. 独立公正的施工监理制度

FIDIC条款是以独立公正的施工监理制度为核心而建立起的承包合同格式条款，在施工合同的履行过程中，监理工程师起组织、监督、管理和协调的作用。这既是FIDIC条款的基本特点，也是FIDIC条款的使用条件。如果在使用FIDIC条款时不推行施工监理制度，或监理制度不具备独立、公正的条件，则不仅FIDIC条款的各种积极作用无法发挥，相反还可能给合同管理的正常进行带来负面效果。所以国际咨询工程师联合会在《土木工程施工合同条件应用指南》一书中指出："只能在任命工程师管理合同的条件下才能使用FIDIC条款"。

3. 完善的合同法律制度

FIDIC条款是在完善的合同法律制度的基础上产生的，它作为一种格式条款，必须具有与此相适应的市场经济法律制度，如合同担保制度，工程保险制度。试想，如果合同担保和工程保险没有相应的法律保障，则业主、承包人的合法权益无法得到法律保护，合同的正常履行也将因此受到影响。合同应服从法律，并通过法律来产生效力，在使用FIDIC条款时如果没有与此相适应的法律保障，则其产生的合同也将成为无源之水、无本之木。

我国是从20世纪80年代中期开始在世界银行贷款项目中强制性地使用FIDIC条款作为

承包合同通用条款的。可以看出,FIDIC 条款在我国的使用和推广,与我国的市场经济体制改革及市场经济法律体系的建设基本同步(我国的市场经济体制改革也是 20 世纪 80 年代中期开始进行的)。因此,就使用条件而言,FIDIC 条款在我国确实经历了一个从不适应到逐步适应的过程。一开始,由于我国未能建立起公平竞争的招标制度和独立、公正的监理制度,加上我国的经济合同法律规定与 FIDIC 条款所要求的合同法律制度不相适应,且我国又未建立起严格的担保制度和工程保险制度。因此,可以说,使用 FIDIC 条款并不适应我国当时的国情,FIDIC 条款只能在我国的世界银行贷款项目这一工程承包的“特区”特用。世界银行在强制性地使用 FIDIC 条款的同时,也强制性地推行了公平竞争的招标制度和独立公正的监理制度,又加上与此基本适应的《中华人民共和国涉外经济合同法》的颁发,因而较好地保证了 FIDIC 条款在世界银行贷款项目中的适用条件。但在这一时期,FIDIC 条款作为国内施工项目的合同基本是不适应的。随着我国市场经济改革的深入,招标投标制度、施工监理制度、项目法人制度的建立,市场经济法律体系的建立与健全,新《中华人民共和国合同法》的颁发,FIDIC 条款所需要的使用条件都能满足,特别是新《中华人民共和国合同法》,由于它是根据市场经济体制的基本要求,参照英、美合同法律规定制定出来的,因此它能很好地满足 FIDIC 条款所适用的合同法律规定,这为 FIDIC 条款在我国的全面推广和使用铺平了法律上的道路。就公路建设市场而言,由于我国的公路施工招标制度和公路施工监理制度是在世界银行贷款的公路项目工作经验基础上,结合社会主义市场经济体制的要求而建立起来的,因此 FIDIC 条款在公路建设市场的全面使用更有其适用条件。只要我们在实践中全面按《公路工程施工招标投标管理办法》、《公路工程施工监理办法》、《公路建设市场管理办法》、《公路工程施工监理规范》的规定来组织施工招标工作和施工监理工作,则 FIDIC 条款在公路工程建设过程中就完全能够适应,FIDIC 条款的优越性完全能充分发挥,而用不着在使用 FIDIC 条款时再作多大的修改了。可喜的是,经过 15 年的实践,FIDIC 条款在我国公路建设市场中有了广泛地应用,国内工程施工承包合同也被 FIDIC 条款逐步“同化”。

第五节　费用监理概述

一、费用监理的意义与作用

费用监理是对施工承包合同造价进行监督和管理,以实现施工合同造价结算的合法性和公平性并有效地进行动态造价控制的造价管理过程。在造价管理过程中,费用监理具有如下意义与作用。

1. 费用监理是控制施工合同造价的核心环节

在施工承包合同履行过程中,施工合同造价是业主和承包人关注的焦点。业主、承包人从各自的利益出发,对造价的大小及费用的支付会产生各种各样的矛盾和冲突,从而影响合同的正常履行。通过费用监理,可以及时处理承包人在造价结算中存在的高估冒算现象,有效控制工程变更的发生,积极预防违约所产生的索赔费用,解决造价结算中的各种矛盾和纠纷,保证造价结算的合法性、公平性、合理性和及时性,达到动态控制工程造价的目的。当造价出现超支现象时,通过费用监理,可以有效利用投资控制的理论和方法,认真分析产生费用偏差的原因,并采用积极的纠偏措施予以控制。

2. 费用监理是质量控制的重要手段

质量合格是办理造价结算及支付施工费用的前提。在费用监理过程中,可以通过拒付、扣款等方式有利地制约承包人履行质量义务,保证施工质量。

3. 费用监理是进度控制的基础

一方面,可以通过费用监理中的计量、支付数据动态反映施工合同的进度实施情况,为实施施工合同的动态进度控制提供有力的依据;另一方面,可以通过扣除误期损害赔偿费的方式,制约承包人履行进度义务。

4. 费用监理是保护承包人合法权益的重要途径

按时得到根据施工合同有权得到的各种款项是承包人的合法权益,也是费用监理的义务。通过费用监理,可以及时办理计量、支付签证,及时处理工程变更及施工索赔,从而保护承包人的合法权益。

二、费用监理的基础工作

要搞好费用监理,必须认真积极地做好以下基础工作。

1. 熟悉法律法规

与费用监理直接相关的法律法规有《中华人民共和国合同法》、《中华人民共和国价格法》、《中华人民共和国银行结算法》等,除此之外,还包括其他各种经济法规。《公路工程概、预算定额》及编制办法是具有法令性的法规,是从事公路工程费用监理的重要基础依据,更需要全面掌握。

2. 认真研究招标文件和施工承包合同文件,明确业主、承包人之间的权利与义务

费用监理的对象是施工承包合同造价,费用监理的任务是合法、科学、公正地协调和处理业主和承包人之间的收支行为。因此,认真研究招标文件和施工承包合同文件,明确业主、承包人之间的权利与义务,是搞好费用监理工作,保证费用监理的合法性、科学性和公正性的基础。

3. 调查收集价格信息,及时掌握市场价格动态

在费用监理过程中,经常要处理价格调整、工程变更、费用索赔等复杂的造价管理问题,要搞好这些造价管理工作,必须认真调查收集价格信息、及时掌握市场价格动态,才能保证处理结果的相对准确性,使工程造价和市场价格相符合。

4. 认真分析投标报价及合同价格,对照标底积极研究承包人不平衡报价可能对工程造价带来的影响

承包人的投标报价中经常存在不平衡报价现象,这种现象会使得施工合同的履行在出现工程量的估计误差(即实际工程量与工程量清单的估计工程量之间存在误差)或工程变更引起工程量的增减时,按单价结算原则可能产生的造价不合理甚至显失公平的现象。而认真分析投标报价及合同价格,对照标底积极研究承包人不平衡报价可能对工程造价带来的影响可以及时地按合同避免这种现象,从而保证结算结果的公平性和合理性。

5. 认真分析施工组织设计和施工进度计划,及时审查承包人提交的现金流量估算

认真分析施工组织设计和施工进度计划,有利于合理预计承包人的施工成本,并及时提供

满足进度要求的施工外部条件，积极预防施工索赔；及时审查承包人提交的现金流量估算，有利于动态预测施工过程中的用款需求，为业主制定年度投资计划或季度投资计划提供依据。

三、费用监理的主要内容

费用监理主要包括以下内容：

(1)及时办理施工承包合同的计量与支付及交工结算和竣工决算工作；

(2)公正处理工程变更、施工索赔、价格调整等造价管理难点问题；

(3)有效利用计量支付及反索赔等手段进行质量控制和进度控制；

(4)采取积极措施严格控制工程变更及预防施工索赔；

(5)认真分析投资的计划值与实际值的偏差，有效进行造价控制。

思 考 题

1. 简述招标投标的基本原则与要求。
2. 简述与公路施工招标有关的主要法律、法规。
3. 简述招标投标的主要意义与作用。
4. 简述施工招标的强制性规模标准。
5. 根据标的的不同，公路工程招标有哪些形式，各有何招标特点？
6. 施工招标有哪些方式，各有何特点及适应范围？
7. 简述有效进行施工招标的市场环境。
8. 试分析市场准入制度对招标投标有何影响。
9. 简述 FIDIC 条款的基本特点。
10. 分析 FIDIC 条款的应用对投标报价及工程造价的影响。
11. 分析 FIDIC 条款中监理工程师从事费用监理工作的权力来源。
12. “在招、投标过程中，业主将不可预见风险交给承包人承担可以避免自己的风险损失、从而降低工程造价。”这种思想是否正确？试分析说明。
13. 简述 FIDIC 条款的使用条件。
14. 简述费用监理的作用。
15. 简述搞好费用监理工作的基础。
16. 简述费用监理的主要内容。

第二章　公路工程施工招标

第一节　施工招标概述

一、组建项目法人

公路建设项目依法实行项目法人负责制，项目法人可自行管理公路建设项目，也可委托具备法人资格的项目管理单位进行项目管理。项目法人直接组织高速公路的建设，对项目筹划、资金筹措及资金安排、工程质量、工程进度、生态环境保护、运营管理、债务偿还和资金管理等负有全面责任。

在完成立项后，正式成立或明确项目法人，按项目管理权限，报交通主管部门审批，并应依法成立有限责任公司。新组建的项目法人应依法办理公司的注册或事业法人登记手续。

《中华人民共和国公司法》规定，以生产经营为主的项目，法定资本人民币50万元以上，有公司名称、组织机构、生产经营场所和必要的生产经营条件等，必须依法成立有限责任公司。法定资本人民币1 000万元以上，必须依法成立股份有限公司。

公路建设项目法人应当按照公开、公平、公正的原则，依法组织公路建设项目的招标投标工作。不得规避招标，不得对潜在投标人和投标人实行歧视政策，不得实行地方保护和暗箱操作。

公路工程勘察、设计、施工、监理、试验检测等从业单位，应按照法律、法规的规定，取得有关管理部门颁发的相应资质后，方可进入公路建设市场。

二、施工招标应具备的条件

根据《公路工程施工招标投标管理办法》第八条规定，结合公路建设项目招标承包实践的要求，公路工程项目在进行施工招标前，应具备以下条件：

(1)项目法人已经确定，并符合项目法人资格标准要求；

(2)初步设计及概算应当履行审批手续的，已经批准；

(3)招标范围、招标形式和招标组织形式等应当履行核准手续的，已经核准；

(4)已经办理该建筑工程用地批准手续，在城市规划区的建筑工程，已经取得建筑工程规划许可证；

(5)建筑资金已经落实，建筑工程不足一年的，到位资金原则上不得少于工程合同价的50%；建筑工程超过一年的，到位资金原则上不得少于工程合同价的30%；

(6)征地拆迁工作已基本完成或落实，能保证分年度连续施工；

(7)有招标所需要的设计图纸及技术资料，施工图设计文件已按规定进行了审查。

施工招标应具备的基本条件对搞好招标工作特别是保证合同的正常履行是很重要的，否则将严重影响施工的连续性和合同的严肃性，带来大量的施工索赔，甚至给业主自己（国家或社会）造成重大损失。下文所介绍的××北大桥招标即是一个典型例子。

××北大桥施工招标简介

××北大桥的招标工作于1984年下半年至1985年上半年进行，由于原有大桥交通量已饱和，交通阻塞严重，××北大桥的建设迫在眉睫。当时正处于计划经济体制时期（市场经济和价格双轨制刚刚开始），当地政府在无国家投资的情况下，不得不自筹资金进行××北大桥的建设，为节省工程造价，业主采用了设计施工总招标的形式，由设计单位和施工单位组成设计施工联合体（主体是施工单位）参加投标，最后的中标单位为××水电工程局和××水电设计院（外加一交通科研所）组成的设计施工联合体（主体是施工单位），中标价格为3 900万元，工期2年。

在评标过程中，业主发现该价格与标底及其他单位的投标价相差较远，对投标人是否能在该价格下完成该项目的施工心存疑虑，但通过标书澄清，承包人坚定了业主的信心。承包人提出了低报价的几点理由。

(1)优秀合理的设计方案。

(2)低利策略（承包人称本单位所承担的工程都已完工，接下来已无施工任务，承担本项目的目的是解决施工队伍的吃饭问题而不是赚钱盈利）。

(3)能解决"三大材"的供应（价格双轨制使材料的计划价格与市场价格相差很远，由于该项目非国家计划投资项目，故无计划供应材料，而承包人告知原有的水电工程有不少剩余材料可用）。

由于上述理由，承包人顺利地取得了中标资格并和业主签定了合同。那么，工程的施工情况又如何呢？一开始施工单位也作了一些施工准备，但后来不知是技术上不能胜任，还是预感到将会严重亏损，总之，承包人甩手不干了。面对承包人这一严重的违约事实，业主在万分恼怒和无可奈何的情况下，不得不向省高级人民法院提起诉讼，但诉讼的结果并未使业主挽回自己所遭受的严重损失。

起初，省高级人民法院认定，承包人要承担主要的违约责任，应处以500万元的罚款（约合合同造价的15%）。而承包人为了逃避法律责任，亦聘请辩护律师在法庭上作了有力的辩护。承包人认为，本合同为无效合同。原因是业主招标中违反了《建设工程招标投标暂行规定》（建设部法规）的要求，在建设资金未落实的情况下仓促组织了招标。因资金无保证，故承包人退出施工。法律上这样的合同属于程序不合法的合同，是无效合同，因此，承包单位不应承担违约责任。

最后，这起经济纠纷案件不了了之，业主被迫重新选择施工单位组织工程施工。其结果是该工程到1991年才得以竣工，而工程造价达到了1.2亿元（也有物价上涨因素）。

从上述教训可以看出，业主在基本条件不具备的情况下盲目组织招标施工，受损害的首先是自己，轻则遭索赔，重则受诈骗，给不负责任者或投机取巧者以可乘之机，给国家财产带来损失。

三、施工招标的基本程序

公路工程施工招标,应当按下列程序进行。

(1)确定招标方式。采用邀请招标的,应当按照国家规定报有关主管部门审批。

(2)编制投标资格预审文件和招标文件。国道主干线和国家高速公路网建设项目的工程施工招标文件应当报交通部备案;其他建设项目的工程施工招标文件应当按照项目管理权限报县级以上地方人民政府交通主管部门备案。

(3)发布招标公告,发售投标资格预审文件;采用邀请招标的,可直接发出投标邀请书,发售招标文件。

(4)对潜在投标人进行资格审查。

(5)向资格预审合格的潜在投标人发出投标邀请书和发售招标文件。

(6)组织潜在投标人考察招标项目工程现场,召开标前会。

(7)接受投标人的投标文件,公开开标。

(8)组建评标委员会评标,推荐中标候选人。

(9)确定中标人。国道主干线和国家高速公路网建设项目的评标报告和评标结果,应当报交通部备案;其他建设项目的评标报告和评标结果,应当按照项目管理权限报县级以上地方人民政府交通主管部门备案。

(10)发出中标通知书。

(11)与中标人订立公路工程施工合同。

四、招标的组织机构及其职能

成立招标的组织机构是有效地开展招标工作的先决条件。招标的组织机构包括决策机构和日常工作机构两个部分。

1. 决策机构及其职能

决策机构的组建应严格以《中华人民共和国招标投标法》及项目法人制的要求为依据,充分发挥业主的自主决策作用,转变政府职能,落实业主的招标自主决策权,由业主根据项目的特点和需要来确定决策机构人选。决策机构的职能和工作如下。

(1)确定招标方案。包括制订招标计划、合理划分标段等工作。

(2)确定招标方式。即根据法律法规和项目特点确定招标项目是采用公开招标方式还是邀请招标方式。

(3)选定承包方式(承包合同形式)。即根据项目的特点和管理的需要确定招标项目的计价方式是采用总价合同、单价合同还是成本加酬金合同形式。

(4)划分标段,确定各标段的承、发包范围。

(5)确定招标文件的合同参数。如工期、预付款比例、缺陷责任期、保留金比例、迟付款利息的利率、拖期损失赔偿金或按时竣工奖金的额度、开工时间等。

(6)根据招标项目的需要选择招标代理单位,资格预审中确定投标人,评标定标时依法组建评标委员会,依法确定中标单位。

(7)依法对标底进行审查与管理。

2. 日常工作机构及职能

日常工作机构又称招标单位,其工作职能主要包括准备招标文件和资格预审文件、组织投标人资格预审、发布招标广告或投标邀请书、发售招标文件、组织现场考察、组织标前会议、组织开标评标等事项。日常工作可由业主自己来组织,也可委托专业监理单位或招标代理单位来承担。由于施工招标是合同的前期(合同订立的)管理工作,而施工监理是合同履行中的管理工作,监理工程师参加招标甚至将整个招标工作委托给监理单位承担,对搞好施工监理工作是很有帮助的,这也是国际惯例。

根据《公路工程施工招标投标管理办法》的规定,具备下列条件的招标人可自行办理招标事宜:

(1)具有与招标项目相适应的工程管理、造价管理、财务管理能力;

(2)具有组织编制公路工程施工招标文件的能力;

(3)具有对投标人进行资格审查和组织评标的能力。

招标人不具备本条前款规定条件的,应当委托具有相应资格的招标代理机构办理公路工程施工招标事宜。

任何组织和个人不得为招标人指定招标代理机构。

所谓招标机构是依法设立、从事招标代理业务并提供相关服务的社会中介组织。它的成立应具备以下条件:

(1)有从事招标代理业务的营业场所和相应资金;

(2)有能够编制招标文件和组织评标的相应专业力量;

(3)有符合法定条件、可以作为评标委员会人选的技术、经济等方面的专家库。

从事工程建设项目招标代理业务的招标代理机构,其资格由国务院或者省级人民政府的建设行政主管部门认定。

五、承包合同的类型及特点

施工承包合同按计价方式不同有总价合同、单价合同、成本加酬金合同等形式,且各有自己的特点及使用要求。

1. 总价合同

总价合同是按施工招标确定的总报价一笔包干的承包合同。招标前,由业主编制了施工图纸完备的招标文件,承包人据此提出投标总报价,签定合同。合同执行过程中,除非出现工程变更,总价应当维持不变。总价合同的特点是业主管理工作量较小,结算较简单,投资目标明确。但总价合同的可操作性较差,一旦出现工程变更,就会出现结算工作复杂化甚至没有计价依据的现象,其结果是合同价格需要另行协商,招标成果不能有效地发挥作用。此外,这种合同对承包人而言其风险责任较大,承包人为承担物价上涨、恶劣气候等不可遇见因素的应变风险,会在报价中加大不可遇见费用,不利于降低总报价。因此,总价合同对施工图纸的质量要求很高,只适用于施工图纸明确、工程规模较小且技术不太复杂的工程。

2. 单价合同

单价合同的常见类型是总价招标、单价结算的计量型合同。招标前由业主编制了具有工程量清单的招标文件,承包人据此提出各工程细目的单价和投标总报价,业主根据总报价的高低确定中标单位,签定合同。在合同执行过程中,单价原则上不变,完成的工程量根据计量结果来确定。单价合同的特点是合同的可操作性强,对图纸质量和设计深度的适应范围广,特别是在合同执行过程中,便于处理工程变更和施工索赔(即使出现工程变更,依然有计价依据),合同的公平性更好,承包人的风险责任小,有利于降低投标报价。但这种合同对业主的管理工作量较大,且对监理工程师的素质有很高的要求(否则,合同的公平性难以得到保证)。此外,业主采用这种合同时易遭受承包人不平衡报价带来的造价增加风险。

3. 成本加酬金合同

成本加酬金合同的基本特点是按工程实际发生的成本(包括人工费、施工机械使用费、其他直接费和施工管理费以及各项独立费,但不包括承包人的总管理费和应缴所得税),加上商定的总管理费和利润,来确定工程总造价。这种承包方式主要适用于开工前对工程内容尚不十分清楚的项目,例如边设计边施工的紧急工程,或遭受地震、战火等灾害破坏后须修复的工程。在实践中可有四种不同的具体做法。

(1)成本加固定百分比酬金

计算方法可用下式说明:

$$C = C_d \times (1 + P) \tag{2-1}$$

式中:C——总造价;

C_d——实际发生的工程成本;

P——固定的百分数。

从算式中可以看出,总造价 C 将随工程成本 C_d 的增加而增加,显然不能鼓励承包人关心缩短工期和降低成本,因而对建设单位的投资控制是不利的。现在这种承包方式已很少被采用。

(2)成本加固定酬金

工程成本实报实销,但酬金是事先商定的一个固定数目。计算式为:

$$C = C_d + F \tag{2-2}$$

式中,F 代表酬金,通常按估算的工程成本的一定百分比确定,数额是固定不变的。

这种承包方式虽然不能鼓励承包人关心降低成本;但从尽快取得酬金出发,承包人将会关心缩短工期,这是其可取之处。

(3)成本加浮动酬金

这种承包方式要事先商定工程成本和酬金的预期水平。如果实际成本恰好等于预期水平,工程造价就是成本加固定酬金;如果实际成本低于预期水平,则增加酬金;如果实际成本高于预期水平,则减少酬金。这三种情况可用算式表示如下:

$$C = C_d + F + \Delta F \tag{2-3}$$

式中:ΔF——酬金增减部分,可以是一个百分数,也可以是一个固定的绝对数;

其他符号意义同前。

采用这种承包方式时,通常规定,当实际成本超支而减少酬金时,以原定的固定酬金数额为减少的最高限度。也就是在最坏的情况下,承包人得不到任何酬金,但不必承担赔偿超支的责任。这种承包方式对承、发包双方既没有太多风险,又能促使承包人关心降低成本和缩短工期;但在实践中估算预期成本比较困难,所以要求当事双方具有丰富的经验。

(4)目标成本加奖罚

在仅有初步设计和工程说明书即迫切要求开工的情况下,可根据粗略估算的工程量和适当的单价表编制概算,作为目标成本。随着详细设计逐步具体化,工程量和目标成本可加以调整,另外规定一个百分数作为酬金。最后结算时,如果实际成本高于目标成本并超过事先商定的界限(例如5%),则减少酬金;如果实际成本低于目标成本(也有一个幅度界限),则加给酬金。用算式表示如下:

$$C = C_d + P_1 C_0 + P_2 (C_0 - C_d) \tag{2-4}$$

式中:C_0——目标成本;

P_1——基本酬金百分数;

P_2——奖罚百分数。

其他符号意义同前。

此外,还可另加工期奖罚。

这种承包方式可以促使承包人关心降低成本和缩短工期,而且目标成本是随设计的进展而加以调整才确定下来的,故建设单位和承包人双方都不会承担多大风险,这是其可取之处。当然也要求承包人和建设单位的代表都须具有比较丰富的经验。

以上是按计价方式不同,常见的三种施工承包类型。施工招标中到底采用哪种承包方式,应根据项目的具体情况选定。

例如,在下列情况下宜采用总价合同:

(1)业主的管理人员较少或缺乏项目管理的经验;

(2)监理制度不太完善或缺少高水平的监理队伍;

(3)施工图纸明确、技术不太复杂、规模较小的工程;

(4)工期较紧急的工程。

而在下列情况下可采用单价合同:

(1)业主的管理人员多,且有较丰富的项目管理经验;

(2)施工图设计尚未完成,要边组织招标,边组织施工图设计;

(3)工程变更较多的工程;

(4)监理队伍的素质较高,监理人员行为公正,监理制度完善。

科学地选择承包方式,对保证合同的正常履行、搞好合同管理工作是十分重要的。

六、标段划分

标段划分时应考虑工程的技术特点、承包队伍的状况、工程是否可以分包等因素。面向大型工程承包单位招标时,标段可以很大;面向小型的专业化的施工队伍招标时,标段可以划得较小。但标段划分太小时,会影响施工规模的经济性,使施工成本增加,开办费用增多,业主和监理的施工协调和管理工作量也将成倍增加(管理成本加大),这对工程的投资控制是不利的。特别是有些项目由于标段划分不合理,破坏了原设计中的土石方调配方案,增大了工程造价,这是值得认真总结和反思的。

第二节　施工招标文件

招标文件的规范化对做好招标投标工作是非常重要的，为满足规范化的要求，编写招标文件时，应遵循合法性、公平性和可操作性的编写原则。在此基础上，根据交通部组织专家编写的《公路工程国际招标文件范本》和《公路工程国内招标文件范本》，结合项目的具体情况和法律法规的要求予以补充。根据范本的格式和当前招标工作的实践，施工招标文件应包括以下内容：投标邀请书、投标人须知、合同通用条款、合同专用条款、技术规范、投标书与投标担保书格式、工程量清单、投标书附表格式、合同协议书格式、履约担保格式、施工组织设计建议书格式、图纸。

招标文件的组成会因合同类型的不同而有所差别。例如，对总价合同而言，图纸中须包括施工图纸但无需工程量清单，而单价合同可以没有施工图纸但工程量清单必不可少。

一、投标邀请书

投标邀请书是招标人向通过资格预审的投标人或潜在投标人正式发出参与本项目投标的邀请。因此，投标邀请书也是投标人具有参加投标资格的证明，而没有得到投标邀请书的投标人，无权参加本项目的投标。

投标邀请书应当载明下列内容：

(1)招标人的名称和地址；

(2)招标项目的名称、技术标准、规模、投资情况、工期、实施地点和时间；

(3)获取招标文件的办法、时间和地点；

(4)对潜在投标人的资质要求；

(5)招标人认为应当公告或者告知的其他事项。

投标邀请书格式如下。

投标邀请书

(投标人全称)：

1. ________省(自治区、市)________至________公路项目已由________批准修建，并已列入基本建设计划。现决定对该项目的________工程的实施和完成进行公开招标。你单位已通过资格预审[1]，现邀请你单位按招标文件规定的内容，参加第________合同段的投标。

2. 本项目招标分为A、B、C……________个合同段，各合同段独立招标。第________合同段由K________+________至K________+________，长约________km，技术标准________级，________路面。有立交________处；大中桥________座，计长________m；隧道________座，计长________m，以及其他构造物工程等(独立的大桥工程应简述桥型、桥长、桥宽、跨径、基础形式、引桥引道长度等)。

3. 请凭本邀请书于____年____月____日至____年____月____日到____(招标人全称)____处购买招标文件，招标文件每套收取成本费人民币________元，售后不退[2]。

4. 业主根据对本合同工程勘察所取得的水文、地质、气象和料场分布等资料编制了一册

《参考资料》，投标人在交付人民币________元之后，可以在下列地址取得一份复印件。如有需要，还可查阅详细的勘察资料。

查阅地址：____________________

联 系 人：____________________

电　　话：____________________

5. 投标人在送交投标文件时，应按投标人须知第13条规定提交人民币________元或不低于投标价1%的投标担保[3]。

6. 招标人将于下列时间和地点组织进行工程现场考察并召开标前会议。

现场考察时间：____年____月____日____时；地点：____________________。

标前会议时间：____年____月____日____时；地点：____________________。

7. 投标文件送交的截止时间为____年____月____日____时[4]。投标文件必须在上述时间前递交至(单位：　　　　　　地址：　　　　　　)。招标人定于投标文件送交截止的同一时间、同一地址举行公开开标[5]。

8. 请在收到本邀请书24小时(以发了时间为准)内，以书面方式回函确认。如果你单位不准备参与投标，亦请尽快通知我们，谢谢合作。

招标人地址：____________________

邮　　编：

电　　话：____________________

传　　真：____________________

联 系 人：____________________

招标人：____(盖章)____

____年____月____日

注：(1)本邀请书适用于公开招标实行资格预审的项目；如果用资格后审，第1条的“已通过资格预审”文字应删去。

(2)每套招标文件售价只计工本费，最高不超过1 000元(不含图纸部分)。参考资料也应只计工本费，最高不超过1 000元。

(3)投标担保的形式应与投标人须知第13.2款的规定一致。

(4)自招标文件开始发出之日起至投标人送交投标文件截止之日止。高速公路、一级公路、技术复杂的特大桥梁、特长隧道不得少于28日，其他公路工程不得少于20日。

(5)开标应当在招标文件确定的送交投标文件截止时间的同一时间公开进行。

二、投标人须知

1. 投标人须知的内容

投标人须知是一份为让投标人了解招标项目及招标的基本情况和要求而准备的一份文件，见表2-1。该文件中应说明以下内容。

(1)项目概况。包括本项目各标段的范围、大致的工程量情况及技术特点，项目建设的资金来源及筹措情况(投标人可根据资金的来源情况来评估项目资金到位情况及风险)等。

(2)投标人的资格要求。如果在招标之前要对投标人进行资格预审，投标人的资格要求在投标人须知这份文件中可以简化,否则,应较详细地说明投标人在法人资格、资质等级、施工业绩、财务状况等方面的基本要求(其内容参考资格预审文件)。另外,对投标人联营投标的规定也一起进行说明。

(3)投标中的时间安排及相应的规定。如发售招标文件、现场考察、投标答疑、投标截止日期、开标等时间的安排。在制定各项工作的日程安排时,既要考虑本项目整体进度计划(可以倒排一下各项工作的时间安排),另一方面又要考虑为满足各项工作的质量要求而应有的合理时间间隔,在满足项目整体计划进度的要求下,时间应尽量充分一点。招标中时间安排仓促,可能会影响招标投标质量。

(4)投标中须遵守和注意的事项。包括投标书的组成、编制要求及密封和递送要求等。

(5)开标程序、评标与定标的基本原则、程序、标准和方法。

投标人须知资料表 表2-1

说明:(1)表2-1中的各项在送审招标文件时,应无例外一一填写,除"不适用"外,不留空白。如某日期一时定不下来,可先填计划日期。

(2)如某栏对本项目不适用,应在相应栏中注明"不适用"。任何对投标人须知的修改均应在本表后的"修改表"中反映,并保持原条款号不变。

投标人须知条款号	具体信息或数据
1.1	招标人名称: 地址: 电话: 联系人: 邮编: 传　真:
1.1	工程项目名称:
1.2	工程说明:详见附件1工程说明
1.3	预计工期:______月
2	资金来源:本项目经______部(委)批准立项,已列入______省(自治区、市)基本建设计划,资金来源为:
3.2	应更新的资审资料:除本须知3.2(1)……(7)外,还应更新:
5.1	现场考察地址和时间:
5.2	取得《参考资料》和查阅详细资料的地点: 每套《参考资料》收费:______元
6.1	标前会议时间和地点:
11.6	指明合同是否调价:
12.1	投标文件有效期:(1)
13.1	投标担保的金额:(2)
13.2(2)	出具投标保函的银行级别:
14.1	有无技术性选择方案:______; 如有,写明技术性选择方案的工程部分的名称:______
15.1	投标文件的份数:正本1份,副本______份
16.3(1)	送交投标文件的地址:

续上表

投标人须知条款号	具体信息或数据
16.3(2)	________项目第________合同段投标文件
16.3(3)	开标时间:
17.1	投标截止期:
17.2	投标截止期________天前
20.1	开标时间、地点:________
28	招标人将按________进行评标(3)
32.1	履约担保的金额和提交时间:
33.1	中标人在收到中标通知书________天内
34.4	监督机构:______________;电话:______________ 地　　址:______________;邮编:______________

注:(1)填入开标日期后的天数。此期限应考虑工程的规模与复杂性,并为评标、澄清、上级的批准及通知中标提供充足的时间,通常此期限为70~120天。

(2)此金额应与投标邀请书中指明的一致。为了避免出具保函的银行泄漏投标人的投标价格,最好规定一个固定的金额而不用投标价格的某一百分比。如果规定用投标价格的百分比,应说明此百分比为不低于1%(小型工程可适当提高到2%)。

(3)招标人将选择下列内容填入本表:“综合评估法28.2(1)”或“综合评估法28.2(2)”或“最低评标价法”或“双信封评标法”或“合理低价法”。

2. 投标人须知与工程造价

投标人须知的内容与工程造价均有密切联系。

(1)项目概况的信息。这些内容涉及投标人承担的义务量的大小、难易程度以及风险责任。因此,其信息不同,相应的工程造价会有所不同。另外,信息的完备与否与完全竞争市场的形成有密切联系,应将有关情况按格式尽可能表述清楚。

(2)投标人资格要求的信息。投标人的资格要求直接关系到投标人的数量、素质及竞争的程度,直接影响施工成本与交易成本,因而影响工程造价。

(3)投标过程中的各项义务及费用开支。这些规定与交易成本直接相关,并会在投标报价中充分反映出来。完全竞争市场假定其交易成本为零,因此,为有利于完全竞争市场的形成,应尽量简化招标程序,减少投标人投标过程中的义务和开支,降低交易成本。

(4)选择性报价的规定。投标人须知中是否允许投标人进行选择性报价(包括选择工期、预付款及设计方案)对工程造价及投资效益的影响是不同的。允许投标人进行选择性报价,有利于充分发挥投标人各自的技术特长,优化合同工期,优化项目设计,达到降低工程造价、缩短建设工期、提高投资效益的目的。

(5)评标定标的原则、标准与方法。评标定标的原则、标准与方法直接关系到中标单位的选择标准与竞争力,它与工程造价直接相关(见本章第五节)。

(6)对投标人的价格优惠规定。如世界银行贷款项目规定工程所在国的投标人可享受7.5%的优惠。该规定有利于保护本国建筑业,但同时也降低了竞争,不利于降低投标报价及工程造价。这种做法在国内招标中不允许采用,因为它损害公平竞争,影响工程造价。

三、合同条件

1. 合同条件的内容与组成

合同条件又称合同条款,主要规定了合同履行中当事人基本的权利和义务。合同履行中的工作程序、监理工程师的职责与权力也应在合同条款中进行说明,目的是让投标人充分了解施工中将面临的监理环境。合同条款包括通用条款和专用条款:通用条款在整个项目中是相同的,甚至可以直接采用范本中的合同条款,这样既可节省编制招标文件的时间,又能较好地保证合同的公平性和严密性(也便于投标人节省阅读招标文件的时间);专用条款是对通用条款的补充和具体化,应根据各标段的情况来组织编写。在编制合同条款时,保持合同的公平性是很重要的,实践中,多数业主单位喜欢对招标文件范本中的合同条款随意修改,特别是将一些不合理的规定强加在投标人的身上,将一些施工中投标人无法克服也承受不了的风险交由投标人承担,总以为这样做可以避免业主的风险损失,减少索赔,降低工程造价。但是,这种想法实际上是错误的,这样的合同会带来以下问题。

(1)不利于降低投标报价。由于投标人的报价是由施工成本、利润以及风险费三部分组成。所以当合同规定主要风险由业主承担时,投标人的报价可不考虑风险费用,这样的合同条款有利于促使承包单位通过提高劳动生产率水平来降低施工成本,并最终降低投标报价。也就是说,如果风险不发生,业主可以节省概算中的风险费用,从而达到降低工程造价的目的。但如果合同规定主要风险由投标人承担,则投标人在报价中必然要考虑风险费用,由于风险的发生是不确定的,风险损失的大小是无法准确估计的,因此,这样的合同会使投标人的投标报价工作很难进行,一些保守的单位会在报价中考虑较多的风险费用,一些不负责任的单位则可能不考虑风险费用,最终的结果是使投标报价无法真实地反映投标人的劳动生产率水平和竞争实力,使招标丧失其应有的功能,达不到降低工程造价的目的,不利于促进社会劳动生产力水平的提高。

(2)不利于合同的正常履行和合同管理。这样的合同一开始就未能为业主和投标人的合作创造一种良好的氛围,投标人为了中标,可能暂时签订了“城下之盟”,但当风险发生而使投标人遭受损失时,投标人避免损失的办法可能就是偷工减料,最终遭受损失的仍然是业主。

(3)这样的合同不受法律保护。由于合同条款违反了公平性的原则和要求,因此,这样的合同在性质上属于可撤销合同,不受法律保护,当投标人无法履行时,可以向人民法院申请撤销;当发生经济纠纷时,人民法院可按无效经济合同的法律责任论处。

因此,在编制合同条款时,一定要满足合同的公平性及合法性的要求。在这个原则下,合同条款应尽可能地具体明确,充分满足可操作性的要求。一份操作性好的合同,应该是各种问题面面俱到、处理办法应有尽有的合同,凡是在合同履行中出现的任何情况,都可以在合同中找出相应的处理办法。未尽事宜很多,需要在执行中协商解决的合同是一份可操作性差的合同,不利于合同的正常履行。

鉴于以上情况,编制合同条款时,公路工程招标文件范本的通用条款原则上不能变动,世界银行贷款项目应采用 FIDIC 条款为通用条款。在编写专用条款时,也应以《范本》中的专用条款格式为基础去编写,不宜对通用条款作过多的修改。

2. 合同条款与工程造价

合同条款与工程造价的基本关系是:合同条款中投标人的义务越多、风险责任越大,则工程造价越高。

例如,当合同条款中要求投标人提交履约担保和预付款担保时,这种要求有利于促进投标人履行其合同义务,但却增加了投标人的担保义务,因此其工程造价会相应提高。

又如,合同条款中涉及到各种风险责任,其中有些风险责任是投标人通过加强管理可以避免克服的,而有些风险责任却是投标人即使加强管理也无法避免克服的,且很难在投标中作出准确地估计。因此,如果将这些无法预见和克服的风险责任交由投标人报价中考虑,则不利于降低投标报价和工程造价。

再如,合同条款中要求投标人办理保险义务。投标人为承担该义务要支出相应的保险费用,投标人在其报价中必然考虑该项费用。但保险是避免风险责任的有效途径,能起到防范和化解工程风险的作用,可大幅度降低报价及施工中的风险费用。因此,投标人办理保险虽增加保险费,但却可减少施工中的风险费,总体上有利于降低投标报价和工程造价。

另外,合同条款中的监理工程师职责与权力的规定对工程造价也有重要影响。监理工程师的独立性越强、公正性越高,投标人的合法权益越能受到保护,投标人相应的风险减小,有利于投标人降低投标报价及工程造价。并且,监理工程师在监理过程中能有效地起到投资控制的作用。当然,随之会发生相应的监理费用。

合同中的索赔规定及价格调整条款也与投标报价及工程造价密切相关。表面上业主会支出赔偿费用,但实质上,由于投标人的风险责任大大减小,投标报价也因此大幅度降低,进而起到降低工程造价的作用。

四、技术规范

1. 技术规范的组成与格式

技术规范是一份十分重要的文件,它详细具体地说明了投标人履行合同时的质量要求、验收标准、材料的品级和规格,为满足质量要求应遵守的施工技术规范,以及计量与支付的规定等。

由于不同性质的工程其技术特点和质量要求及标准等均不相同,所以,技术规范应根据不同的工程性质及特点分章、分节、分部、分细目来编写。例如,《公路工程国内招标文件范本》的技术规范中,除总则之外,又分成:路基;路面;桥梁、涵洞;隧道;安全设施及预埋管线;绿化及环境保护等七章。而桥梁一章中除通则之外,又分成:模板、支架和拱架;钢筋;基础挖方及回填;钻孔灌注桩;沉桩;挖孔灌注桩;桩的垂直静荷载试验;沉井;结构混凝土工程;预应力混凝土工程;预制构件的安装;砌石工程;小型钢构件;桥面铺装;桥梁支座;桥梁接缝及伸缩装置;防水处理;圆管涵及倒虹吸管;盖板涵、箱涵;拱涵等21节。在每章中对每一节工程的特点分质量要求、验收标准、材料规格、施工技术规范及计量与支付等分别进行规定和说明。

技术规范中施工技术的内容应简化,因为,施工技术是多种多样的,招标中不应排斥投标人通过先进的施工技术降低投标报价的机会。投标人完全可以在施工中采用自己所掌握的先进施工技术,节约生产成本。

技术规范中的计量与支付规定也是非常重要的,可以说,没有计量与支付的规定,投标人就无法进行投标报价(编制单价),施工中也无法进行计量与支付工作。计量与支付的规定不同,投标人的报价也会不同。计量与支付的规定中包括计量项目、计量单位、计量项目中的工作内容、计量方法以及支付规定。例如，挖方路基（土方）的计量支付规定如下。

（1）计量

①路基土石方开挖数量包括边沟、排水沟、截水沟，应以经监理工程师校核批准的横断面地面线和土石分界的补充测量为基础，按路线中线长度乘以经监理工程师核准的横断面面积进行计算，以立方米计量。

②挖除路基范围内非适用材料（不包括借土场）的数量，应以承包人测量，并经监理工程师审核批准的断面或实际范围为依据的计算数量，以立方米计量。

③除非监理工程师另有指示，凡超过图纸或监理工程师规定尺寸的开挖，均不予计量。

④石方爆破安全措施、弃方的运输和堆放、质量检验、临时道路和临时排水的维修等均不另计量，作为承包人应做的附属工作。

⑤在挖方路基的路床顶面以下，土方断面应挖松深 300mm 再压实；石方断面应辅以人工凿平或填平压实。此两项作为承包人应做的附属工作，均不予计量。

⑥改河、改渠、改路的开挖工程按合同图纸施工，计量方法可按上述（1）款进行。改路挖方线外工程的工作量计入 203－1 项内。

（2）支付

①按上述规定计量，经监理工程师验收并列入工程量清单的以下支付细目的工程量，每一计量单位，将以合同单价支付。此项支付包括材料、劳力、设备、运输等及其为完成此项工程所必需的全部费用。

②土方和石方的单价费用，包括开挖、运输、堆放、分理填料、装卸、弃方和剩余材料的处理，以及其他有关的全部施工费用。

③支付细目（表 2-2）

表 2-2

细 目 号	细 目 名 称	单 位
203－1	路基挖方	
－a	挖土方	m^3
－b	挖石方	m^3
－c	挖除非适用材料（包括淤泥）	m^3
203－2	改河、改渠、改路挖方	
－a	开挖土方	m^3
－b	开挖石方	m^3
－c	……	

《公路工程国内招标文件范本》中的技术规范，比较全面地考虑了技术规范文件中应包括的各项内容。实际工作中，可在此基础上根据图纸、国家或交通部颁发的技术规范作进一步的修订完善。

2. 技术规范与工程造价

技术规范与工程造价的关系是：技术规范中的质量要求和验收标准越高，投标人的义务越多，则投标报价和工程造价越高。

质量与工程造价的关系如图 2-1 所示。从图中可以看出，随着质量要求的提高，工程造价会越来越高，特别是质量标准超出某一范围时，其工程造价会急剧上升。

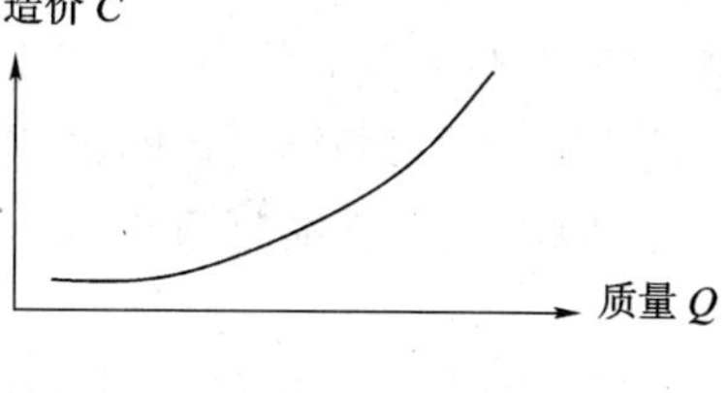

图 2-1　质量要求—成本关系

因此，实践中科学地选定质量标准，对保证工程质量、降低工程造价是十分重要的。在选定质量标准时，一方面要符合国家或行业质量标准；另一方面，对是否还应进一步提高质量标准，则应加强价值工程分析，避免盲目提高质量标准、增大工程造价的行为。

技术规范中应对为保证施工质量要求而应遵守的施工技术规范作出明确规定，但不应限制投标人的施工方法，以利于投标人在施工中发挥自身的技术特长和优势，进一步优化施工方法，降低施工成本和工程造价。

技术规范中的其他内容也会影响投标报价或工程总价。如技术规范中的计量与支付规定不同，投标人的单价构成与单价高低也不相同。

五、工程量清单

1. 工程量清单的作用、组成与格式

工程量清单是一份与技术规范相对应的文件，它是单价合同的产物。其作用在于：

(1)提供合同中关于工程量的足够信息，以使投标人能统一、有效而精确地编写投标文件；

(2)标有单价的工程量清单是办理中期支付和结算以及处理工程变更计价的依据。

工程量清单由说明、工程细目(工程量清单)、专项暂定金额汇总表、计日工明细表和工程量清单汇总表五部分组成。其中的说明，规定了工程量清单的性质、特点以及单价的构成和填写要求等。工程细目(工程量清单)反映了施工项目中各工程细目的数量，它是工程量清单的主体部分，其格式如表 2-3 所示。

工程量清单　　表 2-3

细目号	细目名称	单位	数量	单价	合价

2. 工程量清单说明

由于现行的工程量清单计价的有关规定中，部分工程细目的计量规则的描述比较笼统，在工程结算中甲、乙双方往往对清单细目所包含的工程内容在理解上有差异，以致造成工程经济纠纷；同时由于附属(助)工作在工程量清单中的认定比较模糊，也造成一部分建设资金的不合理支出等问题。为了解决这些问题，交通部公路工程定额站委托湖南省交通厅交通建设造价管理站依据交通部发布的《公路工程国内招标文件范本》(交公路发[2003]94 号)和建设部发布的《建设工程工程量清单计价规范》(GB 50500—2003)，制定了《公路工程工程量清单计量规则》，作为公路基本建设工程造价计价规定的组成部分。

《公路工程工程量清单计量规则》于 2005 年 3 月 1 日起施行，自施行之日起，公开或邀请招标的二级(含二级)以上公路和大型桥梁、隧道、房建建设项目，必须使用《公路工程工程量

清单计量规则》。在具体项目招标过程中，项目法人可以根据项目实际情况，补充有关技术规范内容，与规范共同使用。二级以下公路项目可参照《公路工程工程量清单计量规则》执行，外资贷款项目有特殊规定的，可以适用其规定。

(1)工程量清单应与投标人须知、合同条款、技术规范及图纸等文件结合起来查阅与理解。

(2)工程量清单中所列工程数量是估算的或设计的预计数量，仅作为投标的共同基础，不能作为最终结算与支付的依据。实际支付应按实际完成的工程量，由承包人按技术规范规定的计量方法，以监理工程师认可的尺寸、断面计量，按工程量清单的单价和总额价计算支付金额；或者，根据具体情况，按合同条款第 52 条的规定，由监理工程师确定的单价或总额价计算支付额。

(3)除非合同另有规定，工程量清单中有标价的单价和总额价均包括了为实施和完成合同工程所需的劳务、材料、机械、质检(自检)、安装、缺陷修复、管理、保险(工程一切险及第三方责任险除外)、税费、利润等费用，以及合同明示或暗示的所有责任、义务和一般风险。

(4)工程一切险的投保金额为工程量清单第 100 章(不含工程一切险及第三方责任险的保费)至第 700 章的合计金额，保险费率为____‰；第三方责任险的投保金额为____元，保险费率为____‰。工程量清单第 100 章内列有上述保险费的支付细目，投标人根据上述保险费率计算出保险费，填入工程量清单。除上述工程一切险及第三方责任险以外，所投其他保险的保险费率均由承包人承担并支付，不在报价中单列。

(5)工程量清单中本合同工程的每一个细目，都需填入单价；对于没有单价或总额价的细目，其费用应视为已包括在工程量清单的其他单价或总额价中，承包人必须按监理工程师指令完成工程量清单中未填入单价或总额价的工程细目，但不能得到结算与支付。

(6)符合合同条款规定的全部费用应认为已被计入有标价的工程量清单所列各细目之中，未列细目不予计量的工作，其费用应视为已分摊在本合同工程的有关细目的单价或总额价中。

(7)工程量清单各章是按技术规范相应章次编号的，因此，工程量清单中各章的工程细目的范围与计量等应与技术规范相应章节的范围、计量与支付条款结合起来理解或解释。

(8)对作业和材料的一般说明或规定，未重复写入工程量清单内，在给工程量清单各细目标价前，应参阅招标文件中技术规范的有关部分。

(9)对于符合要求的投标文件，在签订合同协议书前，如发现工程量清单中有计算方面的算术性差错，应按投标人须知第 23 条规定予以修正。

(10)工程量清单中所列工程量的变动，丝毫不会降低或影响合同条款的效力，也不免除承包人按规定的标准进行施工和修复缺陷的责任。

(11)承包人用于本合同工程的各类装备的提供、运输、维护、拆卸、拼装等支付的费用，已包括在工程量清单的单价与总额价中。

(12)在工程量清单中标明的暂定金额，除合同另有规定外，应由监理工程师按合同条款第 52 条和第 58 条的规定，结合工程具体情况，报经业主批准后指令全部或部分地使用，或者根本不予动用。

(13)计量方法：

①用于支付已完工程的计量方法,应符合技术规范中相应章节的"计量与支付"条款的规定。

②图纸中所列的工程数量表及数量汇总表仅是提供资料,不是工程量清单的外延。当图纸与工程量清单所列数量不一致时,以工程量清单所列数量作为报价的依据。

③工程量清单中各项金额均以人民币(元)结算。

3. 工程量清单的细目划分及对造价管理的影响

工程量清单的编写包括细目划分及工程量整理两项工作。在划分工程细目时,应满足如下要求:

(1)和技术规范保持一致性;

(2)便于计量与支付,减小计量难度;

(3)便于合同管理及处理工程变更;

(4)保持合同的公平性。

为满足上述要求,在划分工程细目时应注意下列问题。

(1)工程量清单各工程细目在名称、单位等方面都应和技术规范相一致,以便投标人清楚各工程细目的内涵和准确地填写各细目的单价。

(2)工程细目的大小要科学。工程细目可大可小,工程细目小有利于处理工程变更(变更的计价),但计量工作量和计量难度会因此增加;工程细目大可减少计量工作量,但太大难以发挥单价合同的优势,不便于变更工程的处理;另外,工程细目大也会使得支付周期延长,投标人的资金周转发生困难,最终影响合同的正常履行和合同的严肃性。例如,桥梁工程有基础挖方细目,由于计价中包含了基础回填等工作,所以投标人必须等到基础回填工作完成以后才能办理该项目的计量与支付。但如果将基础开挖和基础回填分成两个工程细目,则可以避免上述问题。工程细目小会增加计量工作量,但对处理工程变更和合同管理是有利的。例如,路基挖方中弃方运距的处理问题,实践中有两种处理方案:一种是路基挖方单价中包括全部弃方运距;另一种是路基挖方中包含部分弃方运距(如500m或1 000m),而超过该运距的弃方运费单独计量与支付。可以说,如果弃土区明确而且施工中不出现变更的话,上述两种处理方案是一样的(而且前一种方式可减少计量工作量)。但是,一旦弃土区变更或发生设计变更,由于弃土运距发生变化,则第一种方式的单价会变得不适应,双方必须按变更工程协商确定新的单价(使投标和合同单价失效),而采用第二种方式时合同中的单价仍然是适用的,原则上可以按原单价办理结算。

(3)应将开办项目作为独立的工程细目单列出来。开办项目往往是一些一开工就要全部或大部分发生甚至开工前就要发生的项目,如工程保险、担保、投标人的驻地建设、测量放样、临时工程等。如将这些项目包含在其他项目的单价中,则投标人开工时上述各种款项不能得到及时支付,这不仅影响合同的公平性和投标人的资金周转,而且会影响招标中预付款的数量(预付款的数量要增加),并且会加剧投标人的不平衡报价(投标人会将开工早的工程细目报价提高,以尽早收回成本),因此影响变更工程的计价。

(4)工程量清单中应备有计日工清单。设立计日工清单的目的是用来处理一些小型变更工程(小到可以用计日工的形式来计价)计价,使工程量清单在造价管理上的可操作性更强。为控制投标人的计日工报价的合理性,在编制工程量清单时应事先假定各计日工的数量。

4. 工程量清单的工程量整理及对造价管理的影响

工程量清单的工程量是反映投标人的义务量大小及影响造价管理的重要数据。在整理工程量时应根据设计图纸及调查所得的数据,在技术规范的计量与支付方法的基础上进行综合计算。同一工程细目,其计量方法不同,所整理出来的工程量会不一样。在工程量的整理计算中,应保证其准确性,否则,会带来下列问题。

(1)工程量的错误一旦被投标人发现,投标人会利用不平衡报价给业主带来损失。

【例 2-1】 某项目工程量清单有土方工程和钢筋工程两个工程细目(本书在整理示例时作了技术上的简化),其工程量清单如表 2-4 所示。

工程量清单 表 2-4

细目号	细目名称	单位	数量	单价	合价
202-1	土方	m^3	1 000 000.00		
406-1	钢筋	t	100.00		

表 2-4 中,土方的数量为 100 万 m^3,钢筋的数量为 1 000t。但由于工作人员的错误,将钢筋的数量统计成了 100t,并发给了承包单位。工程量发生错误且被投标人研究招标文件时发现后投标人的报价情况如表 2-5 所示。

投标人发现错误后的报价情况 表 2-5

细目号	细目名称	单位	数量	单价(元)	合价(元)
202-1	土方	m^3	1 000 000.00	10.00	10 000 000.00
406-1	钢筋	t	100.00	6 000.00	600 000.00
			(1 000.00)		(6 000 000.00)
合计					10 600 000.00
					(16 000 000.00)

表 2-5 中,括号里的数字是合同履行中实际需要发生的数字,即投标人的总报价是 1 060 万元,而实际上履行中需发生 1 600 万元。

但业主(或标底编制单位)编制出来的预期价格(标底)是 1 140 万元(实际需要发生1 500 万元),其中,土方单价为 11 元/m^3(投标人的土方单价比该价格低),钢筋的单价为 4 000 元/t(投标人的报价比该价格要高),详细情况如表 2-6 所示。

业主编制的预期价格 表 2-6

细目号	细目名称	单位	数量	单价(元)	合价或金额(元)
202-1	土方	m^3	1 000 000.00	11.00	11 000 000.00
406-1	钢筋	t	100.00	4 000.00	400 000.00
			(1 000.00)		(4 000 000.00)
合计					11 400 000.00
					(15 000 000.00)

由于投标人的报价 1 060 万元比标底价 1 140 万元低(低出 7%),这是一个很有竞争力的

报价,所以,经过投标竞争,投标人获得了该项目的中标资格,和业主签订了合同。但在合同履行中,由于承包合同是单价合同,结算须按合同中的单价结算,因此,最终实际需发生的工程结算金额是 1 600 万元。而如果不发生工程量错误的话,1 500 万元(见标底栏括号中的数字)是可以完成该项目的。在这里,投标人使用了不平衡报价法,通过不平衡报价法,投标人不仅降低了投标报价,取得了中标资格,而且最终的工程款将达到 1 600 万元,比预期 1 500 万元还多赚了 100 万元。

不平衡报价的分析方法是:一方面,将投标人各工程细目的单价与相应的标底单价进行比较来定性分析。另一方面,通过计算综合不平衡报价系数来定性评价不平衡报价给业主带来的风险。其公式是:

$$K=\sum_{i=1}^{n}\left(\frac{\max(P_i,P'_i)}{\min(P_i,P'_i)}\right)-n\cdot\left(\frac{\max(Z,Z')}{\min(Z,Z')}\right) \tag{2-5}$$

式中,K——综合不平衡报价系数;

P_i、P'_i——分别代表第 i 个工程细目的投标单价和标底单价;

Z,Z'——分别代表投标人修正算术错误及剔除暂定金额后的投标总价及相应的标底总价;

n——工程量清单中工程细目的个数。

当 $K=0$ 时,说明其报价是平衡的,K 值越大,说明其报价越不平衡。可以证明,当标书的投标单价与标底单价相等或成固定比例时,其 K' 值为 0(即无任何不平衡报价)。当投标单价全部高于标底单价或全部对于标底单价但 P_i/P'_i 不等于常数时,其 K 值接近 0,说明报价是基本平衡的。K 值越大,说明投标报价越不平衡,给业主带来的不利风险越大。

(2)工程量的错误会诱发其他施工索赔。投标人除通过不平衡报价获取超额利润外,还有权提出索赔。例如,《公路工程国内招标文件范本》第 52.3 款规定,如果在签发交工证书时发现由于工程量的变化使得合同价格的增加或减少总共超过有效合同价的 15% 时,投标人可以提出施工索赔。本例中的结算价 1 600 万元比有效合同价 1 060 万元超过 51%,此时投标人会提出由于工程量的增加,投标人的开办费用(如施工队伍调遣费、临时设施费、模板消耗等费用)不够开支,要求业主赔偿。

(3)工程量的错误还会增加变更工程的处理难度。由于投标人采用了不平衡报价,所以当合同发生工程变更而引起工程量清单中工程量的增减时,因不平衡报价对所增减的工程量计价不适应,会使得监理工程师不得不和业主及投标人协商确定新的单价来对变更工程进行计价,以致合同管理的难度增加。

(4)工程量的错误会造成投资控制和预算控制的困难。由于合同的预算通常是根据投标报价加上适当的预留费后确定的,工程量的错误还会造成项目管理中预算控制的困难和增加追加预算的难度。

因此,工程量的准确性应予保证,其误差最大不能超过 5%。

六、投标书及其附件

1. 投标书

投标书是为投标人填写投标总报价而由业主准备的一份空白文件。投标书中主要应反映下列内容:投标人、投标项目(名称)、投标总报价(签字盖章)、投标有效期。投标人在详细研究了招标文件并经现场考察工地后，即可以依据所掌握的信息确定投标报价策略，然后通过施工预算和单价分析，填写工程量清单，并确定该项工程的投标总报价，最后将投标总报价填写在投标书上。招标文件中提供投标书格式的目的：一是为了保持各投标人递送的投标书具有统一的格式；二是提醒各投标人投标以后需要注意和遵守有关规定。投标书的格式如下。

投 标 书

________省________公路项目________合同段（或________大桥）

致：(招标人全称)

1. 在研究了上述项目第________合同段（或________大桥）的招标文件（含补遗书________第________号至第________号）和考察了工程现场后，我们愿意按人民币（大写）________元（________元）的投标总价，或根据上述招标文件核实后确定的另一金额，遵照招标文件的要求承担本合同工程的实施、完成及其缺陷修复工作。

2. 第________合同段由K________+________至K________+________，长约________km，技术标准________级，________路面。有________立交________处；大、中桥________座，计长________m；隧道________座，计长________m以及其他构造物工程等。

3. 如果你单位接受我们的投标，我们将保证在接到监理工程师的开工通知书后，在本投标书附录内写明的开工期内开工，并在________个月的工期内完成本合同工程，达到合同规定的要求，该工期从本投标书附录内写明的开工期的最后一天算起。

4. 如果你单位接受我们的投标，我们将保证按照你单位认可的条件，以本投标书附录内写明的金额提交履约担保。

5. 我们同意在从规定的开标之日起________天的投标文件有效期内，严格遵守本投标书的各项承诺。在此期限届满之前，本投标书始终将对我方具有约束力，并随时接受中标。

6. 在合同协议书正式签署生效之前，本投标书连同你单位的中标通知书将构成我们双方之间共同遵守的文件，对双方具有约束力。

7. 我们理解，你单位不一定接受最低标价的投标或你单位接到的其他任何投标，并对此不作出任何理解。同时也理解，你单位不负担我们的任何投标费用。

8. 随同本投标书，我们出具金额为人民币________元的投标担保。如果我们在本投标文件有效期内撤回投标文件；或拒绝接受按投标人须知规定的对投标文件中细微偏差进行澄清与补正；或在接到中标通知书后的28天内未能或拒绝签订合同协议书；或未能提交履约担保（含按规定提交的相应比例的银行汇票），你单位有权没收投标担保，另选中标单位。

投标人地址：________________ 投标人：(全称)(盖章)

邮政编码：________________ 法定代表人

电　　话：________________ 或

传　　真： 其授权的代理人(职务)(姓名)(签字)

日　　期：______年____月____日

2. 投标书附录

投标书附录是用于说明合同条款中的重要参数如工期、预付款等内容及具体标准的招标文件。该文件在投标人投标时签字确认后即成为投标文件及合同的重要组成部分。在编制招标文件时,投标书附录的编制是一项重要的工作内容,其参数的具体标准对造价及质量等方面有重要影响。投标书附录全部内容及格式如表2-7所示。

投 标 书 附 录 表2-7

说明:1. 表2-7所有数据应在招标文件发生前由招标人填写,由投标人签署确认;

2. 数据栏中,对数据的限额说明见招标文件第一卷中的专用条款数据表。

序号	事　　项	合同条款	数　　据
1	投标担保金额	—	不低于投标价______%,或人民币______万元
2	履约担保金额	10.1	合同价格的10%(如采用最低评标价法评标,中标人还应按投标人须知第28.2款有关规定提交相应比例的银行汇票)
3	发开工令期限(从签订合同协议书之日算起)	41.1	______天内
4	开工期(接到监理工程师的开工令之日算起)	41.1	______天内
5	工期	43.1	______个月
6	拖期损失偿金	47.1	人民币______元/天
7	拖期损失偿金限额	47.1	合同价格的10%
8	缺陷责任期	49.1	______年
9	保修期	50.2	______年
10	期中(月进度)支付证书最低限额	60.2	合同价的______%,或人民币______万元
11	保留金的百分比	60.3	月支付额的10%
12	保留金限额	60.3	合同价的5%
13	开工预付款	60.5	合同价的______%
14	材料、设备预付款	60.7	______等主要材料、设备单据所列费用的______%
15	支付时间	60.15	中期支付证书开出后______天 最后支付证书开出后42天
16	未付款额的利率	60.15	______‰/天

投标书签署人签名:____________________

3. 项目工期编制及对工程造价的影响

项目工期的确定受以下因素的影响。

(1)项目的设计方案。设计方案不同,其工程性质、工程量及施工难度不同,施工工期亦不一样,通过优化设计可缩短工期。

(2)质量要求与验收标准。工期与质量的关系如图2-2所示。即项目的质量要求与验收标准越高,其工期越长,质量要求与验收标准决定项目的极限工期。

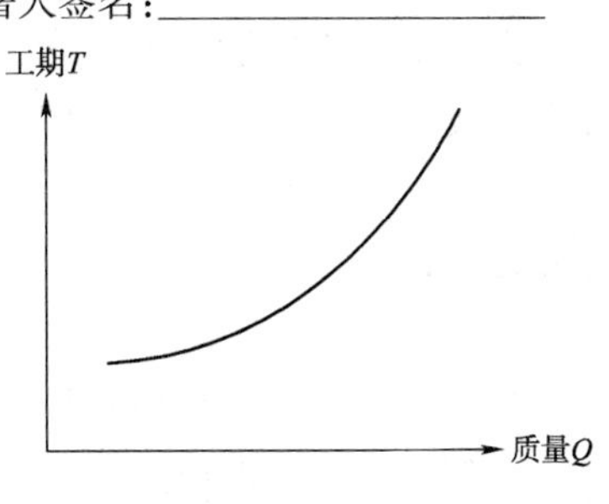

图2-2 工期—质量关系

(3)项目的施工。包括项目的施工组织方式与施工排序,项目的施工方案、施工方法、施工工艺以及项目施工中的资源投入。通过优化施工及增大人力物力投入可缩短工期。在确定项目工期时,为满足工期的科学性与合理性要求,应考虑如下主要因素。

①为保证施工质量及满足施工工艺和施工顺序要求必须的工期。项目的施工工艺及施工顺序是由项目的设计、工程性质及质量要求、施工方案与施工方法及施工的内在规律决定的。因此,受质量要求及施工工艺和施工顺序的限制,其工期总有其极限工期。

②为满足施工经济性要求的施工工期。工期的长短会影响项目的经济性及施工成本,工期与成本及造价的关系如图 2-3 所示。从图 2-3 中可以看出,项目的直接成本与工期成反比。这些费用有:人工费、机械使用费、周转性材料使用费、临时设施费、施工队伍调遣费等。工期缩短,所投入的人工、机械等必然增多,受作业面的限制,工效会相对下降;且周转性材料要增加,其周转次数会减少;另外,临时设施、施工队伍调遣费会因人工、机械、周转性材料的增多而增多。所以上述各项费用会不同程度地增加,反之,会减少(见图中的直接成本曲线)。而施工管理费则与工期成正比,工期越长,管理费支出越大,另外,项目的资金成本即建设期贷款利息也越多。因而总成本曲线为一 U 形曲线,当工期为 T_0 时,其总成本最小。因此,从施工成本而言,每一个施工项目都有其最佳工期和最低成本,从提高施工的资源使用效率考虑,应按最低成本和造价来确定项目工期。

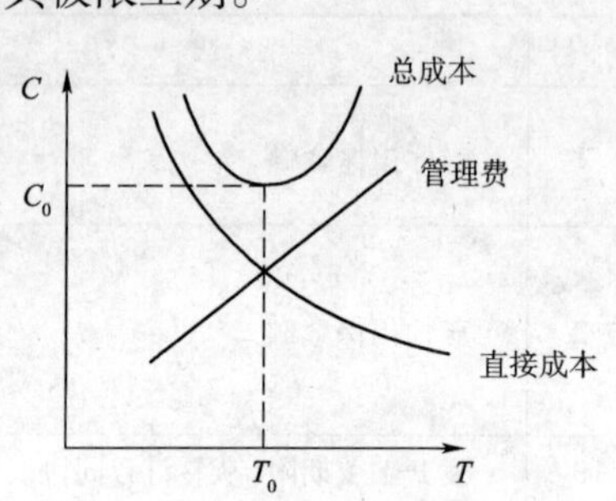

图 2-3 工期、成本及造价关系

③满足效益要求的项目工期。从图 2-3 可知,当项目工期短于经济工期时,项目的施工总成本和工程造价增加,因此,应进一步进行项目的投资与效益分析,将增大的成本与缩短工期所带来的效益比较,从而判断缩短工期的经济性与合理性。公路建设项目的效益有国民经济效益和财务效益,缩短建设工期,既可增大国民经济效益,也可增加业主的收费收入。

综上所述,在确定项目工期时,既要考虑质量问题,也要考虑效益问题,既要考虑成本和造价问题,又要考虑产出和收入问题。工期制定的过程,是综合决策的过程,方案比较的过程。以下是一起工期决策的示例。

【例 2-2】 某公路工程项目有 30km 的路基为软土地基。其设计方案有两个可供选择:一是打插塑料排水板进行超填预压使软土地基沉降固结,该方案的预计工期为 4 年,总投资 85 亿元人民币;二是修高架桥,该方案的预计工期为 3 年,但每公里增加投资 5 000 万元,总投资为 100 亿元人民币。通车后估计每天的收费收入为 400 万元。

为科学地确定设计方案及项目工期,业主进行了全面的经济效益分析。采用方案二尽管会增加投资 15 亿元人民币,但可缩短 1 年建设工期,增加的收费收入为:

$$400 \times 365 = 14.6(\text{亿元})$$

另外,原有的 85 亿元投资还可节省 1 年的建设期贷款利息(利率为 8%),其总额为:

$$85 \times 8\% = 6.8(\text{亿元})$$

所以,从综合效益分析,应选择修高架桥的设计方案,该方案投入产出相抵后,仍可比方案一增加 6.4 亿元人民币的收入,且该方案的质量效果更有保障,同时征用土地的数量也大幅度下降。最终业主选定该方案为实施方案。

④让投标人选择工期。从工期的影响因素可知,投标人的施工组织、施工方案和施工方法以及施工中的人力、物力等因素对工期有重要影响。因此,业主制定的工期应允许投标人进行修改和优化,并在评标时对投标人缩短工期给业主带来的受益进行综合考虑(仅针对关键标段)。

4. 预付款的确定

支付预付款的目的是使投标人在施工中有能满足施工要求的流动资金。制订招标文件时,不提供预付款,甚至要求投标人垫资施工的做法是错误的,既违反了《公路建设市场管理办法》等法律法规的规定,也加大了投标人的负担,影响了合同的公平性。预付款有动员预付款和材料预付款两种。

(1)在承包人提交了履约担保和签订了合同协议书并提交了开工预付款担保 14 天内,监理工程师应按投标书附录中规定的金额签发开工预付款支付证书,并报业主审批。

开工预付款的担保金额应等于开工预付款额,提供这种担保的银行须与前述第 10.1 款的要求相同,所需费用由承包人承担。银行保函的正本由业主保存,该保函在业主将开工预付款全部扣回之前一直有效,担保金额将随开工预付款的逐次扣回而减少。

业主应在该支付证书收到后 14 天内核批,并支付开工预付款的 70% 的价款;在投标文件载明的主要设备(应载明工程初期尤其是土石方工程的关键设备,业主应在专用条款中写明要求哪些主要设备此时必须进场)进场后,再支付预付款 30%。承包人不得将该预付款用于与本工程无关的支出,监理工程师有权监督承包人对该项费用的使用,如经查实承包人滥用开工预付款,业主有权立即通过向银行发出通知收回开工预付款保函的方式,将该款收回。

(2)业主应给承包人支付一定比例的材料、设备预付款,以供购进将用于和安装在永久工程中的各种材料、设备之用。此项金额应按投标书附录中写明的主要材料、设备单据所列费用(进口的材料、设备为到岸价,国内采购的为出厂价或销售价,地方材料为堆场价)的百分比支付。其条件是:

①材料、设备符合规范要求并经监理工程师认可;

②承包人已出具材料、设备费用凭证或支付单据;

③材料、设备已在现场交货,且存储良好,监理工程师认为材料、设备的存储方法符合要求。

则监理工程师应将此项金额作为材料、设备预付款计入下一次的期中支付证书中。这种支付不应被视为是对上述材料或设备的批准。

在预计竣工前 3 个月,将不再支付材料、设备预付款。

(3)在确定动员预付款数额时,应考虑如下主要因素。

①合同总造价。建设项目的合同总造价越高,其需要的预付款数额越大。

②项目的付款周期。按《公路工程国内招标文件范本》规定,项目的支付周期为 1 个月,而 FIDIC 条款中的支付周期为 3 ~4 个月。财政部的《世界银行贷款项目采购与招标文件范本》中,支付周期更长。项目的付款周期越长,预付款需求越大。

③是否提供材料预付款及提供的百分比。

④工程项目的计量与支付办法特别是开办项目是否单独计量与支付。开办项目是工程施工中开工之前就要发生或一开工就要发生或大部分发生的项目。如工程保险、投标人的临时

设施费、施工队伍调遣费、临时工程费等。如果工程量清单及技术规范中,将这些项目单独列项,而且大部分费用都在开工后前几期单独计量与支付,则预付款的数额可以减少,反之应增加。

⑤项目的建设工期或单位时间内完成的工程量。通常项目的建设工期越短,单位时间内完成的工程量越多,其需要的流动资金和预付款越大。

⑥投标人能提供的流动资金数量。施工中的全部流动资金都由业主来承担也是不合适的,投标人应提供一定数量的流动周转资金。

5. 其他合同参数的确定

(1)竣工奖金及误期损害赔偿费

竣工奖金及误期损害赔偿费的大小,应在考虑项目工期对预期受益的影响及建设期支付贷款利息和一定的激励及制裁目的后综合制定。不考虑项目工期对预期受益影响及建设期支付贷款利息因素所制定出来的竣工奖金及误期损害赔偿费既不科学,文件上也不严密,投标人有空子可钻。

(2)迟付款利率的制定

迟付款利率的大小应反映资金的机会成本,在业主的贷款利率的基础上综合制定。

其他各项合同参数如保留金、缺陷责任期等,可参照《公路工程国内招标文件范本》来制定。

6. 投标担保

投标担保的目的,是约束投标人承担施工投标行为的法律后果。即:

(1)在投标有效期内撤回投标文件;

(2)投标人不接受依据本须知的规定对其投标文件中细微偏差进行澄清和补正;

(3)中标人未能按本须知第32条和33条的规定提交履约担保或签订合同协议书。

投标担保可采取现金支票、银行汇款、银行保函或招标人规定的其他形式。

若采取银行保函形式,其格式如下(为保持投标文件的一致性,招标人在招标文件中应规定统一的银行保函形式)。

投标银行保函

致:(招标人全称)

鉴于(投标人全称)(以下简称"投标人")拟向(招标人全称)(以下简称"招标人")送交关于____(公路项目名称)____第____合同段(或____大桥)的投标书,根据招标文件的规定,投标人须按规定的金额由其委托的银行出具一份投标保函(以下简称"保函")作为履行招标文件中规定的义务担保。

我行同意为投标人出具人民币(大写)______元(______元)的保函,作为向招标人的投标担保。本保函的条件是:

(a)如果投标人在投标文件有效期内撤回投标文件;

(b)如果投标人不接受按投标人须知规定的对其投标文件中细微偏差进行澄清与补正;

(c)如果投标人在接到中标通知书后28天内:

(1)未能或拒绝签署合同协议书;

(2)未能按照招标文件规定提供履约担保。

我行将履行担保义务,保证在收到招标人的书面要求,说明其索款是由于出现了上述任何一种原因的具体情况后,即凭招标人出具的索款凭证,向招标人支付上述款项。

本保函在按投标须知第12条规定的投标文件有效期或经延长的投标文件有效期期满后30天内保持有效,任何索款要求应在上述期限内交到我行。招标人延长投标文件有效期的决定,应通知我行。

银行地址:____________________　　　担保银行:____(全称)(盖章)____

邮　　编:____________________　　　法定代表人

电　　话:____________________　　　或

传　　真:　　　其授权的代理人(职务)(姓名)(签字)

日　　期:______年____月____日

七、图纸及勘察资料

1. 图纸与工程造价

图纸的设计深度以满足施工招标投标的要求为准。有施工图更好,没有施工图时,应在初步设计图纸的基础上整理出一份招标用图纸(由于从招标准备至完成招标工作的周期很长,所以,招标准备以至招标过程中通常没有施工图纸)。只要是单价合同,即使无施工图纸(只有招标图纸)也是可以组织招标的,但如果是总价合同,则必须要有施工图纸。

设计图纸(设计方案)不仅严重影响工程造价,对项目的投资效益也有决定性影响。这些影响包括以下六个方面:

(1)设计图纸决定工程性质,由此影响工程造价;

(2)设计图纸决定施工难度,由此影响施工成本与工程造价;

(3)设计图纸决定工程数量,由此影响工程造价;

(4)设计图纸影响建设工期,由此影响工程造价和投资效益;

(5)设计方案影响项目的营运和维护费用,由此影响投资效益;

(6)设计文件质量影响结构安全性、耐久性,影响工程变更及施工进度计划的实施,由此影响使用寿命、施工索赔及投资效益。

为提高设计文件的质量、控制工程造价,应积极开展以下工作:

(1)引进竞争机制,开展设计招标;

(2)规范设计审查工作,开展设计监理;

(3)应用价值工程方法,开展优化设计工作。

为进一步优化设计方案,提高投资效益,应积极革新设计思想和设计观念,并实现以下三个方面的转变:

(1)由注重设计方案的技术先进性向注重设计方案的经济性的转变;

(2)由以成本造价为中心向以投资效益为中心的转变;

(3)由以节省材料为重点向便于施工(特别是机械化施工)、节省施工成本、缩短工期的方向转变。

2. 勘察资料与工程造价

勘察资料是影响工程施工难度及工程造价的重要文件。勘察资料中详细地说明了项目所在地的地形情况、地质地貌情况、地表以下的施工条件,水文、气候、沿线的交通运输及沿线的筑路材料料场分布情况等内容。这些信息与施工成本的大小密切相关,对投标人投标时各工程项目单价的高低有重要影响。勘察资料不准确会影响投标报价及合同造价的准确性,增大投标人的施工风险,并带来许多施工索赔,增大造价管理的难度(FIDIC 条款中,勘察资料不准确的风险由投标人承担)。

因此,在编制招标文件时,应在原有的勘察、设计资料的基础上整理出一份满足招标工作要求的勘察资料。公路工程国际招标中,勘察资料仅是一份参考资料,而国内招标中勘察资料与设计图纸一样都是合同的组成部分,业主必须对勘察资料的准确性负责。勘察资料的格式可参考《公路工程国内招标文件范本》。

第三节 资格审查

一、资格审查的概念和资格预审的作用

投标人资格审查分为资格预审和资格后审两种形式。资格预审是指招标人在发出投标邀请前,对潜在投标人的投标资格进行的审查。只有通过资格预审的潜在投标人,方可取得投标资格。资格后审是指在开标后对投标人进行的资格审查,审查内容与资格预审相同。为减小评标难度,简化评标手续,避免一些不合格的投标人在投标上的人力、物力和财力上的浪费,投标人资格审查以资格预审形式为好。资格后审在邀请招标和货物采购招标中用得较多。

资格预审具有如下积极作用:

(1)保证施工单位主体的合法性;

(2)保证施工单位具有相应的履约能力;

(3)减小评标难度;

(4)抑制低价抢标现象。

二、资格审查的内容

无论是资格预审还是资格后审,其审查的内容是基本相同的。具体内容如下。

(1)营业执照。营业执照中注有企业的法人资格、注册资金及经营许可范围等许多重要信息。审查投标人的营业执照,实际上是审查投标人的资格是否符合法定要求,是否具有权利能力与行为能力。在审查过程中,通常要求投标人提交营业执照正本,审查核实后,留下复印件。

(2)资质等级证书。公路工程施工企业根据国家相关规定,结合公路工程特点分为施工总承包企业、路面工程专业承包企业、路基工程专业承包企业、桥梁工程专业承包企业、隧道工程专业承包企业、交通工程专业承包企业等六大类。每个类别又划分不同的等级,如施工总承包企业分为特级企业、一级企业、二级企业、三级企业。许多工程在招标时要求具有一定的技术等级,如施工总承包一级企业可承担单项合同额不超过企业注册资本金 5 倍的各等级公路及其桥梁、长度 300m 及其以下的隧道工程的施工。企业的资质等级说明了企业的技术力量、

财务状况和履约能力。在资质审查中,要求投标人提交企业资质等级证书原件,审查核实后,留下复印件。

(3)法人证书或法定代表人授权书及公证书。

(4)主要施工经历。施工经历中要包括以前进行过的与拟招标项目类似的工程施工情况,以及质量好坏,获得过何种奖励等。投标人除了要提交施工经历的文字说明外,还应提交详细的证明材料。

(5)技术力量简况。包括承包人、技术人员、机械设备以及拟投入到本项目的技术人员和施工机械设备情况、拟担任本项目的项目经理及技术负责人的情况及简历。

(6)资金或财务状况。即施工企业的固定资产、流动资产、资产负债率、资金流动比率、资产流动比率,特别是拟投入到本项目的流动资金数额及相应的证明。

(7)在建项目情况(可通过现场调查予以核实)。

三、资格预审的程序

资格预审一般可分为七个步骤,即:

(1)招标人编制资格预审文件;

(2)发布资格预审通告;

(3)发售资格预审文件;

(4)潜在投标人编制并递交资格预审文件;

(5)对资格预审文件进行评审;

(6)编写资格预审评审报告,报上一级交通主管部门审定;

(7)向通过资格预审的投标申请人发出投标邀请。

招标人应当按照资格预审公告规定的时间、地点出售资格预审文件。自资格预审文件出售之日起至停止出售之日止,最短不得少于5个工作日。

招标人应当合理确定资格预审申请文件的编制时间,自开始发售资格预审文件之日起至潜在投标人递交资格预审申请文件截止之日止,不得少于14个工作日。

四、资格预审文件

1. 资格预审文件主要部分

(1)资格预审公告;

(2)资格预审须知;

(3)资格预审申请表格式;

(4)有关附件:工程概况、各标段详细情况、计划工期、实施要求、建设环境与条件、招标时间安排等。

2. 资格预审公告应当载明的内容

(1)招标人的名称和地址;

(2)招标项目和各标段的基本情况;

(3)各标段投标人的合格条件和资质要求;

(4)获取资格预审文件的方法、时间、地点和费用;

(5)提交资格预审申请书的地点和截止时间;

(6)招标人认为应当告知的其他事项。

3. 资格预审须知应当载明的内容

(1)潜在投标人可以申请资格预审的标段数量,以及可以通过资格预审的标段数量;

(2)对潜在投标人的施工经验、施工能力(包括人员、设备和财务状况)、管理能力和履约信誉等的要求;

(3)对工程分包、子公司施工、联合体投标的规定和要求;

(4)资格预审申请文件编制和递交要求(包括编制格式、内容、签署、装订、密封及递交方式、份数、时间、地点等);

(5)资格预审文件的修改和资格预审申请文件的澄清的要求;

(6)资格预审方法、评审标准(包括符合性条件、强制性标准、评分标准等)和合格标准;

(7)资格审查结果的告知方式和时间;

(8)招标人和潜在投标人分别享有的权利;

(9)招标人认为应当告知的其他事项。

4. 潜在投标人如以联合体形式申请资格预审,应遵守的规定

(1)联合体主办人应具备与所投标段工程内容相适应的施工资质,成员单位应具备与所承担工程内容相适应的施工资质。由同一专业的单位组成的联合体,按照施工资质等级较低的单位确定施工资质等级。

(2)联合体主办人所承担的工程量必须超过总工程量的50%。

(3)联合体各方签订联合体协议后,不得再以自己名义单独或以其他联合体成员的名义申请同一标段的资格预审。

(4)提交联合体各成员单位共同签订的联合体协议,明确主办人及成员单位各自的权利和义务以及应当承担的责任。

5. 潜在投标人如有工程分包计划,应遵守的规定

(1)分包人应具备与其分包工程内容相适应的资质和施工能力;

(2)提供分包人的营业执照、资质证书、人员和设备等资料表以及拟分包的工作量。

6. 潜在投标人如由所属分公司承担施工,应遵守的规定

(1)明确具体承担施工的分公司名称及负责施工的主要内容;

(2)该分公司不得再以任何形式参加该标段的资格预审;

(3)资格预审申请文件应提供分公司施工经验、施工能力(包括人员、设备)、管理能力和履约信誉等方面的资料。

7. 资格预审申请表应包括的内容

(1)投标申请人组织机构、财务状况、人员、设备、业绩等资料表;

(2)拟投入到本工程的施工人员、设备等资料表;

(3)如有分包计划,应有分包人的营业执照、资质证书、人员和设备等资料表。

在编制资格预审文件时,所提出的投标人的资格要求应与法律法规及项目的特点相适应,不得以不合理的条件限制或者排斥潜在的投标人,不得对潜在的投标人实行歧视待遇。不得强制投标人组成联合体共同投标,不得限制投标人之间的竞争。资格预审文件的格式可参考

《公路工程国内招标文件范本》及《公路工程国际招标文件范本》。

五、潜在投标人的资格预审文件编制

潜在投标人应当按照资格预审文件的要求,编制资格预审申请文件,并应载明以下内容:

(1)营业执照;

(2)相关工程施工资质证书;

(3)法人证书或法定代表人授权书及公证书;

(4)财务资信和能力的证明文件(包括近三年来财务平衡表及财务审计情况等);

(5)拟派出的项目负责人与主要技术人员的简历、相关资格证书及业绩证明,并按要求提供备选人员的相关信息;

(6)拟用于完成投标项目的主要施工机械设备;

(7)初步的施工组织计划,包括质量保证体系、安全管理措施等内容;

(8)近五年来完成的类似工程施工业绩情况及履约信誉的证明材料;

(9)目前正在承担和已经中标的全部工程情况;

(10)资产构成情况及投资参股的关联企业情况;

(11)潜在投标人若存在工程分包、分公司施工或以联合体形式投标,应符合《公路工程施工招标资格预审办法》第十七、十八、十九条要求;

(12)招标人要求的其他相关文件。

六、资格评审

在规定时间内收到潜在投标人递交的资格预审申请文件后,招标人组建资格预审评审委员会,本着公开、公平、公正、科学、择优的原则负责资格评审工作。

对潜在投标人的资格评审,应当严格按照资格预审文件载明的资格预审条件、标准和方法进行。不得采取抽签、摇号等博彩方式进行资格审查。

在审查过程中,数据的统计要准确,要核实原始资料是否齐全真实,对于以往的业绩和在建工程情况,应尽可能派人到现场或以通信、电话方式去了解和核实。对同一专业的单位组成的联合体,应按照资质等级较低的单位确定资质等级是否符合要求。对强制性指标,应逐项核实是否达到其标准。

资格评审委员会由招标人代表和有关方面的专家组成,人数为5人以上单数,其中专家人数应不少于成员总数的1/2。

资格评审委员会的专家从国务院交通主管部门或省级交通主管部门设立的评标专家库中抽取。专家除了应包括商务专家、技术专家外,还应包括会计专家或经济专家。

资格评审方法分强制性资格条件评审法和综合评分法两种。招标人可根据工程特点和潜在投标人的数量选择合适的评审方法。

资格评审按以下程序进行:

(1)符合性审查;

(2)强制性资格条件评审或综合评分;

(3)澄清与核实。

在符合性检查中,投标人及资格预审文件应符合以下主要条件:

①资格预审申请文件组成完整;

②资格预审申请文件正本应加盖潜在投标人法人单位公章,并由其法定代表人或其授权的代理人签字;

③潜在投标人的营业执照、法定代表人授权书及公证书有效;

④潜在投标人的施工资质满足资格预审文件的要求;

⑤潜在投标人没有正受到责令停产、停业的行政处罚或正处于财务被接管、冻结、破产的状态;

⑥潜在投标人没有正受到取消投标资格的行政处罚;

⑦潜在投标人没有涉及正在诉讼的案件,或涉及正在诉讼的案件但经评审委员会认定不会对承担本项目造成重大影响;

⑧潜在投标人符合《公路工程施工招标资格预审办法》第十七条至第二十一条规定;

⑨潜在投标人没有提供虚假材料。

符合以上条件的,方可进入下一阶段的评审。

采用强制性资格条件评审法的,招标人应按照标段内容和特点,对潜在投标人的施工经验、财务能力、施工能力、管理能力和履约信誉等资格条件,制订强制性的量化标准。只有全部满足强制性资格条件的潜在投标人才可通过资格审查。评审结论分"通过"和"未通过"两种。

采用综合评分法的,招标人应对潜在投标人的施工经验、财务能力、施工能力、管理能力、施工组织和履约信誉等资格条件,制定可以量化的评分标准,并明确通过资格审查的最低总得分值。只有总得分超过规定的最低总得分值的潜在投标人才能通过资格审查。

对重要的资格条件也可制定最低资格条件要求,不符合最低资格条件的,不得通过资格审查。计算得分时应以评审委员会的打分平均值确定,该平均值以去掉一个最高分和一个最低分后计算。

综合评分法采用百分制,评分内容和权重分值划分及示例如表 2-8 所列。

综合评分法的评分内容和权重分值划分及示例 表 2-8

<table>
<tr><th>序号</th><th colspan="2">项 目</th><th>规定分值范围</th><th>资格预审文件规定满分值(示例)</th><th>资格预审文件规定评分标准(示例)</th></tr>
<tr><td>1</td><td rowspan="3">技术能力</td><td>拟投入本标段的主要机械设备</td><td>10~20</td><td>15</td><td>设备数量、规格不低于资审文件最低要求,且设备完好、配置合理计 15 分</td></tr>
<tr><td rowspan="2">2</td><td rowspan="2">拟投入本标段的主要人员资历</td><td rowspan="2">15~25</td><td rowspan="2">20</td><td>人员数量、资历及其经验不低于资审文件最低要求(至少有 30% 的技术管理人员具有 10 年以上经验;至少有 50% 的技术和管理人员具有 5 年以上经验),人员配置合理计 16 分</td></tr>
<tr><td>拟派项目经理、总工程师(不含备选)在最近五年已完成的公路工程中,获得省部级以上(含省部级)嘉奖的每人次加计 1 分,加满 4 分为止</td></tr>
</table>

续上表

序号	项　目		规定分值范围	资格预审文件规定满分值（示例）	资格预审文件规定评分标准（示例）
3	业绩与信誉	类似工程施工经验	15～25	35	施工经验满足资审文件最低要求（最近五年中按一个合同成功地完成过50km以上二级及以上公路的施工）的计26分。每增加一个类似公路工程项目经验加2分，加满4分为止
					申请人在最近五年已完成公路工程项目中获得鲁班奖、詹天佑奖或省部级以上（含省部级）授予的工程建设先进单位嘉奖的，每获得一次加1.0分，加满4分为止
4		履约信誉	15～25		有ISO 9000系列质量认证书的加1分
					最近三年有被省级行政主管部门、质监部门、审计部门处罚、通报或审计决定的，每次扣0.5分；被省级以上（不含省级）行政主管部门、质监部门、审计部门处罚、通报或审计决定的，每次扣1.0分，扣完4分为止。同一事件受到不同部门处罚按最高级别扣分，且不重复扣分
5	管理水平	初步施工组织计划	10～15	15	施工总体计划有整体计划及保证措施计基本分2.5分，切实可行的酌情加分，加满1.5分为止
					质量保证体系有组织机构及保证措施计基本分2.5分，质量管理体系健全、自检体系完善者酌情加分，加满1.5分为
					安全保证体系有组织机构及保证措施计基本分2.5分，机构配置合理、措施有效的，酌情加分，加满1.5分为止
					环境保护体系有组织机构及保证措施计基本分2分，机构配置合理、措施有效的，酌情加分，加满1分为止
6	财务能力	财务能力	10～20	15	最近三年的年平均营业额不低于1亿元人民币乘以申请合同数的计5分。以此为基数，每增加2 000万元人民币乘以申请合同数的，加0.5分，加满2分为止
					申请人用于每合同段的营运资金（包括有适当凭证的现金资源、银行信贷、信用额度）不少于3 000万元人民币，计6分
					申请人最近三年（2004、2005、2006）的经审计的财务报表中2006年是盈利的，计1分；2005年盈利的，计0.5分；2004年盈利的，得0.5分

资格评审委员会对资格预审申请文件中不明确之处,可通过招标人要求潜在投标人进行澄清,但不应作为资格审查不通过的理由。如潜在投标人不按照招标人的要求进行澄清,其资格审查可不予通过。澄清应以书面材料为主,一般不得直接接触潜在投标人。

资格评审委员会在审查潜在投标人的主要人员资历和施工业绩、信誉时,应当通过省级以上交通主管部门设立的交通行业施工企业信息网进行查询;若潜在投标人所提供信息与企业信息网上的相关内容不符,经核实存在虚假、夸张的内容,不予通过资格审查。

对联合体进行资格评审时,其施工能力为主办人和各成员单位施工能力之和。对含分包人的潜在投标人进行资格评审时,其施工能力为潜在投标人和分包人施工能力之和。

对通过资格评审的潜在投标人明显偏少的标段,在征得潜在投标人同意的情况下,评审委员会可以对通过评审的潜在投标人申请的标段进行调整。经调整后,合格的潜在投标人仍少于三家的,招标人应重新组织资格预审或经有关部门批准采取邀请招标方式。

七、资格评审报告

资格评审工作结束后由资格评审委员会编制资格评审报告,推荐投标人。

资格评审报告一般应包括如下内容:

(1)工程项目概述;

(2)资格预审工作简介;

(3)资格评审结果;

(4)未通过资格审查的主要理由及相关附件证明;

(5)资格评审表等附件。

招标人应在资格评审工作结束后 15 日内,按项目管理权限,将资格评审报告报交通主管部门备案。

交通主管部门在收到资格评审报告后 5 个工作日内未提出异议的,招标人可向通过资格审查的潜在投标人发出投标邀请书,向未通过资格审查的潜在投标人告知资格审查结果。至此,资格预审工作结束。

投标邀请书的格式见前文。

第四节　投标组织及标底编制

一、投标组织阶段的工作内容及注意事项

投标组织阶段的工作内容包括发售招标文件、组织现场考察、组织标前会议(标前答疑)、接受投标人的标书等事项。

在投标人领取招标文件并进行了初步研究后,招标单位应组织投标人进行现场考察,以便投标人充分了解与投标报价有关的施工现场的地形、地质、水文、气象、交通运输、临时进出场道路及临时设施、施工干扰等方面的情况和风险,并在报价中对这些风险费用作出准确的估计和考虑。为了满足现场考察的效果,现场考察的时间安排通常应考虑投标人研究招标文件所需要的合理时间。现场考察过程中,业主应派比较熟悉现场情况的设计代表详细地介绍各标

段的现场情况，现场考察的费用由投标人自己负责。

组织标前会议的目的是解答投标人提出的问题。投标人在研究招标文件、进行现场考察后，会对招标文件中的某些地方提出疑问，这些疑问有些是投标人不理解招标文件产生的，有些是招标文件的遗漏和错误产生的。根据投标人须知中的规定，投标人的疑问应在投标截止日期至少 18 日前提出。招标单位应将各投标人的疑问收集汇总，并逐项研究处理。如属于投标人未理解招标文件而产生的疑问，可将这些问题放在"澄清书"中予以澄清或解释，如属于招标文件的错误或遗漏，则应编制"招标补遗"对招标文件进行补充和修正。总之，投标人的疑问应统一书面解答，并应当在投标截止日期至少 15 日前在标前会议中将"澄清书"、"补遗书"发给各家投标人。

因此，一方面，应注意标前会议的组织时间符合法律、法规的规定；另一方面，当"招标补遗"很多且对招标文件的改动较大时，为使投标人有合理的时间将"补遗书"的内容在编标时予以考虑，招标单位（或业主）可视情况宣布延长投标截止日期。

为满足投标的需要，招标单位应制备投标箱（也有不设投标箱的做法）、投标箱的钥匙由专人保管（可设双锁，分人保管钥匙），箱上加贴启封条。投标人投标时将密封符合要求的投标文件装入投标箱，招标单位随即将盖有日期的收据交给投标人，以证明是在规定的投标截止日期前投入的。投标截止期限到，即封闭投标箱，在此以后的投标概不受理（为无效标书）。投标截止日期在招标文件和投标邀请书中已列明，投标期（从发售招标文件到投标截止日期）的长短视标段大小、工程规模、技术复杂程度及进度要求而定。

二、标底的概念与经济特征

标底是建设产品在建筑市场交易中的预期价格，在招标投标过程中，标底是衡量投标报价是否合理，是否具有竞争力的重要工具。除此之外，实践中标底还具有制止盲目报价、抑制低价抢标的作用；具有控制工程造价、核实投资规模的作用；它同时也具有（评标中）判断投标人是否有串通哄抬标价的作用。

设立标底的做法是针对我国目前建筑市场发育状况和国情而采取的措施，是具有中国特色的招标投标制度的一个具体体现。

但是，标底并不是决定投标能否中标的标准价，而只是对投标进行评审和比较时的一个参考价。如果被评为最低评标价的投标超过标底规定的幅度，招标人应调查超出标底的原因，如果是合理的话，该投标应有效；如果被评为最低评标价的投标大大低于标底的话，招标人也应调查，如果是属于合理成本价，该投标也应有效。

因此，科学合理地制订标底是做好评标工作的前提和基础。科学合理的标底应具备以下经济特征。

（1）标底的编制应遵循价值规律。即标底作为一种价格应反映建设项目的价值。价格与价值相适应是价值规律的要求，是标底科学性的基础。因此，在标底编制过程中，应充分考虑建设项目在施工过程中的社会必要劳动消耗量、机械设备使用量以及材料和其他资源的消耗量。

（2）标底的编制应服从供求规律。即在编制标底时应考虑建筑市场的供求状况对建筑产品价格的影响，力求使标底和建筑产品的市场价格相适应。当建筑市场的需求增大或缩小，需求曲线右移或左移时，相应的市场价格将上升或下降，同样，当建设市场的供给增大或缩小，供给曲线右移或左移时,相应的市场价格将下降或上升。作为标底在编制时,应考虑到建筑市场供求比例的变化所引起的市场价格的升降,并在底价上作出相应的调整。

(3)标底在编制过程中应反映建筑市场当前当地平均先进的劳动生产力水平。即标底在编制过程中应反映竞争规律对建筑产品价格的影响;以图通过标底促进投标竞争和社会生产力水平提高的作用。

以上三点既是标底的经济特征,也是编制标底时应满足的原则和要求。因此,标底的编制一般应注意以下几点。

①根据设计图纸及有关资料、招标文件,参照国家规定的技术、经济标准定额及规范,确定工程量和设定标底。

②标底价格应由成本、利润和税金组成,一般应控制在批准的建设项目总概算及投资包干的限额内。

③标底价格作为招标人的期望价,应力求与市场的实际变化相吻合,要有利于竞争和保证工程质量。

④标底价格考虑人工、材料、机械台班等价格变动因素,还应包括施工不可预见费、包干费和措施费等;工程要求优良的,还应增加相应费用。

⑤一个标段只能编制一个标底。

三、标底与概、预算的区别

概算和预算是初步设计和施工图设计文件的重要组成部分,是确定建设项目投资最高限额和预计工程造价的重要方法,是国家对基本建设项目实行计划投资和管理的反映。由于技术条件的限制,使得标底的编制方法与工程概算方法有紧密联系,以致实践中常将标底与概、预算混淆。实际上标底与概、预算有本质的区别,主要区别有如下五个方面。

(1)概、预算反映的是建筑产品的计划价格,而标底反映的是建筑产品的市场价格。概、预算是计划经济的产物,反映的是计划价格。在概、预算编制过程中,除材料价格已修改为按市场价格来确定材料费外,其他如人工费、机械台班折旧费以及管理费均按概、预算编制办法中的预算价格(即计划价格)来确定。而标底是市场经济的产物,反映的是建筑产品的市场价格,在编制标底过程中,施工中所消耗的各种资源的价格原则上应根据市场价格来确定,特别是在不完全竞争市场中更是如此。

(2)概、预算在编制中主要反映的是价值规律的作用和影响,而标底除考虑价值规律的作用外,还应考虑供求规律的作用。公路工程概、预算的编制依据是《公路工程概、预算定额》及编制办法,它是公路工程项目在施工过程中社会必要劳动消耗量和资源消耗量的反映,这是价值规律的要求和结果,但在概、预算编制过程中,基本上未考虑供求规律对建筑产品价格的影响,因而使得建设项目的概、预算金额与市场价格可能产生较大的差距。如图 1-2 所示,C_K 反映了建设项目的概、预算价格,它并不随投标数量的多少而发生变化,而 C_S 反映了供求变化对建筑产品成本与价格的影响,随着投标人数量的增加,其成本和市场价格有降低的趋势。

(3)概、预算反映的是施工企业过去全国平均的劳动生产力水平,而标底应反映施工企业当前当地平均先进的劳动生产力水平。编制概、预算所依据的概、预算定额是根据平均先进的原则制定出来的,但编制定额所依据的统计数据是施工企业在过去全国施工过程中所发生的数据,随着生产力水平的提高(技术水平、经营管理水平、劳动生产率的提高),这些数据滞后于当前的劳动生产力水平,不能真实地反映在当前先进的劳动生产力水平下的工、料、机消耗。例如,现行的《公路工程概、预算定额》是1992年颁发的,而所依据的统计数据基本上是20世纪80年代的劳动生产力水平下的施工数据,很显然与当前的劳动生产力水平是不相适应的。

(4)概、预算根据设计文件及概、预算定额和编制办法来确定工程造价,而标底应根据招标文件(或合同)中明确的承包人的义务来编制,二者包含的费用范围不同。例如,在编制标底时,其费用通常应包括建筑安装工程费、根据合同需由承包人承担的不可预见风险费、施工投标中发生的费用(即交易成本)、合理利润等费用。而概、预算还包括项目的前期准备的费用、征地的费用和业主自己的管理费等。

(5)概、预算定额及编制办法具有法令性,在编制概、预算时,除允许抽换的外,原则上应遵照执行,在执行中,即使不合理,概、预算编制者也无权擅自进行变更。但在编制标底时却不受上述规定的限制,当运用概、预算定额及编制办法来编制和确定标底时,对于定额中不合理、不能真实地反映当前劳动生产力水平的工、料、机消耗应如实地进行抽换。

四、标底编制方法

标底编制方法有综合单价法、工料单价法、统计平均法。

1. *标底编制方法有概、预算编制法*

(1)概、预算编制办法编制标底。尽管标底不同于概、预算,但由于标底编制者的局限性(特别是在施工项目的施工方法、施工成本和价格上未能拥有完全的信息),而使得标底编制者在编制标底过程中,不得不依赖于概、预算定额及编制办法来确定标底。这种依赖于概、预算定额及编制办法来确定标底的方法称为概、预算编制法。其工作步骤是:

①资料收集;

②市场调查;

③研究招标文件,参加现场考察,明确承包人的义务及风险责任;

④施工方案和施工方法的确定及施工进度计划的编制;

⑤编制施工图预算(或概算),计算建安费及根据合同应发生在承包方的其他费用;

⑥工程细目的单价分析;

⑦综合形成标底。

为更好地符合前面提出的标底编制原则与要求,在运用概、预算法编制标底时应注意如下事项。

①按概算编制标底时,应在概算的基础上适当下浮,因为概算定额所考虑的工、料、机消耗量通常比预算定额有一定的富余(一般富余3% ~5%)。

②对概、预算中未考虑到而根据合同承包人须发生的费用应在标底中如实予以考虑。例如投标中发生的费用、履约担保费等费用,这些费用在概、预算的建筑安装费中未考虑进去,而根据合同承包人须发生和承担,因此,在编制标底时应予以考虑。

③对于概、预算中明显偏高或偏低的费用,应如实予以调整或对概、预算定额中的数据应如实进行抽换。

④由于概、预算的项目划分与招标文件中工程量清单的项目划分不一致,且各自对应的计量方法不相同,因此,在编制工程细目的单价时,应在分项工程概、预算的基础上,组合出与工

程量清单中的工程细目相适应的单价。

⑤由于当前的劳动生产力水平总高于概、预算定额数据中反映的劳动生产力水平，而招标又是建立在买方市场基础上，其价格通常比卖方市场（非买方市场）的价格要低，所以，最后在确定标底时，应在概、预算的基础上根据建筑市场的供求状况及当前的劳动生产力水平乘以一个小于1的修正系数。

⑥合同中有保险的规定及要求时，应考虑工程保险费但同时应剔除预算中的预备费。

2. 统计平均法确定标底

前面介绍的概、预算编制法是标底编制者借助于概、预算定额及编制办法来了解或确定建筑产品的施工方法、施工成本、价格的一种方法，由于概、预算定额及编制办法的局限性（见前面关于标底与概、预算的区别），使得标底编制者在依据概、预算编制标底时，不得不进行一系列的修正工作，而这些修正工作的准确性又取决于标底编制者对施工方法、施工成本及市场价格信息的掌握程度。因此这种方法有其局限性。

统计平均法确定标底的基本思想，是根据投标人的报价来确定标底。在介绍此方法之前，先提出如下假定：所有投标人或者说至少大部分投标人都是理性的投标人，即他们的报价是严格基于自身的施工成本和在相应的投标策略下的一种报价，而不是一种盲目报价。

对于经验丰富的投标人，由于他们在施工方法、施工成本和价格上拥有完全的信息，因此，理性的投标人能提出一个充分反映自身的竞争实力的投标报价。所以，只要对这些投标报价进行适当地技术处理，即可确定出施工项目的标底，这种方法称为统计平均法。

对于以资格预审为基础的邀请招标，其方法如下：

设招标单位为 m 家，代号分别为1、2、3、…，m；工程量清单中的工程细目为 n 个，代号分别为1、2、3、…、n；q_j 为第 j 个工程细目的工程量。则通过报价可获得报价矩阵 P：

$$P=\begin{bmatrix} P_{11} & P_{12} & P_{13} & \cdots & P_{1n} \\ P_{21} & P_{22} & P_{23} & \cdots & P_{2n} \\ \cdots & \cdots & \cdots & \cdots & \cdots \\ P_{m1} & P_{m2} & P_{m3} & \cdots & P_{mn} \end{bmatrix}$$

令工程量矩阵 $Q=(q_1 \quad q_2 \quad q_3 \quad \cdots \quad q_n)^T$

又令 $Z=(Z_1 \quad Z_2 \quad Z_3 \quad \cdots \quad Z_m)^T$

其中，$Z_i(i=1,2,3,\cdots,m)$ 为各投标人的投标总价。则有：

$$Z=P\times Q$$

设 $Z_1=\min\{Z_i\}, Z_m=\max\{Z_i\}, (i=1,2,3,\cdots m)$

则有 $Z'=\dfrac{1}{m-2}(\sum\limits_{i=1}^{m}Z_i-Z_1-Z_m)$

即 $Z'=\dfrac{1}{m-2}(\sum\limits_{i=1}^{m}\sum\limits_{j=1}^{n}P_{ij}q_j-Z_1-Z_m)$

其中，Z'为标底总价，而对每个工程细目的标底单价 P_j，有：

$$p'_j=k\cdot p''_j \tag{2-6}$$

$$p''_j=\frac{1}{m-2}(\sum_{i=1}^{m}P_{ij}-\min_{1\leqslant i\leqslant m}\{P_{ij}\}-\min_{1\leqslant i\leqslant m}\{P_{ij}\})$$

其中：

$$k = Z' / \sum_{i=1}^{n} P''_{ij} q_j$$

上述方法的含义是:剔除投标报价中的最低报价和最高报价,计算平均值作为标底总价,剔除投标中各工程细目单价的最低报价与最高报价计算其平均值(即 P''_j),由于$\sum_{j=1}^{n} P''_{ij} q_j$ 与 Z'不相符合,因此应通过修正系数 k 来对 p''_j 进修正,这样得出 p'_j 即可作为标底中各工程细目的单价。

可以证明,上述方法较好地符合标底编制的基本原则。首先,理性的投标人均是根据自身所需的施工成本进行报价的,因而剔除最低报价或最高报价(即非理性者的报价)后的平均值,反映了建筑产品的社会必要劳动消耗量和资源消耗量,即反映了价值规律;其次,由于投标人在报价中通常会自觉地根据建筑市场的供求状况来确定报价水平的高低(投标人对建筑市场供求状况及对价格的影响拥有完全的信息),所以其平均值必然反映了供求规律对报价的影响;第三,由于投标人是经过资格预审后的生产力水平较高的单位,其质量、价格上的竞争力处于先进行列,因此以其平均值所得的标底能很好地反映竞争规律对工程造价的影响。

按上述方法确定的单价除满足标底编制原则外,还避免了不平衡报价对标底单价的影响。只要投标人不是在同一工程细目中采用相同的不平衡报价方法,上述方法可以将不平衡报价对单价的影响剔除。

上述标底编制方法,还能解决标底不能有效保密而导致的信息不对称性对公平竞争和效率的影响以及由此而引起的市场失灵现象,且有效地保证了标底编制方法的科学性。

对于公开招标的项目,由于有些投标人可能是劳动生产力水平较低的单位,因此,应按平均先进的原则来确定标底,其方法是:

设 $Z_i(i=1,2,3,\cdots,m)$为各投标人的报价,且有 $Z_1 \leqslant Z_2 \leqslant Z_3 \leqslant \cdots \leqslant Z_m \leqslant Z'$。设标底为 Z,则有:

$$Z = \frac{1}{L}\sum_{i=2}^{L} Z_i \tag{2-7}$$

式中,L 为其标价小于或等于 Z'(Z'的计算方法见前面的公式)的投标人个数。

该方法的含义是先剔除最高报价和最低报价(非理性投标者的报价),计算平均值,然后剔除大于平均值的投标人,再计算小于或等于平均值的投标人报价的平均值,这样确定的标底符合平均先进的原则。

五、标底的管理

标底的管理内容包括标底审定和标底保密。标底审定的重点是标底制定方法的科学性、合理性。标底的价格应严格控制在初步设计概算甚至施工图预算所确定的各项费用之内。标底应严格保密,开标前知道标底的人员(数量上)要严格控制。为减轻标底保密带来的压力,实践中可以采用先投后审的办法,即在投标工作结束后再审定标底(但这也会带来些新的保密问题)。当然采用统计平均法制定标底后则不会存在上述问题。

六、规范投标报价的方法

(1)招标人为防止低价抢标可在招标文件中明确:

①不低于成本价投标,否则按废标处理;

②可要求投标人对单价进行澄清；

③可以按低价程度加大履约保函；

④可要求投标人提供部分或全部现金保函。

(2)投标报价必须是具有注明造价工程师资格的工程技术人员编制并签名盖章。

(3)招标人自己或委托中介机构编制一个合理的标底。

(4)投标人依法投标的意识要加强，不能不顾自身特点，盲目投标，务必做到“三个清楚”：

①清楚工程项目特点；

②清楚参与投标各投标人的经营状况和实力；

③清楚完成该项目的最低成本。

(5)政府行为方面：

①建立完善的招、投标法规体系，计价规范；

②加强培训指导，按时披露投标和材料价格信息；

③加强对招、投标的监督，严格实行市场准入和诚信监管；

④规范专家评标行为，确保评标公正；

⑤完善社会监督制度，查处违法违规行为。

(6)招标人方面：

①严格依法招标，履行审批和申报、备案程序；

②确保招标文件的齐全和资料的真实性，招标工作时间要科学合理；

③严格执行企业资质管理规定；

④消除地方保护，维护国家利益；

⑤解决好低价抢标和不平衡报价问题；

⑥严禁分割和指定分包；

⑦严格合同管理；

⑧确保投标人在投标过程中“四权”得到充分的拥有，即：知情权、参与权、选择权、监督权。

总之，投标工作涉及的知识面广，投标书从一个侧面反映了企业的整体素质。要想在市场上站稳脚跟、提高企业的市场竞争力、增加市场份额，就必须不断总结经验，学习和研究招、投标的相关知识，只有这样才能有效地适应市场，把握市场和占领市场。

第五节　开标、评标与定标

一、开标

(1)招标人将按本招标文件“投标邀请书”和资料表中规定的截止时间或按 17.2 款（该条款引自 2003 年版《公路工程国内招标文件范本》，以下简称《范本》）通知延后的截止时间和地点，对所有收到的投标文件进行开标。开标时，投标人应委派授权代表人准时出席，在开标时检查投标文件，确认开标结果，并在开标记录上签字。

(2)开标由招标人主持，邀请行政主管部门监督或公证机关进行公证。

(3)对已按《范本》第 19.1 款规定要求撤回的投标文件，不予开标。在投标截止时间之后收到的投标文件，将不予开标，原封退还给投标人。

(4)开标时，由投标人或者其推选的代表检查投标文件的密封情况，也可以由招标人委托的公正机构检查并予以公证；经确认无误后，由招标人当众拆封，对投标文件的签署及投标担保的提交情况等进行核查。未按投标人须知第16条规定进行密封和标记的投标文件将不予开标；开标后，招标人发现投标人未按照招标文件的要求提交投标担保，或者投标书未按照招标文件规定签署并加盖公章，或者未在投标书上填写投标总价，招标人将当场宣布为废标。

(5)只对符合《范本》第16条要求的投标文件开标，并由招标人宣读合同段名称、投标人名称、投标价、技术性选择方案的投标价(如果有)、业主标底(如果有)，以及招标人认为必要的其他内容。未经宣读的调价函(如果有)，一律不在评标中考虑。招标人应做好开标记录，存档备查。

(6)若招标人宣读的结果与投标文件不符时，投标人有权在开标现场提出异议，经监督或公证机关当场核查确认之后，可重新宣读其投标文件。若投标人现场未提出异议，则认为投标人已确认招标人宣读的结果。

(7)招标人设有标底的，应在开标时当场公布并记录备案。

(8)投标人因故不能派代理人出席开标活动，事先应以书面形式(信函、传真)通知招标人，此时，招标人将认为该投标人默认开标结果。

二、评标定标的原则

评标定标是在招标投标的基本原则下对投标人的竞争力进行综合评定并确定中标单位的过程。在评标、定标过程中应坚持以下原则：

(1)公平原则；

(2)公正原则；

(3)科学原则；

(4)择优原则。

三、评标程序及工作步骤

评标程序及工作步骤如下：

(1)组建清标工作组；

(2)组建评标委员会；

(3)初步评审；

(4)详细评审；

(5)撰写评标报告。

四、评标委员会的组建

根据《招标投标法》及《公路工程施工招标评标委员会工作细则》，评标委员会应依法组建并符合以下规定。

(1)清标工作组由招标人选派熟悉招标工作、政治素质高的人员组成，协助评标委员会工作。

(2)评标委员会由评标专家和招标人代表共同组成，人数为五人以上单数。其中，评标专家人数不得少于成员总数的三分之二。评标专家按照交通部有关规定从评标专家库中抽取。

国道主干线和国家高速公路网建设项目,评标委员会专家从交通部设立的评标专家库中抽取,其他公路建设项目的评标委员会专家从省级人民政府交通主管部门设立的评标专家库中抽取。与投标人有利害关系的人员不得进入相关招标项目的评标委员会。

(3)清标工作组和评标委员会人员的具体数量由招标人视评标工作量确定。

(4)评标委员会应民主推荐一名主任委员,负责组织协调评标委员会成员开展评标工作。评标委员会应根据评标工作量和工程特点,制订工作计划,明确分工,交叉审核,确保评标质量。

五、评标准备

1. 评标前准备工作内容

清标工作组应在评标委员会开始工作之前进行评标的准备工作,主要内容包括:

(1)根据招标文件,制订评标工作所需各种表格;

(2)根据招标文件,汇总评标标准对投标文件的合格性要求,以及影响工程质量、工期和投资的全部因素;

(3)对投标文件响应招标文件规定的情况进行摘录,列出相对于招标文件的所有偏差;

(4)对所有投标报价进行算术性校核。

评标工作使用的表格和评标内容必须注明依据和出处,招标文件未规定的事项不得作为评标依据。清标工作应全面、客观、准确,不得营私舞弊、歪曲事实,不得对投标文件作出任何评价。

2. 评标前准备的信息及数据

评标委员会开始评标工作之前,首先要听取招标人或者其委托的招标代理机构及清标工作组关于工程情况和清标工作的说明,并认真研读招标文件,获取评标所需的重要信息和数据,主要包括以下内容:

(1)招标项目建设规模、标准和工程特点;

(2)招标文件规定的评标标准和评标方法;

(3)工程的主要技术要求、质量标准及其他与评标有关的内容。

评标委员会应根据招标文件规定,对清标工作组提供的评标工作用表和评标内容进行认真核对,对与招标文件不一致的内容要进行修正。对招标文件中规定的评标标准和方法,评标委员会认为不符合国家有关法律、法规,或其中含有限制、排斥投标人进行有效竞争的,评标委员会有权按规定对其进行修改,并在评标报告说明修改的内容和修改的原因。

六、初步评审

招标人依法组织的评标委员会首先对投标文件进行初步评审。对投标文件的初步评审包含符合性审查和算术性修正,只有通过初步评审的投标文件才能进入详细评审。

(一)通过符合性审查的主要条件

(1)投标文件按照招标文件规定的格式、内容填写,字迹清晰可辨。

①投标书按招标文件规定填报了投标价、工期;且有法定代表人或其授权的代理人亲笔签字,盖有法人章。

②投标书附录的所有数据均符合招标文件规定。

③投标书附表齐全完整,内容均按规定填写。

④按规定提供了拟投入的主要人员的证件复印件,证件清晰可辨、有效。

⑤投标文件按招标文件规定的形式装订。

(2)投标文件上法定代表人或其授权代理人的签字(含小签)齐全,符合招标文件规定。

凡投标书、投标书附录、投标担保、授权书、工程量清单、投标书附表、施工组织设计的内容必须逐页签字。

(3)法人发生合法变更或重组,与申请资格预审时比较,其资格没有实质性下降。

①通过资格预审后法人名称变更时,应提供相关部门的合法批件及企业法人营业执照和资质证书的副本变更记录复印件。

②资格没有实质性下降,指投标文件仍然满足资格预审中的强制性标准(经验、人员、设备、财务等)。

(4)投标人按照招标文件规定的格式、时效和内容提供了投标担保:

①投标担保为无条件式投标担保;

②投标担保的受益人名称与招标人规定的受益人一致;

③投标担保金额符合招标文件规定的金额;

④投标担保有效期为投标文件有效期加 30 天;

⑤若采用银行保函形式,出具保函的银行级别必须满足投标人须知资料表的规定。

(5)投标人法定代表人的授权代理人,其授权书符合招标文件规定,并符合下列要求:

①授权人和被授权人均在授权书上签名,不得用签名章代替;

②附有公证机关出具的加盖钢印的公证书;

③公证书出具的日期与授权书出具的日期同日或之后。

(6)投标人以联合体形式投标时,提交了联合体协议书副本,且与通过资格预审时的联合体协议书正本完全一致。

(7)投标人如有分包计划应提交分包协议,分包工作量不应超过投标价的 30%。

(8)一份投标文件应只有一个投标报价,在招标文件没有规定的情况下,不得提交选择性报价。

(9)投标人提交的调价函符合招标文件要求(如有)。

(10)投标文件载明的招标项目完成期限不得超过招标文件规定的时限。

(11)投标文件不应附有招标人不能接受的条件。

投标文件不符合以上条件之一的,应认为其存在有重大偏差,并对该投标文件作废标处理。如果有证据显示投标人以他人名义投标、与他人串通投标、以行贿手段谋取中标,以及投标弄虚作假的,评标委员会应对该投标文件作废标处理。

(二)算术性修正

符合性审查工作完成后,评标委员会应按照招标文件规定对投标人报价进行算术性修正。并对有算术上的差错和累加运算上的差错给予修正。

1. 算术性修正的原则

(1)当以数字表示的金额与文字表示的金额有差异时,以文字表示的金额为准。

(2)当单价与数量相乘不等于合价时,以单价计算为准;如果单价有明显的小数点位置差错,应以标出的合价为准,同时对单价予以修正。

(3)当各细目的合价累计不等于总价时,应以各细目合价累计数为准,修正总价。

清标工作组做出的算术性校核结果必须经评标委员会复核后方可采用。算术性修正后,投标人的报价排序与开标时不一致的,评标委员会应对修正的内容作详细说明。

2. 对算术性修正应书面澄清

对算术性修正结果,评标委员会应通过招标人向投标人进行书面澄清。投标人对修正结果进行书面确认的,其投标文件可参加详细评审。

投标人对修正结果存有不同意见或未做书面确认的,评标委员会应重新复核算术性修正结果。如果确认算术性修正无误,应对该投标文件作废标处理;如果发现算术性修正存在差错,应作出及时调整并重新进行书面澄清。

评标委员会对通过初步评审的投标文件进行详细评审前,发现有效投标文件不足三个,投标明显缺乏竞争的,评标委员会可以否决投标,招标人应当依法重新招标。

七、详细评审

(1)评标委员会还应对通过初步评审、完成算术性修正之后的投标文件,从合同条件、技术能力以及投标人以往施工履约信誉等方面进行详细评审。

(2)对合同条件进行详细评审的主要内容包括:

①投标人应接受招标文件规定的风险划分原则,不得提出新的风险划分办法;

②投标人不得增加业主的责任范围,或减少投标人义务;

③投标人不得提出不同的工程验收、计量、支付办法;

④投标人对合同纠纷、事故处理办法不得提出异议;

⑤投标人在投标活动中不得含有欺诈行为;

⑥投标人不得对合同条款有重要保留。

投标文件如有不符合以上条件之一者,属于重大偏差,按废标处理。

(3)对投标人技术能力和以往履约信誉进行详细评审的主要内容:

①对投标人提供的财力资源情况(财务报表及相关资金证明材料)的真实性、完整性进行**财务能力**的评价;

②对投标人承诺的拟投入本工程的技术人员素质、设备配置情况的可靠性、有效性进行**技术能力**的评价;

③对投标人编制的施工组织设计、关键工程技术方案的可行性,以及质量标准、进度与质量、安全要求的符合性进行**管理水平**的评价;

④对投标人近五年完成的类似公路工程项目的质量、工期,以及履约表现进行**业绩与信誉**的评价。

(4)在对投标人技术能力和履约信誉详细评审过程中,发现投标人的投标文件有下列问题之一,则属于重大偏差,按废标处理:

①承诺的质量检验标准低于招标文件或国家强制性标准要求;

②关键工程技术方案不可行;

③施工业绩及履约信誉证明材料虚假；

④相对资格预审时，其施工能力和财务能力有实质性降低，且不能满足本工程实施的最低要求。

投标文件存在的其他问题应视为细微偏差，评标委员会可要求投标人进行澄清，或对投标文件进行不利于该投标人的评标量化，但不得作废标处理。

八、细微偏差

（1）投标文件中的下列偏差为细微偏差：

①在算术性复核中发现的算术性差错；

②在招标人给定的工程量清单中漏报了某个工程细目的单价和合价；

③在招标人给定的工程量清单中多报了某个工程细目的单价和合价，或所报单价增加或减少了报价范围；

④在招标人给定的工程量清单中修改了某些支付号的工程数量；

⑤除强制性标准规定之外，拟投入本合同段的施工、检测设备、人员不足；

⑥施工组织设计（含关键工程技术方案）不够完善。

（2）评标委员会对投标文件中的细微偏差按如下规定处理：

①按本节第六款规定对算术性差错予以修正；

②对于漏报的工程细目单价和合价，或单价和合价中减少的报价内容，视为已含入其他工程细目的单价和合价之中；

③对于多报的工程细目报价或工程细目报价中增加的部分报价，从评标价中给予扣除；

④对于修改了工程数量的工程细目报价，按招标人给定的工程数量乘以投标人所报单价的合价予以修正，评标价作相应调整；

⑤在施工、检测设备或人员单项评分中酌情扣分，但最多扣分不得超过该单项评分的40%；

⑥在施工组织设计（含关键工程技术方案）评分中酌情扣分，但最多扣分不得超过该单项评分的40%。

（3）若采用最低评标价法评标，除本款第（1）条①、②、③、④项的细微偏差按本款第2条款规定进行修正外，招标人还应要求投标人对第本款第（1）条⑤、⑥项的细微偏差进行澄清。只有投标人的澄清文件为招标人所接受，投标人才能参加评标价的最终评比。

九、评标价

（1）投标人经细微偏差澄清和补正后并经投标人确认的投标报价，减去招标人给定的暂定金额（含不可预见费总额，或专项暂定金额，或某个给定单价的支付号的合价，或某个给定的总额价等）之后为投标人的评标价。

（2）招标人对投标人投标报价的评审应以评标价为基准。

十、投标文件的澄清

（1）招标人将以书面方式要求投标人对投标文件中的细微偏差内容作必要的澄清或者补

正。对此,投标人不得拒绝。澄清或者补正应以书面方式进行,并不得超出投标文件的范围或者改变投标文件的实质性内容。投标人的澄清或补正内容将作为投标文件的组成部分。

(2)投标人拒不按照要求对投标文件进行澄清或者补正的,招标人将否决其投标,并没收其投标担保。招标人不接受投标人主动提出的澄清。

十一、评标方法

在详细评审之后,评标委员会可根据工程项目技术复杂程度的不同,将事先选定并在投标人须知资料表中载明选择下列评审方式中的一种。

1. 合理低价法

(1)合理低价法的实施:评标委员会对通过初步评审和详细评审的投标文件,按其投标价得分由高到低的顺序,依次推荐前3名投标人为中标候选人(当投标价得分相等时,以投标价较低者优先)。在评标时,一般按照投标价得分由高到低的顺序,对投标文件进行初步评审和详细评审,对存在重大偏差的投标文件按废标处理。对施工组织设计,投标人的财务能力、技术能力、业绩及信誉不再进行评分。

为防止哄抬标价,招标人可以设定投标控制价上限,由招标人自行编制或委托有资质单位编制,并在开标前公布。投标价超出招标人控制价上限的,视为超出招标人的支付能力,作废标处理。在开标现场,宣读完投标人的投标价后,应当场计算评标基准价。评标基准价的计算一般有两种方式:一是采用所有被宣读的投标价的平均值(或去掉一个最低值和一个最高值后的算术平均值),并对所有不高于平均值的投标人的投标报价进行二次平均,作为评标基准价;二是计算所有被宣读的投标价的平均值(或去掉一个最低值和一个最高值后,取算术平均值),将该平均值下降若干百分点(现场随机确定)作为评标基准价。评标基准价在整个评标期间保持不变,不随通过初步评审和详细评审的投标人的数量发生变化。

投标人的投标价等于评标基准价者得满分,高于或低于评标基准价者按一定比例扣分,高于评标基准价的扣分幅度应比低于评标基准价的扣分幅度大。

其公式如下:

$$F = 100 - \frac{|C_1 - C|}{C} \times 100 \times E \tag{2-8}$$

式中:F——投标人投标报价得分;

C_1——投标人的投标报价;

C——评标基准价;

E——若 $C_1 \geqslant C$,则 $E = 2$;若 $C_1 \leqslant C$,则 $E = 1$(E 由招标人自定)。

评标基准价的计算方法和评分方法应在招标文件中载明。

(2)适用范围:除技术特别复杂的特大桥和长大遂道工程外,采用合理低价法进行评标。

(3)应注意的问题:招标人在出售招标文件时,应同时提供"工程量清单的数据应用软件盘"。"工程量清单的数据应用软件盘"中的格式、工程数量及运算定义等应保证投标人无法修改。投标人只需填写各细目单价或总额价,即可自动生成投标价,评标阶段无须进行算术性复核。

2. 综合评估法

综合评估法是指对所有通过初步评审和详细评审的投标人的评标价、财务能力、技术能力、管理水平以及业绩与信誉进行综合评分，按综合评分由高到低排序，并推荐前3名投标人为中标候选人的评标方法。该法仅适用于技术特别复杂的特大桥梁和长大隧道工程。

（1）对投标文件进行详细评审后综合评分的主要内容和分值范围如下：

评标价________分（招标人可根据项目的具体情况确定不同的评审因素及权重，评标价所占权重一般为70%，对于特大桥、长大隧道或技术较复杂、施工难度较高的工程，评标价所占权重可适当降低，但不应低于50%）；财务能力：________分；技术能力________分；管理水平：________分；业绩与信誉：________分。

注：招标人必须填写本款中的权重分值。

（2）评标价的分值确定：

①招标人设有标底，招标人将对投标人的评标价按下述规定进行评分：

a. 复合标底计算：

$$\frac{A+B}{2}=C \tag{2-9}$$

式中：A——招标人的标底扣除暂定金额后的值（标底开标时应公布）；

B——投标人评标价平均值，B值为投标人的评标价在A值中的105%（含105%）至A值的85%（含85%）范围内的投标人评标价的平均值；若所有投标人评标价均未进入复合标底的计算范围，则$C=A$；

C——复合标底价。

b. 复合标底降低5%之后为评标基准价D；

c. 当投标人的评标价等于D时得满分，每高于D一个百分点扣2分，每低于D一个百分点扣1分，中间值按比例内插。

用公式表示如下：

$$F_1=F-\frac{|D_1-D|}{D}\times 100\times E \tag{2-10}$$

式中：F_1——投标人评标价得分；

F——评标价所占的百分比权重；

D_1——投标人的评标价；

D——评标基准价（复合标底×95%）。

若$D_1\geqslant D$，则$E=2$；若$D_1<D$，则$E=1$。

②招标人未设标底，招标人将对投标人的评标价按下述规定进行评分：

a. 所有投标人评标价的平均值降低5%之后为评标基准价D；

b. 当投标人的评标价等于D时得满分，每高于D一个百分点扣2分，每低于D一个百分点扣1分，中间值按比例内插。

用公式表示如下：

$$F_1=F-\frac{|D_1-D|}{D}\times 100\times E \tag{2-11}$$

式中：F_1——投标人评标价得分；

F——评标价所占的百分比权重；

D_1——投标人的评标价；

D——评标基准价（投标人评标价的平均值×95%）。

若 $D_1 \geqslant D$，则 $E=2$；若 $D_1 < D$，则 $E=1$。

（3）适用范围：本办法仅适用于技术特别复杂的特大桥梁和长大隧道工程。

（4）应注意的问题：为控制投标报价，建议招标人设立标底，或设定投标控制价上限。设立标底的，中标人应采取有效措施，确保开标前的标底保密。

3. 最低评标价法（招标人应设有标底）

最低评标价法，是指由低到高顺序对评标价不低于成本价的投标文件进行初步评审和详细评审，推荐通过初步评审和详细评审且评标价最低的前3名投标人为中标候选人的评标办法。使用世界银行、亚洲开发银行等贷款的项目和工程，及规模较小、技术含量较低的工程多采用最低评标价法。

（1）对通过初步评审和详细评审的投标人的评标价进行比校，发现投标人最低评标价低于招标人标底15%以下（含15%），使得其投标报价可能低于其个别成本的，将要求该投标人作出书面说明并提供相关证明材料，**以证明该报价可以按照规定的工期和质量要求完成本工程**。投标人不能提供有关证明材料说明该投标报价的合理性，招标人将认为该投标人以低于成本报价竞标，其投标应作废标处理。

本款所述招标人标底应不包含暂定金额。

（2）如果投标人能说明其投标报价是合理的，招标人将向评标价最低的中标候选人发出中标通知书，要求中标候选人按以下方式提交履约担保：

①$(A-D_1)/A \leqslant 15\%$，则履约担保为10%合同价的银行保函。

②$15\% < (A-D_1)/A \leqslant 20\%$，则履约担保为10%合同价的银行保函加5%合同价的银行汇票。

③$20\% < (A-D_1)/A \leqslant 25\%$，则履约担保为10%合同价的银行保函加10%合同价的银行汇票。

④$25\% < (A-D_1)/A$，则履约担保为10%合同价的银行保函加15%合价的银行汇票。

其中：D_1 为中标候选人的评标价；A 为招标人的标底扣除暂定金额后的值。

（3）适用范围：使用世界银行、亚洲开发银行等国际金融组织贷款的项目和工程规模较小、技术含量较低的工程，采用最低评标价法进行评标。

（4）应注意的问题：为防止投标人以低于成本价抢标，并减少由于低价中标带来的实施阶段的问题，建议招标人设立标底，严格控制低价抢标行为，标底应在开标时公布；在签定合同时要特别明确施工人员、设备的进场要求、工程进度要求，以及违约责任和处理措施。

4. 双信封评标法

（1）对于规模较大、技术比较复杂或特别复杂的工程，招标人可选择双信封评标法进行评标。要求投标人将投标报价和工程量清单单独密封在报价信封中，其他商务和技术文件密封在另外一个信封中，在开标前同时提交给招标人。

（2）双信封法的招标评标程序如下：

①招标人首先打开商务和技术文件信封，但报价信封交监督机关或公证机关密封保存；

②评标委员会对商务和技术文件进行初步评审和详细评审（具体步骤和评审内容同本须

知第22条、第24条的规定)，对通过初步评审和详细评审的投标文件的技术部分进行打分，取前三名；

③招标人将向技术得分为前三名的投标人发出通知，通知中写明第二次开标的时间和地点。其他投标人的报价将不予开封，原封退还给投标人；

④投标人的报价按本须知第23条、第25条、第26条以及综合评估法第28条规定，经算术性修正后，计算投标人的评标价、复合标底和各投标人的评标价得分；

⑤将投标人的评标价得分和技术得分相加得到投标人的最终得分，得分最高者中标。

(3)在合同执行期间采用的价格调整条款，在评标中不予考虑。

(4)凡超出招标文件规定的或给业主带来未曾要求的利益的变化、偏离或其他因素在评标时不予考虑。

(5)如所有投标文件均未通过初步评审和详细评审，或投标缺乏竞争性，招标人可重新招标。

(6)适用范围：适合规模较大、技术比较复杂或特别复杂的工程，但应按照《关于改进公路工程施工招标评标办法的指导意见》和项目的不同特点，采用合理低价法、最低评标价法或综合评估法。

(7)应注意的问题：采用本办法评标程序比较复杂、时间较长，但可以消除技术部分和投标报价的相互影响，更显公平。特别注意技术评标期间的信息保密和报价信封的保管工作。

十二、撰写评标报告，推荐中标单位

评标委员会在完成上述评标工作后，即可撰写评标报告，推荐中标单位。根据《公路工程施工招标评标委员会评标工作细则》，评标报告应包括以下内容。

1. 项目概况

(1)项目范围；

(2)建设标准、规模和施工标段划分情况；

(3)资金来源；

(4)项目批复。

2. 招标过程

(1)招标代理(可选择内容)；

(2)资格预审结果；

(3)标书出售；

(4)开标记录(如果有标底，标底应为开标内容之一)。

3. 评标工作

(1)采用的标准、办法及依据；

(2)评标委员会和清标工作组人员组成；

(3)初步评审：

①符合性检查；

②资格复核；

③算术性修正；

④澄清及有关情况说明。

(4)详细评审：

①合同条件审查；

②评标价计算与评审；

③技术评审；

④澄清情况说明；

⑤综合评价。

4. 评标结果

(1)评价排序并推荐中标候选人；

(2)有关不同意见(如果有)；

(3)合同签署前建议招标人应处理的有关事宜。

5. 附表及有关澄清资料

评标报告的格式,详见《公路工程施工招标评标委员会评标工作细则》附录。

评标委员会推荐的中标候选人应当限定在一至三人,并标明排列顺序。

招标人应当将评标结果按规定公示,接受社会监督。

十三、定标及签订合同的工作事项

招标人在评标报告的基础之上并确定出中标单位的过程称为定标。定标不能违背评标定标原则、标准、方法以及评标委员会的评标结果。

当采用综合评分法定标时,中标单位应是能够最大限度地满足招标文件中规定的各项综合评价标准且综合评分最高的单位。

当采用最低评标价定标时,中标单位应是评标价最低,而且有充分理由说明这种低标是合理的,且能满足招标文件的实质性要求,即技术可靠、工期合理、财务状况理想的投标人。

当采用双信封法定标时,将投标人的评标价得分和技术得分相加得到投标人的最终得分,中标单位应是得分最高者中标。

在确定了中标单位之后,业主即可向中标单位颁发"中标通知书",明确其中标项目(标段)和中标价格(如无算术错误,该价格即为投标总价)等内容。中标通知书的格式如下。

中标通知书

致投标人:(投标人全称)

承包工程:(承包工程名称)

标段编号:__________

有关贵方于________年____月____日提交的上述工程的投标文件,经我方分析研究,并分别于(填入历次标书澄清会议日期)共(次数)次与贵方对标书内容进行澄清和修正后,现正式通知贵方,基于调整后之合同造价及下列条款,我方已选定贵方为该项招标工程之中标人,并接纳贵方的投标文件。

1. 合同总价为人民币：(填入大写金额)(用小写金额说明)。

上述总价是由工程量清单内所列之工程数量及固定包干单价计算组成，经双方协商修正后作为该项承包工程之合同总价。

2. 贵方须在接到本通知书后____天内，按招标文件中提供的银行保函格式办理履约担保手续，提交由银行担保的履约保证书。

3. 贵方须在接到本通知书后____天内签署本工程承包合同协议书。在合同协议书正式签署之前，本通知书连同投标文件、合同通用条件和专用条件、技术规范、工程量清单、图纸及标书澄清中的会议纪要和补充协议等文件，将作为该项承包工程的有效合同文件。

谨此函告！

招标人：(招标人全名)
(公章)
代　表：(签名)
日　期：　年　月　日

颁发中标通知书的过程，在法律上属于承诺的过程。自中标通知书颁发之日起，双方的合同法律关系即已形成，中标通知书和投标书、合同条款、技术规范、工程量清单及图纸等文件构成了一份对双方有约束力的合同，任何一方都须严格履行合同中的义务，否则即构成违约行为，另一方有权追究其违约责任或进行索赔。

因此，《招标投标法》规定，中标通知书对招标人和中标人具有法律效力。中标通知书发出后，招标人改变中标结果的，或者中标人放弃中标的，应当依法承担法律责任。

当中标通知书的颁发条件不成熟而业主又希望向投标人表达中标意向时，可向投标人签发承包合同意向书，但承包合同意向书的签发不是承诺，承包合同意向书对业主无法律约束力。

中标通知书应在投标有效期内颁发，投标有效期的开始日期从开标之日算起，大型国际招标的投标有效期较长，通常为90～180天，如京—津—塘高速公路规定为6个月，在投标有效期内，投标人不能修改或撤回标书，否则其投标保证金将被没收。招标单位有时还会视情况延长投标有效期，此时投标人可以拒绝这种要求，这不会影响投标保证金的退回；但投标人一旦接受这种要求，则在延长期内，必须遵守原标书，否则，业主仍然有权没收其投标保证金(投标有效期延长后可能会因物价上涨问题影响施工成本，但只要合同条款有价格调整的条款，这一因素的影响可以避免。另外，延长投标有效期还有可能使投标人错过施工的黄金季节，对此投标人应在作出同意延长有效期的决定时考虑其风险)。

业主在签发中标通知书的同时(或签发后不久)，应将招标文件中规定的合同协议书的格式填好并发给中标单位，中标单位在收到协议书后28天内，应以适当方式签字、盖章，并退还业主，由业主办理签字盖章手续(也可以在签字仪式上会签)。协议书通常正本一式两份，双方各执一份，于签字盖章后正式生效。副本若干份，双方分存。

合同协议书签订的过程，仅仅是将招标文件和投标文件的规定、条件和条款以书面的形式固定下来的过程，而不是合同的补充和修正，因此，招标人和中标人不得再行订立背离合同实质性内容的其他协议。

合同协议书应明确承包合同主体(承包合同双方名称)、客体(承包项目名称)、承包合同造价及承包合同的组成文件等事项。最后由双方法人代表签字并加盖单位公章。合同协议书的格式如下。

合同协议书

（本格式编排在招标文件中，供投标人参考，投标时不需填写）

鉴于业主为修建＿（公路项目名称）＿并接受了承包人对该项工程＿＿＿＿合同段（或大桥）的投标书，现由＿（业主全称）＿（以下简称“业主”）为一方和＿（承包人全称）＿（以下简称“承包人”）为另一方于＿＿＿＿年＿＿月＿＿日共同达成并签订本协议如下：

1．第＿＿＿＿合同段由K＿＿＿＿+＿＿＿＿至K＿＿＿＿+＿＿＿＿，长约＿＿＿＿km，技术标准＿＿＿＿级，＿＿＿＿路面。有＿＿＿＿立交＿＿＿＿处；大中桥＿＿＿＿座，计长＿＿＿＿m；隧道＿＿＿＿座，计长＿＿＿＿m以及其他构造物工程等。

2．下列文件应视为构成并作为阅读和理解本协议书的组成部分，即：

（1）本合同协议书及附件（含合同谈判中澄清文件）；

（2）中标通知书；

（3）投标书及投标书附录（含承包人在评标期间递交和确认并经业主同意的对有关问题的补充资料和澄清文件等，如果有）；

（4）合同专用条款（含数据表和招标文件补遗书中与此有关的部分，如果有）；

（5）合同通用条款；

（6）技术规范（含招标文件补遗书中与此有关的部分，如果有）；

（7）图纸（含招标文件补遗书中与此有关的部分，如果有）；

（8）标价的工程量清单；

（9）投标书附表；

（10）构成本合同组成部分的其他文件。

3．上述文件将互相补充，若有不明确或不一致之处，以上列次序在先者为准。

4．根据工程量清单所列的预计数量和单价或总额价计算的本合同总价为人民币（大写）＿＿＿＿元（¥＿＿＿＿元）。

5．由于业主按本协议第6条所述给承包人支付合同价款，承包人在此立约；保证在各方面按合同文件的规定承担本合同工程的实施和完成及其缺陷的修复。

6．作为对本合同工程的实施和完成及其缺陷修复的报酬，业主在此立约；保证按照合同文件规定的时间和方式向承包人支付合同价款。

7．承包人应在监理工程师发出开工令之后，在投标书附录中写明的开工期限内开工。本合同工程工期为＿＿＿＿个月，工期从上述开工期的最后一天算起。开工令应在签订合同协议书以后，在投标书附录中写明的开工通知书期限内发出。

8．本协议书在承包人提供履约担保后，由双方法定代表人或其授权的代理人签署与加盖公章后生效。全部工程完工后经交工验收合格，以及缺陷责任期满由业主发给缺陷责任终止证书后失效。

9．本协议正本两份、副本________份，合同双方各执正本一份，副本________份。当正本与副本的内容不一致时，以正本为准。

业　　　主：（单位全称）（盖章）　　承　包　人：（单位全称）（盖章）
法定代表人：　　　　　　　　　　　　法定代表人：
或：　　　　　　　　　　　　　　　　或
其授权的代理人：（职务）　　　　　　其授权的代理人：（职务）
（姓名）　　　　　　　　　　　　　　（姓名）
（签字）　　　　　　　　　　　　　　（签字）
日　期：______年____月____日

根据合同规定，中标单位还应该在收到中标通知书后的28天内办理履约担保手续。履约担保采用银行保函的形式，保证金额为合同总价的10%（也可能更高）。银行保函的格式如下：

履约银行保函

致：（业主全称）

鉴于（承包人全称）（下称"承包人"）与（业主全称）（以下简称"业主"）签订修建（公路项目名称）第____合同段合同协议书，并保证按合同规定承担该合同段工程的实施和完成及其缺陷修复，我行愿意出具保函为承包人担保，担保金额为人民币（大写）__________元（¥________元）。

本保函的义务是：我行在接到业主提出的因承包人在履行合同过程中未能履约或违背合同规定的责任和义务而要求索赔的书面通知和付款凭证后的____天内，在上述担保金额的限额内向业主支付任何数额的款项，无须业主出具证明或陈述理由。

在向我行提出要求前，我行将不坚持要求业主应首先向承包人索要上述款项。我们还同意，任何对合同条款所作的修改或补充都不能免除我行按本保函所应承担的义务。

本保函在担保金额支付完毕，或业主向承包人颁发交工证书之日起失效。

担保银行：（银行全称）（盖章）
法定代表人
或
其授权的代理人：（职务）
（姓名）
（盖章）
______年____月____日

如果中标单位未按时签署合同协议并按规定办理履约担保手续，则业主将会取消其中标资格，并没收其投标保证金。鉴于这种情况，业主可以将合同授予下一个其竞争能力较强的投标人。

如果中标单位按时签署了合同协议书并按规定办理了履约担保手续，则业主将通知其他未中标单位,并退回投标保证金。由此招标过程全部结束。

第六节　工程招、投标管理

一、加强公路工程招、投标管理的必要性

我国的公路工程招标工作经过十多年的实践,在推广和普及工作中取得了较大成绩。许多项目特别是国家投资项目和世界银行贷款项目,由于执行了严格的招标投标制度,因而在质量、工期和投资效益上取得了较显著的效果。国务院、各部委以及地方人大先后制定了一系列加强招标投标管理工作的法规和条例,为招标投标工作的规范化提供了法律保障。如交通部先后颁发了《公路工程施工招标投标管理办法》、《公路建设市场管理办法》,制定了《世界银行贷款项目公路工程国际招标文件范本》及《公路工程国内招标文件范本》,使公路工程招标投标工作有了操作性很强的法律依据和示范文本。但任何事物都有一个产生、发展和完善的过程,公路工程招标工作如同其他许多工作一样,由于人们长期受计划经济体制及行政干预的影响和个人认识上的差距,公路工程招标工作在经历了产生与发展的两个阶段以后,出现了徘徊不前的状况,招标投标过程中地区保护主义、私相授受的现象时有发生。除此之外,目前公路工程招标投标中还存在下列问题:

(1)招标文件的合同条款带有浓厚的业主利益色彩,缺乏公平性;

(2)不管招标准备工作是否完成、招标条件是否具备,就仓促组织公路工程投标工作;

(3)招标程序不规范的现象时有发生;

(4)评标定标缺乏客观公正性和透明度;

(5)标底的保密和管理尚存在许多问题。

以上问题严重地影响了招标工作的健康开展,影响了公路建设项目的投资控制、质量控制和进度控制,使招标投标成了人情风、关系风和违法乱纪现象的保护伞,严重地损害了招标投标制度的形象,在社会上造成了不良影响。因此,加强招标管理工作具有很大的紧迫性。它不仅是完善招标投标制度的需要,而且是建设市场加强反腐败工作的需要,也是加强建设市场管理工作的重要组成部分。

二、加强公路工程招标投标管理工作的途径

1. 加强法制建设,进一步完善公路工程招标投标法规

在招标投标法规的建立和完善过程中,一方面要注意当时的社会经济条件,使招标投标法规服从法律规定和当时的社会经济基础;另一方面又应重视法规对社会经济基础的反作用,通过法规的建设来促进公路建设市场的培育、发展和完善,使之适应社会主义市场经济体制的要求。同时还应注意到随着市场经济的发展,招标投标法规有进一步修订与完善的必要。此外,在制定公路工程招投标法规过程中,要保证法规与《招标投标法》等法律及国务院、国家计委颁发的法规相一致,注意加强法规的可操作性,避免伸缩性大的现象,增强法规的刚性。

2. 加强执法监督,坚持从严执法

由于招标投标主体缺乏应有的自律能力,因此执法机关应加强执法监督,保证法律和法规

在执行过程中的严肃性。前几年招标投标中的许多问题,主要是执法监督不力造成的,国家和政府已意识到这一问题的存在,行政监察部门正在努力加强这方面的工作,监督招标投标工作的公平性和合法性,保护公平竞争。

3. 加强行政管理,减少行政干预

参照世界银行项目管理的经验,作为公路工程投资主体的交通部和地方政府主管机关应切实加强公路工程招投标工作的管理,严格按照《公路建设市场管理办法》的要求和规定来审查公路工程招、投标主体资格的合法性、适应性,招标文件的公平性和招标程序的可操作性,以及评标定标的客观公正性。在加强行政管理的过程中,应杜绝用行政管理作幌子,进行行政干预的现象,凡是属于企业自主经营和自主管理的各项工作,行政管理机关无权干预。

4. 加强计算机管理系统在公路工程招标中的应用工作

大力推广公路工程招标投标计算机管理系统(或专家系统),使招标投标工作真正做到客观化、程序化,避免人为因素对评标定标工作的影响,提高招标工作的质量和效率。计算机在公路工程施工招标投标的应用几乎可以覆盖施工招标的全过程。

(1)制订和输出招标文件。即在本系统中设置各种不同版本的招标文件范本。用户使用时可根据业主对招标工作的要求,选择合适的版本,在此基础上使用本系统设计的编辑功能输入与招标项目有关的基本参数,程序即可编辑出其格式和特点都适应招标项目要求的全套招标文件(包括工程量清单)。

(2)编写标书。即设计出与本系统相适应的投标录入系统,投标人可以直接利用投标录入系统填写投标数据,编制标书,从而保证投标文件的质量、规范性和一致性,避免标书的各种差错,节省业主或招标复核和审查标书的时间。

(3)制订标底。即通过本系统按照前面介绍的概、预算编制法或统计法进行标底的编制,节省手工编制标底的时间和精力,解决标底的保密问题,保证所编制出来的标底在格式上与招标文件的统一性。

(4)评标定标。即通过本系统对投标人的报价进行复核,校正算术错误;对投标人的类比价进行计算,对不平衡报价给业主带来的风险进行分析;进行专家模拟,对投标人在报价、施工业绩、施工技术力量和财务状况等方面进行综合评价(避免专家会议评标时各种主观因素对评标定标结果客观、公正性的影响);提出各种评标分析报表,最终按业主确定的评标定标方法推荐出中标单位供业主定标时参考。

思 考 题

1. 简述我国的公路建设项目报建制度。
2. 简述公路施工招标应具备的基本条件。
3. 简述公路工程施工招标文件的组成。
4. 简述公路工程施工招标程序。
5. 根据计价方式的不同,承包合同有哪些类型?各有何特点?
6. 简述标段划分对工程造价的影响。
7. 简述投标人须知对报价及工程造价的影响。

8. 简述招标文件的合同条款对投标报价及工程造价的影响。

9. 高速公路路堤的压实度通常要求在0～80cm范围内为95%，但有一项目的招标文件却规定为98%。试分析在此情况下承包人将增加哪些工作？绘图说明其工期和造价有何变化？

10. 简述工程量清单的组成及工程量清单对造价及合同管理的影响。

11. 简述项目工期对施工成本及工程造价的影响。

12. 简述设计图纸及勘察资料对工程造价的影响。

13. 简述资格预审的内容和程序。

14. 简述公路工程施工招标中投标人的资格要求。

15. 简述资格评审的方法及各自的特点。

16. 简述招标单位在投标组织工作中的主要工作内容及注意事项。

17. 简述标底的概念及基本特征。

18. 简述标底与概、预算的区别。

19. 简述以概、预算为基础编制标底的基本步骤。

20. 试分析统计平均法编制标底的合理性。

21. 简述评标定标的基本原则和基本方法。

22. 简述评标委员会的作用及组建要求。

23. 简述评标定标的基本程序及工作内容。

24. 简述投标担保的主要作用。

25. 评标过程中业主或投标人常提出调整标价的要求，这种行为是否允许？试根据经济合同法律知识及招标投标的基本原则要求予以说明。

26. 简述中标通知书及合同协议书的基本格式。

27. 试论述加强公路工程招、投标管理的必要性，及怎样加强公路工程招、投标管理。

28. “在招、投标过程中，业主将不可预见风险交给承包人承担可以避免自己的风险损失，从而降低工程造价。”这种思想是否正确？试分析说明。

29. 既然单价合同履行过程中工程量按实计量，与工程量清单中列明的数量无关，为什么在整理工程量清单时仍要保证工程量的准确性？

30. 承包人的报价是否越低越好？试分析说明。

31. 承包人的报价是否越接近标底越好？试分析说明。

32. 中标通知书签发后，一些地方强制中标单位将中标的工程分包给其他施工单位施工。试问这种行为是否允许？为什么？

第三章 施工投标

第一节 施工投标概述

一、施工投标的性质和特点

招标承包制作为一项完整的制度，是由以建设单位（业主、招标人）为主体的招标发包和以承包单位（承包人、投标人）为主体的投标承包两方面组成的。招标与投标构成以工程为标的物的买方与卖方经济活动相互依存不可分割的两个方面。

施工投标是施工单位对招标的响应，是通过竞争获得工程任务的过程。对于公路建设者来说，是企业在公路建设市场竞争中承接任务的一种经营手段。

投标与招标一样有其自身的运行规律，有与招标程序相适应的程序。参加投标的施工企业在认真掌握招标信息、研究招标文件的基础上，根据招标文件的要求，在规定的期限内向招标单位递交投标文件，提出合理报告，以争取获胜中标。

投标不仅是施工企业之间造价的竞争，更是企业之间比实力、比信誉、比施工技术措施方案、比水平、比应变能力的竞争。因此，企业通过投标竞争，可促进自身管理水平的提高，使企业在不断改革中提高信誉，达到降低工程造价、确保工程质量、缩短建设工期、提高投资效益的目的。

二、施工投标的信息管理

工程承包市场的投标竞争是一件十分复杂且充满风险的工作，因而投标前应当进行大量的准备工作，应对承包市场进行详尽的调查研究，广泛收集项目的信息及与投标有关的其他信息并进行认真的分析。信息在整个投标活动中占有举足轻重的地位，因此，掌握信息是投标活动中的第一位工作。

1. 对信息的要求

投标信息内容包括来自企业内外的与投标有关的一切经济、技术和社会等方面的信息。对这些信息的要求，可以用“快、全、准、用”四个字来归纳。“快”为迅速及时。“全”则为多多益善，对信息应系统积累。如哪里有招标项目、工程概况如何、什么日期开始招标、什么时间开标及当地材料价格、汇率、工期等，在招标的全过程中，即从准备投标一直到定标前几分钟，都要掌握信息；而交标之后，开标之前，均应及时采取相应的措施以利夺标。“准”是要求信息的准确性，要善于辨别信息的真伪。“用”就是要善于利用信息，为正确的投标决策服务。

2. 需要掌握的信息内容

投标中需要掌握的信息可以分为招标信息、投标信息及投标的历史资料三类。

(1)招标信息

招标信息即把握建设市场的动向,了解近期有些什么项目将要招标。招标信息对投标是非常重要的,获取了招标信息之后,可以及早通过各种途径搜集投标信息,以争取更多的时间充分准备投标,从而达到中标的目的。

(2)投标信息

所谓投标信息,即在掌握了招标信息之后,决定参加投标所需了解的情况。这些情况主要包括如下内容。

①当地建筑市场信息及投标建设项目的工程情况,如项目规模有多大?公路有多少公里?分几个标段?资金来源、招标单位、名称、招标时间、项目是否列入国家计划等市场信息。

②当地建筑材料和设备能否供应?价格怎样?交通运输情况如何?当地税种、税率、银行贷款利率,地方法规等。

③材料与施工技术发展动态。如招标项目有无新结构、新技术、新材料,需要采购的新设备和新工艺等情况。

④招标单位的倾向性(即招标单位倾向让哪个或哪类层次施工单位来承包工程)和困难。如工期要提前、投资不足、材料供应困难等。应探明建设单位(或业主)的主要困难是什么。

⑤各竞争对手的基本情况。如有多少单位参加投标?每个标段各有几个单位投标?他们的名称、资质、技术水平高低、装备能力、管理水平、队伍作风、是否急于想中标、投标报价动向,与业主之间的人际关系等。

⑥设计及其他协作单位的情况。

⑦类似工程的施工方案、报价、工期等。本企业有否承担过类似的工程,其报价、施工方案、施工工期等情况。

⑧本企业内部今年和明年任务是否饱满,有否力量投入新的投标项目。

⑨本企业欲完成本项目投标工程和同类已完工程的技术经济指标。如形象进度、成本降低率、单位面积人工、材料耗用定额和造价、劳动定额执行情况等。

⑩企业为本投标项目购置新设备、采用新技术的可能性。

(3)投标的历史资料

对每次投标的情况,不管中标与否,却应该记录并进行分析。如每次投标参与投标的企业数、各家的报价情况、中标价及标底等。对这些资料的分析有助于提高编标报价的水平,而当采用定量决策的方法选择投标项目时,这些资料更是不可缺少的。

3. 信息渠道

(1)通过报刊、信息网络或其他媒介

招标项目的招标公告都要通过报刊、信息网络或者其他媒体发布。通过报刊发布招标公告是一种传统的信息发布方式,在国内外运用得比较广。在我国,《经济日报》、《人民日报》、《中国日报》等都是招标信息刊登得比较多的报刊。在国外,如在新加坡,《联合早报》是发布政府工程招标公告的法定报刊。《联合国发展论坛》、《欧盟官方公报》则是分别刊登世界银行、亚行贷款项目招标信息和欧盟各国招标信息的园地。随着现代电子技术的发展,世界各国均运用因特网服务站的方式发布招标公告。如欧盟的“每日电子标讯”(Tenders Electronic Daily),美国的“采购改良网”(Acquisition Reform Network),台湾地区的“公共工程全球资讯网”等。在我国,如“中国采购与招标信息网”(www. Chinabiddinq. gov. cn)等。随着科学技术的进一步发展,今后可能还会涌现出其他新的发布渠道。

(2)发挥公共关系的作用

承包人可以利用自己新建的或已有的公共关系网,通过与不同类型的各种人物的交往,包括官方、非官方的朋友等,进行信息交流,不仅能得到有关的项目信息,还可以了解当地的政治、经济等其他方面的情况。

(3)国际工程项目可通过驻外使馆和有关其他驻外机构及国外驻我国机构

我国同世界上绝大多数国家和地区建立了外交和商贸关系,并同这些政府间签订了大量的各种形式的经济使用协议、意向及合同,这为我国承包公司的国际业务开展打下了良好的基础。其中,承包人较为关注的经济援助项目等,几乎无一例外都是由政府间高层人物签署协议的。驻外使馆以及有关其他驻外机构与所在国政府和公司接触频繁,得到的信息也十分丰富,因此对当地总的政治经济形势了解较为明确,这些都会为承包业务的开展提供扎实可信的资料和中肯的意见。此外,各国使馆、联合国驻华机构或其他国际组织(如世界银行、亚行等国际金融组织)驻华机构都能向我国承包人提供项目信息。

三、投标项目选择

从众多的工程项目信息中选择投标环境良好,基本符合本公司的经营策略、经营能力和经营特长的项目,是企业的经营决策大事。投标项目选得准不准,将直接影响到中标后企业的利益、生存和发展,因此每个企业都应认真研究这个问题。

1. 选择投标项目应考虑的原则

国内外几乎每天都有工程在进行招标,承包人不能见招标就决定投标,而应综合考虑各种因素,正确地决定投哪些标、不投哪些标以及投一个什么样的标,这是提高中标概率,获得较好经济效益的首要环节。从发布招标广告到出售招标文件都有一段时间,在这段时间内,有经验的承包人都要对投标环境进行客观的、详尽的分析研究,进而选定投标项目。一般来说,有利的项目应当满足以下原则。

(1)有一定利润

承包企业在确定投标前,除必须弄清招标文件内容和要求外,尚须研究项目中标后可能获得的利润程度,通过工程技术和经济效益的分析,测算出工程中标后可能获得的利润。无利可图的项目理所当然不应去投标。

(2)投标环境良好

投标环境是指工程项目所在地的政治、经济、法律、社会、自然条件等对投标和中标后履行合同有影响的各种宏观因素。良好的投标环境是承包人实现公司经营目标的前提条件。

(3)符合公司的目标和经营宗旨

这要求考虑该项目是否在公司确定要发展的地区,如果首次进入该市场,则要调查市场的开拓前景如何。

(4)符合公司的自身条件

所谓公司自身的条件是指企业本身的专业范围、经济实力、管理水平和实际工程经验。承包人应当从这些方面谨慎考虑自己能否按业主要求完成项目,能否发挥自身的专业特长和技术优势。

(5)考虑工程实现的可靠性

承包人在对投标项目进行分析时,应考虑该工程实现的可靠性,如建设条件、资金落实情况、施工条件、工程难度、业主资信等因素。

(6)考虑自身竞争的优势

由于招标的公开竞争性,承包人在筛选项目时应考虑项目的竞争激烈程度,自身是否有战胜对手的优势。对于毫无中标把握的项目不宜勉强参与,以免浪费资源和影响企业形象。

虽然同时符合上述原则的项目很可能不止一个,这些项目可能集中在一个地区,也可能分散在数个国家和地区,但作为一般性原则,集中优势力量在一个市场承包一个较大的项目,比利用同样的资源分散地承包几个小型项目更为有利。另外,对于经济和政治风险大的地区的项目、规模和技术要求超过本公司能力的项目、难度大风险大而在盈利上也无很大吸引力的项目、非本公司专业领域的项目等,一定要慎重选择,尽量回避。

2. 选择投标项目的方法

选择投标项目的方法可分为两类:定性决策法和定量决策法。

(1)定性决策法

定性决策法即从考虑本企业的优势和劣势以及招标项目的整体特点出发确定是否参与投标。一般可根据下列10项指标来划断:

①管理的条件,指能否抽出足够的、水平相应的管理工程人员(包括工地项目经理和组织施工的工程师)参加该工程;

②工人的条件,指工人的技术水平和工人的工种、人数能否满足该工程要求;

③设计人员条件,要视该工程对设计及出图的要求而定;

④机械设备条件,指该工程需要的施工机械设备的品种、数量能否满足要求;

⑤工程项目条件,指对该项目有关情况的熟悉程度,包含对项目本身、业主和监理情况、当地市场情况、工期要求、交工条件等;

⑥以往实施同类工程的经验;

⑦业主的资金是否落实;

⑧合同条件是否苛刻;

⑨竞争对手的情况,包括竞争对手的多少、实力等;

⑩对公司今后在该地区带来的影响和机会。

按照上述10条,可用专家评分比较法(企业内的专家)来分析,其步骤如下。

第一步,按照10项指标各自对企业完成该招标项目的相对重要性,分别确定权数。

第二步,用10项指标对投标项目进行衡量,将各标准划分为好、较好、一般、较差、差五个等级,各等级赋予定量数值,如按1.0、0.8、0.6、0.4、0.2打分。例如,企业的劳动条件足以完成本工程便将标准打1.0分,而竞争对手愈多则分愈低。

第三步,将每项指标权数与等级分相乘,求出该指标得分。10项指标得分之和即为此工程投标机会总分。

第四步,将总得分与过去其他投标情况进行比较或与公司事先确定的准备接受的最低分数相比较,来决定是否参加投标。

表 3-1 是用此方法评价投标机会的一个例子。

专家评分比较法评价投标机会 表 3-1

投标考虑的指标	权数 (W)	等级(C)					WC
		好 1.0	较好 0.8	一般 0.6	较差 0.4	差 0.2	
①管理的条件	0.15		√				0.12
②工人的条件	0.10	√					0.10
③设计人员条件	0.05	√					0.05
④机械设备条件	0.10			√			0.06
⑤工程项目条件	0.15			√			0.09
⑥同类工程经验	0.05	√					0.05
⑦业主资金条件	0.15		√				0.12
⑧合同条件	0.10			√			0.06
⑨竞争对手条件	0.10				√		0.04
⑩所带来的影响和机会	0.05					√	0.01
累计值							0.70

注:"√"表示等级的取值。

这种方法可以用于以下两种情况。

一是对某一个招标项目投标机会作出评价,即利用本公司过去的经验,确定一个 $\sum WC$ 值。例如在 0.60 以上可以投标,则上例属于可投标的范畴;但也不能单纯看 $\sum WC$ 值,还要分析一下权数大的几个指标,也就是要分析重要指标的等级,如果太低,也不宜投标。

二是可用以比较若干个同时可以考虑投标的项目,看哪一个 $\sum WC$ 最高,即可考虑优先投标。

(2)定量决策法

定量决策法即对影响项目选择的各种因素应用系统分析方法进行定量分析,以进行合理的选择。这类决策方法将在本章第四节专门介绍。

四、投标机构及职责

为了在投标竞争中获胜,施工企业应设置专门的投标机构,配备专职人员。投标机构的任务是:平时掌握市场的信息和动态,搜集投标的有关信息,积累有关资料,遇有招标项目时,对招标项目进行分析,研究有无参加价值;对于确定参加投标的项目,则应研究投标和报价编制策略,在认真分析历次投标中失败的教训和经验的基础上编制标书,争取中标。

1. 人员要求

对参与投标的人员要求较高。要求有丰富工程经验的施工工程师和具有设计经验的设计工程师,还要求有精通业务的经济师和熟悉物资供应的人员。这些人员应熟悉各类招标文件和合同条件;如果是国际投标,则这些人员最好具有较高的外语水平。

2. 人员组成

投标机构通常由下列人员组成:

(1)经理或业务副经理作为投标负责人和决策人,其职责是决定最终是否参加投标及参加投标项目的报价金额。

(2)总工程师或主任工程师,其职责是决定施工组织设计方案、技术措施及技术问题。

(3)公路工程造价工程师负责编制计划及投标报价工作。

(4)机械管理部门工程师负责根据本投标项目工程特点选型配套供应本项目施工设备。

(5)材料部门人员了解提供当地材料供应及运输能力情况;财务部门人员提供企业工资、管理费、利润等有关成本资料;生产技术部门人员负责安排施工作业计划等。

五、投标策略及注意事项

1. 提高经营管理水平

主要做好施工组织设计,采取合理的施工技术和施工机械搭配,精心采购材料、合理安排设备、安排紧凑的施工、节省管理费用等等,从而有效地降低工程成本而获得较大的利润。

2. 改进设计和缩短工期

仔细研究原设计图纸,若发现有不够合理之处,提出能降低造价的修改设计建议,以提高对业主的吸引力。另外,靠缩短工期取胜,即比规定的工期有所缩短,达到早投产、早收益,有时甚至标价稍高,对业主也是有吸引力的。

3. 降低利润

主要适用于承包任务不足时,与其坐吃山空,不如以低利润承包到一些工程,还是有利的。在投标时,许诺优惠条件,如主动提前工期、低息贷款、创优质工程等,以吸引业主,争取中标。

4. 加强变更设计

采取较低报价,着眼于变更设计,仔细研究设计,根据实际情况,提出合理的对己方有利的设计变更。

5. 着眼于发展

为争取将来发展的优势,而宁愿目前少盈利。承包人为了掌握某种发展前途的工程技术,或为了在某一发展前景较大的地区打开市场、创立信誉,为进一步承揽工程打基础,就可以采用这种策略。这是一种较有远见的策略。

6. 优势联合投标

在投标过程中,选择和当地施工企业或与业主关系密切的施工单位联合投标,取长补短,提高竞争能力,以分享当地施工企业的优惠待遇。

7. 做好公共关系及业务招揽工作

把本单位的发展简史、工程业绩等资料汇编成精美画册,赠送给设计单位及有关人员;也可邀请业主及有关人员考察本单位过去完成的优良工程项目以及目前正在施工的施工现场,主动向业主及有关人员介绍施工管理、工程质量、机械设备、人员文化技术素质等各方面情况,取得业主的信任及有关人员的理解和好评。

从目前投标实践来看,搞好公共关系及投标业务招揽工作,对投标取胜起着极为重要的作用。

六、投标全过程关键阶段的决策

掌握一定的投标策略后,还要注意投标过程中关键阶段的一些问题。投标人在领取资格预审文件到投标报价过程中，都面临着一系列重要问题。严格谨慎对待这些问题，提高投标技巧，可体现出投标人对待投标的重视程度，有助于增加中标几率。以下几个方面，是投标实践中特别重要且需要注意的问题。

1. 资格预审阶段

通过资格预审是能否参与竞标的先决条件。

资格预审阶段应注意的主要问题，是严格按规定要求编报“资格预审文件”。编制资格预审文件时，注意文字要规范严谨，装帧要精美，力争给业主留下深刻的印象。在填报工程业绩时，应在资料真实的前提下，选择那些施工难度大、结构新颖、技术复杂、质量优良、工期短、造价低及评价高的工程项目，充分展现企业经济和技术实力，有助于通过资格审查。

2. 研究标书阶段

研究标书阶段应认真“吃透”标书，就是要完全研究清楚标书的内容和有关规定要求。主要应注意以下问题：

(1)弄清承包人的责任和报价范围，不要发生任何遗漏；

(2)弄清各项技术要求，以便制订先进合理的施工方案；

(3)及时调查了解工程所在地工、料、机以及特殊材料和设备的市场价格，以免估价失误；

(4)弄清开、竣工日期及总工期要求以及提前或拖延工期的奖罚条件，以便制订合理的施工进度计划；

(5)弄清工程款支付条件：有无工程预付款、是按工程进度结算付款还是按完工后一次结算、延期付款的责任和利息支付等，以便作好资金使用计划安排；

(6)弄清有无特殊材料、设备及施工方法要求，以便采取相应对策措施；

(7)弄清工程量清单中各个工程细目组成的内在含义，防止漏项发生，以免工程开工后结算时造成麻烦；

(8)弄清总承包与分包规定，以便当自身施工能力不足时便于分包及协作；

(9)弄清施工期限内的材料、设备涨价等补偿规定，以便报价决策时充分考虑利益风险等因素；

(10)对含糊不清的问题，均应及时提请招标单位予以澄清，切忌擅自修改招标文件并将其作为报价依据。

3. 标价计算阶段

报价计算应注意的以下问题。

(1)认真计算及核实工程量，防止因工程数量不清、不准而导致标价计算失误。

(2)认真调查研究工程所在地的劳务、材料、机械设备的市场基本价格和招标文件对标价计算的规定，以及当地政府对物价的有关规定要求、地方物价的有关规定要求和当地物价指数等因素。

(3)要尽可能了解业主编制标底时采用的材料单价，以及竞争对手可能采用的材料单价。综合各方面信息，确定合理的计算价格，防止因取费不实而产生标价过高或过低现象而影响中标或出现废标。

(4)认真按工程量清单核实工程数量，对号入座，检查施工图中工程量和清单中数量是否相符，如有疑议，及时提出上报业主，及时修正。同时，在数量无误的情况下，防止发生漏项而导致报价失误、造成经济损失。

(5)对有关费率的计取,应结合施工实际发生的需要、施工单位管理水平及市场各方面因素综合考虑灵活取舍,以便作出具有竞争力的报价。

(6)对计算数据要认真反复核对,防止发生计算错误。

(7)认真检查标书,注意不要出现“漏章”问题,以免造成废标。

4. 标书编制与投标阶段

(1)填写标书时,一般先将标书装订好,另附一份报价调整函表,以便随时修改,也便于最终调整报价。只有当最终报价最后确定下来之后,才将其与装订好的标书一同包封,这样既方便又快捷。

(2)要防止丢项和漏页,应进行仔细复核。

(3)不可改变标书格式,当原有表格不能表达投标意图时,可另附补充说明。

(4)字迹要清晰工整,不应有涂改和留有空格现象;语言要讲求科学性和逻辑性,语意清晰,表达明确;投标书装帧要美观简洁。

(5)投标单位名称一定要写全称,不可写简称。

(6)必须按投标须知规定对投标书做好签字盖章工作,防止因签字盖章遗漏而产生废标。一般来说,授权人应逐页签字,同时还要做好标书的密封工作。投标书要双层密封,内层必须加盖投标单位密封章,外层只做密封,不得加盖任何印章及留下任何标识。在投标实践中,投标单位一般都备有专门的包装或包装袋来密封投标书,具体做法应严格按投标须知办理。

(7)必须按投标须知规定的投标期限、地点和方法投标,防止迟交投标书而发生无效投标。

综上所述,认真落实好投标各阶段的注意事项,各项问题不出纰漏,同时采取适宜的投标策略,提出高水平的报价,将使投标工作顺利进行。

第二节　投标报价程序及工作内容

一、投标报价程序

公路工程投标工作业务流程,一般可用如图 3-1 所示的网络图来表示。

在投标工作程序中,主要包括以下工作步骤。

(1)根据招标广告或招标单位的邀请,筛选投标的有关标段,选择适合本企业承包的工程参加投标。

(2)向招标单位提交资格预审申请书,并附上本企业营业执照及承包工程资格证明文件、企业简介、技术人员状况、历年施工业绩、施工机械装备等情况。

(3)经招标单位投标资格审查合格后,向招标单位购买招标文件及资料。

(4)研究招标文件合同要求、技术规范和图纸,了解合同特点和设计要点,制订出初步施工方案,提出考察现场提纲和准备向业主提出的疑问。

(5)参加招标单位召开的标前会议,认真考察现场、提出问题、倾听招标单位解答各单位的疑问。

(6)在认真考察现场及调查研究的基础上,修改原有施工方案,落实和制订出切实可行的施工组织设计。在工程所在地材料单价、运输条件、运距长短的基础上编制出确切的材料单价,然后计算和确定标价,填好合同文件所规定的各种表函,盖好印鉴密封,在规定的时间内送到招标单位。并交付一定的投标保证金。

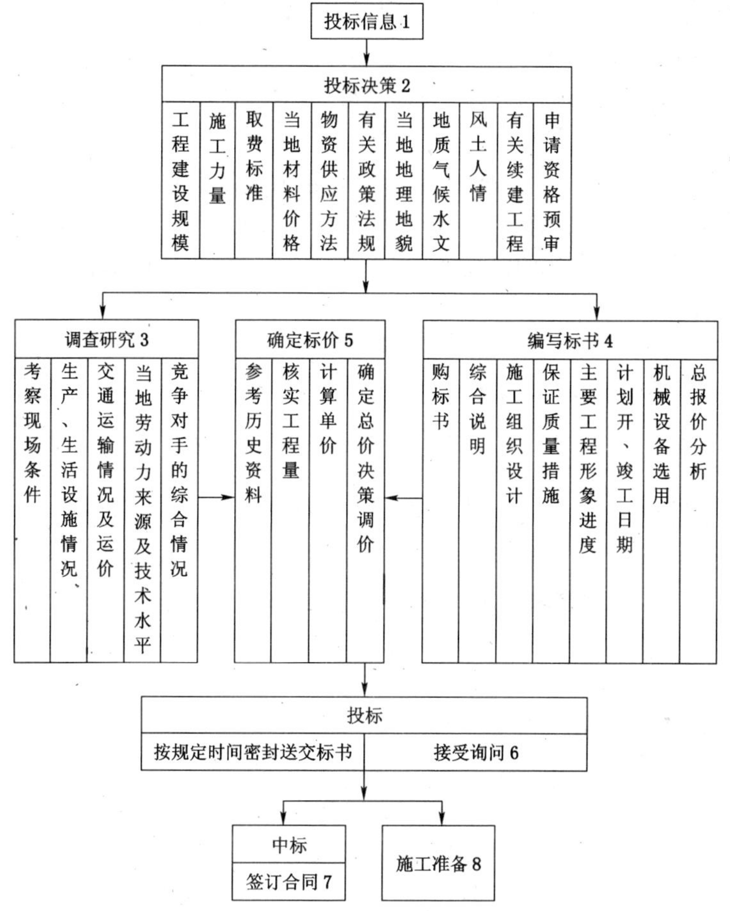

图 3-1 公路工程投标工作业务流程

(7)参加招标单位召开的开标会议,提供招标单位要求补充的资料或回答需要进一步澄清的问题。

(8)如果中标,则与招标单位一起依据招标文件规定的时间签订承包合同,并送上银行履约保函;如果未中标,则及时总结经验和教训,按时撤回投标保证金。

二、投标前期工作

参加工程项目的投标竞争需要做一系列的准备工作。准备工作充分与否,往往对能否中标和中标后能否获得较大盈利起着重要的作用。

1. 投标环境及工程项目情况调查

投标环境及工程项目情况调查,包括对商业市场、金融市场、劳务市场及其他有关业务和自然条件等对投标和中标后履行合同有影响的各种宏观因素的调查。对国外承包还应包括对所在国政治、法律、社会等情况的调查。

2. 注册

注册是在国际投标中需完成的手续。即国外承包人参加投标和承包工程项目,必须按工程所在国的规定办理注册手续,取得合法地位。但也有的国家如伊拉克、叙利亚等,对于大型国际招标工程,允许投标人在中标后的规定期限内办理注册手续。

3. 特色代理人、担保人或合伙人

特色代理人、担保人或合伙人,这也只是针对国际投标而言。

(1)代理人

国际承包工程活动中通行代理制度,即外国承包人进入工程项目所在国,须通过合法的代理人开展业务活动。代理人指受雇主(承包人)委托代为办理有关投标及承包业务或其他事务的个人、公司或集团。代理人的活动往往对一个工程项目投标的成功与否起着相当重要的作用。因此,物色代理人应予以充分重视。

(2)担保人

某些国家还要求外国承包人必须有当地的担保人。担保人对所担保的外国公司在法律、财务和工程业务方面向政府承担责任。聘用当地有威望的担保人还会有助于中标和承包业务的开展。

(3)合伙人

有的国家规定,外国承包人必须与当地公司合作,组成联合体或联营公司才能在该国承包项目,对这类联合体和联营公司还给予一定的优惠。但实际上有的国家的合伙人并不参加股份,而只做些代理人的工作,收取一定佣金。

三、参加资格预审

1. 资格预审文件的编制

资审文件一般包括承包人的组织机构,在所在地区或承建同类工程的经验,拥有的资源(管理人员、技术人员、工人、施工设备)和财务状况及信誉等五个方面。此外,业主还可能根据招标项目的特点提出一些问题,例如采取何种施工方案和技术措施等,要求承包人答复。在新进入一个地区,因缺乏当地施工经验,只好填报在别的地区的经验。有的业主要求严格,例如参加高等级沥青路面施工投标,要求承包人修筑过300km以上的沥青路面,并要求详细开列这些项目的清单,写明业主、监理工程师的姓名并附上该工程的竣工证件。对承包人财务状况方面,要求附上近年资产负债表、损益表,还要求附上资信好的银行出具的关于承包人资信的证明或保证书,承包人拥有的施工机械表和主要管理人员资历表等。上述这些资料平时都要注意积累和整理并编辑成册,以便随时提供使用。此类资料要求文字简明扼要,以图表和反映公司活动的照片为主,并根据拟建项目类型,适当调整内容,不断更新充实。对反映公司经营状况的财务资料,要认真审核,正确反映本企业的良好的经营状况,特别是要反映出公司实力。切忌临时拼凑资料,造成谬误或残缺不全,致使业主要求进行补充,贻误时机;或给人造成不良的印象。如果招标项目规模大,工程范围广,本企业实力有限,需要及早物色信誉好的其他公司联合参加资格预审。为此,需要商定某种集团形式,共同编制资格审查文件。

2. 努力争取通过资格预审

承包人的资格预审是投标活动的前奏,与投标一样存在着竞争。除了认真按照业主要求编送有关文件之外,还要开展必要的宣传活动,争取资格审查通过。

在已经获得项目的地区,业主更多地注视承包人在建工程的进展和质量,为此,要获得业主信任,应当很好地完成在建工程。一旦在建工程搞好了,通过其他项目的资格审查就没多大问题。在新进入一个地区,为了争取通过资格审查,应派人专程送资格审查文件,并开展宣传、联络活动。主持资格审查的可能是业主指定的业务部门,也可能委托咨询公司。如果主持资格审查部门对新承包人缺乏了解,或抱有某种成见,资格审查人员可能对承包人提问或挑剔,有些竞争对手也可能通过关系施加影响,散布谣言,破坏新来的承包人的名誉。为了澄清事实,扩大宣传,承包人的代表要主动了解资格审查进展情况,向有关部门、人员说明情况,并提供充分的说明资料,以便取得主持资格审查人员的信任。必要时还要通过驻外人员或别的渠道介绍本公司的实力和信誉。在竞争激烈地区,只靠寄送资料不开展必要活动就可能受到挫折。有的公司为了在一个新开拓地区获得承建一项大型工程,不惜出资邀请有关当局前来我国参观本公司已建项目,了解公司情况,取得了良好效果。有的国家主管建设的当局领导人得知我国在其邻国成功地完成援建或承包工程,常主动邀请我国参加他们的工程项目投标。这都说明扩大宣传的必要性。

四、编标报价

通过资格预审后,就应按招标单位规定的日期和地点购买招标文件。从购买招标文件到完成标书这一期间,投标人为投标而做的工作可统称为编标报价。其主要工作如下。

1. 研究招标文件

招标文件规定了承包人的职责和权利,以及对工程的各项要求,必须高度重视。因此,购得投标文件后,应组织得力的设计、施工、预算等人员对招标文件进行研究。

2. 参加标前会议和现场考察

(1)标前会议

标前会议也称投标预备会,是招标人给所有投标人提供的一次答疑的机会,有利于加深对招标文件的理解,凡是想参加投标并希望获得成功的投标人,都应认真准备和积极参加标前会议。

在标前会议之前应事先深入研究招标文件,并将研究过程中发现的各类问题整理成书面文件,寄给招标人要求给予书面答复,或在标前会议上予以解释和澄清。参加标前会议时应注意以下几点。

①对工程内容范围不清的问题,应提请解释、说明,但不要提出任何修改设计方案的要求。

②如招标文件中的图纸、技术规范存在相互矛盾之处,可请求说明以何者为准,但不要轻易提出修改技术要求。

③对含糊不清、容易产生理解上歧义的合同条款,可以请求给予澄清、解释,但不要提出任何改变合同条件的要求。

④应注意提问的技巧,注意不使竞争对手从自己的提问中获悉本公司的投标设想和施工方案。

⑤招标人或咨询工程师在标前会议上对所有问题的答复均应发出书面文件,并作为招标文件的组成部分,投标人不能仅凭口头答复来编制自己的投标文件。

(2)现场考察

现场考察一般是标前会议的一部分,招标人会组织所有投标人进行现场参观和说明。投标人应准备好现场考察提纲并积极参加这一活动。

①现场考察的重要性

投标者应参加由业主(招标单位)安排的正式现场考察,否则,投标者可能会被拒绝投标。按照国际、国内规定,投标人提出的报价一般被认为是在现场考察的基础上编制的,一旦标书交出,如在投标日期截止后发现问题,投标人就无法因现场考察不周、情况不了解而提出修改标书,或调整标价给予补偿的要求。另外,编制标书需要许多数据和了解有关情况,也要从现场调查中得出。因此,投标人在报价以前必须认真地进行工程现场考察,全面、细致地了解工地及其周围的政治、经济、地理、法律等情况。如考察时间不够,参加编标人员在标前会结束后,一定要再留下几天,再到现场查看一遍,或重点补充考察,并在当地作材料、物资等调查研究,收集编标用的资料。

②现场考察的主要内容

投标人在购买招标文件后,应先拟订好考察现场的提纲和疑点,做到有准备、有计划地调查。其主要包括内容如下。

A. 政治方面(指国外承包工程)

a. 项目所在国政局是否稳定,有无发生政变的可能。

b. 项目所在国与邻国关系如何,有无发生边境冲突或封锁边界的可能。

c. 项目所在国与我国的双边关系如何。

B. 地理、地貌、气象方面

a. 项目所在地及附近地形地貌与设计图纸是否相符。

b. 项目所在地的河流水深、地下水情况、水质等。

c. 项目所在地近 20 年的气象,如最高(最低)气温、每月雨量、雨日、冰冻深度、降雪量、冬期时间、风向、风速、台风等情况。

d. 当地特大风、雨、雪、灾害情况。

e. 地震灾害情况。

f. 自然地理:修筑便道位置、高度、宽度标准,运输条件及水、陆运输等情况。

C. 法律、法规方面

a. 与承包活动有关的合同法、外汇管理法、税收法、劳动法、环境保护法、建筑市场管理法等。

b. 国外承包工程除上述 有关法律、法规外,尚应了解项目所在国的民法,对本项目工程施工有关具体规定。如劳动力的雇用、设备材料的进口及运输施工机械使用等规定。

D. 工程条件

a. 工程所需当地建筑材料的料源及分布地。

b. 场内外交通运输条件,现场周围道路桥梁通过能力,便道便桥修建位置、长度和数量。

c. 施工供电、供水条件,外电架设的可能性(包括数量、架支线长度、费用等)。

d. 新盖生产生活房屋的场地及可能租赁民房情况、租地单价。

e. 当地劳动力来源、技术水平及工资标准情况。

f. 当地施工机械租赁、修理的能力。

E. 经济方面

a. 工程所需各种材料，当地市场供应数量、质量、规格、性能能否满足工程要求及其价格情况。

b. 当地买土地点、数量、运距。

c. 国外承包工程还要了解当地工人工作时间、年法定假日天数，工人假日和冬、雨、夜施工及病假的补贴，工人所交所得税及社会保险金多少。

d. 监理工程师工资标准。

e. 当地各种运输、装卸及汽柴油价格。

f. 当地主副食供应情况和近 3 ~ 5 年物价上涨率。

g. 保险费情况。

F. 工程所在地有关健康、安全、环保和治安情况

例如工程所在地的医疗设施、救护工作、环保要求、废料处理、保安措施等

G. 其他方面

现场考察需带有业主（或招标单位）发的 1/2 000 比例的平面图，详细标绘施工便道、便桥、现场布置及数量。调查路基范围内拆迁情况，需填筑之水塘面积大小、抽水数量、淤泥深度和数量，以及了解开山的岩石等级、打洞放炮设计施工方法。调查桥梁位置、水深水位、便桥架设、钻孔（打桩）工作平台搭设、深水基础、承台、下部构造如何施工、上部构造如何预制、预制场设在哪里及怎样布置、安装等有关具体问题。以便为施工组织设计作好准备。

国际工程投标中现场考察的内容参见本章的第六节。

投标人完成标前调查和现场考察工作后，可根据调查结果，编制出材料和机械台班单价。同时给施工组织规划设计，提供了大量第一手资料，为制订出合理的报价打下基础。

3. 核实工程量

这项工作直接关系到工程计价及报价策略，必须认真做好。在一般情况下，招标文件中已给定工程量，而且规定对工程量不作增减。在这种情况下，只需复核其工程量即可。若发现所列工程量与调查核实结果不符，可在计算标价时作为一种策略加以利用。但如发现工程量存在重大出入的，特别是漏项的，必要时可找业主核对，要求业主认可，并给予书面确认。对于总价合同，这一点尤其重要。

4. 编制施工组织规划设计

在进行计算标价之前，首先应制定施工规划，即初步的施工组织计划。招标文件中要求投标人在报价的同时要附上其施工规划。施工规划内容一般包括工程进度计划和施工方案等，招标人将根据这些资料评价投标人是否采取了充分和合理的措施，保证按期完成工程施工任务。另外，施工规划对投标人自己也是十分重要的，因为进度安排是否合理，施工方案选择是否恰当，与工程成本和报价有密切关系。制定施工规划的依据是设计图纸、规范、经过复核的工程量清单、现场施工条件、开工、竣工的日期要求、机械设备来源、劳动力来源等。

编制一个好的施工规划可以大大降低标价，提高竞争力。编制的原则是在保证工期和工程质量的前提下，尽可能使工程成本最低，投标价格合理。

(1) 工程进度计划

在投标阶段编制的工程进度计划不是工程施工计划,可以粗略一些,一般用横道图表示即可,除招标文件专门规定必须用网络图者外,不一定采用网络计划,但应考虑和满足以下要求:

①总工期符合招标文件的要求,如果合同要求分期、分批竣工交付使用,应标明分期、分批交付使用的时间和数量。

②表示各项主要工程的开始和结束时间。例如道路工程中的土方工程、桥涵工程、路面工程等的开始和结束时间。

③体现主要工序相互衔接的合理安排。

④有利于基本上均衡地安排劳动力,尽可能避免现场劳动力数量急剧起落,这样可以提高工效和节省临时设施。

⑤有利于充分有效地利用施工机械设备,减少机械设备占用周期。

⑥便于编制资金流动计划,有利于降低流动资金占用量,节省资金利息。

(2)施工方案

制定施工方案要从工期要求、技术可行性、保证质量、降低成本等方面综合考虑,其内容应包括下列几个方面。

①根据分类汇总的工程数量和工程计划中该类工程的施工周期,以及招标文件的技术要求,选择和确定各项工程的主要施工方法和适用、经济的施工方案。

②根据上述各类工程的施工方法,选择相应的机具设备,并计算所需数量和使用周期;研究确定是采购新设备、调进现有设备,或在当地租赁设备。

③研究决定哪些工程由自己组织施工,哪些分包。若分包就要提出分包的条件和设想,以便询价。

④用概略指标估算直接生产劳务数量,考虑其来源及进场时间安排。可从所需直接生产劳务的数量,结合以往经验估算所需间接劳务和管理人员的数量,并可估算生活临时设施的数量和标准等。

⑤用概略指标估算主要的和大宗的建筑材料的需用量,考虑其来源和分批进场的时间安排,从而可估算现场用于存储、加工的临时设施。如果有些建筑材料,如砂、石等拟就地自行开采,则应估计采砂、石场的设备、人员,并计算自采砂、石的单位成本价格。如有些构件拟在现场自制,应确定相应的设备、人员和场地面积,并计算自制构件的成本价格。

⑥根据现场设备、高峰人数和一切生产和生活方面的需要,估算现场用水、用电量,确定临时供电和供、排水设施。

⑦考虑外部和内部材料供应的运输方式,估计运输和交通车辆的需要和来源。

⑧考虑其他临时工程的需要和建设方案,例如进场道路、停车场地等。

⑨提出某些特殊条件下保证正常施工的措施,例如降低地下水位以保证基础或地下工程施工的措施,冬季、雨季施工措施等。

⑩其他必需的临时设施的安排。例如临时围墙或围篱、警卫设施、夜间照明,现场临时通讯联络设施等。

如果招标文件规定承包人应当提供建设单位现场代表和驻现场监理工程师的办公室、车辆、测试仪器、办公家具、设备和服务设施时,可以根据招标文件的具体要求,将其作为一个相对独立的子项工程报价。如果招标文件对此并无特殊规定,则可将其包括在承包人的临时工程费用中,一并在工程量清单的项目中摊销。应注意的是,上述施工方案中的各种数字都是按汇总工程量和概略定额指标估算的,在计算标价过程中,需要按后续计算得出的详细数字予以修正和补充。

5. 报价编制

(1)标价的构成

投标报价的费用构成主要有直接费、间接费、计划利润、税金以及不可预见费等。直接费是指在工程施工中直接用于工程实体上的人工、材料、设备和施工机械使用费等费用的总和;间接费是指组织和管理工程施工所需的各项费用,主要由施工管理费和其他间接费组成;利润和税金是指按照国家有关部门的规定,工程施工企业在承担施工任务时应计取的利润,以及按规定应计入工程造价内的营业税、城市建设维护税等税金,不可预见费是工程项目的风险费。

(2)为了便于计算工程量清单中各个分项的价格,进而汇总整个工程标价,通常将工程费用分为直接费和待摊费用,如图 3-2 所示。待摊费用的概念是工程项目实施所必需的,但在工程量清单中没有单列项的项目费用,需要将其作为待摊费用分摊到工程量清单的各个报价分项中去。

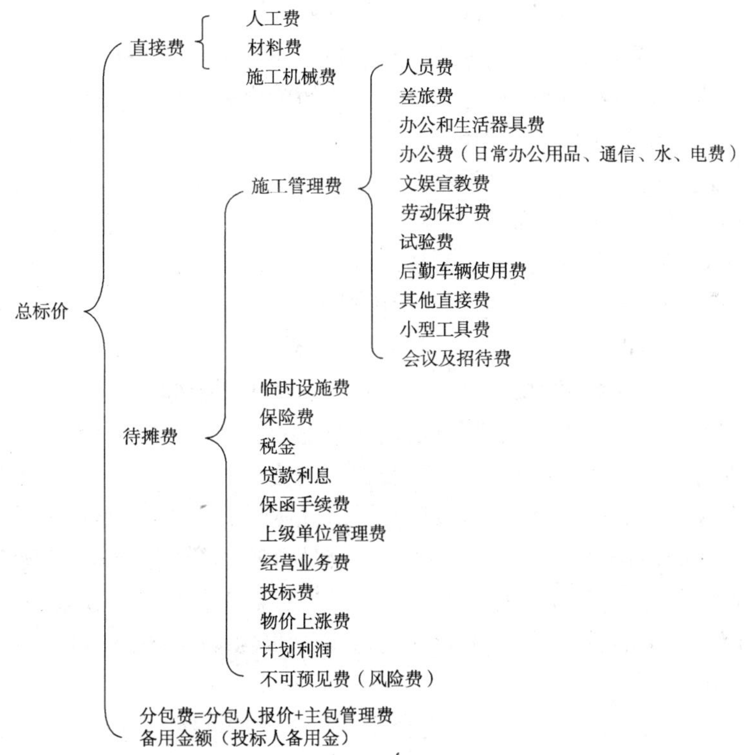

图 3-2 工程标价构成

标价的计算可以按照定额或市场的单价,逐项计算每个项目的单价与合价,分别填入招标人提供的工程量清单中,应包括人工费、材料费、施工机械使用费、其他直接费、间接费、利润、税金及材料差价和风险费用等全部费用。

①人工、材料、机械单价

投标时采用的人工、材料、机械单价，应根据本企业自身的情况以及建设市场情况和劳动力、施工机械租赁市场状况综合确定。

②其他直接费、间接费、利润、税金的计算

在计算出直接费的基础上，依据企业自身情况确定各项费率及法定税率，依次计算出其他直接费、间接费、利润和税金。

③风险费的计算

风险费指工程承包过程中由于各种不可预见的风险因素发生而增加的费用。通常由投标人经过对具体工程项目的风险因素分析之后，确定一个比较合理的工程总价的百分数作为风险费。

计算标价时，定额选用的正确与否是影响到报价高低、投标成败的关键因素之一。因此，应根据工程条件和竞争情况加以分析，对定额予以适当调整。根据经验，在国外承包工程时一般选用较高定额（可按国内现行定额提高效率 10% ~30% 使用），因为人员素质高，机械化程度高，机械性能先进，效率高，条件供应也及时，同时施工目标单一，干扰较少。

6. 标价分析

初步计算出标价之后，应对标价进行多方面的分析和评估，其目的是探讨标价的经济合理性，从而作出最终报价决策。标价分析包括单价分析与总价分析。单价分析就是对工程量清单中所列分项单价进行分析和计算，确定出每一分项的单价和合价，分析标价计算中使用的劳务、材料、施工机械的基础单价以及选用的工程定额是否合理，是否符合拟投标工程的实际情况。同时，应根据以往本企业的投标报价资料进行对比分析，合理确定投标单价和总报价。

标价分析评估从以下几个方面进行。

（1）标价的宏观审核

标价的宏观审核是依据长期的工程实践中积累的大量的经验数据，用类比的方法，从宏观上判断初步计算标价的合理性。可采用下列宏观指标和评审方法。

①首先应当分项统计计算书中的汇总数据，并计算其比例指标。

②通过对各类指标及其比例关系的分析，从宏观上分析标价结构的合理性。例如，分析总直接费和总的管理费比例关系，劳务费和材料费的比例关系，临时设施和机具设备费与总的直接费用的比例关系，利润、流动资金及其利息与总标价的比例关系等。承包过类似工程的有经验的承包人不难从这些比例关系中判断标价的构成是否基本合理。如果发现有不合理的部分，应当初步探讨其原因。首先研究拟投标工程与其他类似工程是否存在某些不可比因素，如果考虑了不可比因素的影响后，仍存在不合理的情况，就应当深入探讨其原因，并考虑调整某些基价、定额或分摊系数。

③探讨上述平均人月产值和人年产值的合理性和实现的可能性。如果从本公司的实践经验角度判断这些指标过高或过低，就应当考虑所采用定额的合理性。

④参照同类工程的经验，扣除不可比因素后，分析单位工程价格及用工、用料量的合理性。

⑤从上述宏观分析得出初步印象后，对明显不合理的标价构成部分进行微观方面的分析检查。重点是在提高工效、改变施工方案、降低材料设备价格和节约管理费用等方面提出可行措施，并修正初步计算标价。

（2）标价的动态分析

标价的动态分析是假定某些因素发生变化，测算标价的变化幅度，特别是这些变化对计划利润的影响。

①工期延误的影响

由于承包人自身的原因，如材料设备交货拖延、管理不善造成工程延误、质量问题导致返工等，承包人可能会增大管理费、劳务费、机械使用费以及占用的资金及利息，这些费用的增加不可能通过索赔得到补偿，而且还会导致误期赔偿。一般情况下，可以测算工期延长某一段时间，上述各种费用增大的数额及其占总标价的比率。这种增大的开支部分只能用风险费和计划利润来弥补。因此，可以通过多次测算，得知工期拖延多久，利润将全部丧失。

②物价和工资上涨的影响

通过调整标价计算中材料设备和工资上涨系数，测算其对工程计划利润的影响。同时切实调查工程物资和工资的升降趋势和幅度，以便作出恰当判断。通过这一分析，可以得知投标计划利润对物价和工资上涨因素的承受能力。

③其他可变因素影响

影响标价的可变因素很多，而有些是投标人无法控制的，如贷款利率的变化、政策法规的变化等。通过分析这些可变因素的变化，可以了解投标项目计划利润的受影响程度。

(3)标价的盈亏分析

初步计算标价经过宏观审核与进一步分析检查，可能对某些分项的单价作必要的调整，然后形成基础标价，再经盈亏分析，提出可能的低标价和高标价，供投标报价决策时选择。盈亏分析包括盈余分析和亏损分析两个方面。

盈余分析是从标价组成的各个方面挖掘潜力、节约开支，计算出基础标价可能降低的数额，即所谓“挖潜盈余”，进而算出低标价。盈余分析主要从下列几个方面进行：

①定额和效率，即工料、机械台班消耗定额以及人工、机械效率分析；

②价格分析，即对劳务、材料设备、施工机械台班(时)价格三方面进行分析；

③费用分析，即对管理费、临时设施费等方面逐项分析；

④其他方面，如流动资金与贷款利息，保险费、维修费等方面逐项复核，找出有潜可挖之处。

考虑到挖潜不可能百分之百实现，尚需乘以一定的修正系数(一般取0.5~0.7)，据此求出可能的低标价，即：

低标价 = 基础标价 -(挖潜盈余 × 修正系数)

亏损分析是分析在算标时由于对未来施工过程中可能出现的不利因素考虑不周和估计不足，可能产生的费用增加和损失。主要从以下几个方面分析：

①人工、材料、机械设备价格；

②自然条件；

③管理不善造成质量、工作效率等问题；

④建设单位、监理工程师方面的问题；

⑤管理费失控。

以上分析估计出的亏损额，同样乘以修正系数(0.5~0.7)，并据此求出可能的高标价。即：

高标价 = 基础标价 +(估计亏损 × 修正系数)

下现举例说明单价分析的方法与步骤。

【例 3-1】 表 3-2 所示为某公路工程项目工程量清单中浇筑混凝土路面分项的单价分析表格式。

单价分析计算表 表 3-2

工程量清单中分项编号		工程内容：水泥混凝土路面	单位：m^3		数量：Q	
序号	工料内容	单位	基价（元）	定额消耗量	单位工程量计价（元）	本分项计价（元）
（1）	（2）	（3）	（4）	（5）	（6）	（7）
I	材料费					
1-1	水泥	t	…	…	…	
1-2	碎石	m^3				
1-3	砂	m^3				
1-4	沥青	kg				
1-5	木材	m^3				
1-6	水	m^3				
1-7	零星材料					
	小计				α_1	
	乘上涨系数后材料价					
II	劳务费					
2-1	机械操作手	工日				
2-2	一般熟练工	工日				
	劳务费小计				α_2	
III	机械使用费					
3-1	混凝土拌和站	台班				
3-2	混凝土搅拌车	台班				
3-3	小型机具费					
	机械费小计				α_3	
IV	直接费用（I＋II＋III）				α	A
V	分摊费				b	B
VI	计算单价				U	S
	拟填入工程量计价单中的单价					
	本分项总价					

(1)首先计算本分项工程的单位工程量直接费 α。即分别计算浇筑 $1m^3$ 混凝土的材料费 α_1、劳务费 α_2、机械使用费 α_3,然后将上述的三者相加,$\alpha=\alpha_1+\alpha_2+\alpha_3$。

单价分析表中各种材料(如水泥、碎石等)、劳务、施工机械的单位工程量计价,均由基价乘以定额消耗量之积算出。材料费和人工费应视情况根据市场行情预测考虑物价上涨系数和工资上涨系数。

本分项工程直接费 A = 本分项工程的单位工程量直接费 $\alpha\times$ 本分项工程量 Q

(2)计算分摊系数 β 和本分项工程分摊费 B

本分项工程分摊费 B = 本分项工程直接费用 $A\times$ 分摊系数 β

本分项工程的单位工程量分摊费 b = 本分项工程的单位工程量直接费 $\alpha\times$ 分摊系数 β。式中,分摊系数等于整个工程项目的待摊费用之和除以所有分项的直接费之和,即

$$分摊系数\beta=\frac{\sum 各项工程待摊费}{\sum 分项工程直接费}\times 100\%$$

(3)计算本分项工程的单价 U 和合价 S

本分项工程单价 U = 本分项工程的单位工程量直接费 α + 本分项工程的单位工程量分摊费

b = 本分项工程的单位工程量直接费 $\alpha\times(1+分摊系数\beta)$

将工程量清单中所有分项工程的合价汇总,即可算出工程的计算标价。

$$总标价=\sum 分项工程合价+备用金额$$

关于单价分析有一点还应特别加以说明,即有的招标文件要求投标人对部分项目要递交单价分析表,而一般招标文件不要求递交单价分析表。但是对于投标人自己来说,除了非常有经验和有把握的分项之外,都应进行单价分析,使投标报价建立在有充分依据、计算较为准确的基础上。

应该指出,招标投标中的标价计算不像编制概、预算,有一个统一的编制办法,因此,计算标价首先要按照合同要求并结合本单位的经验和习惯,去确定计算办法、程序和报价策略。常用的算标方法有单价分析法、系数法、类比法。具体应用时最好不要用单一的计算办法,而要用几种方法进行复核和综合分析。

7. 报价决策

报价决策是投标人招集算标人员和本公司有关领导或高级咨询人员共同研究,就上述初步计算标价结果、标价宏观审核、动态分析及盈亏分析进行讨论,作出有关投标报价的最后决定。

为了在竞争中取胜,决策者应当对报价计算的准确度、期望利润是否合适、报价风险及本公司的承受能力、当地的报价水平,以及竞争对手优势的分析评估等进行综合考虑,这样才能决定最后的报价金额。在报价决策中应注意以下问题。

(1)作为决策的主要资料依据,应当是本公司算标人员的计算书和分析指标。报价决策不是干预算标人员的具体计算,而是由决策人员同算标人员一起,对各种影响报价的因素进行分析,并作出果断和正确的决策。

(2)各公司算标人员获得的基础价格资料是相近的,因此从理论上分析,各投标人报价同标底价格都应当相差不远。之所以出现差异,主要是由于以下原因:①各公司期望盈余(计划

利润和风险费）有高低；②各自拥有不同优势；③选择的施工方案不同；④管理费用有差别等等。鉴于以上情况，在进行投标决策研讨时，应当正确分析本公司和竞争对手情况，并进行实事求是地对比评估。

（3）报价决策也应考虑招标项目的特点，一般来说，对于下列情况报价可高一些：

①施工条件差、工程量小的工程；

②专业水平要求高的技术密集型工程，而本公司在这方面有专长、声望高；

③支付条件不理想的工程等。

如果与上述情况相反且投标对手众多的工程，则报价应低一些。

8. 编制和递交投标文件

工程报价最后确定后，就可按照招标文件中各项要求完成整套投标文件，然后打印、复制、装订。

需指出的是，实际上除了增加在投标过程中业主可能有的一些补充内容之外，投标文件与招标文件指的是同样的一套文件。招标文件是业主出售的文件，其中包括了许多要求投标人编制完成的内容。投标人在招标文件的基础上完成这些内容之后递交的文件就是投标文件。

全部投标文件编好之后，经校核无误，由负责人签署、盖章（公司公章）按投标人须知的规定分装，然后密封，派专人在投标截止期之前送到招标单位指定地点，并取得收据。如必须邮寄，则应充分考虑邮件在途时间，避免迟到作废。如投标人在递交标书后希望更改标书，则投标人同样应将更改要求以书面形式密封后并在投标截止日期前递交。

9. 投标与签约

投标文件递交后，投标人应按规定日期参加开标会。按我国现行招标投标法，开标时间应为投标文件截止时间的同一时间。

开标后，经过评标确定中标人，业主将向中标人发出中标通知书。收到中标通知书的投标人即获得工程承建权。此时，中标人应按规定办好各种手续，按时与业主签订承包合同。投标过程至此全部完成。

五、编制投标书容易出现的问题

在评标过程中，专家会根据招标文件中规定的商务要求和技术规范的重大偏差，可视为不响应、不符合而导致拒标。

（1）标书内名称或合同段打印差错、装订缺页；

（2）授权书问题（被授权人未签字），无法确认是法人（印鉴）或法人代表资格；

（3）公证问题（被授权人未公证，公证时间比授权时间早）；

（4）标书未逐页签字；

（5）投标人授权的投标代理授权书，如联营体的协议书没有提交；

（6）提交的投标担保时间不够，或修改了招标文件提供的格式，变为有条件担保，不能接受；

（7）未能遵循技术规范要求，提供了不同于原设计的设计或产品，其在关键性能指标、参数或其他要求方面有实质性的不同；

（8）没有如实填写诚信记录（一些经济公诉和通报批评）；

(9)修改招标文件中“投标人须知”的实质内容;

(10)强制性标准或业绩不能满足要求或存在做假业绩的问题;

(11)人员资质、业绩、学历自相矛盾等问题;

(12)对招标文件的理解不透(如降价函,有些招标文件在附本里也要附)。

第三节　报价策略与技巧

一、报价策略

报价策略是投标人在激烈竞争的环境下,为了企业的生存与发展而可能使用的对策。报价策略运用是否得当,对投标人能否中标并获得利润影响很大。常用的报价策略大致有如下几种。

1. 以获得高额利润为投标策略

施工企业的经营业务近期比较饱和,该企业施工设备和施工水平又较高,而投标的项目施工难度较大、工期短、竞争对手少,非我莫属。在这种情况下所投标的标价,可以比一般市场价格高一些并获得较大利润。

2. 以获得微利为投标策略

施工企业的经营业务近期不饱满,或预测市场工程项目因资金不足开工较少,为防止职工“窝工”,投标策略往往是多抓几个项目,标价以微利为主。

要确定一个低而适度的报价,首先要编制出先进合理的施工方案。在此基础上计算出能够确保合同工期要求和质量标准的最低预算成本。降低公路工程预算成本要从降低直接费、现场经费和间接费着手,其具体做法和技巧如下:

(1)发挥本施工企业优势,降低成本

每个施工企业都有自身的长处和优势。如果发挥这些优势来降低成本,从而降低报价,这种优势才会在投标竞争中起到实质作用,即把企业管理优势转化为价值优势。

一个施工企业的优势一般可以从下列几个方面来表示。

①职工素质高:技术人员云集、施工经验丰富、工人技术水平高、劳动态度好、工作效率高;

②技术装备强:本企业设备新、性能先进、成套齐全、使用效率高、运转劳务费低、耗油低;

③材料供应:有一定的周转材料,有稳定的来源渠道、价格合理、运输方便、运距短、费用低;

④施工技术设计:施工人员经验丰富,提出了先进的施工组织设计,方案切实可行、组织合理、经济效益好;

⑤管理体制:劳动组合精干、管理机构精炼、管理费开支低。

当投标人具体有某些优势时,在计算报价的过程中就不必照搬统一的公路工程预算定额和费率,而是结合本企业实际情况将优势转化为较低的报价。另外,投标人可以利用优势降低成本进而降低报价,发挥优势报价。

(2)运用其他方法降低预算成本

有些投标者采用预算定额不变,而在现场经费、间接费和利润等方面适当降低,利用降低现场经费、间接费和利润的策略降低标价争取中标。

3. 以保本为投标策略

有些施工企业为了参加市场竞争,打入其他新的地区、开辟新的业务,并想在这个地区占据一定的位置,往往在第一次参加投标时,用最大限度低的报价、保本价、无利润价,甚至亏5%标价报价,进行投标。中标后在施工中充分发挥本企业专长,在质量上、工期上(出乎业主估计的短工期),创优质工程、创立新的信誉,缩短工期,使业主早得益,并且使自己也取得立足之地,同时取得业主的信任和同情,以提前奖的形式给予补助,致使总价不亏本。

4. 亏损报价策略

在激烈的建筑市场竞争中,有的投标企业报出超常规的低标,令业主和竞争对手吃惊。超常规的报价方法,常用于施工企业面临生存危机或者竞争对手较强,为了保住施工地盘或急于解决本企业人员窝工现象。

一旦中标,除解决职工"窝工"的危机,同时保住地区市场并且又促进企业加强管理,精兵简政,优化组合,采取合理的施工方法,采取新工艺、降低消耗和成本来完成此项目,力争减少亏损或不亏损。

二、报价技巧

具体计算标价时,总的来说是要贯彻总的报价策略意图。例如,整个投标工程采用"低利政策",则利润要定得较低或很低,甚至管理费率也定得较低,这样才能使标价降低。除此以外,计算标价中还有一定的技巧,即在工程成本不变的情况下,设法把对外标价报得低一些,待中标后再按既定办法争取获得较多的收益。报价中这两方面必须相辅相成,以提高战胜竞争对手的可能性。以下介绍一些投标中经常采用的报价技巧与思路,可供参考。

1. 不平衡单价法

不平衡单价法是投标报价中最常用的一种方法。所谓不平衡单价法,即在保持总价格水平的前提下,将某些项目的单价定得比正常水平高些,而另外一些项目的单价则可以比正常水平低些,但这种提高和降低又应保持在一定限度内,避免工程单价的明显不合理而导致废标。常采用的"不平衡单价法"有下列几种。

(1)为了将初期投入的资金尽早回收,以减少资金占用时间和贷款利息,而将待摊入单价中的各项费用多摊入早收款的项目(如施工动员费、基础工程、土方工程等)中,使这些项目的单价提高,而将后期的项目单价适当降低。这样,可以提前回收资金,既有利于资金周转,存款也有利息。

(2)对在工程实施中可能增加工程量的项目适当提高单价,而对在实施中可能减少工程量的项目则适当降低单价。这样处理,虽然表面上维持总报价不变,但在今后实施过程中,承包人将会得到更多的工程付款。这种做法在公路、铁路、水坝以及各类难以准确计算工程量的室外工程项目的投标中常被采用。这一方法的成功与否取决于承包人在投标复核工程量时,对今后增减某些分项工程量所作的估计是否正确。

(3)图纸不明确或有错误的,估计今后有可能修改的项目单价可提高,工程内容说明不清楚的单价可降低,这样做有利于以后的索赔。

(4)工程量清单中无工程量而只填单价的项目(如土方工程中的挖淤泥、岩石等备用单价),其单价宜高。因为这样做不会影响总标价,而一旦发生时可以多获利。

(5)对于暂定金额(或工程),分析其将来要做的可能性大的,价格可定高些;估计不一定发生的,价格可定低些,以增加中标机会。

(6)零星用工(计日工作)一般可稍高于工程单价中的工资单价,因它不属于承包价的范围,发生时实报实销,也可多获利。但有的招标文件为了限制投标者随意提高计日工价,对零星用工给出一个"名义工程量"而计入总价,此时则不必提高零星用工单价了。

2. 利用可谈判的"无形标价"

在投标文件中,某些不以价格形式表达的"无形价格",在开标后有谈判的余地,承包人可利用这种条件争取收益。如一些发展中国家货币对世界主要外币的兑换率均逐年贬值,在这些国家投标时,投标文件填报的外汇比率可以提高些。因为投标时一般是规定采用投标截止日前30天官方公布的固定外汇兑换率。承包人在多得到多填的外汇付款后再陆续换成当地货币使用时,就可以由其兑换率的差值而得到额外收益。

3. 调价系数的利用

多数施工承包合同中都包括有关价格调整的条款,并给出利用物价指数计算调价系数的公式,付款时承包人可根据该系数得到由于物价上涨的补偿。投标者在投标阶段就应对该条款进行仔细研究,以便利用该条款得到最大的补偿。对此,可参考如下几种情况:

(1)有的合同提供的计算调价系数的公式中各项系数未定,标书中只给出一个系数的取值范围,要求承包人自己确定系数的具体值,此时,投标者应在掌握全部物价趋势的基础上,对于价格增长较快的项目取较高的系数,价格较稳定的项目取较低的系数。这样,最终计算出的调价系数较高,因而可得到较高的补偿。

(2)在各项费用指数或系数已确定的情况下,计算各分项工程的调价指数并预测公式中各项费用的变化趋势。在保持总报价不变的情况下,利用上述不平衡报价的原理,对计算出的调价指数较大的工程项目报较高的单价,可获较大的收益。

(3)公式中外籍劳务和施工机械两项,一般要求承包人提供承包人本国或相应来源国的有关当局发布的官方费用指数。有的招标文件还规定,在投标人不能提供这类指数时,则采用工程所在国的相应指数。利用这一规定,就可以在本国的指数和工程所在国的指数间选择。国际工程施工机械常可能来源于多个国家,在主要来源国不明确的条件下,投标者可在充分调查研究的基础上,选用费用上涨可能较大的国家的指数。这样,计算出的调价系数值较大。

4. 附加优惠条件

附加优惠条件,如延期付款、缩短工期,或留赠施工设备等,可以吸引业主,提高中标的可能性。

5. 其他手法

国际上还有一些报价手法,我们也可了解以资借鉴,现择要介绍如下。

(1)扩大标价法

这种方法比较常用,即除了按正常的已知条件编制价格外,对工程中变化较大或没有把握的工程工作,采用扩大单价,增加"不可预见费"的方法来减少风险。但是这种作标方法,往往因这总价过高而不易中标。

(2)活口升级报价法

这种方法是报价时把工程中的一些难题,如特殊基础等造价最多的部分抛开作为活口,将标价降至无法与之竞争的数额(在报价中应加以说明)。利用这种"最低标价"来吸引业主,从而取得与业主商谈的机会,利用活口进行升级加价,以达到最后赢利的目的。

(3)多方案报价法

这是利用工程说明书或合同条款不够明确之处,以争取达到修改工程说明书和合同为目的的一种报价方法。当工程说明书和合同条款中有某些不够明确之处时,往往承包人要承担很大的风险。为了减少风险就须扩大工程单价,增加"不可预见费",但这样做又会因报价过高而增加被淘汰的可能性。多方案报价法就是为对付这种两难局面而出现的,其具体做法是在标书上报两个单价:一是按原工程说明书和合同条款一个价;二是加以注释,"如工程说明书或合同条款可作某些改变时",则可降低多少费用,使报价成为最低的,以吸引业主修改说明书和合同条款。还有一种方法是对工程中一部分没把握的工作注明按成本加若干酬金结算的办法。但有些国家规定政府工程合同文字是不准改动的,经过改动的报价单即为无效时,这个方法就不能用。

(4)突然袭击法

这是一种迷惑对手的竞争手段。在整个报价过程中,仍然按一般情况进行,甚至故意宣扬自己对该工程兴趣不大(或甚大),等快到投标截止时,来一个突然降低(或加价),使竞争对手措手不及。采用这种方法是因为竞争对手之间总是相互探听对方报价情况,绝对保密是很难做到的。如果不搞突然袭击,则自己的报价很可能被竞争对手所了解,对手会将他的报价压到稍低的价格,从而提高了他的中标机会。

(5)拼命法

拼命法即先亏后盈法。采用这种方法必须要有十分雄厚的实力,或有国家或大财团作后盾,即为了想占领某一市场时或想在某一地区打开局面,而采取的一种不惜代价、只求中标的手段。这种方法虽然是标价低到其他承包人无法与之竞争的地步,但还要看他的工程质量和信誉如何。如果以往的工程质量和信誉不好,则业主也不一定选他中标,而第二、三标反而有中标机会。此外,这种方法即使一时奏效,但这次中标承包的结果必然是亏本,而今后能否盈利赚回来还难说,因此,这种方法实际上是一种冒险方法。

(6)联合保标法

联合保标法,即在竞争对手众多的情况下,由几家实力雄厚的承包人联合起来控制标价,大家保一家先中标,随后在第二次、第三次招标中,再用同样办法保第二家、第三家,也可由中标者将部分工程转让给参加联合的其他承包人施工。不过这种做法往往在招标文件中明文规定禁止,如被发现将取消投标资格。

第四节　施工投标中的定量方法

投标承包市场激烈竞争的现实,促进了投标报价的定量方法的形成和发展。实际中应用的定量方法很多,在此仅就选择投标项目和报价的概率分析方法作简要介绍。

一、选择投标项目的定量方法

1. 线性规划法的应用

线性规划是运筹学的重要分支,其应用范围很广。因为线性规划研究的主要问题之一为如何根据已有人力、财力、物力、技术和时间资源等条件去取得最大经济效果,所以,很适宜于用来选择投标工程。

(1)线性规划的定义

对于满足一组由线性方程或线性不等式构成约束条件的系统进行规划,并且使由线性方程表示的目标函数达到最大值(或最小值)的数学方法,称为线性规划。线性规划问题可用数学符号表示如下:

目标函数:

$$\max Z = c_1x_1 + c_2x_2 + \cdots + c_nx_n$$

约束条件:

$$\begin{cases} \alpha_{11}x_1 + \alpha_{12}x_2 + \cdots + \alpha_{10}x_n \leqslant b_1 \\ \alpha_{21}x_1 + \alpha_{22}x_2 + \cdots + \alpha_{20}x_n \leqslant b_2 \\ \cdots \\ \alpha_{M1}x_1 + \alpha_{M2}x_2 + \cdots + \alpha_{mn}x_n \leqslant b_m \\ x_1, x_2, \cdots, x_n \geqslant 0 \end{cases}$$

其缩写形式为:

目标函数:

$$\max Z = \sum_{j=1}^{n} c_j \cdot x_j$$

约束条件:

$$\begin{cases} \sum_{j=1}^{n} \alpha_{ij}x_j \leqslant b_i (i = 1, 2, \cdots, m) \\ x_j \geqslant 0 (i = 1, 2, \cdots, n) \end{cases}$$

上述模型是用直线(线性)关系描述的,它由三部分组成。

①目标函数把所有研究问题中想要达到的目标用数学式子加以描述,并根据描述的不同对象,确定求极大值或最小值(注意,上述目标函数表达为求极大值。因为线性函数 $c_1x_1 + c_2x_2 + \cdots + c_nx_n$ 的最大值与线性函数 $-(c_1x_1 + c_2x_2 + \cdots + c_nx_n)$ 的最小值等价,(因此,对于求目标函数最小值的问题,只需将式中右边的正号改为负号就可以了)。例如,如果目标函数为产品成本,则为求极小值问题;对于我们要研究的问题,目标函数为预期利润,则为极大值。

②约束条件是为了实现目标对各种因素在数量方面的限制要求,也就是对所考虑和控制的因素加以限制的条件。

③非负要求。由上述公式中体现的条件,表明所考虑和控制的因素值都是非负值,只有这些要求才能符合实际的管理活动。

(2)线性规划模型的建立

用线性规划解决实际问题,首先必须把实际问题归纳成线性规划的数学模型。一般说来要考虑下面三种情况。

①技术情况线性规划模型的约束条件中,不等号左端的 X_i 的系数,就表示一组已给定了的技术条件。例如,对于工程承包,这些条件可为所需的人力、财力、资金等资源。

②限制条件在线性规划模型的约束条件中,不等号右边所列的数字,就表示了对各种可能的解答所给出的限制范围。例如,对于工程承包,这些数字表示为达到不同利润的资源限制。

③达到目标线性规划的目标函数,表示了选择最优解的准则。

为进一步明了线性规划数学模型的建立方法与步骤,下面通过一个实例来说明。

【例 3-2】 假定工程承包采用投标方式,承包人有六个零售商店和三个加油站共九个工程可供选择。这些工程要求同时开工,而承包人人力有限,不宜同时都投标承包人估计:零售商店工程每座可获利润 7 000 元;加油站工程每座可获利润 5 000 元,承包人当前拥有四种技工,可利用的瓦工工时为 35 000 个,普通工工时 50 000 个,木工工时 25 000 个,钢筋工工时 25 000个,承包人对于修建零售商店及加油站所耗用的工时估计如表 3-3 所示。问承包人应向哪些工程进行投标才能争取更大的利润。

修建商店及加油站所耗工时估计 表 3-3

工 种	一个零售商店	一个加油站
瓦工需用工时	6 600	4 800
普通工需用工时	7 500	5 600
木工需用工时	4 000	4 000
钢筋工需用工时	3 000	3 000

解:建立数学模型。

第一步:确立变量。设 x_1、x_2 分别为所承包的零售商店和加油站的数目。设 E 为承包获得的总利润。

第二步:确立目标函数。此问题的目标是使利润最大,利润 E 的最大值为:

$$E_{max}=7\ 000x_1+5\ 000x_2$$

第三步:找约束条件。考虑到所承包的工程所需的瓦工、普通工、木工和钢筋工时数不能超过能提供的瓦工、普通工、木工和钢筋工总工时数,可写出四个不等式方程:

$$\begin{cases}\text{瓦工}\ 6\ 600x_1+4\ 800x_2\leqslant 35\ 000\\ \text{普工}\ 7\ 500x_1+5\ 600x_2\leqslant 50\ 000\\ \text{木工}\ 4\ 000x_1+4\ 000x_2\leqslant 25\ 000\\ \text{钢筋工}\ 3\ 000x_1+3\ 000x_2\leqslant 25\ 000\end{cases}$$

第四步:考虑加油站和零售商店的数目且其值只能为正整数,则有:

$$x_1=0,1,2,3,4,5\text{ 或 }6$$

$$x_2=0,1,2\text{ 或 }3$$

第五步:整理以上各步,得线性规划模型

$$
\text{约束条件}\begin{cases}\text{目标函数}:E_{max}=7\ 000x_1+5\ 000x_2\\ \text{瓦工}\ 6\ 600x_1+4\ 800x_2\leqslant 35\ 000\\ \text{普工}\ 7\ 500x_1+5\ 600x_2\leqslant 50\ 000\\ \text{木工}\ 4\ 000x_1+4\ 000x_2\leqslant 25\ 000\\ \text{钢筋工}\ 3\ 000x_1+3\ 000x_2\leqslant 25\ 000\\ x_1=0,1,2,3,4,5\ \text{或}\ 6\\ x_2=0,1,2\ \text{或}\ 3\end{cases}
$$

解该线性规划，就可求得 $x_1=x_2=3$ 为最优解，此时最大预期利润为 $E_{max}=7\ 000\times 3+5\ 000\times 3=36\ 000$ 元。

求解线性规划有多种方法，现在各种求解方法都已有标准的电算程序可用，欲对其有更多了解者，可参考其他有关著作。

2. 决策树法的应用

以上介绍的是以预期利润确定投标策略，然而，承包人最终所获得的利润不仅取决于得标的概率，还决定于预期利润可能实现的概率，即承包人中标之后，在承包过程中实现预期利润的可能性。一般分为对预期利润乐观的、期望的（或一般的）和悲观的估计。

我们将某一方案可能的预期利润，确定为预期利润和其出现概率的乘积，用公式表示为：

$$E_p=P'\cdot E \tag{3-1}$$

式中：E_p——可能的预期利润；

P'——预期利润出现的概率；

E——预期利润。

运用可能预期利润制定的投标策略，不仅考虑了竞争对手的外部因素，而且从本身的经营管理情况和对施工中各种因素的估计出发，考虑了实现预期利润的可能性，解决这一问题可用决策树法。

决策树是模拟树木生技生长过程，以从出发点开始不断分枝来表示所分析问题的各种可能性，并以各分枝的期望值中的最大者作为选择的依据。它是一种按照“走一步看几步”的思路进行决策的技术，既可采用来解决单级决策问题，又能解决多级决策问题。

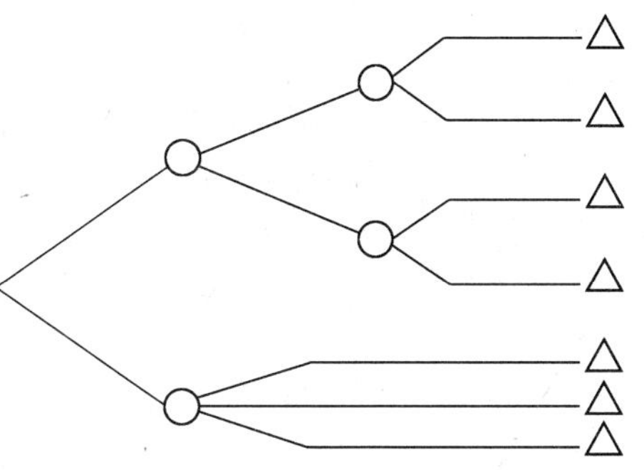

图 3-3　决策树模型

□——决策结点，由决策结点引出的分枝称方案分枝，分枝数反映可能的行动方案数。

○——方案结点，又称概率分叉点或机会结点，自然状态点。其上标注该方案的效益期望值，由此引出的分枝表示可能出现的各种自然状态，称为概率分枝或机会分枝，其上注明自然状态的内容，还要标明各自的概率。

△——方案末梢，又称结果结点，其右旁注该方案在相应状态下的损益值。如果问题只需一级决策，则在此终止。如还需作第二阶段决策，则用“决策结点□”代替“△”，再重复上述步骤画出决策树。

（1）决策树模型

一般的决策树模型如图 3-3 所示。

（2）决策步骤

①画决策树，把预测或估计的决策问题未来发展情况可能性和可能结果，用决策树模型反映出来。

②按绘制决策树相反的程序，即从右向左逐步

后退,根据预期利润值分层进行决策。

a. 在方案结点上应计算出可能预期利润,即将这个方案结点上各分枝的可能预期利润相加的结果。

b. 在决策结点,则根据计算出来的各结点的可能预期利润值进行选优,并把选优值标注在结点上,同时,在舍弃方案的分枝上划上双截线。

c. 如属多级决策,则连续计算选优至第一个决策结点为止,就可以确定最优的投标策略。

对于我们所讨论的问题,其决策的目标为效益,当然在选优时选最大值。决策树法也可用于费用、劳力、财力的支出或损失等目标的决策,此时则应取期望值的最小值。

3. 应用举例

【例 3-3】 某承包人在建筑市场上有三项工程可参与投标,但由于能力所限,只能参加一项工程的投标,对任何一项工程,企业都可以投以"高标",也可以投以"低标"。"高标"的中标率为0.3,"低标"的中标率为 0.6。若投标失败,其相应的损失,工程 A 为 1 000 元,工程 B 为 600 元,工程 C 为 400 元。各项工程预期利润的概率,根据以往的情况估计如表 3-4 所示,承包人在投标竞争中为了谋求最大的利润,应确定对哪项工程投哪种标?

各项工程预期利润的概率 表 3-4

工程项目	标型	利润估计	概率	利润值(元)	标型	利润估计	概率	利润值(元)
工程 A	高标	乐观利润	0.3	12 000	低标	乐观利润	0.2	8 000
		期望利润	0.5	8 000		期望利润	0.5	4 000
		悲观利润	0.2	4 000		悲观利润	0.3	-1 000
工程 B	高标	乐观利润	0.1	3 000	低标	乐观利润	0.2	6 000
		期望利润	0.6	4 000		期望利润	0.6	2 000
		悲观利润	0.3	1 000		悲观利润	0.2	0
工程 C	高标	乐观利润	0.4	10 000	低标	乐观利润	0.3	8 000
		期望利润	0.3	6 000		期望利润	0.4	4 000
		悲观利润	0.3	3 000		悲观利润	0.3	2 000

解:这是一个两级决策问题,即确定对哪项工程投标,投哪种标。采用决策树法决策,其步骤如下。

①绘制决策树

在第一级决策点 I,包括三种行动方案:投工程 A、投工程 B 和投工程 C,由此引出三个决策分枝。第二级决策有三个决策点(分别用 IIA、IIB、IIC 表示),每一决策点又有投高标与投低标两种行动方案故决策分枝数为 $3\times2=6$。相应于 6 个决策分枝,有 6 个方案结点(分别用①、②、③、④、⑤、⑥表示),每一结点又有中标和失标两种状态,故又引出 $6\times2=12$ 条概率分枝。在中标状态,利润的获取又有优、一般、赔三种情况,故方案末梢的数目为 $6\times3+6=24$。决策树的构成如图 3-4 所示。

②决策步骤

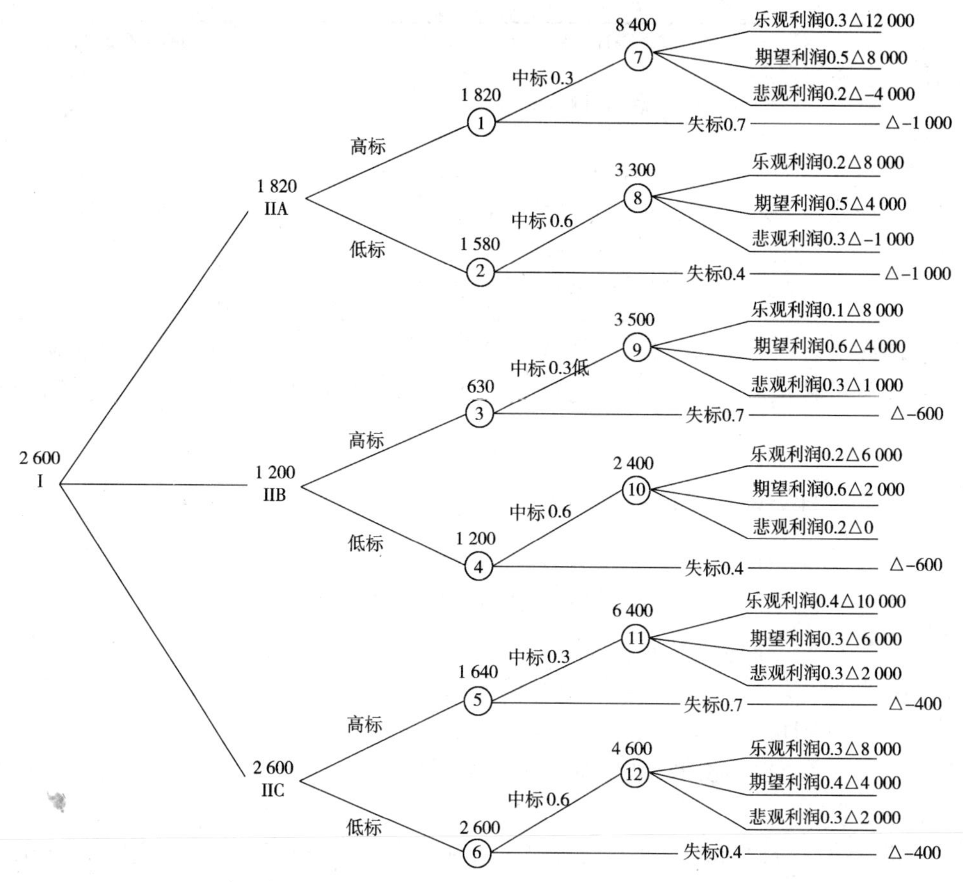

图 3-4　决策树的构成

a. 按决策树从后向前逆推计算的方法，首先计算方案结点 7 ~ 12 的可能预期利润值 $E_p = \sum P_i \cdot E_i$，并将其标于方案结点上方。计算过程及结果如表 3-5 所示。

继续向前逆推计算结点 1 ~ 6 的可能预期利润值。

b. 在决策结点 IIA，比较高标与低标两种情况的期望收益值，可知高标情况下的可能利润值较高，故保留此分枝，将决策结果(1820)标于 IIA 结点上方。在结点 IIB、IIC 得到的结果同结点 IIA 恰好相反(见图 3-4)。

方案结总 1 ~ 12 的计算过程及结果　　表 3-5

结点号	计算式($\sum P_i \cdot E_i$)	可能预期利润 E_p(元)
7	0.3 × 12 000 + 0.5 × 8 000 + 0.2 × 4 000	8 400
8	0.2 × 8 000 + 0.5 × 4 000 + 0.3 × (−1 000)	3 300
9	0.1 × 8 000 + 0.6 × 4 000 + 0.3 × 1 000	3 500
10	0.2 × 6 000 + 0.6 × 2 000 + 0.2 × 0	2 400
11	0.4 × 10 000 + 0.3 × 6 000 + 0.3 × 2 000	6 400
12	0.3 × 8 000 + 0.4 × 4 000 + 0.3 × 2 000	4 600

续上表

结点号	计算式($\sum P_i \cdot E_i$)	可能预期利润 E_p(元)
1	0.3×8 400+0.7×(−1 000)	1 820
2	0.6×3 300+0.4×(−1 000)	1 580
3	0.3×3 500+0.7×(−600)	630
4	0.6×2 400+0.4×(−600)	1 200
5	0.3×6 400+0.7×(−400)	1 640
6	0.6×4 600+0.4×(−400)	2 600

c.继续选优至第一个决策点I,分别比较三个方案的可能预期利润值,可以确定应投C工程。沿投C工程分枝从左向右推找,便可确定以低标投工程C为最优策略,可能预期利润为2 600元。

二、投标报价的概率分析方法

承包人不仅需要在投标竞争中获胜,而且希望得到最大的经济效益,以实现承包人的经营目标。如果把这里的经济效益看成标价与实际成本的差额,即利润,则承包人希望从承办工程中得到的利润高低,取决于他的标价的高低。如果投标价高了,会失去承包机会;若只顾投标取胜而投以低标,那就只能得到微利,甚至要冒亏本的风险。因此,投标竞争中科学地处理好得标和得利多少的矛盾,是实现承包人既定目标的关键。这正是概率投标模型要解决的问题,概率投标模型可以定出一个把中标概率与中标后的最大利润结合起来的最优投标报价。

通常在推导投标报价与获胜概率之间的关系时,必须收集特定竞争对手过去提出的与我方竞争的承包工程的报价数据等历史资料,计算竞争对手的所有报价与我方工程报价之比,从中分析、整理出击败对手的概率与投标报价的关系,即是所谓的投标模型。因此,这种方法奏效的基础,取决于投标人在以往竞争中对其竞争对手们的情报掌握如何,即竞争对手有多少及这些对手是否确定,能否掌握对手的情报,对手不同,其投标策略的数学模型也不同。以下分别介绍这些不同情况下的分析方法,在进行这些介绍之前,还有必要介绍直接利润和预期利润的概念。

为了便于理解,我们假设承包人对于工程的估价是准确的,并认为和实际造价相等。因此,对该项工程进行投标时,承包人可能取得他所希望的利润(假设投标获胜),也可能其利润等于零(投标失败)。由于利润可能出现两种情况(即取决于投标获胜或是失败),在实际分析中,有必要区别两种类型的利润,即直接实际利润和预期利润。

投标者的直接利润可理解为工程的投标价格与实际成本之间的差额。用公式表示为:

$$I = B - A \tag{3-2}$$

式中:I——投标者在该项工程中的直接利润;

B——投标者的投标价格;

A——工程的实际成本。

投标者的预期利润,是在各种投标方案得标概率的基础上估算预得的利润。可由下式求得：

$$E(I)=P(B-A)=PI \tag{3-3}$$

式中：$E(I)$——投标者的预期利润；

P——得标的概率。

例如，投标者决定参加某一项工程的投标，他拟定了三个不同标价进行选择。设工程的实际成本为800 000元，各方案的标价、得标概率、直接利润和由此计算的预期利润列于表3-6。

表3-6中各方案得标的概率，是投标者自己估计的认为是最低标的可能性。方案1有较高的直接利润，但获胜的概率较小，因此，该方案的预期利润反而最少。方案2不具有最高的直接利润，却具有最高的预期利润。预期利润是承包人对很多类似工程以相同金额报价时各个工程所得的平均利润，而不是每项工程的实际利润。预期利润是长期经营利润，而这正是承包人的主要目标。所以，虽然它不能反映承包人从某工程上获得的实际利润（如采用方案2，得到的实际利润或是零，或者是100 000元，而预期利润为60 000元），但由于它考虑了投标是否获胜的因素，因而更具有现实意义，所以在制定投标策略时均以预期利润为依据。因此，在上例中，以采用方案2为宜。

三个不同标价方案的得标概率 表3-6

方案序号	拟报价（元）B	工程估价（元）A	直接利润（元）$I=B-A$	得标概率 P	预测利润（元）$E(I)=PI$
1	1 000 000	800 000	200 000	0.1	20 000
2	9 000 000	800 000	100 000	0.6	60 000
3	850 000	800 000	50 000	0.8	40 000

显然，根据预期利润确定投标策略的关键，在于估计获胜的可能性，即中标概率 P。该概率可由以下几种方法确定。

1. 获胜报价法

获胜报价法是利用承包人过去获胜报价的历史资料判断获胜概率的方法，它以下面两个基本假定为前提。

(1)在竞争的工程估价与投标者的工程估价之间，有一个固定不变的关系，即二者之比为某一常数；

(2)竞争者今天的做法会与他们过去的做法一样。

根据以上假定，所有的报价就不用绝对数来表示，而是用投标报价占投标人的工程估价的比值表示，或者用百分数表示。例如，如果工程估价为：$A=20$ 万美元，而投标报价为：$B=24$ 万美元，则可写成 $B=1.2A$。

利用获胜报价法判断中标概率，必须有过去获胜投标的历史资料。根据历史资料，首先计算出每一个获胜报价占企业那次报价中的工程估价的比值 B，例如依次为…，$1.10A$，$1.15A$，$1.20A$…，然后，找出竞争者过去获胜报价超过 B 的次数，例如，依次为…，75，50，30，…。最后求出竞争者的获胜报价超过 B 的比例，例如…$75/100=0.75$，$50/100=0.5$，$30/100=0.3$，…。

根据以上数据，就可以绘制出获胜概率曲线如图3-5所示。由图中可查出：当获胜报价为

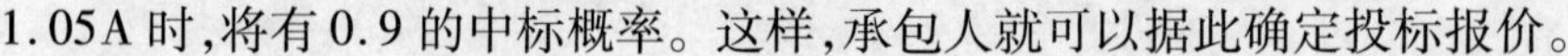

1.05A 时,将有 0.9 的中标概率。这样,承包人就可以据此确定投标报价。

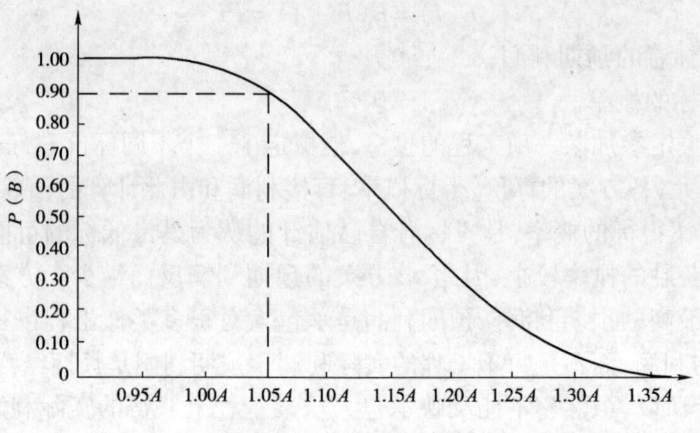

图 3-5　概率曲线

2. 具体对手法

具体对手法是承包人已知参加某些工程投标的竞争者的数目及竞争对象,而且了解他们以前投标的历史和投标策略概况时用以报价并判断中标概率的方法。具体对手法按计算概率的方法不同和竞争对手是谁和数量的不同而有不同模式和不同计算方法,现分别介绍如下。

(1)具体对手法的模式

为了赢得投标胜利,投标人的报价必须低于所有其他竞争者的报价。因此,必须确定报价低于每个竞争者的概率,按确定该概率的方法不同,具体对手法有以下两种模式:弗里特曼模式:

$$P_F = P_1 \times P_2 \times P_3 \times \cdots \times P_i \quad (i = 1,2,\cdots,n) \tag{3-4}$$

盖茨模式:

$$P_K = \frac{1}{\sum_{i=1}^{n}[(1-P_i)/P_i]+1} \quad (i = 1,2,\cdots,n) \tag{3-5}$$

式中,P_1、P_2、…、P_i 为投标人分别击败各个具体对手的概率。以下示例说明这两种模式在应用上的特点。

【例 3-4】 某承包人在某项工程的投标中,与 A、B、C、D 四个竞争者相遇,根据承包人掌握的历史资料,分析出他对四个对手分别获胜的概率依次为:$P_1(A)$、$P_2(B)$、$P_3(C)$、$P_4(D)$;按照上述两种模式,承包人算出了报价低于所有竞争者的获胜总概率,如表 3-7 所列。根据表 3-7 的获胜总概率 P,计算出与四个竞争对手投标的预期利润,如表 3-8,其特性曲线如图3-6所示。

通过对图表的分析,还可以得出以下结论:两种模式计算结果都表明,当 $B = 1.10A$ 时,投标者可以获得最大预期利润,即 $E(I) = 0.031A$(或 $0.042A$);获胜概率由一个竞争对手(A)的概率 0.80 变为四个竞争对手总概率 0.306(或 0.420)。这说明随着竞争对手的增加,中标概率降低了。因此,投标者应随竞争对手的增多而压低投标价格,当然预期利润也随之降低。

由上述比较可知,弗里特曼模式和盖茨模式在投标中都可以使用,但由于用盖茨模式估计的获胜概率和预期利润偏高,故一般使用中多采用弗里特曼模式。以下介绍也仅应用该模式。

对四个竞争者投标获胜的概率 表 3-7

投标报价	分项获胜的概率				获胜总概率 P	
	$P_1(A)$	$P_2(B)$	$P_3(C)$	$P_4(D)$	P_F	P_F
0.85A	1.00	1.00	1.00	1.00	1.00	1.00
0.90A	0.99	0.98	0.97	0.96	0.903	0.907
0.95A	0.97	0.96	0.95	0.94	0.832	0.841
1.00A	0.95	0.94	0.93	0.92	0.764	0.782
1.05A	0.90	0.87	0.85	0.83	0.552	0.609
1.10A	0.80	0.76	0.72	0.70	0.306	0.420
1.15A	0.65	0.60	0.55	0.50	0.107	0.249
1.20A	0.45	0.41	0.37	0.33	0.023	0.13
1.25A	0.25	0.23	0.21	0.19	0.002	0.065
1.30A	0.18	0.16	0.14	0.12	0.000	0.041
1.35A	0.10	0.08	0.06	0.04	0.000	0.016
1.40A	0.00	0.00	0.00	0.00	0.00	0.00

注：表中 P_F、P_K 分别为弗里特曼和盖茨模式计算值。

对四个竞争者投标的预期利润表 表 3-8

投标报价 B	直接利润 $I=B-A$	获胜的概率 P		预期利润(I)	
		P_F	P_K	$P_F \times I$	$P_K \times I$
0.85A	-0.15A	1.00	1.00	-0.150A	-0.150A
0.90A	-0.10A	0.903	0.907	-0.090A	-0.091A
0.95A	-0.05A	0.832	0.841	-0.042A	-0.042A
1.00A	0.00	0.746	0.782	0.000	0.000
1.05A	+0.05A	0.552	0.609	+0.028A	+0.030A
1.10A	+0.10A	0.306	0.420	+0.031A	+0.042A
1.15A	+0.15A	0.107	0.249	+0.016A	+0.037A
1.20A	+0.20A	0.023	0.135	+0.005A	+0.027A
1.25A	+0.25A	0.002	0.065	+0.001A	+0.016A
1.30A	+0.30A	0.000	0.041	+0.000A	+0.012A
1.35A	+0.35A	0.000	0.016	+0.000A	+0.006A
1.40A	+0.40A	0.000	0.000	+0.000A	+0.000A

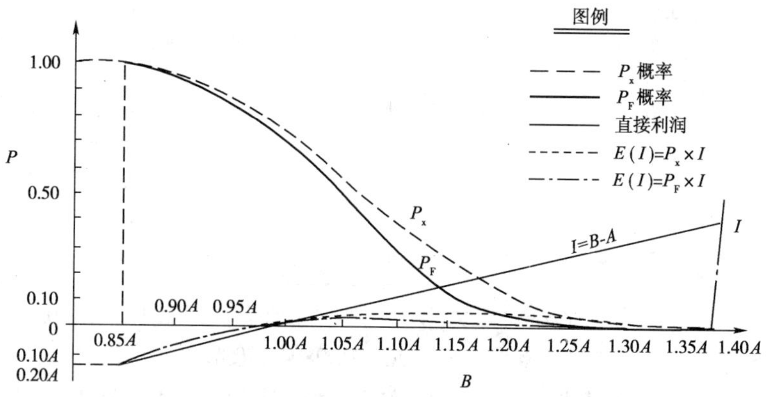

图 3-6 投标获胜概率的特性曲线

(2)只有一个对手甲的情况

如果已知有一个确定的对手甲,并在过去投标时曾和他打过多次交道,而且掌握了他的投标记录,对他的投标估价都有记载,为了在投标中得胜,承包人的报价必须低于甲的报价。为此,就要利用过去的投标记录判断自己的报价低于甲的报价概率。

首先,可以将掌握的历次投标中甲的标价 B_1 和自己的估价 A 相对照,找出各种标价比例 B_1/A 发生的频数 f 和概率 P_1,如表 3-9 所示。

不同 B_1/A 值出现的概率 表 3-9

B_1/A	频数 f(出现次数)	概率 $P_1=f/\sum f$
0.8	1	0.01
0.9	2	0.03
1.0	8	0.10
1.1	14	0.19
1.2	22	0.30
1.3	19	0.26
1.4	6	0.08
1.5	2	0.03
合计	74	1.00

在算出各种标价比例的概率之后,承包人就可以求得他所出的各种标价 B 比竞争对手甲的标价 B_1 低的概率。例如甲采用 $1.20A$ 时,承包人可采用较低的 $1.15A$,以此类推。为了竞争取胜,竞争对手采用的每一个比例数 B_1/A,承包企业都可有一个较低的比例数 B/A 与之对应。并通过对每个对应比例数得标概率的计算,推测出战胜对手的可能性。

求一个比例能成为最低标(即获胜标)的概率,只需将甲的所有高于此比例的概率相加即得,见表 3-10。

最低标概率的求证法 表 3-10

$\frac{\text{承包的报价}}{\text{承包人的估价}}(B/A)$	承包人的报价低于甲的报价的概率 P
0.75	1.00
0.85	0.99
0.95	0.96
1.05	0.86
1.15	0.67
1.25	0.37
1.35	0.11
1.45	0.03
1.55	0.00

例如,承包企业将标价之比 B/A 定为 1.25,则甲的所有高于此比例的 B_1/A 值由表 3-9 知 1.3、1.4 和 1.5,故 $B/A=1.25$ 的概率 $P=0.26+0.08+0.03=0.37$。

承包企业可以利用这种获胜概率计算的方法,确定对甲的竞争投标策略,并可用投标获胜的概率和投标中的直接利润相乘,得到预期利润。此时取承包人的估价 A 作为工程的实际造价，根据公式可以计算出每一投标报价的预期利润，如表 3-11 所示。

从下表计算的预期利润中可以看出，用 1.15A 的投标方案，可以得到最大的预期利润 0.10A，说明在同对手甲的竞争中，承包人按标价与估价比为 1.15A 进行投标，是最有利的。如工程估价为400 000 元，则应报价460 000 元。考虑到有失败的可能，即中标概率为0.67，承包人的预期利润为 0.10A =40 000 元。

投标报价预期利润（A 为工程估价） 表 3-11

投标报价	直接利润 I	概率 P	预期利润 $E(I)=PI$
0.75A	−0.25A	1.00	−0.25A
0.85A	−0.15A	0.99	−0.15A
0.95A	−0.05A	0.96	−0.05A
1.05A	+0.05A	0.86	+0.04A
1.15A	+0.15A	0.67	+0.10A
1.25A	+0.25A	0.37	+0.09A
1.35A	+0.35A	0.11	+0.04A
1.45A	+0.45A	0.03	+0.01A
1.55A	+0.55A	0.00	0.00A

（3）有多个对手竞争的情况

当承包人投标时要与几个已知对手竞争，并掌握了这些对手过去的投标信息，那么他可能用上述方法分别求出自己的报价低于每个对手报价的概率 $P_1,P_2,\cdots,P_i,\cdots,P_n$。由于每个对手的投标报价是互不相关的独立事件，根据概率论可知，它们同时发生的概率，即承包人的标价低于几个对手报价的概率 P 等于它们的各自概率的乘积，即：

$$P=P_1\cdot P_2\cdots P_i\cdots P_n=\prod_{i=1}^{n}P_i \tag{3-6}$$

已知 P，则可按只有一个对手的情况，根据预期利润确定报价决策，以下举一例加以说明。

【例 3-5】 某承包人在某项工程的投标中要与甲、乙和丙三个对手竞争（$n=3$）。根据他掌握的资料，分析得出他对此三个对手投标取胜的概率 P_1、P_2 和 P_3 后，则可计算预期利润（见表3-12、表 3-13）。

对甲、乙、丙三个对手投标取胜的概率 表 3-12

承包人所报价与其估价的比值 B/A	承包人对其对手投标取胜的概率		
	P_1（甲）	P_2（乙）	P_3（丙）
0.75	1.00	1.00	1.00
0.85	0.99	0.99	1.00
0.95	0.96	0.96	0.98
1.05	0.86	0.86	0.80
1.15	0.67	0.69	0.70
1.25	0.37	0.36	0.60
1.35	0.11	0.16	0.27
1.45	0.03	0.03	0.09
1.55	0.00	0.00	0.00

与三个对手竞争投标的预期利润　　表 3-13

投标报价	直接利润	概率 $P=P_1\times P_2\times P_3$	预期利润 $E(I)=P\cdot I$
0.75	−0.25*A*	1.00	−0.25*A*
0.85	−0.15*A*	0.98	−0.15*A*
0.95	−0.05*A*	0.90	−0.05*A*
1.05	+0.05*A*	0.53	+0.03*A*
1.15	+0.15*A*	0.32	+0.05*A*
1.25	+0.25*A*	0.08	+0.002*A*
1.35	+0.35*A*	0.01	0.002*A*
1.45	+0.45*A*	0.00	0.00*A*
1.55	+0.55*A*	0.00	0.00*A*

分析结果表明，承包人的最优报价策略仍为 1.15*A*，但预期利润为 0.05*A*，低于只有一个竞争对手甲时的预期利润 0.10*A*，同时 *P* 由 0.67 减少为 0.32。这说明对手愈多，得标的可能性愈小。注意表中报价 1.15*A* 和 1.05*A* 对应的预期利润差值为 0.02*A*，而只有一个对手甲时此项差值为 0.6*A*。这说明随着投标竞争对手人数的增多，报价也不得不压低。

(4)对竞争者临时变卦的判断

在一般情况下，竞争者都会按规定日期向业主提出投标申请，并如期投标。但也有的竞争者会临时变卦，放弃投标机会，此时其他投标者的中标概率就发生变化。因此，投标人应按下式调整获胜投标概率。

$$P=P_{s1}\times P_{s2}\times P_{s3}\times\cdots\times P_{si}\quad(i=1,2,\cdots,n)\tag{3-7}$$

式中：P_{si}——投标报价 *B* 低于竞争者的报价的概率，$P_{si}=f_i\times P_i+(1-f_i)$；

f_i——过去在类似情况下竞争者 *i* 提出投标的系数。

【例 3-6】 以表 3-7 中的四个竞争者为例，假定他们过去在类似情况下参加投标的系数为 $f_1=0.8, f_2=0.7, f_3=0.6, f_4=0.5$；那么，当投标者的投标报价为 $B=1.15A$ 时，其对应的概率为 $P_1=0.65, P_2=0.60, P_3=0055, P_4=0.50$；求投标者的获胜概率。

该投标者的获胜概率可按以下步骤求出：

$$P_{s1}=0.8\times0.65+(1-0.8)=0.72$$
$$P_{s2}=0.7\times0.60+(1-0.7)=0.72$$
$$P_{s3}=0.6\times0.55+(1-0.6)=0.73$$
$$P_{s4}=0.5\times0.50+(1-0.5)=0.75$$
$$P=0.72\times0.72\times0.73\times0.75=0.284$$

由此看出，这个获胜概率 0.284 显然比表 3-15 所列出的获胜总概率 0.107 大。由于竞争人数的减少，增加了投标者的获胜概率。

3. 平均对手法

平均对手法就是把参加某项工程投标的竞争者考虑在内，而不考虑竞争者具体是谁的判断中标概率的方法，也称一般对手法。

由于没有具体的竞争者可进行概率分析，投标人可以假定这些竞争者中有一代表，称其为“平均对手”或“典型对手”。这样，就收集某一有代表性的公司的有关资料，并据以计算中标概率。其获胜概率计算同样有弗里特曼和盖茨两种模式。在此,只介绍用弗里特曼模式的计算方法。

平均对手法又可能有以下两种情况。

(1)当只知道竞争对手的数目时

在这种情况下,由于没准确的资料,故不能直接按上述具体对手法计算。然而,投标人可以以"平均对手"为对象,按具体对手法求出能够取胜平均对手的投标概率 P_0。知道了能取胜"平均对手"的概率 P_0,如果又知道有 n 个竞争对手,则报价低于 n 个对手的概率 P 就等于 n 个平均对手的概率 P_0 的乘积,即:

$$P=(P_0)^n$$

其应用举例说明如下:

【例 3-7】 已知承包人在一项工程的投标中有 5 个不确定的竞争对手。通过调查研究,确定的报价低于平均对手的概率 P_0 及报价低于 n 个对手($n=2,3,4,5$)的概率 P_0^n,如表 3-14 所示。

报价低于平均对手的概率及 P_0 及 P_0^n 表 3-14

投标报价	P_0^n				
	$n=1$	$n=2$	$n=3$	$n=4$	$n=5$
0.75A	1.00	1.00	1.00	1.00	1.00
0.85A	0.98	0.960	0.941	0.922	0.904
0.95A	0.95	0.903	0.857	0.815	0.774
1.05A	0.85	0.723	0.614	0.522	0.443
1.15A	0.60	0.360	0.216	0.130	0.078
1.25A	0.40	0.016	0.064	0.026	0.010
1.35A	0.20	0.040	0.008	0.002	0.000
1.45A	0.05	0.003	0.000	0.000	0.000
1.55A	0.00	0.00	0.00	0.00	0.00

已知$(P_0)^5$ 可求出 $n=5$ 时各种投标方案的预期利润,从而确定出最佳投标报价。表 3-15 列出了当 $n=1$ 至 $n=5$ 时的报价与预期利润,其结果重新整理以易于看出的形式示于表 3-16 中。由表 3-16 可知,最佳投标报价之值及预期利润随竞争对手数量的增加而下降。

投 标 预 期 利 润 表 3-15

投标报价		投标预期利润 $E(I)=P_0\times I$				
		$n=1$	$n=2$	$n=3$	$n=4$	$n=5$
0.75A	-0.25A	-0.25A	-0.26A	-0.25A	-0.25A	-0.25A
0.85A	-0.15A	-0.147A	-0.144A	-0.141A	-0.138A	-0.135A
0.95A	-0.05A	-0.048A	-0.045A	-0.043	-0.041A	-0.039A
1.05A	+0.0A	+0.43A	+0.036A	+0.031A	+0.026A	+0.022A
1.15A	+0.15A	+0.090A	+0.054A	+0.032A	+0.019A	+0.012A
1.25A	+0.25A	+0.100A	+0.040A	+0.016A	+0.006A	0.003
1.35A	+0.35A	+0.070A	+0.014A	+0.003A	+0.001A	0
1.45A	0.45A	+0.023A	+0.001A	0	0	0
1.55A	0.55A	0	0	0	0	0

最佳投标报价与预期利润 表 3-16

竞争对手数目	最佳投标报价	预期利润
1	1.25A	+0.100A
2	1.15A	+0.054A
3	1.15A	+0.032A
4	1.05A	+0.026A
5	1.05A	+0.022A

(2)当竞争对手及数目都不确定时

对竞争对手是谁和数目都不确定的情况,可以采取这样的办法,即首先估计最多可能有多少个竞争对手,并估计出不同数目的竞争对手参加的可能性,再根据一个可取胜平均对手的投标概率 P_0 计算出投标获胜概率。例如,若投标者根据经验及所收集的资料,估计出如下数据:

f_0——没有竞争者的概率;

f_1——有一个竞争者的概率;

f_n——有 n 个竞争者的概率。

则投标获胜概率为:

$$P = f_0 + f_1 P_0 + f_2 P_0^2 + \Lambda f_n P_0^n \tag{3-8}$$

式中:P_0——投标者取胜平均对手的投标概率;且,$\sum_{i-1}^{n} f_i = 1$,即 f 的总和应等于 1。

假定前例中参加投标的竞争者最多为 5 家,即 $n=5$,并估计 $f_0=0, f_1=0.1, f_2=0.2, f_3=0.3, f_4=0.3, f_5=0.1$,则可求得最优报价为 $B=1.15A$,其最大利润为 $0.036A$,如表 3-17 所示。

竞争者数目不确定时的预期利润 表 3-17

投标报价 B	P_0	P	直接利润 $I=B-A$	预期利润 $E(I)P\times I$
0.75A	1.00	1.00	−0.25A	−0.25A
0.85A	0.98	0.940	−0.15A	−0.141A
0.95A	0.95	0.854	−0.05A	−0.043A
1.05A	0.85	0.615	−0.05A	0.031A
1.15A	0.60	0.243	0.15A	0.036A
1.25A	0.40	0.100	0.25A	0.025A
1.35A	0.20	0.031	0.35A	0.011A
1.45A	0.05	0.006	0.45A	0.003A
1.55A	0.00	0	0.55A	0

例如当 $P_0=0.95$ 时,则:

$$\begin{aligned} P &= 0 + 0.1\times0.95 + 0.2\times0.95^2 + 0.3\times0.95^3 + 0.3\times0.95^4 + 0.1\times0.95^5 \\ &= 0 + 0.095 + 0.181 + 0.257 + 0.244 + 0.077 \\ &= 0.854 \end{aligned}$$

与上例 $n=5$ 时的最优标价为 1.05A 和预期利润 0.022A 相比,二者都有所提高。这是因为上例中 $n=5$ 时最佳投标报价预期利润实际都是 $f_5=0.1$ 时的计算结果,本例中仅估计 $f_5=0.1$,就是说有五家参加投标的可能性很小,故投标者在竞争中可提出较高的标价并得到较高的预期利润。

4. 平均对手法和具体对手法结合判断中标概率

承包人在工程投标中，遇到的情况往往不可能只用一种判断方法确定获胜概率，此时可将平均对手法与具体对手法结合起来判断中标概率。

对于充分了解的具体对手，其概率可以用具体对手法的模式确定；对于未知的对手，可以采用平均对手法的模式确定其概率；然后，用下面的公式确定获胜总概率。

$$P = P_{YZ} \cdot P_{WZ} \tag{3-9}$$

式中：P_{YZ}——报价低于已知具体对手的概率；

P_{WZ}——报价低于未知平均对手的概率。

总之，投标人必须根据实际情况和竞争对手的状况，灵活运用上述各种判断中标概率的模式，确定出获胜概率大、预期利润高的最佳投标报价。

定量方法为选择投标项目和报价提供了一种工具。但投标报价是一个很复杂的问题，它既取决于企业的经营状况、经营水平和生产能力，又取决于整个承包时的经济形势和竞争状况，因而是不能单纯靠数学方法解决的，而且有的方法的应用具有一定条件。如概率分析方法是建立在竞争者今后采取的投标策略与他们过去采用的一样的假定上的，且要求有全面的、完整的投标历史资料，这些在实践中是难以保证的。因此，在实践中，不能单纯靠定量分析方法解决问题，而应将定量分析方法与定性分析方法结合运用，且在实际运用中，还必须结合实际情况对方法加以调整。

第五节　投标报价实例

一、招标项目工程简介

1. 工程内容

某国某城市近郊新建一条“城市型”公路，长18km，总宽30m，其中街心岛宽3m，每侧车行道各9m，路缘带宽0.5m，人行道各4m，即总宽为：

$$3m + (2 \times 9m) + (2 \times 0.5m) + (2 \times 4m) = 30m$$

路面结构：车行道为压实土上铺大块碎石垫层，再铺碎石基层，而后浇铺钢筋混凝土面层。人行道为压实土上铺碎石垫层，再作沥青混凝土面层。

路侧有雨水进水井，经钢筋混凝土管流向铺在街心岛下面的钢筋混凝土干管，人行道外有排水明沟。但道侧的给水管和消火栓、街心岛下的电缆和照明灯柱等，均不属报价范围。

在10km处，有小桥一座，跨度为15m，钢筋混凝土T形梁，上浇钢筋混凝土板。

另外，还有双孔涵洞一处，单孔涵洞12处。公路沿线多系农田和丘陵，因此填方较多，除部分挖方可用于道路的填方外，尚须借土填方。所有填方工程必须分层压实。

2. 招标文件概要

招标文件中合同规定：应在投标的同时递交投标保证金，其价值为投标人报价的2%，有效期90天。要求签订合同后60天以内开工，开工后22个月竣工。履约保证金为合同价的10%，预付款也为合同价的10%，按同样的比例从每月工程进度付款中扣除。每次付款尚需扣除保留金10%，但保留金总额不超过合同总价的5%，保留金在竣工验收合格后退还，但须递交一份为期一年的相当于合同总价3%的维修期保函。工程材料到达现场并经化验合格后可支付该项材料款的60%，每月按工程进度付款，凭现场工程师审定的付款单在30天以内支付。拖期损失赔偿为合同总价的0.05%·天，限额不超过总价的5%。单价不予调整。无材料涨价或货币贬值的调价条款或补偿条款。

施工机具设备可以允许临时进口，应提交银行出具的税收保函（保函值为进口设备值的20%），以保证竣工后机具设备运出境外。各种工程材料均不免税。

3. 现场调查简况

(1)国情调查

工程所在国经济形势基本稳定，货币贬值每年不超过10%。公路工程所需材料均可当地购买。

(2)自然条件

气候属于湿热带，除雨季(11月至次年3月)外均可施工，雨季时较少连续降雨天气，可间断施工。

(3)地区条件

公路在城市近郊，对当地工人可以不建生活营地。附近可供应砂石。公路基层的土壤在填方区需借土，运距约5km。

(4)其他条件

当地税收较多。因无免税条件，须缴纳合同税，相当于合同价的4%；公司利润税较高，约35%。工程保险和人身意外险及第三方责任险必须在当地保险公司投保。当地原则上不允许使用外籍劳务。外籍高级技术人员较易获得签证入境。

(5)商情调查

经过多种渠道询价或调查，用于公路建设的主要材料决定在当地采购，但应根据工期考虑一定的涨价系数。

施工机具因当地比较短缺，考虑自境外调入或购置。

当地劳务价格不高，基本上采用当地劳务。当地工程技术人员，平均工资在400~500美元/月之内。

二、标价计算前的数据准备

1. 核算工程量

原招标文件有主要工程数量表，经按图纸和说明书校核，业主提供的工程量基本是正确的，可以作为报价的依据。

其中，有三项属于可供选择的报价，应单独列出，即：提供土壤及材料试验设备；提供监理工程师办公设施和两套住宅(两年租赁)；提供监理工程师用的卧车一辆、四轮驱动越野车一辆以及两年的维修和驾驶员服务。

2. 确定主要施工方案

(1)按主要工程量考虑粗略的工程进度计划

①下达开工命令后立即进入现场，合同规定签合同后两个月内开工。应当争取时间在两

个月内准备好施工机具,进入现场后用一个月进行临时工程建设,并同时利用已到机具开始推土方和清除填方区表土层。

②为便于集中使用不同类型设备,先集中处理土方工程,时间约 12 个月。尔后集中进行垫层、基层和混凝土面层施工,时间约 8 个月(其中与土石方工程交错 2 个月)。桥梁工程从第 7 个月开始,包括预制构件等用一年时间完成。其他工程如人行道铺砌、护坡等可在车行道工程后期根据劳动力安排交错完成。

③最后保留一个月作为竣工移交的时间,并进行可能发生的局部维修工作。

(2)施工方法和施工设备的选择

主要工程量采用机械施工,大致选择方案如下。

①土方挖方。采用 88 ~ 103kW 推土机推土,能就地回填者直接用推土机回填,余土用 1.5 ~ 1.9m^3 装载机装入自卸汽车运至填土区用于填方。公路部分的挖方为 251 664m^3。

可用于就地填方约 1/4,其余须运至远处填方区。填方量为 3/4 ×251 664 = 188 748m^3。

全部填方需土 340 568m^3,因此,尚须从别处借土方 340 568 - 188 748 = 151 820m^3,这部分土方也需使用推土机。

因此,推土机总的推土方量应为:251 664 + 151 820 = 403 484m^3。

按定额取每台班推土 420m^3,采用每日两个台班,每月工作 25 天计。用推土机台数(理论值):

$$\frac{403\ 484\text{m}^3}{2(\text{台班}/2)\times 12(\text{月})\times 25(\text{天}/\text{月})\times 420(\text{m}^3/\text{台班})}=1.6\ \text{台}$$

拟采用 2 台,利用系数 1.6/2 = 80%。

为挖沟方便,另采用小型挖掘机 1 台。

②土方运输。按以上类似方法计算采用 8 ~ 10t 自卸汽车运输。总填方量 340 568m^3。

③装载设备。采用 1.5 ~ 1.9m^3 装载机 3 台。在土方工程基本完成后,尚可抽调用于混凝土拌和站。

④碾压设备。采用 15t 振动压路机 1 台,10t 钢轮压路机 2 台。

⑤平整设备。采用平地机 1 台。

⑥混凝土拌和站。实际采用 30m^3/h 的拌和站 1 套,包括水泥立式存储仓 1 个。另加 1 台 400L 的自带动力式搅拌机,以备灵活地在工地需要时作小型流动拌和站使用。

⑦混凝土运输设备。采用混凝土搅拌汽车(搅拌罐 4 ~ 6m)2 台。为配合 400L 搅拌机,另增加小型翻斗车 3 台。

⑧其他设备。为吊装混凝土管道和桥用 T 形梁等,选用 10t 汽车吊一台,小型机具如各种振捣器、砂浆搅拌机等适当配备。工程量表中钢筋加工量约 570 余吨,可选用钢筋拉直机和钢筋切断机各一台,测量仪器用经纬仪和水平仪各两台。

(3)临时工程

①建立混凝土拌和站。选择在公路中段,并靠近桥梁工地附近。经化验,小河的水可用于搅拌混凝土。

②工地指挥部也设在拌和站附近,设工地办公室及实验室(临时板房)共 200m^2,仓库及钢筋加工棚 500m^2,驻场技职人员临时住房 100m^2,其他临时房屋(食堂、厕所、浴室等)150m^2。

③工地设相应的临时生产设施,如预制构件场地、机具停放场和维修棚、临时配电房、水泵站及高位水箱、进场道路、通讯设施、临时水电线路、简易围墙及照明和警卫设施等。

3. 基础价格计算

(1)工日基价

当地工人按当地一般熟练工月工资150美元,机械操作手月工资200美元。两年内考虑工资上升系数10%。另考虑招募费、保险费、各类附加费和津贴(不提供住房,适当补贴公共交通费)、劳动保护等加20%。故工日基价为:

一般熟练工: 150×1.3÷25=7.8(美元/工日)

机械操作手: 200×1.3÷25=10.4(美元/工日)

(2)材料基价

基本上均从当地市场采购,根据其报价和交货条件统一转换计算为施工现场价。以水泥价计算举例说明如下。

材料品名:水泥(普通水泥相当于我国水泥标号450号)

包装:散装或袋装

出厂价:60美元/t

运输费:水泥厂运输部用散装水泥车运送40km×0.2美元/t·km=8美元/t·km

装卸费:3美元/t

运输、装卸损耗:3%×(60+8+3)=2.13美元/t

采购、管理及杂费:2%×(60+8+3+2.13)=1.47美元/t

水泥到现场价为74.6美元/t。按此例计算得出材料基价见表3-18。

主要材料基价 表3-18

序号	材料名称	单位	运到现场基价(美元)
1	水泥(散装)	t	74.60
2	碎石6cm以上,用于垫层	m^3	4.50
3	碎石2~4cm,用于基层	m^3	5.50
4	砾石(用于混凝土)	m^3	6.00
5	中砂,粗砂	m^3	4.50
6	钢筋ϕ6~ϕ10	t	430.00
7	变截面钢筋ϕ12~ϕ22	t	450.00
8	预制钢筋混凝土管ϕ18″	m	8.50
	ϕ24″	m	12.00
	ϕ36″	m	20.00
9	锯材(模板用)	m^3	400.00
10	沥青	t	210.00
11	柴油	kg	0.40
12	水	m^3	0.05
13	电	kW·h	0.12
14	铁钉	kg	1.20

(3)设备基价

①设备原价和折旧

设备原价按到达工程所在国港口价计算,设备折旧按表3-19所示。

机具设备及折旧费　　表 3-19

序号	名　称	规格	数量	设备状况	到港价（美元）	折旧率（%）	本工程摊销设备值
1	推土机	103kW	1	新购	85 370	50	42 685
2	推土机	103kW	2	调入旧设备	25 000	100	25 000
3	装载机	$1.9m^3$	1	新购	106 000	50	53 000
4	装载机	$1.9m^3$	1	旧有设备	20 000	100	20 000
5	小型挖土机	$0.5m^3$	1	旧有设备	25 000	100	25 000
6	平地机	160kW	1	新购	29 200	50	14 600
7	振动压路机	10t	1	新购	56 000	50	27 000
8	钢轮压路机	10t	2	旧有设备	52 000	100	52 000
9	手扶夯压机	1t	2	新购	6 000	50	3 000
10	自卸汽车	10t	5	新购	150 000	50	75 000
11	自卸汽车	10t	5	旧有设备	7 500	80	60 000
12	汽车吊	10t	1	旧有设备	27 500	80	22 000
13	混凝土搅拌站	$30m^3/h$	1	旧有设备	150 000	80	120 000
14	混凝土搅拌站	$30m^3/h$	1	新购	7 000	50	3 500
15	混凝土搅拌车	$6m^3$	2	新购	67 000	50	33 500
16	钢筋拉直机	20mm	1	旧有设备	4 000	80	3 200
17	钢筋切割机	20mm	1	旧有设备	5 000	80	4 000
18	发电机	50kW	1	新购	7 000	50	3 500
19	空压机	$10m^3/min$	1	新购	8 000	50	4 000
20	水泵	250mm	1	新购	2 000	50	1 000
21	水车	5 000L	1	旧车改装	12 000	100	12 000
22	测量仪器	B2O	1	旧有设备	6 000	50	3 000
23	小翻斗车	$0.5m^3$	2	新购	9 000	50	4 500
	合　计		36		934 070		611 485

另外，关于小型工、器具费用，可在计算标价时增加一定的系数，不另算设备折旧费。

②设备台班基价及台时价

机具设备的台班基价除应包括上述折旧费外，尚应将下述费用全部摊入本工程的机具设备使用费中。它们包括：设备的清关、内陆运输、维修、备件、安装、退场等，另外再加每一台班的燃料费。现以推土机的机械台班使用费为例计算如下。

新购推土机进口手续费、清关、内陆运输、安装拆卸退场等，按设备原值的 5% 计，为：85 370 ×5% =4 268.5 美元。

备件及维修二年按 20% 计，为 17 074 美元。

本工程可能使用台班为：12 月 ×25 天/月 ×2 班/天 ×0.8（使用系数）=480 台班，故每台班应摊销：

$$\frac{42\ 685+4\ 268.5+17\ 074}{480}+35.0=168.4 \text{ 美元}$$

另加每台班燃料费:73kg ×0.4 美元/kg ×1.2(系数) =35 美元

故本台推土机台班使用费为 168.4 美元,或每小时为 21 美元。

同样方法算出另一台旧有推土机的台班费为:

$$\frac{25\ 000\times 1.25}{480}+35=100 \text{ 美元}$$

两台推土机平均使用台班费为:(168.4 +100)/2 =134.2 美元,可取美元/台班或 16.8 美元/工时(均未计人工工资)。

由于各种小型机具设备难以在每个单项工程中计算其使用时间,根据前述机具设备折旧费用表中所列可知:小型机具设备应摊销的费用约 28 000 美元(表 3-19 第 18 ~23 项)。占大型机具设备摊销的折旧费的比重为:28 000/(611 485 -28 000) =0.048≈0.05。

故不必细算小型机具设备的台班费,可在作工程内容的单价分析时,在计算大型机具台班费使用费后再增加 5% 即可。

根据上述方法,并考虑各种设备在本工程中可能使用的台班数的不同及其燃料消耗的不同,算出不同设备的台班基价列出如表 3-20 供计算标价用。

如果业主要求列出按工日计价的机械台时费,可在上述台班基价上,另加人工费及管理费和利润即可。现一并计算出列于表 3-20。

机具设备使用台班基价表

表 3-20

序号	名称规格	单　　位	单　　位	设备台班基价（台班）	机具设备使用台时价(美元)
1	推土机	88kW	每台	134	25.5
2	装载机	1.5 ~19m^3	每台	98	19.5
3	挖土机		每台	95	18.5
4	平地机		每台	85	17.0
5	振动压路机	150t	每台	85	17.0
6	光轮压路机	100t	每台	73	14.0
7	手扶式夯压路机	10t	每台	20	4.0
8	自卸汽车	100t	每台	90	18.0
9	汽车吊	100t	每台	110	21.5
10	混凝土搅拌站	30m^3/h	每台	190	36
11	混凝土搅拌机	400L	每台	20	4.0
12	混凝土搅拌车	6m^3	每台	20.0	
13	水车	5m^3	每台	90	18.0
14	小翻斗车		每台	20s	4.0

4. 分摊费用及各种计算系数

(1)管理人员费用

①公司派出的管理人员10人。其中,项目经理1人,副经理兼总工程师1人,工程技术人员4人(道路工程师、测量、材料、试验各1人),劳资财务2人,翻译2人。除住房外的生活补贴费用成本按400美元/人月计算。

$$10\text{ 人}\times 400\text{ 美元/人月}\times 24\text{ 月}=96\ 000\text{ 美元}$$

②当地雇员。聘用当地技职人员6人(道路工程师、测量、试验、劳资、秘书、材料各1人),勤杂员4人(司机2人,服务2人)。技职人员平均工资500美元/人月,勤杂服务人员250美元/人月计算。

$$(6\times 500\times 24)+(4\times 250\times 24)=96\ 000\text{ 美元}$$

③管理人员住房,公司派出人员租用住宅(4居室独立式住宅2套),每套每月800美元,另加水、电、维修等按20%计。

$$2\times 800\times 24(\text{月})\times 1.2=46\ 080\text{ 美元}$$

以上合计为238 080美元。

(2)业务活动费用

①投标费。按实际估算约2 500美元。

②业务资料费。按实际估计约4 500美元。

③广告宣传费。暂计4 000美元。

④保函手续费。按合同总价约1 000万美元估算,各类保函银行手续按0.75%/年计,投标保证金金额为投标报价的2%(一次性),预付款保函金额和履约保证各为报价的10%(二年),维修保函为3%(一年),设备临时进口税收保函额为设备价的20%,因此,保函手续费总值为:

$$\{[1\ 000\text{ 万}\times(2\%+10\%\times 2+10\%\times 2+3\%)]+(86.7\text{ 万}\times 20\%\times 2)\}\times 0.75\%$$
$$=(450\text{ 万}+34.68\text{ 万})\times 0.75\%=36\ 351\text{ 美元}$$

⑤合同税。按4%计为400 000美元。

⑥保险费。各类保险费包括工程一切险、第三方责任险及人身事故伤害险等,按当地保险公司提供的费率计算为110 000美元。

⑦当地法律顾问和会计师顾问费。按当地公司的一般经验,两年内聘用费共20 000美元。

⑧其他税收。根据当地的所得税规定,暂按利润率为6%、税收为35%计算,暂列入1 000万×6%×35%=210 000美元。

以上(1)~(8)项合计为787 351美元。

(3)行政办公费及交通车辆费

可以按粗略估算方法计算如下。

①一般办公费用、邮电费用按管理人员计算:20人×20美元/人月×24月=9 600美元。

②办公器具配置费(一次性摊销)20 000美元。

③交通车(两辆越野车、一辆小卧车)按当地市价购置,摊销50%,购置费共42 000美元,摊销于本项目21 000美元。

④油料、交通车维修及其他活动费开支。油料按每台车两年内行车 30 000km，维修备件按原值25%计，其他活动费按每月 200 美元计，共 20 700 美元。

行政办公开支合计 71 300 美元。

(4)临时设施费

①工地生活及生产办公用房。按当地简易标准平均 35 美元/m^2 计，950m^2 ×35 美元/m^2 =33 250 美元。

②生产性临时设施。包括临时水电、进场道路、混凝土搅拌站及预制场地、为修小桥需筑一条便道 850m(宽 5m，土路)，按当地简易标准的实际价格计算共 48 000 美元。

临时工地试验室仪器(按 50% 折旧)及经常性试块、土壤等试验(每月 100 美元)共 42 400 美元。

以上各项临时设施费合计 123 650 美元。

(5)其他待摊费用

①利息，流动资金虽有付款，由于购置机具设备及有偿占用旧有设备的资金和初期发生的银行保函、保险、合同税、暂设工程等，肯定不敷支出。再加上材料费和工资等，估计总的自筹流动资金至少需 120 万美元，按年利率 10%，用粗略的资金流量预测，利息支出约 132 000 美元。

②代理人佣金。按当地协议应付 150 000 美元。

③上层机构管理费用按 2% 计 200 000 美元。

④利润按 6% 暂计 600 000 美元。

⑤另计不可预见费用 150 000 美元。

其他待摊费用共 1 232 000 美元。

公摊费用共计 2 452 381 美元。

其中，有的费用(如保函手续费、合同税、保险费等)是假定合同价为 1 000 万美元条件下估算的，有待算出投标报价总价后修正。

以上待摊费用约为总价的 24.52%。

在下面计算各单项工程内容的单价时，可以先按此系数计算摊销费用。待第一轮计算得出投标总价后，再根据情况适当调整。

(6)其他系数的确定

①材料上涨系数。前面提出的材料基价是按投标时调查的价格列出的，并未考虑两年工期内价格的上涨因素。从施工方案中的计划进度来分析，可以预计到大量值钱的材料如水泥、钢筋等，都是在工期的后半段才使用的，其实际采购价格肯定会受到汇率和通货膨胀使价格上涨的影响。按当地的实际调查，材料涨价率可能为每年 10% 左右，因材料一般是陆续采购进场的，并集中于中后期，故材料涨价系数可确定为：

$$\frac{10\% \times 2\text{年}}{2} \times 1.2(\text{调整系数}) = 12\%$$

上式中，分母 2 指两年内均衡进料的平均系数；1.2 指材料进场偏于中后期而使用的调整系数。

②风险和降价系数。由于该标竞争激烈，暂不考虑这一系数，待标价算出后分析和权衡中

标的可能性再研究确定。

三、单价分析和总标价的计算

1. 单价分析

对工程量表中每一个单项均需作单价分析。影响此单价最主要的因素是采用正确的定额资料。在缺乏国外工程经验数据的条件下，可利用国内的定额资料稍加修正。

这里只以水泥混凝土路面（工程量表编号316）单价分析为例，见表3-21。

这是一项占本工程标价接近一半的主要项目。参照采用国内公路定额，并采用前面计算的工日、材料和设备摊销基价算出直接费用每立方米为51.29美元，按前述应分摊间接费用占直接费的33.64%计算，最后每立方米路面混凝土为68.54美元。根据搜集到的当地一般结构混凝土价格，与此相近。因此可以判断这一计算是基本正确的。

2. 汇总标价

(1)工程价格。将上述所有单价分析表中价格总汇，即可得出第一轮算出的标价（不包括供选择的项目报价及暂定备用金）。用这个标价的总价再回头复算各项管理费用中的特殊费用，特别是那些与总价有关的待摊费用，例如保函手续费、合同税、保险费、税收以及贷款利息、佣金、上级管理费、利润和不可预见费等等，并对管理待摊费用比例作适当调整，用来作第二轮计算。

单价分析计算表示例 表3-21

工程量表中分项编号	316	工程内容：水泥混凝土路面	单位：m^3	数量：74 115

序号	工料内容	单位	基价（美元）	定额消耗量	单位工程量计价（美元）	本分项计价（美元）
1	2	3	4	5	6	7
I	材料费					
1-1	水泥	t	74.6	0.338	25.21	
1-2	碎石	m^3	6	0.89	5.34	
1-3	砂	m^3	4.5	0.54	2.43	
1-4	沥青	kg	0.21	1	0.21	
1-5	木材	m^3	400	0.002 12	0.85	
1-6	水	m^3	0.05	1.18	0.06	
1-7	零星材料	—	—	—	1.7	
	小计				35.8	
	乘上涨系数1.12后材料价				40.1	2 972 011.5
II	劳务费					
2-1	机械操作手	工日	10.4	0.41	4.26	
2-2	一般熟练工	工日	7.8	0.62	4.84	
	小计					674 446.5

续上表

工程量表中分项编号	316	工程内容：水泥混凝土路面		单位：m^3		数量：74 115
序号	工料内容	单位	基价（美元）	定额消耗量	单位工程量计价（美元）	本分项计价（美元）
1	2	3	4	5	6	7
III	机械使用费					
3-1	混凝土拌和站	台班	190	0.0052	0.99	
3-2	混凝土搅拌车		100	0.01	1	
	小计				1.99	
	小型机具费				0.10	154 900.4
	机械费合计				2.09	
IV	直接费用（I+II+III）				51.29	
V	分摊间接费		33.64%		17.25	1 278 483.7
VI	计算单价				68.54	
VII	考虑降价系数（暂不计）					
	拟填入工程量计价单中的单价：68.54 美元/m^3					
	本分项总价：68.54×74 115=5 079 842.10 美元					

按最后调整计算的结果，可得出汇总的标价及报价单（表3-22）。此表中各项管理费用的比例已调整为24.80%，管理费用占直接费的比例为：

$$\frac{24.80}{100-24.80}=32.98(\%)$$

（在表3-21中的第V项相应改为32.98%）。

（2）可供选择的项目报价。对于可供选择的项目报价，因为它们属于一种服务性质，可以在询价基础上，仅增加极少量的必不可少的管理费后报价。这样可使全部报价总数显得相应低些，有利于竞争。

①试验设备和仪器。按招标书中的要求，其设备和仪器与承包人自备的工地试验室相近，因此，此项报价可以免去。仅注明："免费利用承包人自设工地试验室的设备和仪器"，并列出工地试验室的设备仪器清单，表明完全符合标书要求。

②工程师办公和居住设施。按标书要求，工程师办公室可采用带空调设备的活动房屋两套，并附办公家具等共24 500美元，租赁独立式住宅两套，带家具，并使用两年28 800美元，以上两项合计53 300美元。

③工程师所用车辆及服务。按标书要求的车辆在当地询价，增加维修和驾驶员服务共45 600美元。

以上报价均已考虑了必需的管理费，例如合同税、佣金、利息、保函手续费和保险费等的增加，但未计利润和不可预见费及其他各项管理费（计入的管理费约10%）。

（3）暂定备用金。完全按标书规定列入。这笔费用是由业主和工程师掌握，用于今后工程变更的备用金。本标为250 000美元。

工程量表及报价单 表 3-22

项目编号	工 程 内 容	单位	数量	价格(美元)	
				单价	总价
	(一)道路部分				
100	场地清理	m^3	539 615.00	0.12	604 753.80
105	道路及管道土方开挖	m^3	149 997.00	2.10	314 993.70
106	结构土方开挖	m^3	101 667.00	2.30	233 834.10
107-1	填方(利用本工程挖方)	m^3	188 748.00	2.40	452 995.20
107-2	借土填方	m^3	151 820.00	4.50	638 190.00
108	路基垫层(上基层)	m^3	159 945.00	8.70	1 391 521.60
200	路基垫层(基础面)	m^3	125 175.00	7.49	937 560.75
316	水泥混凝土面层	m^3	74 115.00	68.20	5 054 643.00
406	钢筋(用于路面)	t	494.25	606	299 515.50
413-1	ϕ18″钢筋混凝土管道	m	14 077.00	13.20	185 816.40
413-2	ϕ24″钢筋混凝土管道	m	11 230.00	18.20	204 386.00
413-3	ϕ36″钢筋混凝土管道	m	17 987.00	29.40	528 817.80
500	路侧石、雨水坡	m	73 050.00	7.836	572 419.80
502	浆砌石护坡	m^3	2 207.00	18.30	40 388.10
506-1	雨水干管人孔	个	360.00	160	57 600.00
506-2	雨水次干管人孔	个	719.00	98.2	70 605.80
511	安全护栏	m	930.00	17.24	16 033.20
601-1	双孔涵洞	个	1	4 500	4 500.00
601-2	单孔涵洞	个	12	2 500	30 000.00
700	人行道面层(沥青混凝土)	m^2	146 100.00	1.6	233 760.00
	小计				11 377 334.75
	(二)桥梁部分				
106-1	结构部分土方(挖方)	m^3	882.00	2.10	1 852.20
106-2	结构挖方(硬土)	m^3	421.00	2.30	968.30
106-3	结构挖方(石头)	m^3	130.00	7.60	988.00
110	基础回填	m^3	26.00	4.90	127.00
402-1	试验桩	m	58.00	40.00	2 320.00
402-2	左岸混凝土桩	m	120.00	40.00	4 800.00
402-3	右岸混凝土桩	m	120.00	40.00	4 800.00
405-1	桥梁混凝土	m^3	703.00	68.20	47 944.60
405-2	钢筋(用于桥梁)	t	73.82	635.8	46 934.75
406	栏杆	m	120.00	30.00	3 612.00
500	浆砌石护坡	m^3	453.00	18.30	8 289.90
	小计				122 636.75
	工程量价格总计				11 499 971.5

注:此表仅列出部分项目。

(4)最后汇总标价

按标书的格式填写总价表,如表3-23所示。

工程报价汇总表 表3-23

项 目 号	名 称	价格(美元)
报价单Ⅰ	工程部分	11 499 971.50
	其中,道路部分	11 377 334.75
	桥梁部分	122 636.75
报价单Ⅱ	可供选择项目	98 900
	其中,实验仪器设备	免费使用工地实验室
	工程师办公,居住设施	53 300.00
	工程师用车辆及服务	45 600.00
备用金	暂定备用金	250 000.00
总价		11 848 871.50

此外,如果招标文件还规定必须填报日工价(即国内的"点工"价)和机械设备台时价,则可将例表3-23中最后一栏摘出填表,日工价可按前述的工日基价加上一定管理费后填报。

第六节 国外投标前现场调查情况介绍

美国造价工程师协会《工程造价技术和知识》中,关于投标前现场调查清单的内容介绍如下。

参加现场调查的人员应在调查之前熟悉招标文件,尤其是合同条款和要求,以保证调查人员能将该地区条件与合同要求联系在一起,在采取行动或回答清单上的问题时,调查人员做到心中有数。调查内容分述如下。

一、地理条件

(1)获得以下地图并给以注释,以回答清单中以后出现的问题:

①该州地图,以查看总的公路网、铁路网和运河网;

②当地地图,以查看当地附近的设施和当地公路网;

③地形(等高线)图。

(2)提供附近社会团体的人口数。

(3)描绘并说明本地区的排水系统,排水系统有无大问题。

(4)现场高程为多少。

二、地质和地表下资料

(1)获得该地区的地质图。

(2)工程所在地的地表下资料——土壤层及特性、水质资料,确定工程是否有填方地段,若有，标出其位置并说明填方类型。

(3)要求排水否。

(4)对于挖土方来说，需要采用何种方法、何种挖土设备？

(5)挖沟渠或其他挖土方需何种支撑？

(6)地面是否既能支撑橡胶轮胎建筑设备，又能支撑履带建筑设备？

(7)说明表土层的排水性能，表土层完全干需要多长时间，若除去植物表土层是否会呈粉状？

(8)是否需要建临时排水系统？

(9)取得所有已有的地下设施和排水系统图或其他的地下建筑物或障碍的平面图。

三、气象资料

(1)说明月温度和湿度范围，包括有记载的每月最高和最低温度，若有寒风或高温资料也应包括进去。

(2)说明月平均降雨量和降雪量，明确每年降雨的平均天数。

(3)该地区易受何种天气影响？发生特大风暴的次数如何？特大风暴是雷暴、雨暴、风雪、龙卷风或是飓风？

(4)最大冻土深度是多少？

四、施工现场准备工作

(1)剩下的废材料能否出卖？若能，卖给谁？什么价？若不能，则在何处处理？处理费如何？

(2)若需要填料，则填料来源于何处？什么价？

(3)头顶上方有无电线或其他妨碍施工的建筑物？在清扫现场时，有否遇到危险及安全的因素？

(4)结构物是否需作防腐败处理？

(5)在施工准备或施工过程中，有哪些历史建筑物、基地、树木或其他设施需要拆迁？

五、进场道路和停车场

(1)绘出进场道路图，说明路面类别及条件、可容纳交通量大小、制约因素等，采取何种改良措施，可使之为承包人所使用？承包人有无责任维护这些道路？

(2)必须新铺什么样的进场道路，且由谁来铺？有无在他人土地上的通行权、筑路权？若无，则如何获得这些权利？

(3)施工工地有无合适的停车场？若无，则工人们把车停在何处？且怎样到工地？仍需建什么样的停车场且由谁建？停车场是否有栅栏？是否必须安有栅栏？

六、卸货和保管

(1)能否在开工前，材料到货并堆放在工地？若能，需要采取何种防卫措施，且由谁制定该措施？是否由业主准备劳动力提取这些材料？这是否会产生权限问题？

(2)工地有何种仓库可供承包人保管物品或有何场地可供承包人建仓库?

(3)有何种非工地仓库可用来存放那些不能在工地保管的物品?

(4)装卸材料需要何种特殊工具和设备?哪些工具和设备已有?哪些工具和设备必须添购?

七、公用设施和临时设施

(1)施工时有无建筑物可利用?若有,说明其用处;若没有,说明需要进行哪些工作才能取得这些建筑物的图纸或其他尺寸资料?

(2)施工时报建的永久性建筑可为承包人作为临时使用否?

(3)将位于工地的临时建筑物,与工地附近的临时建筑物分开,若一定需要使用非工地土地,则由谁提供?

(4)承包人必须为业主或其他人员提供临时设施场所吗?

(5)工程竣工时业主接管所有的临时建筑还是承包人将其拆除?

(6)由谁提供办公家具?

(7)由谁提供饮用水?水源是什么,需要进行什么工作?混凝土用水、灰尘控制用水及清除水都有专门供水系统吗?若有,其水源是什么?由谁提供?需要进行什么工作?

(8)有无卫生设施(如卫生间、盥洗室、排污水系统)?需进行什么工作,且由谁提供?

(9)采暖及空调如何?由谁提供?需要进行什么工作?

(10)供电情况怎样(地理位置、电压、相位、容量等),需要进行什么工作才能供电且由谁提供?

(11)施工期间需要蒸气吗?若用,则其来源于何处,并由谁提供?

(12)施工期间是否需要用压缩空气及其他气体?若用,则其来源于何处,且由谁提供?

(13)由谁来承担处理废料、垃圾的工作?

八、当地材料及分包人

(1)记下承包人的姓名、住址及其他有关当地特点的建筑资料,以便在合同执行过程中与承包人进行联系。

(2)预拌混凝土的来源在何处及其价格是多少?若由承包人供应混凝土,则其集料和水泥在何处?

(3)附近有何运输公司可为工程服务?

(4)取得附近单位的电话薄。

九、当地条件

(1)操作设备能否达到工地的各处位置?对于大门及场地限制等,有无特殊要求?操作人员与建筑人员之间合作有无问题?

(2)业务与当地政府及工程有关单位的关系如何?

(3)有无政治、文化形势影响工程?工程受社会支持吗?

(4)有无未解决问题或缺手续(如业主营业执照)以致影响开工或建设进度?

(5)施工所产生的高噪声、灰尘、交通拥挤等情况,是否会影响附近的单位及居民,致使他们产生抱怨或采取法律手段?

十、健康、安全、环境和治安

(1)有何医疗设施,由谁提供?

(2)附近有何医院、药房和诊所?都有何设施?

(3)如何进行救护工作?

(4)有何防火设施?

(5)对于废料、垃圾、噪声、腐蚀、有害排放、化学泄漏和燃料所产生的影响有何环保要求?该环保设施由谁提供?

(6)工程人员是否处于有害气体、化学或辐射环境中,需提供哪些防护设施及训练?

(7)当地有何化学洗涤设备?是轻便型还是洗涤车?

(8)附近有何商业公司有资格处理有害排放物并将其运到批准的处理场?

十一、保安

(1)有何执法机构负责工地、关系单位和运输网的司法管理?

(2)若有外包工程,则当地执行机构提供保安措施否?

(3)有安全围栏吗?由谁提供?由谁提供警卫和监视系统?

十二、交通

(1)在地图上划分交通图。

①道路、桥梁和涵洞的承重能力和尺寸。

②铁路线和站台。

③可用驳船航道和码头。

④可用机场。

(2) 铁路设施

①有哪些铁路线经过该地区?

②需要铁路支线吗?若需要,则由谁提供,且与哪条铁路接轨?

(3)说明该地区的空运能力及机场情况,并列出每一机场可使用的最大机种。

(4)对于驳船,说明可用码头情况及吨位、规模、季节等制约条件,并列出其他有关港口。

(5)说明工程人员可利用的公共交通情况。

十三、劳动

(1)如果这是一个合作工程,则记下交通工具方的姓名和地址,取得所有协议和工资级别的复印件。详细说明生产、加班、差旅费、检举费等各种规章制度,注明所有协议的期限,估计罢工期间所造成的损失,讨论可能影响工程施工及费用的有关地区合作精神的条款。

(2)如果这是一个外包工程,则通过地方职业介绍所、当地承包人及其他渠道,了解一般的工资标准。说明工人来源地,并估计通过工程寿命的每一个行业的有效性,在进行这些估价时,要考虑到该地区其他行业或工程的需要,则是哪种技术且由谁提供培训?

(3)对当地的经济条件进行评估,着重于工程人员的或获得性、生产率及水平。

(4)说明那些可能限制工作人员恢复精力或影响创造高营业额(利润)的情况(如上下班距离或高犯罪区等)。

(5)取得有关劳动生产率的资料。

(6)该地区有政府津贴的工作培训项目吗?

十四、建筑设备

(1)划分业主及其他承包人所提供的设备如何偿还?

(2)说明承包人必须提供的特种设备。

(3)设备维修是在工地还是按合同在当地的修配公司?

(4)将设备移到工地有何障碍(如路面、桥梁、涵洞的承重或架空电线的限制)。

十五、通讯

(1)电话业务如何?

(2)工地有通讯设施(如喇叭或无线电)吗?

十六、执照税和手续费

(1)工程免税吗? 是免地方税还是联邦税?

(2)需交何种州和地区税?

(3)该地区需要承包人营业执照吗? 都有哪些规定?

(4)承包人需要哪些许可证?

(5)承包人需支付何种公用系统费(如电话、水、下水道及电等费)。

十七、专业人员及职责

(1)附近有无合适的房屋可供承包人的职员居住。

(2)当地雇用业务人员的难易程度及工资级别如何?

十八、杂项

(1)承包人必须为业主、监理工程师、分包人或其他施工人员提供何种援助和服务?

(2)所有特殊事项(如财物滥用控制)都要求业主参加吗?

思考题

1. 投标前需要掌握信息的主要内容是哪些?

2. 选择投标项目应考虑的原则是什么?

3. 选择投标项目有哪几种方法? 如何应用?

4. 建立投标工作机构的主要任务是什么?

5. 对招标文件的研究主要包括哪些内容?
6. 为什么说投标前参加现场考察工作十分重要?
7. 扼要叙述现场考察的主要内容是什么?
8. 确定是否参加投标的前提要考虑哪些方面?
9. 施工组织规划设计应包括哪些内容?
10. 投标人递送的标书应包括哪些内容?
11. 扼要叙述报价编制的程序与步骤。
12. 投标报价是由哪些费用组成的?
13. 什么叫单价分析? 如何进行单价分析?
14. 什么叫标价分析? 如何进行标价分析?
15. 常用的投标报价的策略和技巧有哪些?

第四章　计量与支付

第一节　计量与支付概述

一、计量与支付的概念

1. 计量的概念

计量是按照技术规范所规定的方法,对承包人符合要求的已完工程的实际数量所进行的测量、计算、核查和确认的过程。计量是监理工程师的基本职责和基本权力,也是费用监理的基本环节。没有准确和合理的计量,就会破坏工程承包合同中的经济关系,就会影响承包合同的正常履行。

计量的任务是确定实际工程数量的多少。工程量有预估工程量和实际工程量之分。工程量清单的工程量仅是估算工程量,不能作为承包人应予完成的工程之实际和确切的工程量。这是因为工程量清单中的数量是在制定招标文件时,在图纸和规范的基础上估算出来的,与实际工程量相比存在或多或少的误差甚至计算错误。它只能作为投标报价的基础,而不能作为结算的依据。实际工程量的多少只有通过计量才能揭示和确定。按实际完成的工程量付款,可以减少工程量的估计误差给双方带来的风险,增强造价结算结果的公平性,这正是单价合同的优点之一。

计量必须以净值为准。FIDIC 条款第 57 条明确规定:无论通常和当地的习惯如何(除非合同中另有规定),计量必须以净值为准。

计量必须准确、真实、合法和及时。准确指计量结果是正确地按照规定的计量方法和工程量计算原则而得出的,方法正确、结果准确无误,使已完工程的实际数量得到了正确的确定,没有漏计和错计。真实指被计量的工程内容真实可靠,没有虚假的部分,即被计量的工程中没有质量不符合要求的,也没有重复计量,隐蔽工程的数量没有弄虚作假,工程量中没有虚报成分。合法指计量是按规定的程序合法地进行的。因为计量结果是支付的直接基础和依据,直接关系到业主和承包人双方的经济利益。监理组织机构会制订严格的计量管理程序和指定专人按分级管理的原则进行分工负责,明确谁负责现场计量、谁复核、谁审查、谁审定等各项工作。只有通过了严格审查程序产生的计量结果才是合法的。及时指计量必须按合同规定的时间进行,不得无故推延。

2. 支付的概念

支付是指按合同规定对承包人的应付款项进行确认并办理付款手续的过程。支付是业主与承包人之间的一种货币收支活动,既是施工合同中经济关系全面实现的一个主要环节,也是监理工程师控制工程的根本手段和制约合同双方(业主与承包人)的有力杠杆。合理的支付是工程顺利进行的前提和条件。

在施工活动中,同时存在着资金运动和物质运动,只有当两种运动取得平衡时,施工活动才能顺利进行。随着工程的进展,资金通过支付而逐步由业主向承包人转移,即承包人先将所需的材料采购到工地,再组织劳动力和施工机械对这些分散的材料按设计图纸和《技术规范》进行加工,最后形成业主所需要的特定的结构物。支付就是保证两种运动达到平衡的基本环节。如果支付发生问题,就会直接导致施工发生困难,直至施工合同无法履行。因此,只有通过合理而及时的支付,才能公平地实现业主与承包人之间的交易,确保双方的经济利益。

支付签认权是监理工程师三大权力(质量否决权、计量确认权和支付签认权)之一,是监理工程师控制工程的最后一个环节,是对承包人施工行为的最终评价,是监理工作的关键和核心。支付必须以合同为依据,计量为基础,质量为前提。只有符合合同规定的费用才能签认。对合同中规定不明确的,要依据合同精神,实事求是地去确认,如索赔金额、变更的估价等。支付金额的多少,必须以准确的计量为基础,对质量不合格的工程量一律不能支付,并且还要承包人自费返工使其达到合格要求。

支付也同计量一样,必须做到准确、真实、合法和及时。

二、计量与支付的原则

计量与支付不仅直接涉及业主与承包人的经济利益,而且是监理工程师的重要权力和监理手段。在计量支付中遵守有关基本原则,是搞好监理工作的有效保障。

1. 合同原则

无论是计量,还是支付,在合同文件中都有明确规定:监理工程师在进行计量和支付时,必须全面理解合同条件、技术规范、设计图纸和工程量清单等合同文件的各组成部分。如技术规范的每一章每一节都有计量与支付的规定,详细说明了各工程细目的内容及要求,对哪些内容不单独计量和支付,其价值如何分摊,都具体作了规定。工程量清单中的单价是承包人按招标文件的要求和合同条件的规定填报的,是支付的单价依据。因此,监理工程师必须严格遵守合同中的有关规定来进行计量与支付,使每一项工程的计量和支付都符合合同要求。

2. 公正性原则

监理工程师在计量与支付两个环节中拥有广泛的权力,承包人与业主的货币收支是否合理,取决于监理工程师签认的工程量和工程费用是否准确和真实。只有监理工程师保持公正的立场和恪守公正的原则,才能使他在计量与支付工作中正确地行使权力,准确地计量,实事求是地处理好业主与承包人之间的有关纠纷,合理地确定工程费用。如果监理工程师不公正,他就无法正确地作出判断。特别是当施工过程中发生工程变更、工程索赔和各种特殊风险时,就更要求监理工程师公正而独立地作出判断和估价。因此,监理工程师在计量与支付中,必须认真负责,以实事求是的精神和客观公正的态度做好每一项工作,确保业主与承包人之间的交易公平。唯有公正,才能明确业主和承包人各自的权利和责任,才能准确地协调好双方之间的利益关系,才能保证计量与支付的准确、真实和合法。

3. 时效性原则

计量与支付都具有严格的时间要求,时效性极强。计量不及时,会影响承包人的施工进度;支付不及时,直接产生合同纠纷。FIDIC 条款分别在第 56 条和第 60 条中对计量与支付规定了严格的时间限制。因此,监理工程师一定要按时进行计量和支付。

4. 程序性原则

为了保证计量与支付准确、真实和合法,合同条款和各项目的监理组织都规定了严格的程序。这些程序规定了各项工程细目和各项工程费用进行计量与支付的条件、办法以及计算、复核、审批的环节,是从合同上、组织上和技术上对计量与支付加以严格管理,以确保准确和公正。如计量必须以质量合格为前提,支付必须以计量为基础等。因此,计量与支付必须遵守程序,通过按程序办事来提高数据的准确性、真实性和合法性,以保证计量与支付准确、合理。

三、计量与支付的作用

计量与支付一方面是施工合同中的关键内容,是经济利益关系的集中体现,在施工活动中有着极为重要的作用;另一方面也是监理工作的关键和核心,为确保监理工程师的核心地位提供手段。

1. 调节合同中的经济利益关系,促使合同的全面履行

计量与支付是施工合同的重要内容,是合同中各类经济关系的全面反映,同时,还揭示了施工活动的经济本质。通过计量与支付这两个经济杠杆,调节合同双方利益,制约承包人严格遵守合同,准确地按设计图纸和技术规范进行施工;促使业主履行其义务,及时向承包人支付,确保施工活动中资金运动与物质运动平衡地进行,使施工合同得到全面的履行。

2. 确保监理工程师的核心地位

FIDIC 条款的核心是在业主与承包人之间引入独立的第三方——监理工程师,由他对工程的质量、进度和费用进行全面控制。通过计量与支付来确保监理工程师的核心地位,对工程施工进行全面而有效的控制,对业主和承包人的合同行为进行有效的调控。计量与支付为监理工程师开展监理工作提供最基本的手段。

监理工程师掌握了计量支付权,就抓住了主要矛盾,掌握了控制施工活动和调控承包人施工行为最有效的基本手段,抓住了指挥棒。如果承包人的施工工艺不符合规范要求,监理工程师可要求其自费改正;如果所用材料不合格,监理可以对材料拒收;如果工程质量不合要求,监理将不予计量和支付,并要求承包人返工使其达到要求;如果承包人不执行有关指令,则将受到罚款或驱逐。计量支付权使监理工程师可以有效地从经济上制约承包人,严格按合同要求办,确保工程的质量目标。同样,如果承包人进度过慢,监理工程师将让他支付拖期违约损失赔偿金和延误罚款,如果进度严重落后,监理工程师还可以提议驱逐承包人,这就有效地保证了监理工程师对工期的控制。

总之,计量与支付工作是控制工程造价的核心环节,是进行质量控制的主要手段,是进度控制的基础,是保证业主和承包人合法权益的重要途径。

四、计量与支付的基本程序

1. 计量程序

工程计量由承包人向监理工程师提出并附有必要的中间交工验收资料或质量合格证明。监理工程师对工程的任何部分进行计量时,他应按照通用条款 56 条规定,事先通知承包人或承包人的代表。承包人或承包人的代表应立即委派合格人员前往协助监理工程师进行计量工

作,还应提供必要的人员、设备和交通工具。计量工作可以由监理工程师和承包人双方委派合格人员在现场进行,也可以采用记录和图纸在室内按计量规则进行计算,其结果都必须经监理工程师和承包人双方同意,进行签字认可。

如果承包人在收到监理工程师的计量通知后,不参加或未派人参加计量工作,根据通用条款第56条规定,由监理工程师派出人员单方面进行的工程计量,经监理工程师批准的应认为是正确的工程计量,可以用做支付的依据,承包人不可以对此种计量提出异议。

如果对永久工程采用记录和图纸的方式计量,则监理工程师应准备该项工程项目的图纸和记录。当承包人被通知要求参加此项计量时,应在通知发出14天内同监理工程师一道查阅和确认记录与图纸,并在双方取得同意时,在上面签字。如果承包人不参加或不委派参加上述记录和图纸的审查与确认,则应认为这些记录和图纸是正确无误的。除非承包人在上述计量后14天内向监理工程师提出申辩,说明承包人认为上述记录和图纸有不正确之处,要求监理工程师予以决断。监理工程师在收到承包人的申辩后应进一步检查记录和图纸,或者维持原议或者进行修改,并将复议后的结果通知承包人。

2. 计量、支付的分工

在一个驻地监理机构中,一般配有项目工程师(如道路工程师、材料工程师、结构工程师、测量工程师、合同工程师、计量支付工程师等)。

计量工程师专门负责计量与支付。为了控制本合同段的工程费用,计量工程师不仅应认真尽职地搞好计量支付,承担起本合同段的计量与支付职责;而且应将不同细目的计量与支付控制目标明确,在工程费用预算和本段工程费用分析的基础上,找出计量、支付的重点,并责任到人,将本段支付额较好地控制在合同价款的范围内。他应该同驻地的所有监理人员一道,互相协作,共同搞好工作。

3. 计量、支付的管理

除了职责分工明确、目标具体落实外,监理工程师还应加强对计量、支付的管理工作。计量、支付工作既重要,又需要大量资料和表格,工作很繁琐,因此,监理工程师必须建立起行之有效的管理办法,建立计量与支付档案,不断改进管理工作。

对于整个项目来说,计量、支付职责必须落实到人、专人分管,并加强对整个项目的计量与支付管理。总监理工程师、总监代表处、高级驻地监理等都应以计量、支付控制为指导思想,对计量、支付进行严格的管理。应建立计量与支付的管理制度和各级人员的岗位责任制,并对计量与支付工作进行定期检查和考核,对违反计量与支付管理制度的人员给予处理。对工程费用的动态进行全面分析,及时发现问题,对各类工程费用进行专项分析,并在分析的基础上制订专门的管理办法,以保证支付工作的顺利进行。一个大型项目的计量与支付工作极其复杂和繁琐,没有严格的管理程序,势必造成混乱。计量、支付工作的混乱将导致监理工程师无法进行有效的监理,因此,总监理工程师及其高级代表必须引起足够重视。如京津塘项目就是实行的三级管理,即驻地监理的一级管理,高级驻地监理的二级管理和总监代表处的三级管理。

计量与支付是一项综合性极强的工作,必须在质量管理的基础上进行综合管理,涉及内容多、处理复杂,并且承包人在申请时要申报大量的报表和资料。另外,支付工作的计算和资料管理工作都很繁重。应推行表格和报表的标准化管理,尽力争取用计算机来处理报表,以提高计量与支付工作的准确性和工作效率,使监理工程师从资料整理工作中解脱出来,更好地搞好计量与支付工作。

4. 支付的基本步骤

支付工程费用一般采用三个步骤。

(1)承包人提出要求

支付工程费用一般由承包人先通过监理工程师向业主提出付款申请,承包人在付款申请时要出具一系列的有效报表,以说明申请金额的准确性。其主要工作就是填好月报或月结账单。

承包人的月报表应说明他在这个月应收取的金额。一般包括:已完成的永久性工程的价值;承包人的设备、临时工程、计日工等款额;材料和待安装工程装置的发票价值的分期付款,价格调整的款项(含物价与法规变更),按合同规定他有权获得的其他任何金额(如索赔和延期付款利息)。并且月报表应按照监理工程师指定的格式填写。

以上各种款项,还应有一系列的附表以说明其价值。

(2)监理工程师审核与签认

监理工程师的审核,应满足公平性、及时性、准确性的要求。就其公平性而言,一方面应通过审查剔除承包人付款申请中不符合合同规定的付款要求,并扣除承包人的违约金或其他损害赔偿,保护业主的合法权益不受损害;另一方面,对承包人付款申请中符合合同规定的付款要求应及时予以确认并办理付款签证以保护承包人的合法权益。就其准确性而言,在审查过程中,应注意承包人的付款申请中原始凭据是否齐全,是否有合同依据。如承包人申请的工程款中其完成的工程量是否有相应的计量证书;申请的计日工付款申请是否有监理工程师的计日工指示及确认资料;材料预付款申请是否符合合同规定,是否有监理工程师对到场材料的数量确认及相应的发票;变更工程的付款申请中是否有监理工程师的变更令及相应的完成工程量计量证书;其单价是否与工程量清单的单价相符等。另外,在审查过程中,还应复核计算过程的准确性;为保证支付结果的准确性,应坚持分级审批的监理制度,防止监理工程师滥用权力损害公平原则的现象发生。所谓及时性,就是监理工程师在完成审查工作后及时签发付款证书。

监理工程师对承包人的月报表进行全面审核和计算,在逐项审核和计算的基础上签认应支付的工程费用。一般以支付证书的方式确认工程费用的数额。

(3)业主付款

业主收到监理签认的支付证书后,按合同规定的时间支付费用给承包人。

第二节 计　　量

一、计量组织的三种类型

工程计量一般有三种组织类型,即监理独立计量、承包人独立计量和监理与承包人联合计量。这三种计量各有特点,但无论如何,计量必须符合合同的要求,其结果必须由监理工程师确认。

1. 监理独立计量

监理独立计量时,可以由监理工程师完全控制被计量的部位,质量不合格的工程肯定不会被计量,也很少出现多计的情况,能够确保记录结果的准确性。但监理的工作量较大,且容易引起承包人的异议而延误计量工作时间。

2. 承包人独立计量

这种方式可以减轻监理的工作,让监理工程师有时间进行计量分析和计量管理,但由于承包人是自行计量,往往会出现多计和冒计的问题,有时计量细节和计量方法甚至算术计算也有差错,并且一些质量不合格的工程也可能被计量。因此,在这种情况下,监理工程师一定要认真细致地审查计量结果,并定期派人对承包人的测量工作进行检查,最好派有经验的计量人员经常检验及控制承包人的计量工作,即当由承包人独立计量时,监理工程师一定要对计量结果的准确性和测量方法及计算规则进行严格审查。

3. 监理与承包人联合计量

监理与承包人联合计量,这种方式有利于消除双方的疑虑,当场解决分歧、减少争议,又能较好地保证计量结果的公正性和准确性,简化程序,节约时间。因此公路工程合同中,较多地采用联合计量,即承包人和监理工程师共同进行计量工作。

二、计量管理

1. 落实计量职责

在公路建设中,工程量计量是一项至关重要而又十分复杂的工作。为使计量的责任分明,监理机构中一般设有专门负责计量的工作班子,并在每个驻地办事机构中设一名专门的计量工程师。如京津塘的计量由驻地监理工程师办公室负责,高级驻地中心试验室有时配合,对计量进行抽查。驻地计量工程师主要负责的是各细目的工程计量。在组织计量工作时,采用按专业分工、分别进行计量的办法,做到计量职责分明。具体工程内容的计量应落实到人,以免重复计量和漏计。如果职责不明,势必造成计量混乱,因此,一定要落实好计量工作的责任权限。并且为了保证计量的准确性,还必须有负责检查、复核的人员以及最终签认的人员,使计量工作按规定的程序进行。

济青线的计量工作由市(地)监理处负责,省监理处审定。具体做法是由驻地的各项目工程师对其分管项目进行计量,并签署“托付证书”,由计量工程师审查“托付证书”,核查其工程量是否准确。如有疑问,有权要求项目工程师提供资料和有关情况,经计量工程师审查后再交驻地监理工程师,而中外驻地监理工程师则共同对本合同段的计量工作负全面责任。用这样一些办法的目的就是明确计量职责,清除计量工作的混乱,保证计量工作的准确性。

通过对计量工作的分工,使工程计量责任到人,并通过对计量的复核、审定等程序,制订计量人员的岗位责任制,对计量工作进行有效管理。

2. 做好计量记录

计量记录与档案是计量管理中的一个重要内容,对于公路工程这样大型的复杂项目,要进行多次计量,将形成一系列的计量资料,只有在完善计量记录的基础上加强对计量的档案管理,才能使项目的计量工作顺利完成。

为了便于合同管理,正确评价工程和查询交流计量工作,必须加强工程计量(中间计量)档案管理。

计量应根据合同的要求做好记录。符合要求的记录应能说明哪些已经计量,哪些尚未计量,哪些已经签发支付证书,哪些尚未签发证书。计量时监理工程师还应完成以下工作。

(1)应有一套图纸(最好挂在墙上),用彩笔将所进行的工程的位置在图纸上标示出来,并在适当的位置作详细补充说明,如工程的开始、结束及几何尺寸等数据。这将有助于做好计量记录。

(2)应有一套档案。包括计量证书的号码及所计量的数量。所有计量证书必须是承包人和监理工程师共同签署的,只有这样才能作为支付的凭证。

(3)记录工程量清单中所列出的分类细目的数量与计量后数量的差异,及双方同意的任何进度支付证书应付的款额。

(4)对计日工应记录在有号码的计量证书上,并由承包人代表及监理工程师代表共同签名。计日工应详细记录如下内容。

①记录已指令进行的这项计日工的估计数量和付款额已获同意,记录计日工已完成的数量及付款金额。

②如果计日工的时间超过一个月,应在暂时计量单上记账,并在计量证书上另立系列号码,这些记录应与累计账册一同归档;此外,记录已同意的计日工单价、付款的金额和付款报表号码。

(5)工程变更应记录已下达的变更指令依据、已同意的单价和价格调整。增加费用的计量证书应另编系列号码分开存档。

(6)对于现场存放的材料应每月计量记录一次。其计量表中应记录已发到现场的材料的种类和数量及这些材料的发票面值;已计量的数量应记录每一次报表中的预付金额及回收金额,材料计量证应另编系列号码,并应与发票及所有材料的累计账册一同归档。

3. 计量分析

为了搞好计量的管理工作,除落实职责和加强记录与档案的管理外,还应加强计量分析,一方面及时发现计量工作中的问题;另一方面及时掌握工程进度,为进度监理和费用支付提供基础。

为了便于计量的分析与管理,对计量的表格应统一,使其标准化和规范化。监理工程师应设计好表格让承包人和具体从事计量的人员按此填写,这便于采用计算机辅助计量和进行计量分析。

计量分析时,一方面应对照原工程量清单和设计图纸进行分析,将实际工程量与原设计的工程量进行对比,发现偏差并分析偏差的原因。另一方面以计量的工程量为依据,计算出实际进度,将实际进度与批准的进度比较,发现进度偏差,并找出原因从而采取措施改进。计量分析也应对计量的方法是否恰当、计量的结果是否准确,以及是否有质量不合格的工程等进行分析,通过分析找出是否有多计、错计的部分。

除以上所述三项内容外,计量管理还包括计量争端的协调与处理,因为计量是费用支付的直接基础,也是承包人工作的一种基本评价,因此,在计量工作中难免发生争端与分歧,监理工程师必须协调各方,尽快解决争端。

三、计量依据

计量的依据一般有质量合格证书、工程量清单前言和合同条件中的“计量支付”条款,还有技术规范中有关计量与支付的内容(或独立的计量支付说明)和设计图纸及各种测量数据。也就是说,计量时必须以这些资料为依据。公路工程工程量清单的项目号、项目名称、计算单位、工程量计算规则和界定工程内容均以《公路工程工程量清单计量规则》为准。

1. 质量合格证书

计量的基本条件和前提是质量合格,质量不合格部分不予计量。因此,计量工程师进行计量时,一定要同质量工程师配合,只有通过了质量监理,被质量监理工程师签发了质量合格证书的工程内容,才能进行计量。

2. 清单前言和技术规范

因为清单前言和技术规范中的"计量与支付"规定了清单中每一项工程的计量方法,同时还规定了按规定的计量方法确定的单价即包括的工作内容和范围。例如关于路面面层的计量,计量条款中规定:路面面层的计量单位为 m^2,该项目应按图纸上所示的该层顶面的平面面积计量并包括图 4-1 所示该层断面内所有的材料及工作。

图中 A 为面层顶面宽度,B 为底面宽度。根据上述的规定,计量面层的数量时,只能以顶面宽 A 进行计算,以底面宽或以 $A+B$ 的平均值计量都是不允许的。因为投标时,承包人根据规定,应当把该层断面内所有的材料及工作发生的费用,都包括在以顶面面积所确定的单价内。

3. 设计图纸

工程量清单的数量是该工程的估算工程量,但是被计量的工程数量,并不一定是承包人实际施工的数量,因为计量的几何尺寸应当以设计图纸为准。图 4-2 为就地灌注桩施工实测图。根据计量规定:对就地灌注桩的计量与支付,应根据图纸所示由监理工程师确定的从设计基础表面到下方桩端间的长度考虑。因此,图中实际施工的灌注桩的长度虽然为 L_1+L_2,但是被计量支付的长度为 L_1。

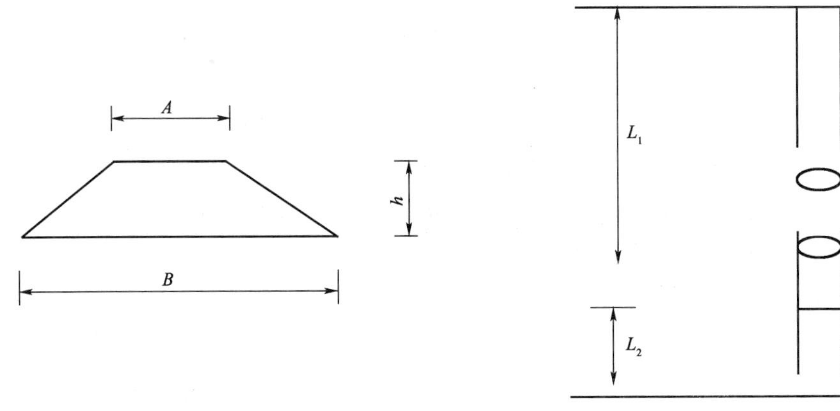

图 4-1 断面内的材料及工作　　图 4-2 灌注桩施工实测图

4. 测量数据

与计算有关的测量数据,有原始地面线高程的测量数据、土石分界线的测量数据、基础高程的测量数据、竣工测量数据等。测量数据的准确性,严重影响计量结果的准确性。

四、计量的内容、时间、方式与方法

1. 计量内容

理论上,所有工程事项均应加以计量,以便获得完整的记录;实际上,只是对所有需要支付的细目加以计量,这是计量工作范围的最低要求。这些细目由技术规范中每一节"计量与支付"条款及工程量清单的"前言"明确规定了计量方法与付款内容,除了对已完成的工程细目进行计量和记录外,监理工程师最好对那些涉及付款的工程细目在施工中发生的一切问题进行详尽的记录,以便发生索赔时有据可查。

因此,计量工作的范围有最高与最低要求,具体达到什么样的要求,由具体工程项目的内容及施工情况而定。

公路工程计量的范围一般是技术规范和工程量清单所包含的内容。一般有:为监理工程师提供必要的办公、生活服务和交通运输设施,土方工程,排水及小型构筑物工程,路基工程,路面工程,桥梁工程,通讯监控系统,收费系统,路用房建工程和附属工程等。

2. 计量时间

根据合同规定监理工程师应及时对已经完成且质量合格的工程细目进行计量,并且对一切进行中的工程,均须每月粗略计量一次,到该部分工程完工后,再根据规范的条款进行精细的计量。每月进行计量是以便掌握工程进度情况及核定月进度款(即期中支付证书),为此,监理工程师一般须填制"中间计量单"。

对于隐蔽工程,则须在工程覆盖之前进行计量。否则,在覆盖后再进行计量将使工作更复杂和更困难。

3. 计量单位与计量精度

计量单位分两类:一类是物理计量单位;一类是自然计量单位。物理计量单位以公制计量,自然计量单位通常采用十进位自然数计算。

对于物理计量单位长度,常用米、延米、千米(公里);面积常用平方米、千平方米、公顷;体积常用立方米、千立方米;质量常用克、千克、吨;自然计量单位常用个、片、座、株;时间单位常用日、星期、月、年等。

对于精度,为方便起见,浮点数须四舍五入至小数点后恰当的位数。应对不同的细目分别作出统一规定。

虽然这是一简单问题,但实际工作中,常常出现计量名称、符号及取位错误和不规范。同时,还应该注意的是:各细目的计量单位必须与工程量清单中所用单位一致,同时还应注意,所有计量都以净值为准。

4. 计量方式

计量方式一般有如下三种。

(1)实地测量与实地勘察。如土方工程,一般对横断面宽度、挖方的边长等需实地测量和勘察;又如场地清理也需按野外实地测得的数据,根据计算规则进行计算。

(2)室内按图纸计算。对于钢筋混凝土结构物以及多数永久工程,一般可按图纸计算工程量。

(3)根据现场记录。如计日工必须按现场记录来计算;又如灌注桩抽芯应按取芯时的钻探记录;又如打桩工程的施工记录等。还有100章的大部分内容为现场检查和记录。

一般的工程量的计算由承包人负责,工程量审核由监理工程师负责。通常,一个工程项目的计量往往是三种方式综合运用。不论采用何种方式,其结果都须经监理工程师和承包人双方同意,共同签字,有争议时,协商解决,协商解决不了仍由监理工程师决定。

5. 计量规则和计量方法

计量规则和计量方法主要在技术规范的有关内容和工程量清单的前言中明确给予规定。在进行计量时必须遵守其要求,并且,在不同的合同中,这些计量规则和计量方法会有差别(即使对同一工程内容)。因此,计量时必须严格按本合同计量细则的规定进行计量,不能按习惯计量方法,也不能按别的计量细则。

例如,同是压实土方的工程,京津塘高速公路计量细则规定:填方料的体积是以测量的地面高程为标准的设计断面的净体积;而济青公路计量细则中规定其体积以测量的地面高程与标准设计断面加上监理工程师指定宽度的体积。而在《范本》的计量细则中规定,体积应以承包人施工测量并经监理工程师校核批准的横断面地面线为基础,按图纸中的典型横断面所绘制的由监理工程师审核批准的横断面施工图为依据进行计算。

由此可知,不同的合同均有各自的计量规定与要求,这些要求在技术规范每一节的计量与支付和工程量清单的前言中已经给出,计量时必须认真地遵照执行。

应该注意的是:监理工程师除了对工程量清单的各个细目进行计量外,还应对所有有关支付的其他事务进行计量。如计日工使用的具体数量,各种工程意外事件以及工程变更后的工程量等等,均应加以计量,以便进行支付。这些内容主要采取记录计量方式。

第三节　公路工程计量方法

一、一般规定

以《范本》为主,结合国内几个大型公路工程的实际,对计量工作中的一般规定进行介绍。

1. 一般要求

(1)本规范所有工程项目,除个别注明者外,均采用中国法定的计量单位,即国际单位及国际单位制导出的辅助单位进行计量。

(2)本规范的计量与支付,应与合同条款、工程量清单以及图纸同时阅读。工程量清单中的支付项目号和本规范的章节编号是一致的。

(3)任何工程项目的计量,均应按本规范规定或监理工程师书面指示进行。

(4)按合同提供的材料数量和完成的工程量所采用的测量与计算方法,应符合本规范的规定。所有这些方法,应经监理工程师批准或指令。承包人应提供一切计量设备和条件,并保证其设备精度符合要求。

(5)除非监理工程师另有准许,一切计量工作都应在监理工程师在场的情况下,由承包人测量、记录。有承包人签名的计量记录原本,应提交给监理工程师审查和保存。

(6)工程量应由承包人计算,由监理工程师审核。工程量计算的副本应提交给监理工程师并由监理工程师保存。

(7)全部必需的模板、脚手架、装备、机具、螺栓、垫圈和钢制件等其他材料,应包括在工程量清单中所列的有关支付项目中,均不单独计量。

(8)除监理工程师另有批准外,凡超过图纸所示的面积或体积,都不予计量与支付。

(9)承包人应严格标准计量基础工作和材料采购检验工作。沥青混凝土、沥青碎石、水泥混凝土、高强度水泥砂浆的施工现场,必须使用电子计量设备称重。因不符合计量规定引发的质量问题,所发生的费用由承包人承担。

(10)如本规范规定的任何分项工程或其细目未在工程量清单中出现,则应被认为是其他相关工程的附属工作,不再另行计量。

2. 质量

(1)凡以质量计量或以质量作为配合比设计的材料,都应在精确与批准的磅秤上,由称职合格的人员在监理工程师指定或批准的地点进行称重。

(2)称重计量时应满足以下条件:监理工程师在场;称重记录;载有包装材料、支撑装置、垫块、捆束物等质量的说明书在称重前提交给监理工程师作为称重依据。

(3)钢筋、钢板或型钢计量时,应按图纸或其他资料标示的尺寸和净长计算。搭接、接头套筒、焊接材料、下脚料和定位架立钢筋等,则不予计量。钢筋、钢板或型钢应以千克计量,四舍五入,不计小数。钢筋、钢板或型钢由于理论单位质量与实际单位质量的差异而引起材料质量与数量不相匹配的情况,计量时不予考虑。

(4)金属材料的质量,不得包括施工需要加放或使用的灰浆、楔块、填缝料、垫衬物、油料、接缝料、焊条、涂敷料等的质量。

(5)承运按质量计量的材料的货车,应每天在监理工程师指定的时间和地点称出空车质量,每辆货车还应标示清晰易辨的标记。

(6)对有规定标准的项目,例如钢筋、金属线、钢板、型钢、管材等,均有规定的规格、质量、截面尺寸等指标,这类指标应视为通常的质量或尺寸。除非引用规范中的允许偏差值加以控制,否则可用制造商所示的允许偏差。

3. 面积

除非另有规定,计算面积时,其长、宽应按图纸所示尺寸线或按监理工程师指示计量。对于面积在 $1m^2$ 以下的固定物(如检查井等)不予扣除。

4. 结构物

(1)结构物应按图纸所示净尺寸线,或根据监理工程师指示修改的尺寸线计量。

(2)水泥混凝土的计量应按监理工程师认可的并已完工工程的净尺寸计算,钢筋的体积不扣除,倒角不超过 $0.15m \times 0.15m$ 时不扣除,体积不超过 $0.03m^3$ 的开孔及开口不扣除,面积不超过 $0.15m \times 0.15m$ 的填角部分也不增加。

(3)所有以延米计量的结构物(如管涵等),除非图纸另有标示,应按平行于该结构物位置的基面或基础的中心方向计量。

5. 土方

(1)土方体积可采用平均断面积法计算,但与似棱体公式(Prismoidal Formula)计算结果比较,如果误差超过 ±5% 时,监理工程师可指示采用似棱体公式。

(2)各种不同类别的挖方与填方计量,应以图纸所示界线为限,而且应在批准的横断面图上标明。

(3)用于填方的土方量,应按压实后的纵断面高程和路床面为准来计量。承包人报价时,应考虑在挖方或运输过程中引起的体积差。

(4)在现场钉桩后56d内,承包人应将设计和进场复测的土方横断图连同土方的面积与体积计算表,一并提交监理工程师批准。所有横断面图,都应标有图题框,其大小由监理工程师指定。一旦横断面图得到最后批准,承包人应交给监理工程师原版图及三份复制图。

6. 运输车辆体积

(1)用体积计量的材料,应以经监理工程师批准的车辆装运,并在运到地点进行计量。

(2)用于体积运输的车辆,其车厢的形状和尺寸应使其容量能够容易而准确地测定并应保证精确度。每辆车都应有明显标记。每车所运材料的体积应于事前由监理工程师与承包人相互达成书面协议。

(3)所有车辆都应装载成水平容积高度,车辆到达送货点时,监理工程师可以要求将其装载物重新整平,对超过定量运送的材料将不予支付。运量达不到定量的车辆,应被拒绝或按监理工程师确定减少的体积接收。根据监理工程师的指示,承包人应在货物交付点,随机将一车材料刮平,在刮平后如发现货车运送的材料少于定量时,从前一车起所有运到的材料的计量都按同样比率减为目前的车载量。

7. 质量与体积换算

(1)如承包人提出要求并得到监理工程师的书面批准,已规定要用立方米计量的材料可以称重,并将此质量换算为立方米计量。

(2)从质量计量换算为体积计量的换算系数应由监理工程师确定,并应在此种计量方法使用之前征得承包人的同意。

8. 沥青和水泥

(1)沥青和水泥应以千克(kg)计量。

(2)如用卡车或其他运输工具装运沥青材料,可以按经过检定的质量或体积计算沥青材料的数量,但要对漏失或泡沫进行校正。

(3)水泥可以袋作为计量的依据,但一袋的标准应为50kg。散装水泥应称重计量。

9. 成套的结构单元

如规定的计量单位是一成套的结构物或结构单元(实际上就是按"总额"或称"一次支付"计的工程细目),该单元应包括了所有必需的设备、配件和附属物及相关作业。

10. 标准制品项目

(1)如规定采用标准制品(如护栏、钢丝、钢板、轧制型材、管子等),而这类项目又是以标准规格(单位重、截面尺寸等)标示的,则这种标示可以作为计量的标准。

(2)除非采用标准制品的允许误差比规范要求的允许误差要求更严格,否则,生产厂确定的制造允许误差将不予认可。

二、开办项目的计量方法

第100章包括的主要工程内容,有保险;竣工文件;施工环保费;临时设施;承包人驻地建设等。对于这些工程的具体工作内容已经在技术规范中作了详细规定和说明,在清单中按项报价,均属于包干支付项目。因此,在计量规则中很简单,计量方法都是现场检查和统计。但是,具体工程中,对这种按自然单位计量的项目,一定要在现场进行认真地检查和核实,并注意按照技术规范规定的工作内容在现场逐项查实。

三、路基工程计量方法

第200章包括的工程内容,主要有场地清理;挖方;填方;特殊地区路基处理;路基整形;坡面排水;护坡、护面墙;挡土墙;锚杆挡土墙;加筋土挡土墙;喷射混凝土和喷浆边坡防护;预应力锚索边坡加固;抗滑桩;河道防护等。在计量细则中规定:压实与路基整型的工作内容不单独计量,其费用包括在挖方与填方单价中。

1. 场地清理

对于场地清理的计量,《范本》中作了如下规定。

(1)施工场地清理的计量应按监理工程师书面指定的范围(路基范围以外临时工程用地清场等除外),进行验收后现场实地测量,以平方米计量。现场清理路基范围内的所有垃圾、灌木、竹林及胸径小于150mm的树木、石头、废料、表土(腐殖土)、草皮的铲除与开挖,借土场的场地清理与拆除(包括临时工程)均应列入土方单价之内,不另行计量。

(2)砍伐树木仅计胸径(即离地面1.3m高处的直径)大于150mm的树木,以棵计量。包括砍伐后的截锯、移运(移运至监理工程师指定的地点)、堆放等一切有关的作业;挖除树根以棵计量,包括挖除、移运、堆放等一切有关的作业。

(3)挖除旧路面应按各种不同结构类型的路面分别以平方米计量;拆除原有公路结构物应分别按结构物的类型,以监理工程师现场指示的范围和测量方法测量,以立方米计量。

(4)所有场地清理、拆除与挖掘工作的一切挖方、回填、压实,以及适用材料的移运、堆放和废料的移运处理等作业均不另行计量。

2. 挖方

(1)路基土石方开挖数量包括边沟、排水沟、截水沟,应以经监理工程师校核批准的横断面地面线和土石分界的补充测量为基础,按路线中线长度乘以经监理工程师核准的横断面面积进行计算,以立方米计量。

(2)挖除路基范围内非适用材料(不包括借土场)的数量,应以承包人测量,并经监理工程师审核批准的断面或实际范围为依据的计算数量,以立方米计量。

(3)除非监理工程师另有指示,凡超过图纸或监理工程师规定尺寸的开挖,均不予计量。

(4)石方爆破安全措施、弃方的运输和堆放、质量检验、临时道路和临时排水的维修等均不另行计量,作为承包人应做的附属工作。

(5)在挖方路基的路床顶面以下,土方断面应挖松深300mm再压实;石方断面应辅以人工凿平或填平压实。此两项作为承包人应做的附属工作,均不予计量。

(6)改河、改渠、改路的开挖工程按合同图纸施工,计量方法可按上述(1)款进行。改路挖方线外工程的工作量计入203-1细目内。

3. 填方

(1)填筑路堤的土石方数量,应以承包人的施工测量和补充测量经监理工程师校核批准的横断面地面线为基础,以监理工程师批准的横断面施工图为依据,由承包人按不同来源(包括利用土方、利用石方和借方等)分别计算。经监理工程师校核认可的工程数量作为计量的工程数量。

(2)零填挖路段的翻松、压实,不另行计量。

(3)零填挖路段的换填土,按压实的体积,以立方米计量。计价中包括表面不良土的翻挖运弃(不计运距),换填好土的挖运(免费运距以内)、摊平、压实等一切与此有关作业的费用。

(4)利用土、石填方及土石混合填料的填方,按压实的体积,以立方米计量。计价中包括运输、挖台阶、摊平、压实、整型等一切与此有关的作业的费用。其开挖作业在第203节路基挖方中计量。

(5)借土填方,按压实的体积,以立方米计量。计价中包括借土场(取土坑)中非适用材料的挖除、弃运及借土场的资源使用费、场地清理、施工便道、便桥的修建与养护、临时排水与防护等和填方材料的开挖、运输、挖台阶、摊平、压实、整型等一切与此有关作业的费用。

(6)粉煤灰路堤,按压实体积,以立方米计量,计价中包括材料铲运、摊铺、晾晒、土质护坡、压实、整型等一切与此有关的作业费用。

(7)结构物台背回填,按压实体积,以立方米计量,计价中包括挖运、摊平、压实、整型等一切与此有关的作业费用。

(8)临时排水以及超出图纸要求以外的超填,均不计量。

(9)改造其他公路的路基土方填筑的计量方法同本条(1)款。

4. 特殊地区路基处理

(1)挖除换填

挖除原路基一定深度及范围内淤泥,以立方米计量,列入本规范第203节相应的支付细目中。

换填的填方,包括由于施工过程中地面下沉而增加的填方量以立方米计量,列入本规范第204节相应的支付细目中。

(2)抛石挤淤

按图纸或验收的尺寸计算抛石体积的片石数量,以立方米计量,包括有关的一切作业。

(3)砂垫层、砂砾垫层及灰土垫层

按垫层类型分别以立方米计量,包括材料、机械及有关的一切作业。

(4)预压和超载预压

按图纸或监理工程师要求的预压宽度和高度,以立方米计量,包括材料、机械及有关的一切作业。

(5)袋装砂井

按不同直径及深(长)度,分别以米计量。砂及砂袋不单独计量。

(6)塑料排水板

按规格及深(长)度,分别以米计量,不计伸入垫层内长度,包括材料、机械及有关的一切作业。

(7)粉喷桩、碎石桩、砂桩

按不同直径及深(长)度以米计量,包括材料、机械及有关的一切作业。

(8)土工织物

铺设土工织物按其净面积以平方米计量,包括材料、机械及与此有关的一切作业。

(9)滑坡处理,按实际发生挖除及回填体积,经监理工程师验收合格后以立方米计量。

(10)岩溶洞按实际填筑体积,经监理工程师验收合格后,以立方米计量。

(11)膨胀土路基按图纸及监理工程师指示进行铺筑,经监理工程师验收合格,按不同厚度以平方米计量。

(12)黄土陷穴按实际开挖和回填体积,经监理工程师验收合格后以立方米计量。

(13)湿陷性黄土采用强夯处理,经监理工程师验收合格后以平方米计量。

(14)盐渍土路基处理换填,经监理工程师验收合格后按不同厚度以平方米计量。

(15)工地沉降观测不予计量与支付,作为承包人应做的工作。

(16)临时排水与防护设施不另行计量,认为已包括在相关工程中。

5. 路基整型

本节工作内容均不作计量与支付,其所涉及的费用应包括在其相关的工程细目的单价或费率之中。

6. 坡面排水

(1)边沟、排水沟、截水沟的加固,采用浆砌片石铺砌,按图纸施工经验收合格的实际长度以米计量。由于边沟、排水沟、截水沟加固铺砌而需扩挖部分的开挖,均作为承包人应做的附属工作,不另行计量与支付。有钢筋混凝土盖板的边沟长度亦以米计量。

(2)急流槽按图纸施工,经验收合格的断面尺寸计算体积(包括消力池、消力槛、抗滑台等附属设施),以立方米计量。

(3)路基盲沟按图纸施工,经验收合格的断面尺寸及所用材料,按长度以米计量。

(4)所用砂砾垫层或基础材料、填缝材料、钢筋,以及地基平整夯实和回填等,均不另行计量与支付。

7. 护坡、护面墙

(1)浆砌片石护坡、护面墙等工程的计量,应以图纸所示和监理工程师的指示为依据,按实际完成并经验收的数量,按不同工程细目的不同砂浆砌体分别以立方米计量。砂砾或碎石垫层按完成数量,以立方米计量。

(2)预制空心砖和拱形及方格骨架护坡,按其铺筑的实际面积数量以平方米计量。

(3)种草及铺草皮,应以图纸所示面积为依据,按实际完成并经验收的数量以平方米计量。

(4)嵌缝材料、砂浆勾缝、泄水孔及其滤水层,以及基础的开挖和回填等有关作业,均作为承包人应做的附属工作,不另行计量与支付。

8. 挡土墙

(1)浆砌片(块)石和混凝土挡土墙工程,应以图纸所示或监理工程师的指示为依据,按实际完成并经验收的数量、按砂浆强度等级及混凝土强度等级,分别以立方米计量。砂砾或碎石垫层,按完成数量以立方米计量。

(2)混凝土挡土墙的钢筋,按图纸所示经监理工程师验收后,以千克计量。

(3)嵌缝材料、砂浆勾缝、泄水孔及其滤水层,混凝土工程的脚手架、模板、浇筑和养生、表面修整,基础开挖、运输与回填等有关作业,均作为承包人应做的附属工作,不另行计量与支付。

9．锚杆挡土墙

(1)锚杆挡土墙工程计量，应以图纸所示和监理工程师的指示为依据，按实际完成并经验收的数量，混凝土挡板和立柱以立方米为单位计量，钢筋及锚杆以千克为单位计量。

(2)锚孔的钻孔、锚杆的制作和安装、锚孔灌浆、钢筋混凝土立柱和挡土板的制作安装、墙背回填、防(排)水设置及锚杆的抗拔力试验等，均为完成锚杆挡土墙所必需的工作，不另行计量。

10．加筋土挡土墙

(1)加筋土挡土墙的墙面板、钢筋混凝土带、混凝土基础以及混凝土帽石，经监理工程师验收合格，以立方米计量。浆砌片石基础以立方米计量。

(2)铺设聚丙烯土工带，按图纸及验收数量以千克计量。

(3)基坑开挖与回填、墙顶抹平层、沉降缝的填塞、泄水管的设置及钢筋混凝土带的钢筋等，均作为承包人的附属工作，不另行计量。

(4)加筋土挡墙的路堤填料按图纸的规定和要求，在本规范第204节计量。

11．喷射混凝土和喷浆边坡防护

(1)锚杆按图纸或监理工程师指示为依据，经验收合格的实际数量，以米为单位计量。

(2)喷射混凝土和喷射水泥砂浆边坡防护的计量，应以图纸所示和监理工程师的指示为依据，按实际完成并经验收的数量，以平方米计量；钢筋网、铁丝网以千克计量；土工格栅以平方米(m^2)计量。

(3)喷射前的岩面清量、锚孔钻孔、锚杆制作，以及钢筋网和铁丝网编织和挂网土工格栅的安装铺设等工作，均为承包人为完成锚杆喷射混凝土和喷射砂浆边坡防护工程应做的附属工作，不另行计量与支付。

12．预应力锚索边坡加固

(1)预应力锚索长度按图纸要求，经监理工程师验收合格以米为单位计量。

(2)混凝土锚固板按图纸要求，经监理工程师验收合格，以立方米为单位计量。

(3)钻孔、清孔、锚索安装、注浆、张拉、锚头、锚索护套、场地清理以及抗拉力试验等，均为锚索的附属工作，不另行计量。

(4)混凝土的立模、浇筑、养生等锚固板的附属工作，不另行计量。

13．抗滑桩

(1)抗滑桩按图纸规定尺寸及深度为依据，现场实际完成并验收合格的实际桩长以米计量；设置支撑和护壁、挖孔、清孔、通风、钎探、排水及浇筑混凝土以及无破损检验，均作为抗滑桩的附属工程，不另行计量。

(2)抗滑桩使用钢筋，按图纸规定及经监理工程师验收的实际数量，以千克计量。

14．河道防护

(1)河床铺砌、顺坝、丁坝、调水坝及锥坡砌筑等工程及抛石防护，应分别按图纸尺寸和监理工程师的指示，按实际完成并经验收的数量，以立方米计量。砂砾(碎石)垫层以立方米计量。

(2)砌体的基础开挖、回填、夯实、砌体勾缝等工作，均作为承包人应做的附属工作，不另行计量与支付。

四、路面工程计量方法

第300章包括的工程内容，主要有垫层；石灰稳定土基层；水泥稳定土底基层、基层；石灰粉煤灰稳定土底基层、基层；级配碎(砾)石底基层、基层；透层、黏层和封层；热拌沥青混合料面层；沥青表面处治；改性沥青及改性沥青混合料；水泥混凝土面板；培土路肩、中央分隔带回填土、土路肩加固及路缘石；路面及中央分隔带排水等。

1. 垫层

(1)碎石、砂砾垫层应按图纸和监理工程师指示铺筑、经监理工程师验收合格的面积，按不同厚度以平方米计量。

(2)对个别特殊形状的面积，应采用适当计量方法计量，并经监理工程师批准以平方米计量。除监理工程师另有指示外，超过图纸所规定的面积，均不予计量。

2. 石灰稳定土基层

(1)石灰稳定土底基层应按图纸所示和监理工程师指示铺筑的面积，经监理工程师验收合格，按不同厚度以平方米计量。

(2)对个别特殊形状的面积，承包人可采用适当计算方法，并报监理工程师批准，以平方米计量。除监理工程师另有指示外，超过图纸所规定的计算面积均不予计量。

3. 水泥稳定土底基层、基层

(1)水泥稳定土底基层、基层，按图纸所示和监理工程师指示铺筑，经监理工程师验收合格的面积，按不同厚度以平方米计量。

(2)对个别特殊形状的面积，应采用适当计算方法计量。除监理工程师另有指示外，超过图纸所规定的计算面积均不予计量。

4. 石灰粉煤灰稳定土底基层、基层

石灰粉煤灰稳定土基层和底基层，按图纸或监理工程师批示铺筑，并经验收合格后按不同厚度以平方米计量。任何地段的长度应沿路幅中线水平量测。对个别不规则地段，应采用经监理工程师批准的计算方法计量。

5. 级配碎(砾)石底基层、基层

级配碎(砾)石底基层和基层，应按图纸和监理工程师指示铺筑的面积、经监理工程师验收合格后，按不同厚度以平方米计量。除监理工程师另有指示外，超过图纸所规定的面积，均不予计量。

6. 透层、黏层和封层

(1)透层、黏层和封层，按图纸规定的或监理工程师批示的喷洒面积，经监理工程师验收合格，以平方米计量。

(2)对个别特殊形状的面积，应采用适当的计算方法计量。除监理工程师另有批示外，超过图纸规定的计算面积均不予计量。

7. 热拌沥青混合料面层

热铺沥青混凝土，应按图纸所示或监理工程师批示的铺筑面积，经监理工程师验收合格，按粗、中、细粒式沥青混凝土和不同厚度分别以平方米计量。除监理工程师另有指示外，超过图纸所规定的面积均不予计量。

8. 沥青表面处治

(1)沥青表面处治按图纸所示或监理工程师指示铺筑,经监理工程师验收合格,按不同厚度分别以平方米计量。

(2)表面处治所洒布的透层、黏层或封层,作为表面处治的附属工作,除监理工程师另有指示外,超过图纸规定的面积不予计量。

9. 改性沥青及改性沥青混合料

改性沥青及改性沥青混合料,按图纸要求及监理工程师的指示,按不同厚度及实际摊铺的面积以平方米计量。

10. 水泥混凝土面板

(1)水泥混凝土面板按图纸和监理工程师指示铺筑的面积、经监理工程师验收合格后,按不同厚度以平方米计量。除监理工程师另有指示外,任何超过图纸所规定的尺寸的计算面积均不予计量。

(2)所用的拉杆、传力杆、接缝材料和所需的补强钢筋等,不单独计量与支付。

11. 培土路肩、中央分隔带回填土、土路肩加固及路缘石

(1)培土路肩及中央分隔带回填土,按压实后并经验收的工程数量分别以立方米为单位计量。

(2)水泥混凝土加固土路肩经验收合格后,沿路肩表面量测其长度以延米为单位计量,加固土路肩的混凝土立模、摊铺、振捣、养生、拆模、预制块预制铺砌、接缝材料等及其他有关加固土路肩的杂项工作,均属承包人的附属工作,均不另行计量。

(3)路缘石按图纸所示的长度进行现场量测,经验收合格以延米为单位计量。埋设缘石的基槽开挖与回填、夯实等有关杂项工作,均属承包人的附属工作,均不另行计量。

12. 路面及中央分隔带排水

(1)中央分隔带处设置的排水设施,按图纸施工,经监理工程师验收合格的实际工程数量,分别按下列项目计量:

①排水管按不同材料、不同直径分别以米计量;

②纵向雨水沟(管)按长度以米计量;

③集水井按不同尺寸以座计量。

④渗沟按不截面尺寸以延米计量;

⑤防水沥青油毡以平方米计量。

(2)路肩排水沟,经监理工程师验收合格的实际工程数量,分别按下列项目计量:

①混凝土路肩排水沟按长度以米计量。

②路肩排水沟砂砾垫层(路基填筑中已计量者除外)按立方米计量。

③土工布以平方米计量。

(3)排水管基础、胶泥隔水层及出水口预制混凝土垫块等不另行计量,包含在排水管单价中。

(4)渗沟上的土工布不另行计量,包含在渗沟单价中。

(5)拦水带按长度以米计量。

五、桥梁工程计量方法

第400章包括的工程内容,主要有模板、拱架和支架;钢筋;基础挖方及回填;钻孔灌注桩;沉桩;挖孔灌注桩;桩的垂直静荷载试验;沉井;结构混凝土工程;预应力混凝土工程;预制构件的安装;砌石工程;小型钢构件;桥面铺装;桥梁支座;桥梁接缝和伸缩装置;防水处理;圆管涵及倒虹吸管;盖板涵、箱涵;拱涵等。

1. 模板、拱架和支架

本节工作为有关工程的附属工作,不作计量与支付。

2. 钢筋

(1)根据图纸所示及钢筋表所列,按实际安装设置并经监理工程师验收的钢筋,以千克(kg)计量。

其内容包括钢筋混凝土中的钢筋和预应力混凝土中的非预应力钢筋,及混凝土桥面铺装中的钢筋。

(2)除图纸所示或监理工程师另有认可外,因搭接而增加的钢筋不予计入。

(3)钢筋及钢筋骨架用的铁丝、钢板、套筒(连接套)、焊接、钢筋垫块或其他固定钢筋的材料,以及钢筋的防锈、截取、套丝、弯曲、场内运输、安装等,作为钢筋工程的附属工作,不另行计量。

3. 基础挖方及回填

(1)基础挖方应按下述规定,取用底、顶面间平均高度的棱柱体体积,分别按干处、水下及土、石,以立方米计量。干处挖方与水下挖方是以经监理工程师认可的施工期间实测的地下水位为界线。在地下水位以上开挖的为干处挖方;在地下水位以下开挖的为水下挖方。

基础底面、顶面及侧面的确定,应符合下列规定。

①基础挖方底面:按图纸所示或监理工程师批准的基础(包括地基处理部分)的基底高程线计算。

②基础挖方顶面:按监理工程师批准的横断面上所标示的原地面线计算。

③基础挖方侧面:按顶面到底面,以超出基底周边0.5m的竖直面为界。

(2)当承包人遇到特殊或非常规情况时,应及时通知监理工程师,由监理工程师定出特殊的基础挖方界线。凡未取得监理工程师批准,承包人以特殊情况为理由而完成的任何挖方将不予计量,其基坑超深开挖,应由承包人用砂砾或监理工程师批准的回填材料予以回填并压实。

(3)为完成基础挖方所做的地面排水及围堰、基坑支撑,及抽水、基坑回填与压实、错台开挖和斜坡开挖等,作为挖基工程的附属工作,不另行计量。

(4)台后路基填筑及锥坡填土,在第204节内计量与支付。

(5)基坑土的运输作为挖基工程的附属工作,不另行计量与支付。

4. 钻孔灌注桩

(1)钻孔灌注桩以实际完成并以监理工程师验收后的数量,按不同桩径的桩长以米计量。计量应自图纸所示或监理工程师批准的桩底高程至承台底或系梁底;对于与桩连为一体的柱式墩台,如无承台或系梁时,则以桩位处地面线为分界线,地面线以下部分为灌注桩桩长,若图纸有标识的，按图纸标识计。未经监理工程师批准，由于超钻而深于所需的桩长部分，将不予计量。

(2)开挖、钻孔、清孔、钻孔泥浆、护筒、混凝土、破桩头，以及必要时在水中填土筑岛、搭设工作台架及浮箱平台、栈桥等其他为完成工程的细目，作为钻孔灌注桩的附属工作，不另行计量。混凝土桩无破损检测及所预埋的钢管等材料，均作为混凝土桩的附属工作，不另行计量。

(3)钢筋在第403节内计量，列入403-1细目内。

(4)监理工程师要求钻取的芯样，经检验，如混凝土质量合格，钻取的芯样应予计量，否则不予计量。混凝土取芯按取回的混凝土芯样的长度以米计量。

5. 沉桩

(1)钢筋混凝土或预应力混凝土沉桩，以实际完成并经监理工程师验收后的数量，按不同桩径的桩身长度以米计量。桩身长度的度量应自图纸所示或监理工程师批准的桩尖高程至承台底或盖梁底，未经监理工程师批准，沉入深度超过图纸规定的桩长部分，将不予计量与支付。

(2)为完成沉桩工程而进行的钢筋混凝土桩浇筑预制、养生、移运、沉入、桩头处理等一切有关作业，均为沉桩工程所包括的工作内容，不另行计量与支付。

(3)试桩如系工程用桩，则该试桩按不同桩径分别列入支付细目中的钢筋混凝土沉桩细目内；如果试桩不作为工程用桩，则应按不同桩径以米为单位计量，列入支付细目中的试桩细目内。

(4)沉桩的无破损检验作为沉桩工程的附属工作，不另行计量与支付。

(5)钢筋混凝土或预应力混凝土沉桩(包括试桩)所用钢筋在第403节内计量，列入403-1细目内，其余钢板及材料加工等均含在钢筋混凝土沉桩工程细目中，不另行计量与支付。

(6)制造预应力混凝土沉桩所用预应力钢材，在第411节内计量。

制造预应力沉桩用法兰盘及其他钢材，除按上款规定计入第403节、第411节计量外的所有钢材，均计入预应力混凝土沉桩工程细目中，不另行计量与支付。

(7)试桩的试验机具，其提供运输、安装、拆卸以及试验数据的分析和提供试验报告等，均系该试桩的附属工作，不另行计量与支付。

6. 挖孔灌注桩

(1)挖孔灌注桩以实际完成并经监理工程师验收后的数量，按不同桩径的桩长以米计量。计量应自图纸所示或监理工程师批准的从桩底高程至承台底或系梁底；如无承台或系梁时，则从桩底至图纸所示的桩顶；当图纸未示出桩顶位置，或示有桩顶位置但桩位处预先有夯填土时，由监理工程师根据情况确定。监理工程师认为由于超挖而深于需要的桩长部分，将不予计量。

(2)设置支撑和护壁、挖孔、清孔、通风、钎探、排水、混凝土、每桩的无破损检验以及其他为完成此项工程的项目，均为挖灌注桩的附属工作，不另行计量。

(3)钢筋在第403节内计量，列入403-1细目内。

(4)监理工程师要求钻取的混凝土芯样检验，经钻取检验后，如混凝土质量合格，钻取的芯样应予计量；否则不予计量。钻取芯样长度按取回的芯样以米计量。

7. 桩的垂直静荷载试验

(1)试桩不论是检验荷载或破坏荷载，均以经监理工程师验收或认可的单根试桩计量。

计量包括压载、沉降观测、卸载、回弹观测、数据分析，以及完成此项试验的其他工作细目。

(2)检验荷载试验桩如试验后作为工程结构的一部分，其工程量在第405节及第407节有关支付细目内计量与支付。破坏荷载试验用的试桩，将来不作为工程结构的一部分，其工程量在第405节的支付细目405-4及第407节的支付细目407-3内计量与支付。

8. 沉井

(1)沉井制作完成，符合图纸规定要求，经监理工程师验收后，混凝土及钢筋按以下规定计量。

①沉井的混凝土，按就位后沉井顶面以下各不同部位(井壁、顶板、封底、填芯)和不同混凝土级别的体积以立方米为单位计量。

②沉井所用钢筋，列入第403节基础钢筋支付细目内计量。

(2)沉井制作及下沉奠基，其中包括场地准备，围堰筑岛，模板、支撑的制作安装与拆除，沉井浇筑、接高、沉井下沉，空气幕助沉，井内挖土，基底处理等工作，均应视为完成沉井工程所必要的工作，不另行计算。

(3)沉井刃脚所用钢材，视作沉井的附属工程材料，不另行计量。

9. 结构混凝土工程

(1)以图纸所示或监理工程师指示为依据，按现场已完工并经验收的混凝土，分别以不同结构类型及混凝土等级，以立方米计量。

(2)直径小于200mm的管子、钢筋、锚固杆、管道、泄水孔或桩所占混凝土体积不予扣除。作为砌体砂浆的小石子混凝土，不另行计量。

(3)桥面铺装混凝土在第415节内计量与支付；结构钢筋在第403节内计量。

(4)为完成结构物所用的施工缝连接钢筋、预制构件的预埋钢板、防护角钢或钢板、脚手架或支架及模板、排水设施、防水处理、基础底碎石垫层、混凝土养生、混凝土表面修整及为完成结构物的其他杂项细目，以及预制构件的安装架设设备拼装、移运、拆除和为安装所需的临时性或永久性的固定扣件、钢板、焊接、螺栓等，均作为各项相应混凝土工程的附属工作，不另行计量。

10. 预应力混凝土工程

(1)预应力混凝土结构物(包括现浇和预制应力混凝土)按图纸尺寸或监理工程师指示为依据，按已完工并经验收合格的结构体积，以立方米计量。计量中包括悬臂浇筑、支架浇筑及预制安装预应力混凝土梁、板的一切作业。

(2)完工并经验收的预应力混凝土结构的预应力钢材，按图纸所示或预应力钢材表所列数量以千克计量。后张法预应力钢筋的长度按两端锚具间的理论长度计算；先张法预应力钢筋的长度按构件的长度计算。

(3)预应力混凝土结构的非预应力钢筋，在第403节计量与支付。

(4)预应力钢筋的加工、锚具、管道、锚板及联结钢板、焊接、张拉、压浆、封锚等，作为预应力钢筋的附属工作，不另行计量。预应力锚具包括锚圈、夹片、连接器、螺栓、垫板、喇叭管、螺旋钢筋等整套部件。

(5)预制板、梁的整体化现浇混凝土及其钢筋，分别在第410节及第403节计量。

(6)桥面铺装混凝土在第415节计量。

11. 预制构件的安装

经验收的不同形式预制构件的安装，包括构件安装所需的临时性或永久性扣件、钢板、焊接、螺栓等，其工作量包含在第410节及第411节相应预制混凝土构件或预应力混凝土构件的工程细目中，不另行计量与支付。

12. 砌石工程

(1)以图纸所示或监理工程师指示为依据，按工地完成的并经验收的各种石砌体或预制混凝土块砌体，以立方米计量。

(2)计算体积时，所用尺寸应由图纸所标明或监理工程师书面规定的计价线或计价体积定之。相邻不同石砌体计量中，应各包括不同石砌体间灰缝体积的一半。镶面石突出部分超过外廓线者不予计量。泄水孔、排水管或其他面积小于$0.02m^2$的孔眼不予扣除，削角或其他装饰的切削，其数量为所在石料5%或少于5%者，不予扣除。

(3)砂浆或作为砂浆的小石子混凝土，作为砌体工程的附属工作，不另行计量。

(4)砌体的垫铺材料的提供和设置，拱架、支架及砌体的勾缝，作为砌体工程的附属工作，不另行计量。

13. 小型钢构件

桥梁及其他公路构造物的钢构件，作为有关细目内的附属工作，不另行计量与支付。

14. 桥面铺装

(1)桥面铺装应按图纸所示的尺寸，或按实际完成并经监理工程师验收的数量，分不同材料及级别，按平方米计量。由于施工原因而超铺的桥面铺装，不予计量。

(2)桥面防水层按图纸要求施工，并经监理工程师验收的实际数量，以平方米计量。

(3)桥面泄水管及混凝土桥面铺装接缝等作为桥面铺装的附属工作，不另行计量。

(4)桥面铺装钢筋在第403节有关工程细目中计量，本节不另行计量。

15. 桥梁支座

支座按图纸所示不同的类型，包括支座的提供和安装，以个计量。支座清洗、运输、起吊及安装支座所需的扣件、钢板、焊接、螺栓、黏结等，作为支座安装的附属工作，不另行计量。

16. 桥梁接缝和伸缩装置

桥面伸缩装置按图纸要求安装并经监理工程师验收的数量，分不同结构形式以米计量。其内容包括伸缩装置的提供和安装等作业。

除伸缩装置外的其他接缝，如橡胶止水片、沥青类等接缝填料，作为有关工程的附属工作，不另行计量。

安装时切割和清除伸缩装置范围内沥青混凝土铺装和安装伸缩装置所需的临时或永久性的扣件、钢板、钢筋、焊接、螺栓、黏结等，作为伸缩装置安装的附属工作，不另行计量。

17. 防水处理

沥青或油毛毡防水层，作为其他有关项目内的附属工作，不另行计量与支付。

18. 圆管涵及倒虹吸管

(1)钢筋混凝土圆管涵或倒虹吸管，以图纸规定的洞身长度或监理工程师同意的现场沿涵洞中心线量测的进出洞口之间的洞身长度，分别不同孔径及孔数，经监理工程师检查验收后以米计量。管节所用钢筋，不另行计量。

(2)图纸中标明的基底垫层和基座,圆管的接缝材料、沉降缝的填缝与防水材料等,洞口建筑,包括八字墙、一字墙、帽石、锥坡、铺砌、跌水井,以及基础挖方和运输、地基处理与回填等,均作为承包人应做的附属工作,不另行计量与支付。

(3)洞口(包括倒虹吸管)建筑以外涵洞上下游沟渠的改沟、铺砌、加固以及急流槽消力坎的建筑等,均列入本规范第207节的相应细目内计量。

19. 盖板涵、箱涵

(1)钢筋混凝土盖板涵(含梯坎涵、通道)、钢筋混凝土箱涵(含通道),应以图纸规定的洞身长度或经监理工程师同意的现场沿涵洞中心线测量的进出口之间的洞身长度,经验收合格后按不同孔径以米计量,盖板涵、箱涵所用钢筋不另行计量。

(2)所有垫层和基础,洞口建筑,包括八字墙、一字墙、帽石、锥坡、跌水井、洞口及洞身铺砌,以及基础挖方、地基处理、回填土(包括台背)等,均作为承包人应做的附属工作,不予单独计量。

(3)通道范围(含端墙外各20m)内的土方、路面工程及锥坡填筑,均作为通道的附属工作,不单独计量。

(4)洞口建筑以外涵洞上下游沟渠的改沟、铺砌、加固以及急流槽等,可列入本规范第207节的有关细目计量。

20. 拱涵

同圆管涵及倒虹吸管的计量。

六、隧道工程计量方法

第500章包括的工程内容,主要有洞口与明洞工程;洞身开挖;洞身衬砌;防水与排水;洞内防火涂料和装饰工程;风水电作业及通风防尘;监控测量;特殊地质地段的施工与地质预报。

1. 洞口与明洞工程

(1)各项工程应以图纸所示和监理工程师指示为依据,按照实际完成并经验收的工程数量,进行计量。

(2)洞口路堑等开挖与明洞洞顶回填的土石方,不分土、石的种类,只区分为土方和石方,以立方米计量。

(3)弃方运距在图纸规定的弃土场内为免费运距,弃土超出规定弃土场的距离时(比如图纸规定的弃土场地不足要另外增加弃土场,或经监理工程师同意变更的弃土场),其超出部分另计超运距运费,按立方米·公里计量。若未经监理工程师同意,承包人自选弃土场时,则弃土运距不论远近,均为免费运距。

(4)隧道洞门的端墙、翼墙、明洞衬砌及遮光栅(板)的混凝土(钢筋混凝土)或石砌圬工,以立方米计量,钢筋(锚杆)以千克计量。

(5)截水沟(包括洞顶及端墙后截水沟)圬工以立方米计量。

(6)防水材料(无纺布)铺设完毕经验收以平方米计量,与相邻防水材料搭接部分不另行计量。

(7)洞口坡面防护工程,按不同圬工类型分别汇总以立方米计量。种植草皮以平方米计量。

(8)截水沟的土方开挖和砂砾垫层、隧道名牌以及模板、支架的制作安装和拆卸等,均包括在相应工程中,不单独计量。

(9)泄水孔、砂浆勾缝、抹平等的处理,以及图纸示出而支付细目表中未列出的零星工程和材料,均包括在相应工程细目单价内,不另行计量。

2. 洞身开挖

(1)洞内开挖土石方符合图纸所示(包括紧急停车带、车行横洞、人行横洞以及监控、消防设施的洞室)或监理工程师指示,按隧道设计横断面加允许平均超挖量计得的土石方工程量,不分围岩类别,以立方米计量。开挖土石方的弃渣,其弃渣距离在图纸规定的弃渣场内为免费运距;弃渣超出规定弃渣场的距离时(比如图纸规定的弃渣场地不足要另外增加弃土场,或经监理工程师同意变更的弃渣场),其超出部分另计超运距运费,按立方米公里计量。若未经监理工程师同意,承包人自选弃渣场时,则弃渣运距不论远近,均为免费运距。

(2)不论承包人出于何种原因而造成的超过允许范围的超挖,和由于超挖所引起增加的工程量,均不予计量。

(3)支护的喷射混凝土按验收的受喷面积乘以厚度,以立方米计量,钢筋以千克计量。喷射混凝土其回弹率、钢纤维以及喷射前基面的清理工作,均包含在工程细目单价之内,不另行计量。

(4)洞身超前支护所需的材料,按图纸所示或监理工程师指示并经验收的各种规格的超前锚杆或小钢管、管棚、注浆小导管、锚杆以米计量;各种型钢以千克计量;连接钢板、螺栓、螺帽、拉杆、垫圈等作为钢支护的附属构件,不另行计量;木材以立方米计量。

(5)隧道开挖钻孔爆破、弃渣的装渣作业,均为土石方开挖工程的附属工作,不另行计量。

(6)隧道开挖过程,洞内外采取的施工防排水措施,其工作量应含在开挖土石方工程的报价之中。

3. 洞身衬砌

(1)洞身衬砌的拱部(含边墙),按实际完成并经验收的工程量,分别不同级别水泥混凝土和圬工,以立方米计量。洞内衬砌用钢筋,按图纸所示以千克计量。

(2)在任何情况下,衬砌厚度超出图纸规定轮廓线的部分,均不予计量。

(3)按本章第503.03-1(5)款规定,允许个别欠挖的侵入衬砌厚度的岩石体积,计算衬砌数量时不予扣除。

(4)仰拱、铺底混凝土,应按图纸施工,以立方米计量。

(5)预制或就地浇筑混凝土边沟及电缆沟,按实际完成并经验收后的工程量,以立方米计量。

(6)洞内混凝土路面工程经验收合格以平方米计量。

(7)各类洞门按图纸要求经验收合格以个计量。其中材料采备、加工制作、安装等均不另行计量。

(8)施工缝及沉降缝按图纸规定施工,其工作量含在相关工程细目之中,不另行计量。

(9)各种设备、设施的预埋(预留)管件的工作量含在相关工程细目中,不另行计量。

4. 防水与排水

(1)洞内排水用的排水管,按不同类型、规格以米计量。

(2)压浆堵水按所用原材料(如水泥浆液、水泥-水玻璃浆液)以立方米计量。压浆钻孔以米计量。

(3)防水层按所用材料(防水板、无纱布等)以平方米计量;止水带、止水条以米计量。

(4)为完成上述项目工程加工安装所有工料、机具等均不另行计量。

(5)隧道洞身开挖时,洞内外的临时防、排水工程应作为洞身开挖的附属工作,不另行支付。为此,本章第503节支付细目的土方及石方工程报价时,应考虑除本节支付细目外的其他施工时采取的防、排水措施的工作量。

5. 洞内防火涂料和装饰工程

(1)喷涂防火涂料

喷涂的面积,以平方米为单位计量。其工作内容包括材料的采备、供应、运输、支架、脚手架的制作安装和拆除,基层表面处理,防火涂料喷涂后的养生,施工的照明、通风等一切与此有关的作业。

(2)镶贴瓷砖

镶贴瓷砖的面积,以平方米为单位计量。其工作内容包括材料的采备、供应、运输,混凝土边墙表面的处理,砂浆找平,施工的照明、通风等一切与此有关的作业。找平用的砂浆不另行计量。

(3)喷涂混凝土专用漆

喷涂混凝土专用漆的面积,以平方米为单位计量。其工作内容包括材料的采备、供应、运输,基层处理,施工的照明、通风等一切与此有关的作业。

6. 风水电作业及通风防尘

风水电作业及通风防尘为隧道施工的不可缺少的附属工作,其工作量均含在本章各节有关工程细目的报价中,不再另行计量。

7. 监控量测

监控量测是隧道安全施工必须采取的措施。监控量测除必测项目外,应根据具体情况确定选测项目,分别以总额报价及支付。

8. 特殊地质地段的施工与地质预报

隧道施工中遇到特殊地质地段时,承包人应采取的有关施工措施,不另予计量与支付。地质预报采用的方法手段应根据具体情况选用,不同的方法手段,分别以总额报价及支付。

七、安全设施及预埋管线

第600章包括的工程内容,主要有护栏;隔离栅;道路交通标志;道路交通标线;防眩设施;通信和电力管道与预埋(预留)基础;收费设施及地下通道。

1. 护栏

(1)设置在中央分隔带的混凝土护栏,应按图纸所示和监理工程师指示验收,其长度以米计量,混凝土基础以立方米计量。

(2)地基填筑、垫层材料、砌筑砂浆、嵌缝材料以及油漆涂料等,均不另行计量。

(3)波形梁钢护栏(含立柱)安装就位(包括明涵、通道、小桥部分)并经验收合格,其长度沿栏杆面(不包括起、终端段)量取以米计量;钢护栏起、终端头以个计量。

(4)中央分隔带开口处活动式钢护栏应拼装就位准确,验收合格,以个计量。

(5)明涵、通道、小桥部分钢护栏的立柱插座、预埋构件作为上述构造物的附属工作,不另行计量。

2. 隔离栅

(1)隔离栅应安装就位并经验收,分别按铁丝编织网隔离栅、刺铁丝隔离栅、钢板网隔离栅、电焊网隔率栅等,从端柱外侧沿隔离栅中部丈量,以米计量。金属立柱及紧固件等均并入隔离棚计价中,不另行计量。

(2)桥上防护网以米计量,安设网片的支架、预埋件及紧固件等不另行计量。

(3)钢立柱及钢筋混凝土立柱安装就位并经验收,以根计量;钢筋及立柱斜撑不另行计量。

(4)所需的清场、挖根、土地整平和设置地线等工程,均为安装隔离栅的附属工作,不另行计量。

3. 道路交通标志

(1)标志应按图纸规定提供、安装、埋设就位和经验收的不同种类、规格分别计量:

①所有各式交通标志(包括立柱、门架)均以个为单位计量。

②所有支承结构、底座、硬件和为完成组装而需要的附件,均附属于各有关标志工程细目内,不另行计量。

(2)里程标和公路界碑等,均应按埋设就位和验收的数量以个为单位计量。

4. 道路交通标线

(1)路面标线应按图纸所示,经检查验收后,以热熔型涂料、溶剂常温涂料和溶剂加热涂料的涂敷实际面积,以平方米为单位计量。反光型的路面标线玻璃珠应包含在涂敷面积内,不另行计量。

(2)突起路标安装就位,经检查验收后以个计量。

(3)轮廓标安装就位,经检查验收后以个计量。

(4)立面标记设置,经检查验收后以处计量。

5. 防眩设施

防眩板、防眩网设置安装完成并经验收后以延米计量。为安装防眩设置的预埋件、连接件、立柱、基础混凝土以及钢构件的焊接等,均作为防眩板、防眩网工程的附属工作,不另行计量。

6. 通信和电力管道与预埋(预留)基础

(1)人(手)孔应根据图纸所示的形式及不同尺寸按个计量。

(2)紧急电话平台应按底座就位和验收的个数计量。

(3)预埋管道工程应按铺筑就位并验收的以米计量,计量是沿着单管和多管结构的管中线进行的。过桥管箱的制作、安装以米计量。所有封缝料和牵引线及拉棒检验等,作为承包的附属工作,不另行计量。

(4)挖基及回填,压实及搭铁系统作为相关工程的附属工作,不另行计量。

(5)附属于桥梁、通道或跨线桥的预留管道及其他的电信设备,应作为这些结构的一部分,在主体工程内计量,本节不单独计量。

(6)通信管道安装在桥上的托架作为制造、安装过桥管箱的附属工作,不另行计量。

7. 收费设施及地下通道

(1)收费亭按图纸所示的形式组装或修建,经监理工程师验收,分别按单人收费亭和双人收费亭以个为单位计量。

(2)收费天棚按图纸所示组装架设,经监理工程师验收以平方米为单位计量。

(3)收费岛浇筑按图纸所示形式及大小经监理工程师验收,分别按单向收费岛和双向收费岛以个为单位计量。

(4)地下通道按图纸要求经监理工程师验收,其长度沿通道中心量测洞口间距离,以米为单位计量。计量中包含了装饰贴面工程及防、排水处理等内容。

(5)预埋及架设管线按图纸规定铺设就位,经监理工程师验收以米为单位计量。

(6)收费设施的预埋件为各有关工程细目的附属工作,均不另予计量。

(7)所有挖基、挖槽以及回填、压实等均为各相关工程细目的附属工作,不另予计量。凡未列入计量细目的零星工程,均含在相关工程细目内,不另予计量。

八、绿化及环境保护

第600章包括的工程内容,主要有铺设表土;撒播草种和铺植草皮;种植乔木、灌木和攀缘植物;植物养护与管理;声屏障;环境保护。

1. 铺设表土

(1)表土铺设应按完成的铺设面积并经验收,以立方米为单位计量。

(2)铺设表土的准备工作(包括提供、运输等),为承包人应做的附属工作,不另予计量。

2. 撒播草种和铺植草皮

(1)撒播草种按经监理工程师验收的成活草种的面积,以平方米为单位计量。

(2)草种、水、肥料等,作为承包人撒播草种的附属工作,均不另行计量。

(3)铺草皮按经监理工程师验收的数量以平方米为单位计量。当采用叠铺时,按叠铺程度确定一叠铺系数(经监理工程师同意)增计面积。

(4)需要铺设的表土,按表土的来源,在本规范第702节相关支付细目内计量。

(5)绿地喷灌设施按图纸所示,敷设的喷灌管道以米为单位计量。喷灌设施的闸阀、水表、洒水栓等均不另行计量。

3. 种植乔木、灌木和攀缘植物

(1)人工种植由监理工程师按成活数验收,乔木、灌木及人工种植攀缘植物均以棵计量。

(2)需要铺设的表土,按表土的来源,在本规范第702节相关支付细目内计量。

(3)种植用水、设置水池储水,均作为承包人种植植物的附属工作,不另予计量。

4. 植物养护与管理

植物的养护及管理是承包人完成绿化工程的附属工作,不另行计量与支付。

5. 声屏障

消声板声屏障应按图纸施工完成并经监理工程师验收的现场量测的长度,以米为单位计量;吸声砖及墙声屏障以立方米为单位计量。声屏障的基础开挖、基底夯实、基坑回填、立柱、横板安装等工作,为砌筑吸声砖声屏障及砌筑吸声墙声屏障所必需的附属工作,均不另行计量。

6. 环境保护

本节所采取的各项措施，是各有关工程在施工期间对环境保护方面应当注意和必须做到的工作，其费用已在本规范第102节内列出，本节不予单独计量与支付。

第四节 支 付

一、支付种类

支付可以分为很多种，不同种类的支付有不同的规定和不同的程序及支付办法，作为监理工程师必须予以了解。

1. 按时间分类

按时间分类，支付可分为预先支付（即预付）、期中支付、交工支付和最终支付四种。

(1)预付。预付款有两种：动员预付款和材料预付款，是由业主提供给承包人的无息款项，按一定条件支付并扣回。

(2)期中支付。就是我们所熟悉的进度款，按月支付，即按本月完成的工程价值及其他有关款项进行综合支付，由监理工程师开出期中支付证书来实施。

(3)交工支付。即在项目完工或基本完工，监理工程师签发交工证书后办理的支付工作。

(4)最终支付。即在缺陷责任期结束后，监理工程师签发缺陷责任证书后，办理的最后一次支付工作。

2. 按支付的内容分类

按支付内容可分为工程量清单内的付款和工程量清单外的付款，即基本支付和附加支付。工程量清单内的支付就是按合同条件和技术规范，监理工程师通过计量，确认已完工程量，然后按已确认的工程数量与报价单中的单价，估算和支付工程量清单中各项工程费用，简称为清单支付。工程量清单之外的支付就是监理工程师按合同条件的规定，根据工程实际情况和现场证实资料，确认清单以外的各项工程费用，如索赔费用、工程变更费用、价格调整等，简称附加支付。

清单支付在支付款额中占比重最大，也是主要支付，并且合同中规定比较明确；而附加支付占的比重较小，但却是支付中最难办的事。因为合同中没法作出准确估计和详细规定，只是在合同条件中作了原则性规定，它们的发生要取决于各方面的情况：一方面是工程施工过程中本身遇到的客观意外和工程管理中遇到的问题；另一方面则涉及社会因素，如法规变更、物价涨落和地方干扰等。因此，附加支付是否合理和准确，取决于监理工程师对合同条款的正确理解以及是否及时地掌握了现场实际情况。

3. 按工程内容分类

按工程内容分，有土方工程、路基工程、路面工程和桥涵工程等。

4. 按合同执行情况分类

根据合同执行是否顺利，监理工程师要进行正常支付和合同终止的支付两类。正常支付，就是业方与承包人双方共同遵守合同，使合同规定内容顺利完成。合同终止的支付是指合同无法继续执行，可能是承包人违约，受到业主驱逐，还可能是由于特殊风险使合同中止。这几种情况的合同终止,均应由监理工程师进行支付计算。在FIDIC合同条件中的第63条、第65条和第69条中作出了明确规定。

二、支付的一般规定

1. 支付时间

按合同规定的时间支付,通用条款第60条第15款规定,业主收到监理工程师的期中付款证书的21天内支付或最终支付证书的42天内支付。监理工程师则主要是开付款证书,付款证书也有时间要求。监理工程师在收到月结账单后21天或专用条款数据表中另有规定的天数内应签发期中支付证书,签发时应写明他认为应该到期结算的价款及需要扣留和扣回的款额并报业主审批。在最后结账单和清账书收到14天之后,监理工程师应签发一份最后支付证书报业主审批,并抄给承包人。

2. 支付的最低限额

公路招标项目在合同专用条件中规定每月支付的最低限额。一般规定每月支付金额不低于合同总价的2%。若没有达到,则暂缓支付,有利于监理工程师进行进度控制。

3. 支付范围

所有到期并符合合同要求的工作内容均应计价支付。

4. 支付方法

根据各种工程费用的特点和支付要求分项、分类计算,汇总后扣减承包人对业主的支付。清单中的内容,应按各工程细目的支付项目分项计算;各类附加支付则应分类计算,汇总各分项和各类金额。承包人对业主的支付主要是三种:动员预付款、材料预付款、保留金。它们均应按规定比例扣减。

5. 支付货币

工程费用中人民币与外汇的比例,应按补充资料表所定的百分比确定。需要说明,补充资料表对工程费用支付有较大的参考价值,它不仅规定了外汇需求量,而且还有支付计划表、价格调整指数表等,这些资料直接关系到费用支付。因此,监理工程师进行费用支付时,应参照补充资料表中的有关内容。

6. 支付依据

支付依据必须准确可靠,进行工程费用支付时,需要大量的凭证和依据,这些依据直接确定了支付费用的数额。监理工程师在支付时,必须取得和分析这些数据,并对其可靠性进行评价判断。所支付的工程费用必须能够被这些凭证确切地说明,这些依据或凭证一方面必须在数量上准确,另一方面必须在程序上完备。数量上准确是不言而喻的,计量证书中的工程量必须按计量的要求和程序确认,价格调整采用的价格指数必须准确等。程序上的完备包括监理工作的管理程序和财务制度及合同方面所规定的程序,即通过这些程序确保凭证的合法性。

三、清单中的支付项目

1. 开办项目的支付

开办项目的计量支付规定在技术规范中有明确说明,在办理支付时,应先落实开办项目的完成情况,然后按技术规范中的规定办理支付。

2. 合同永久工程的支付

其工程量应按技术规范中的计量方法进行计量,并有监理工程师签认的计量证书,其单价按工程量清单中的相应单价来确定支付金额。

四、动员预付款的支付

动员预付款是一项由业主提供给承包人用于开办费用的无息贷款。国际上一般规定范围是0% ~20%。三铜公路、济青公路均为10%,京津塘为8%。提供这项资金的目的仍然是减轻承包人资金周转的压力。

1. 动员预付款的支付

在承包人提交了履约担保和签订了合同协议书并提交了开工预付款担保14天内,监理工程师应按投标书附录中规定的金额签发开工预付款支付证书,并报业主审批。

业主应在该支付证书收到后14天内核批,并支付开工预付款的70%的价款;在投标文件载明的主要设备(应载明工程初期尤其是土石方工程的关键设备,业主应在专用条款中写明要求哪些主要设备此时必须进场)进场后,再支付预付款30%。承包人不得将该预付款用于与本工程无关的支出,监理工程师有权监督承包人对该项费用的使用,如经查实承包人滥用开工预付款,业主有权立即通过向银行发出通知收回开工预付款保函的方式,将该款收回。

2. 动员预付款的担保

开工预付款的担保金额应等于开工预付款额,提供这种担保的银行须与前述第10.1款的要求相同,所需费用由承包人承担。银行保函的正本由业主保存,该保函在业主将开工预付款全部扣回之前一直有效,担保金额将随开工预付款的逐次扣回而减少。

3. 开工预付款的扣回

开工预付款在期中支付证书的累计金额未达到合同价格的30%之前不予扣回,在达到合同价格30%之后,开始按工程进度以固定比例(即每完成合同价格的1%,扣回开工预付款的2%)分期从各月的期中支付证书中扣回,全部金额在期中支付证书的累计金额达到合同价格的80%时扣完。

五、材料预付款的支付

承包人根据60.7款规定,应由业主那里得到一笔无息的款项,用于支付购进工地的各种成为永久工程组成部分的材料或设施。付款金额、货币种类及比例应是合同专用条件规定的购货发票面值的某一百分比。这项付款应在材料或设施用于永久工程以后扣回。

1. 材料预付款的支付

业主应给承包人支付一定比例的材料、设备预付款,以用于购进将安装在永久工程中的各种材料和设备。此项金额应按投标书附录中写明的主要材料、设备单据所列费用(进口的材料、设备为到岸价,国内采购的为出厂价或销售价,地方材料为堆场价)的百分比支付。其条件是:

(1)材料、设备符合规范要求并经监理工程师认可;

(2)承包人已出具材料、设备费用凭证或支付单据;

(3)材料、设备已在现场交货,且存储良好,监理工程师认为材料、设备的存储方法符合要求。

则监理工程师应将此项金额作为材料、设备预付款计入下一次的期中支付证书中。这种支付不应被视为是对上述材料或设备的批准。

在预计竣工前3个月,将不再支付材料、设备预付款。

2. 材料预付款的扣回

当材料、设备已用于或安装在永久工程之中时,材料、设备预付款应从期中支付证书中扣回,扣回期不超过3个月。已经支付材料、设备预付款的材料、设备的所有权应属于业主,工程竣工时所有剩余的材料、设备的所有权应属承包人。

六、保留金的支付

保留金应按投标书附录中规定的百分率乘以第60.1款的(3)、(4)、(5)、(7)、(8)子款规定承包人应得的款额,从每期应支付给承包人的工程结算款额中扣留,直至保留金的金额达到投标书附录中规定的限额为止。

在整个工程缺陷责任期满并发给缺陷责任终止证书后14天内,监理工程师签发保留金支付证书,将保留金退还给承包人。

七、其他支付

1. 索赔费用

其赔偿费用的支付额,应按监理工程师签发的索赔审批书来确认或按监理工程师暂时确定的赔偿额来支付。

2. 计日工费用

计日工的数量应由监理工程师指示及确认。计日工的单价按工程量清单中计日工的单价来办理。

3. 变更工程费用

变更工程应有监理工程师签发的书面变更令。变更工程的单价按第五章介绍的变更工程单价确定原则来处理。完成的变更工程数量应有监理工程师签认的变更工程计量证书。

4. 价格调整费用

价格调整费用的确定方法详见第五章有关内容。监理工程师应严格按合同规定的价格调整方法来确定价格调整款额。

5. 拖期违约损失赔偿金(违约罚金)

拖期违约损失赔偿金是因承包人原因,使得工程不能按期完工时,承包人应向业主支付的赔偿金。原则上其赔偿标准应与业主的损失相当。一般规定,每逾期一天,赔偿合同价的0.01%~0.05%;京津塘高速公路和济青公路都采用0.05%的额度,同时也规定,赔偿总额不超过合同价的10%。这些规定在投标书附件中都应明确。

如果承包人未能按照第43条规定的工期完成合同工程,则必须向业主支付按投标书附录中写明的金额,作为拖期违约损失赔偿金。时间自预定的交工日期起到合同工程交工证书中写明的交工日期或已批准的延长工期止,按天计算。拖期违约损失赔偿金应不超过投标书附录中写明的限额。业主可以从应付或到期应付给承包人的任何款项中扣除此偿金,但不排除其他扣款方法。扣除拖期违约损失赔偿金,并不解除合同规定的承包人对完成本工程的义务和责任。

6. 提前竣工奖金

提前竣工奖金是与工期延误赔偿金相对应的一个支付项目,如何奖,应在专用条款中明确。

如果承包人比通用条件第43条规定的本工程或某某合同段工程提前完工,承包人可得到一笔合同规定的奖金。其时间按通用条件第48条规定发出的交接证书中写明的本工程或某某合同段实际竣工日期与通用条件第43条规定的竣工日期之间的天数计算。

7. 迟付款利息

迟付款利息是对业主的一种约束,业主有准时付款给承包人的责任和义务。业主必须在规定时间内支付承包人所完成工程的款额,否则应向承包人支付利息,世界银行推荐的日利率为0.033%~0.04%。京津塘项目采用的是0.022%,济青公路则为0.033%。并且,这两个项目的合同条件中都规定:业主在收到监理工程师的期中支付证书21天内,或收到最终支付证书42天内应将款项支付给承包人,否则将支付迟付款息。计算公式如下:

$$\text{迟付款利息} = P[1 + r]^n - 1 \tag{4-1}$$

式中:P——迟付的人民币或外汇数额;

r——日利率;

n——迟付款天数。

八、费用支付项目及计算程序

费用支付项目及计算程序,如表4-1所示。

费用支付项目及计算程序 表4-1

序号	项目	计算方法
01	清单各章项目	截止本月完成累计金额
02	工程变更	算逐月累计额
03	计日工作	同上
04	工程索赔	同上
05	截止本月已完成的工程总价值	(01)+(02)+(03)+(04)=(05)
06	动员预付款	加已拨付数额
07	回收动员预付款	①已扣还数额;②剩余数额
08	材料预付款	算逐月累计额
09	回收材料预付款	①已扣还数额;②剩余数额
10	本期支付总值	(05)+(07②)+(09②)=(10)
11	减:保留金	(05)×10%=(11)
12	减:违约罚金	算延误罚金数额=%×H×D
13	截止本期总支付	(10)-(11)-(12)=(13)
14	减:上期支付证书第13项	
15	本期净支付总额	(13)-(14)=(15)
其中:%人民币,%外汇。汇率:按合同汇率		
16	加:迟付款利息	算本期发生额
17	加:本期价格调整	应分人民币和外汇部分
18	本期实际支付额	人民币: 外汇:

注:表中H为合同价;D为逾期天数。

九、支付证书

支付证书是业主向承包人付款的唯一凭据。支付证书分两种：一种是在工程实施过程中大量使用的期中支付证书，每月一次；一种则是只使用一次的最终支付证书。虽然动员预付款也需监理工程师开支付证书，但它很简单，按其支付条件开出即可。

1. 期中支付证书

按合同规定在本月应该支付给承包人的全部款项，应由监理工程师开具期中支付证书，承包人才会获得业主的进度付款。同时，期中支付证书是一种对规定时间内承包人所完成工作的价值估算，如前一期支付证书中有错，下一期可对上一期的错误予以纠正。期中支付证书由支付月报和工程进度图表组成。

开具期中支付证书时，需要做大量的工作，要填报一系列的表格，并且有一定的时间限制，因此，监理工程师必须熟悉计量与支付业务，掌握前面所述的内容，按规定和要求对每一笔支付费用进行严格把关。期中支付证书的第一步是由承包人提交月结算账单（月报表），月结账单的格式由监理工程师设计或指定，以便于统一管理。其次是监理工程师结合自己掌握的情况，根据合同规定对承包人的月结账单进行全面审查，最后开出期中支付证书。

(1)月结账单的内容与要求

承包人应在每月末向监理工程师提交由其项目经理签署的按监理工程师批准格式填写的月结账单一式6份。该结账单包括以下栏目，承包人应逐项填写清楚如下内容：

①自开工截至本月末止已完成的工程价款；

②自开工截至上月末已完成的（已实际结算的）工程价款；

③本月完成的（应结算的）工程价款，即(1)－(2)；

④本月完成的（应结算的）计日工价款；

⑤本月应支付的暂定金额价款；

⑥本月应支付的（按60.7款）已进场将用于或安装在永久工程中的材料、设备预付款；

⑦根据合同规定，本月应结算的其他款项；

⑧费用和法规的变更发生的款额（按第70条规定办理）；

⑨本月应扣留的保留金和扣回的材料、设备预付款及开工预付款（分别按第60.3、第60.8、第60.6款规定办理）；

⑩根据合同规定，本月应扣除的其他款项。

(2)监理工程师审核并开出证书

监理工程师在收到承包人的月结账单的21天内，应对月结账单的项目、款额进行审查，在确认无误后向业主证明他认为是到期应支付给承包人的金额。在审核时，监理工程师首先应确认付款申请中各项付款要求是否有相应的凭证（如计量证书、变更令、监理指示、索赔审批证书等），其次应核实计算结果是否准确无误。承包人在提交月结算账单时附有各种与支付有关的报表，监理工程师对有关内容也有自己相应的记录，结合各方面的情况和要求进行全面审核。在核定了承包人应得的金额后，再计算承包人应按规定支付给业主的到期款额如预付款（预付款的扣回按其规定进行）以及按合同要求应予以扣留的保留金。最后计算出此次期中支付证书应支付给承包人的净金额。在开期中支付证书时一定要按各项费用的支付要求进行审查,看其手续是否完善、所申报的工作内容是否确已完成,应逐项审查和分析各项支付项目,对各支付项目的金额进行反复核算。并且对于一些暂定的支付内容应作详细记录,如对于有争议的索赔与变更费用,以及价格调整费用,为了不影响期中支付证书按时开出,往往可先由监理工程师确定一个合适的费用先进行暂付;等该项支付确定后再进行确切的计算和支付。因此,对这类费用要注意作详细记录。

2. 最终支付证书

最终支付又叫最后支付,是业主与承包人之间的最后结算,也是监理工程师在执行和管理某一合同时所开的最后一份支付证书。

在根据第61.1款规定发出缺陷责任终止证书后的28天之内,承包人应以监理工程师批准的格式向监理工程师提交一份最后结账单草案,并附上详细的证实文件,供监理工程师考虑,表明:

(1)根据合同规定已经完成的全部工程的价值;

(2)承包人根据合同规定认为应该付给他的任何其他的款项。

如果监理工程师不同意或者不核证最后结账单草案的任一部分,承包人应按监理工程师的合理要求,提交进一步的资料,并对最后结账单草案作出他们之间协商同意的修改,然后由承包人编制,并向监理工程师提交双方同意的最后结账单。

如果根据监理工程师与承包人的讨论和他们之间可能商定的最后结账单草案的修改,很明显存在纠纷,则监理工程师应对最后结账单草案中不存在纠纷的部分(如果有),向业主提交期中支付证书,然后按照第67款解决纠纷。

在提交最后结账单时,承包人应给业主一份书面清账书,并抄送监理工程师,确认最后结账单中的总金额代表了根据合同规定应付给承包人的全部款项的最后结算。但是该清账书仅在根据第60.13款规定发出的最后支付证书项下的应付款已经支付和第60.4款内所指保留金已经退还给承包人之后才生效。

在最后结账单和清账书收到14天之后,监理工程师应签发一份最后支付证书报业主审批,并抄给承包人,说明:

①监理工程师认为根据合同规定的最后应付的款额;

②在对业主以前所付的全部款额和业主根据合同规定应得的全部款项予以确认后,业主欠承包人或承包人欠业主(视具体情况)的差额(如有)。

第五节　计量、支付表格

一、表格及表格管理的重要作用

由于表格具有直观性,又具有能够简单明了地表明各种工作内容及有利于检查和复核等特点。因此,监理工程师在实际工作中要使用大量的表格,并且通过对表格的科学设计和精心管理,使监理工作进一步标准化和规范化。通过对各种表格的管理而把握整个监理工作。在实际运用上,几乎所有重要的监理工作都采用了相应的表格,并且以表格来体现各项工作的内容和特点。

对于计量与支付工作来说更需大量使用表格，以使计量、支付工作标准化和规范化。因此，监理工作中要设计一系列与计量、支付有关的表格，并通过这些表格的有效管理来完成计量与支付工作，在每一个具体项目的管理中都要将计量、支付工作的表格化及其管理，当作一件极为重要的工作来考虑。

二、计量、支付工作常用表格的类别

计量与支付工作中的表格有许多种，并且内容广泛，各项目、各合同均应结合自身的特点设计各种表格。

1. 承包人用表

承包人的计量与支付报表应由监理工程师指定，并且，这些报表是计量与支付最基本的表格，在整个支付流程中称之为丙表，应按要求和规定填写，并及时申报监理工程师审核。同时，这些报表也是监理工程师编报支付证书的直接基础。承包人用表一般包括：

(1)计量与支付申请表(01 表)；

(2)进度完成情况汇总表(02 表)；

(3)进度完成情况明细表(03 表)；

(4)中间计量单(04 表)；

(5)计日工支付申报表(05 表)；

(6)材料到达现场报表(06 表)；

(7)材料供应情况报表(07 表)；

(8)材料预付款申报表(08 表)；

(9)承包人的人员设备报表(09 表)；

(10)外汇价格调整表(10 表)；

(11)人民币价格调整表(11 表)；

(12)价格调汇总表(12 表)；

(13)索赔申请书(13 表)；

(14)工程变更一览表(14 表)。

这些报表都必须由承包人细致地填写，监理工程师收到这些报表后应认真地审查，在审查的基础上开出计量、支付证书。各表之间的关系如图 4-3 所示。

上面为承包人应填制的报表，计量、支付证书则由监理工程师填制。

2. 监理工程师用表

监理工程师用表在整个流程中称为乙表，由监理工程师填制，是计量与支付工作中的主要表格，它来源于承包人用表，即乙表来源于丙表，一般包括：

(1)计量、支付证书(乙 -01 表)；

(2)工程计划进度与实际完成情况表(乙 -02 表)；

(3)工程投资支付月报(乙 -03 表)；

(4)工程质量监理月报(乙 -04、05 表，略)。

这些报表既是业主计量与支付报表的直接基础，又是业主进行计量与支付的主要依据和凭证，更是监理工程师支付管理工作的集中表现；同时，这些表格的填制也是监理工程师计量与支付工作的重要内容。因此，监理工程师应认真填制，并对自己签认的表格负责。

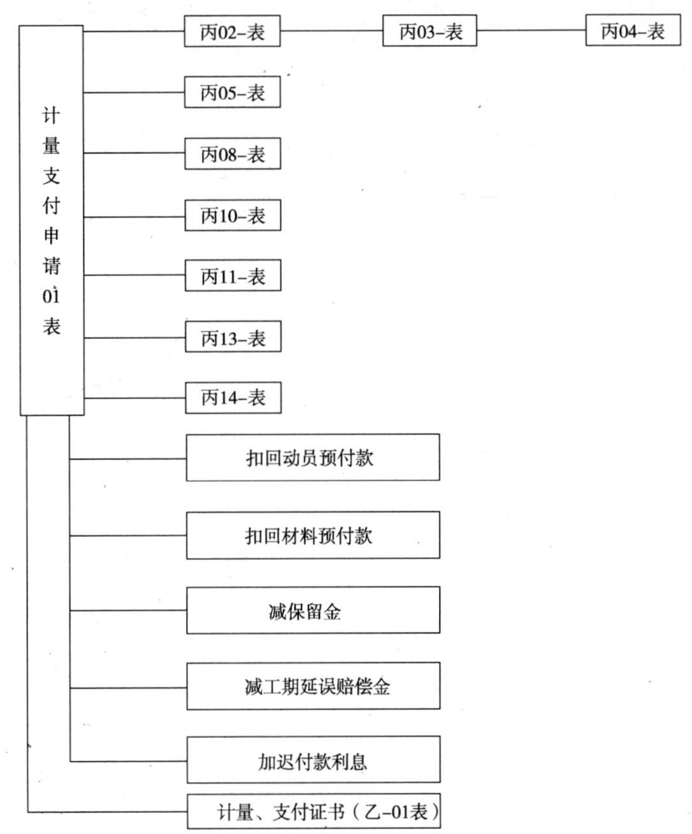

图 4-3　计量与支付的基本表格间的关系

3. 业主用表

业主同样必须自己编制有关计量与支付的表格，以全面了解和掌握计量与支付情况，并通过对计量、支付的了解和控制，达到了解和控制整个工程进展情况的目的。业主所编制的计量与支付表格在整个计量、支付流程中称为甲表。甲表直接来源于乙表。如果是世界银行贷款项目，则业主还应向世界银行提交支付报表。

因此，整个计量与支付的过程由三方面编制计量、支付报表，它们组成一个完整的计量、支付流程，并通过这一系列表格反映支付情况和对支付进行全面控制。这三类表格紧密相联，有着密切关系，甲表来源于乙表，而乙表来源于丙表。它们实质上是对同一工作内容从不同的角度反映其价值，同时，也体现了各自由于所处地位不同而在计算上存在的差异。

三、常用表格的使用

按不同的计量与支付内容，又可以将表格分成许多种，我们只简要地介绍几种重要的常用表格，而不进行全面阐述。

1. 中间计量表(乙 -01 表)

(1)作用与表式

本表系计量与支付工作中的基础表格，一方面它是承包人申请付款的依据，另一方面它还是监理工程师填制期中付款证书的基础，是对承包人某个时间段（通常为一个月）内所完成工作的全面概括和体现。其主要目的是提供支付的数量基础。其表式如表 4-2 所示（承包人中间计量单也用此表格式）。

××公路第××号合同中间计量表（乙－01 表）　　　　表 4-2

清单号：　　　　　　　　　　编号：

<table>
<tr><td>项目编号</td><td></td><td>内容</td><td></td><td>承包方人员</td><td>签字</td><td>日期</td></tr>
<tr><td>所在地点</td><td></td><td>部位</td><td></td><td>计量员</td><td></td><td></td></tr>
<tr><td colspan="4" rowspan="5">计量、计算及简图等</td><td>校对</td><td></td><td></td></tr>
<tr><td>项目负责人</td><td></td><td></td></tr>
<tr><td colspan="2">中间交工证书编号</td><td></td></tr>
<tr><td colspan="3">监理评语：
监理员：</td></tr>
<tr><td colspan="3">造价工程师审核：
造价工程师：</td></tr>
<tr><td>清单项目编号</td><td></td><td>计量单位</td><td></td><td>完成数量</td><td colspan="2"></td></tr>
</table>

（2）表格填写

清单号：系本次计量表的编号。

编号：中间计量表顺序号。

项目编号：清单表中项目号。

内容：填写清单中“说明”部分的内容。

所在地点：道路工程填写桩号，桥涵工程填写桩号或名称。

部位：指本次计量工程量属于结构哪个部位。

计量、计算及简图等：写出计量过程及计算结果，并绘出计算简图。填写完成数量，要交待设计数量，上期计量数量（钱）、本期计量数量（钱），累计支付数量（钱）。

监理评语：监理员对计量表核实意见。

表中“清单项目编号”、“计量单位”、“完成数量”为计算机所输入的内容，填写时更需准确和清晰。

驻地监理工程师审批：该表一式四份，监理员签署意见后，经驻地监理工程师进行最后审核，驻地监理工程师审核后，一份交承包人，一份送监理公司，一份驻地监理工程师保存，一份由业主存档。

（3）中间计量表，随时对现场已发生的并已达到质量标准的清单和工程变更中的工程进行计量。总则内清单项目，及暂定金额，计日工等亦需填写中间计量表，但需有相应的附表，如：总则内购买物品，需有财产登记单，暂定金额需要人员名单，购买物品票据等。计日工也须按有关计日工要求提供资料。

2. 工程进度图表（乙－02 表）

（1）作用与表式

本图表主要反映工程项目计划与实际完成情况，是期中支付证书之一，若是世界银行贷款项目，则以中英文填写，也是报送世界银行的主要表格之一，其如表 4-3 所示。同时，工程进度表也采用本表同样格式。

××公路施工进度图（乙－02 表）　　　　表 4-3

起讫里程

中国公路项目贷款号： 国道境内合同段长： 承包人： 监理机构：	合同开工日期： 合同期限： 合同完工期： 工程延期： 修改后完工期：	动员预付款金额（元）： 合同总价（元）： 变更：增加（元）： 减少（元）： 增加的金额（元）： 估计最终金额（元）：

清单号	主要项目	合同金额（元）	单项占合同价（%）	单项完成（%）	完成合同（%）	批准的月进度计划和实际完成												
						××年												
						1	2	3	4	5	6	7	8	9	10	11	12	累计完成（%）
100	总则																	
200	路基																	
300	路面																	100
400	桥梁、涵洞																	90
500	隧道																	80
600	安全设施及预埋管线																	70
700	绿化及环境保护																	60
计日工																		50
暂定金额																		40
报告截止日期		实际（%）	月计															30
			月累计															20
		计划（%）	月计															10
			月累计															0
																		累计完成

监理工程师：　　　　承包人：　　　　制表：

（2）填表说明

①合同开工日期：指合同签定的开工日期。

②合同期限：合同开工至竣工的日期（以年为单位）。

③合同完工期：合同规定的竣工日期。

④工期延期：承包人提出工程延期报告，经批准后的日期（以周计）。

⑤修改后完工期：合同完成日期，时间延长后的竣工日期（年月日）。

⑥合同总价：指合同清单中总价，支付月报中合同价栏内的小计。

⑦变更：指支付月报中内的工程变更引起的增减值。

⑧增加的金额：支付月报中合同栏内价格调整额。

⑨估计最终金额：合同价＋增加的工程费用－减少的工程费用＋增加的成本。

⑩合同金额：即工程量清单中各章的合同金额。

⑪单项占合同价(%):单项工程投资与合同总价之比。

⑫单项完成(%):单项完成投资与本项合同之比。

⑬完成合同(%):单项工程完成投资与合同总价之比。

⑭第(13)中单项完成均为到本期累计完成额。

(3)工程形象图

本表对按月计划与实际完成的情况,以单项工程进度与项目总进度两种形象图表示。

①单项工程进度形象图(也称条形图),按施工组织设计绘出单项进度形象图,形象线上行数字表示单项工程按月计划完成百分数,形象线下行的数字表示实际完成百分数。项目总进度形象图(又称S图),其中计划进度曲线形象图以时间为横坐标,根据施工组织设计,每月计划完成投资与合同之比为纵坐标,绘出计划进度曲线图。在表中以实线表示;而实际完成曲线形象图,同样以时间为横坐标,以每月实际完成投资与合同总价之比为纵坐标来绘出,以虚线表示。

②实际与计划栏

实际栏分上下二行:下行填写本月实际完成占合同总价百分数;上行填写累计实际完成占合同总价百分数。计算栏也分两行:上行填写本月计划完成投资占合同价百分数;下行填写累计计划完成投资占总合同价百分数。

③截止日期:本期报表的截止日期。

3. 支付月报(乙-03表)

(1)作用与表式

本表是监理工程师向建设单位(业主)提供的工程进展情况,作为工程价款结算的依据,也是期中支付证书之一。其式如表4-4所示。

另外,计量与支付申请表采用本表一样的格式。

公路国际招标工程支付月报(乙-03表) 表4-4

贷款号: 合同号: 道路起讫点: 合同全长:

货币单位: 人民币: 截止日期: 年 月 日

章次名称	总计		到本期末完成		到上期末完成		本期完成			备注
	总投资	外币支付部分	投资	外汇支付部分	投资	外汇支付部分	投资	外汇支付部分	本期配人民币	
总则										
路基										
路面										
桥梁、涵洞										
隧道										
安全设施及预埋管线										
绿化及环境保护										
计日工										
暂定额										
总计										

续上表

章次名称	总　计		到本期末完成		到上期末完成		本 期 完 成			备注
	总投资	外币支付部分	投资	外汇支付部分	投资	外汇支付部分	投资	外汇支付部分	本期配人民币	
动员预付款										
材料预付款										
迟付款利息										
扣保留金(%)										
回收动员预付款										
回收材料预付款										
价格调整										
工程意外(变更、索赔)										
实际支付										
人民币支付										
外币支付										

监理工程师:　　　　外汇支付财务负责人:　　　　业主名称:　　　　外汇:

(2)填写说明

①起讫点:填写合同号的道路里程起讫桩号,如某合同道路起点桩号为 K31 +285.40,终点桩号为:K50 +495.40,则起讫点:K31 +285.40 ~ K50 +495.40。

②全长:合同号的道路长度,如上例,则全长为 19.510(km),小数点后要求 3 位有效数字(如有短链应扣除其长度)。

③截止日期:指报表结算期。

合同价中各项分别抄自工程量清单汇总表,其中:

①款项金额:分项工程的金额数(人民币元)。

②外汇:外汇款项金额 × 协议贷款百分比(以人民币计,单位:元)。

③本栏内以下各项:工程变更、价格调整、索赔金额、回收动员预付款和违约的罚款,均填写至本期报表的累计数;保留金、动员预付款填写合同中规定的数字,材料预付款,填写本期应预付金额。

(3)其他各栏填写

①到本期末完成:反映填报项目自开工以来,截止到本期止的累计完成数。

②到上期末完成:反映填报项目,自开工以来,截止到本期以前累计完成数,其数字抄自上期报表有关栏目。

③本期完成:即为填报本期内所完成的数量。

④工程变更、记日工、价格调整和索赔金额分别抄自相应的报表。

上述四项必须有驻地监理工程师指令,即得到驻地监理工程师同意方能填写,否则填写无效。

⑤保留金:作为承包人的履约保证金,业主每月从支付承包人款项中扣除 10% 直到扣除的累计金额到标书总价的 5% 为止。

⑥材料预付款:材料预付款为到达现场统计表的款项总计75%。到本期末完成:指到本期末现场统计预付款值。到上期末完成:指到上期末现场材料统计预付款值。

本期完成:　　　　　　本期完成=本期末完成-上期末完成

⑦动员预付款:业主按合同规定,预先支付给承包人的工程款,其数量由合同给出。回收动员预付款:将动员预付款从业主付给承包人的款项中扣回动员预付款。

⑧违约罚金:由承包人一方在执行合同时(包括合同全部文件)违约,所有由此造成的或伴随产生的费用称之为违约罚金。违约罚金从支付给承包人款项中扣除。

⑨迟付款利息:对于中期或者终期付给承包人的款项,未能在合同规定期限内支付,则按合同规定付给承包人的利息。

⑩支付:即工程价款(结算的实际支付金额):

支付款额=合计-保留金-回收动员预付款+材料预付款-违约罚金+迟付款利息

除了以上几种表格外,还有其他一些表格,如工程变更一览表、材料到现场表、计日工一览表、价格调整表等,但这一系列表格都是前两种表格的附表,而非主表。

思　考　题

1. “在计量过程中按合同办事”这句话有何具体要求?
2. 不计量是不是就是不计价?
3. 计量过程中为什么要使用净值计量法?
4. 监理工程师在进行支付申请的审查时应审查哪些方面?
5. 计量与支付的基本原则是什么?
6. 基坑的计量方法与概、预算的基坑土方数量确定方法有何差别? 企业固定资产修理有哪几种类型? 对大修理费用,采用哪几种方法处理?
7. 钢筋的计量方法与概、预算的钢筋数量认定方法有何差别?
8. 简述路堤填方数量的计量方法。
9. 简述混凝土数量的计量方法。
10. 简述钻孔灌注桩数量的计量方法。
11. 办理预付款支付的条件有哪些?
12. 简述办理期中支付的基本程序。
13. 简述办理交工支付及最终支付的基本条件。

第五章　工程变更与索赔

第一节　工程变更

一、工程变更的范畴

1. 工程变更的概念与法律特征

工程变更是合同变更的一种特殊形式。它通常指合同文件中“设计图纸”或“技术规范”的改变。

工程变更是造价管理的重点和难点，工程变更与一般的合同变更相比有自己的法律特征。主要如下：

(1)工程变更具有强制性。按照合同法的规定，工程变更(合同变更)应建立在合同双方(业主与承包人)协商一致的基础上，没有业主或承包人的事先同意是不能进行工程变更的。但在FIDIC条款(或公路工程招标文件范本)的规定中，工程变更并不是以业主和承包人的协商一致为前提。只要工程变更在客观上需要发生，监理工程师就可以(在业主批准后)提出，而承包人在接到监理工程师的变更指示后必须执行。只有变更工程的造价问题承包人才可以在执行变更工程的过程中向监理工程师提出，并在监理工程师的组织下按合同文件中规定的造价确定原则协商解决。

(2)工程变更令是工程变更有效成立的前提。合同法规定，合同双方达成的变更协议是执行合同变更的依据，没有变更协议的合同变更是一种无效变更或擅自变更合同的行为(应承担违约责任)。而在FIDIC条款(或《公路工程招标文件范本》)规定的工程变更中有所不同，其特点是监理工程师下达的工程变更令是工程变更有效成立的依据，而没有监理工程师变更令的变更是一种无效变更或擅自变更的行为，监理工程师(或造价工程师)有权不予签证。

以上是工程变更的主要特征。值得注意的是，当工程变更超出合同条款中规定的变更形式特别是超出设计图纸或技术规范的变更范畴时，一般不能按工程变更的规定由监理来处理，而应根据合同法有关合同变更的规定或合同条款的其他相应规定去执行。

2. 工程变更的基本类型

根据FIDIC条款及《公路工程招标文件范本》的有关规定，工程变更有如下几种类型：

(1)增加或减少本合同中的任何工程的数量；

(2)取消合同中的任何单项工程；

(3)改变合同中的任何工作的性质、质量或种类；

(4)改变本工程任何部分的高程、线形、位置和尺寸；

(5)完成本工程所必需的任何种类的附加工作；

(6)改变本工程任何分项工程规定的施工顺序或时间安排。

工程变更按其引发的原因不同,又可分为如下几种类型:

(1)因设计不合理而引起的工程变更;

(2)业主想扩大工程规模、提高设计标准或加快施工进度而出现的工程变更;

(3)为满足地方政府的要求而不得不进行的工程变更;

(4)为优化设计方案而出现的工程变更;

(5)因雇主风险或监理工程师责任等原因而引起的工程变更;

(6)因承包人的施工质量事故而引起的工程变更。

其中,承包人的施工质量事故引起的工程变更属于承包人的责任范围,承包人应承担由此而增加的全部费用。

3. 工程变更的产生原因

在工程项目的实施过程中,经常会碰到来自业主对项目要求的修改、设计单位由于业主要求的变化或现场施工环境、施工技术的要求而产生的设计变更等。由于这多方面的变更,经常出现工程量变化、施工进度变化、业主与承包人在执行合同中的争执等问题。这些问题的产生,一方面是由于主观原因,如勘察设计工作深度不足,以致在施工过程中发现许多招标文件中没有考虑或估算不准确的工程量,因而不得不改变施工项目或增减工程量;另一方面是由于客观原因,如发生不可预见的事故,自然或社会原因引起的停工和工期拖延等,致使工程变更不可避免。

4. 注意事项

(1)工程变更的范畴不能随意扩大或改变。工程变更主要涉及的是设计图纸或技术规范文件的变更,而且在 FIDIC 条款中对其类型作了清楚的说明。因此,超出这一范围,就不应该视为工程变更,而只能作为其他形式的合同变更去处理,即不能按合同条款第 51 条的规定去处理。

(2)工程变更到底有哪些类型应以合同文件中的规定为准,不能随意扩大或缩小。前面列出的六种类型是合同条款中的规定。其中,前五种类型与设计变更密切相关,而第六种变更是属于技术规范的改变而产生的变更。

(3)工程变更通常伴随工程数量的改变,但工程数量的改变并不意味着一定有工程变更的发生。例如,施工过程中,经常出现实际工程量与工程量清单中的估算工程量不一致的现象,如果设计图纸不发生修改,则这种现象完全是由于估算误差造成的,这时的工程量增减并不属于工程变更的范畴。

(4)承包人在执行工程变更前,必须以监理工程师的书面变更令为依据,即使紧急情况下执行监理工程师口头指令的工程变更,也应在执行过程中要求监理工程师尽快予以书面确认,否则这样的变更行为是无效行为,即使对业主有利,也不一定能得到补偿。工程变更的提出可能分别是业主、监理工程师、承包人,但不管属于何种情况,最后须归口由监理工程师组织实施。

(5)尽管工程变更类型很多,但变更工程一般应是原合同中已有的同类型工程。例如,当合同中本已存在桥梁工程时,则将高路堤改成高架桥的工程变更是可以考虑的,反之,是要限制甚至是不允许的,原因如下。

第一,这种变更会使得质量控制难度加大,甚至会出现重大质量问题。因为当原合同中无桥梁工程项目时，意味着招标或资格预审时，并未对承包人的桥梁工程施工业绩和施工能力进行审查，承包人不一定能胜任桥梁工程的施工。

第二，这种变更会引发大量施工索赔。因为，在这种变更下意味着承包人要重新更换已进场的人员和施工机械设备，甚至要为此添置新的施工机械设备。承包人的施工队伍调遣费、施工机械使用费为此增加，资源使用效率降低，索赔因而不可避免。

第三，这种变更会增大工程结算和投资控制的难度。因为，在这种情况下，工程量清单中不可能有相应的计价项目和计价依据，变更工程的单价被迫要重新协商（见下文），原有的招标成果无法有效地发挥作用。

二、工程变更的审批

1. 工程变更的审批原则

（1）提高经济效益原则

工程变更无论处于何种类型、何种原因，但最终的目的是提高建设项目的投资效益，即国民经济效益和财务效益。如果不能满足上述要求，则这样的工程变更是没有任何意义的，也是不能成立的。所以，在评价工程变更的合理性时，要进行详细的可行性研究和经济评估，全面地考虑工程变更所带来的影响，在此基础上作出工程变更的审批决策。工程变更后，可能会有利于加快工程进度，或节省工程成本，或保证工程质量，或更好地兼顾当地利益，但应考虑到它反过来带来的施工索赔或其他影响。因此，应从效益的高度进行综合分析和决策，避免顾此失彼的现象发生。

（2）保证工程质量原则

不管何种形式的工程变更，都是以保证工程质量为前提条件的，保证工程质量也是保证经济效益的重要基础。以牺牲工程质量为代价的工程变更，实践中是不可取的，且这样的变更其后患无穷。

（3）照顾当地利益原则

照顾当地经济利益，最大限度地发挥公路建设项目的社会效益，是公路建设项目的客观要求。公路建设项目是一种为全社会服务的公共设施，其社会公益性使得公路建设项目的效益首先表现为一种国民经济效益和社会效益。所以，优化设计方案，最大限度地发挥公路建设项目的社会服务功能，照顾当地经济利益，是处理工程变更的基本原则之一。

（4）控制工程造价原则

工程变更通常会带来工程造价的变化，且以工程造价的增长情况居多，这一方面会增加业主筹措资金的压力，另一方面还会影响社会资金的供求平衡。所以在审批工程变更的过程中，应将工程造价的控制放在重要地位，力保工程造价不超过设计概算。当超过设计概算甚至投资估算的重大设计变更不可避免地需要发生之时，业主应会同监理工程师、造价工程师一道进行详细的可行性研究和工程变更的评估工作，之后报国家计划主管机关批准后方能实施工程变更。所以在处理工程变更的过程中，要力求通过工程变更降低工程造价，而对要增加工程造价的工程变更，须认真地进行可行性研究和技术经济论证与评估，确保工程变更的经济效果。

2. 工程变更的审批程序

工程变更通常实行分级审批的管理制度。在现有的 FIDIC 条款及公路工程招标文件范本的合同条款中,对工程变更的审批权限及审批程序作了明确的规定和说明。

(1)一般工程变更的审批程序

所谓一般工程变更,通常指一些小型的监理工程师有权直接批准的工程变更工作。其审批程序大致如下:

①工程变更的提出人向驻地监理工程师提出工程变更的申请,包括变更的原因、工程变更对造价的影响等分析,必要时附上有关的变更设计资料;

②驻地监理工程师对变更申请的可行性进行评估并写出初步的审查意见;

③总监理工程师对驻地监理工程师审查的变更申请进行进一步的审定并签署审批意见;

④总监理工程师签署工程变更令;

⑤承包单位组织变更工程的施工(包括可能的设计工作);

⑥监理工程师和承包人协商确定变更工程的造价及办理有关的结算工作。

(2)重要工程变更的审批程序

重要工程变更通常指对工程造价影响较大,按合同条款(FIDIC 条款)第 2.1 条需要业主批准的工程变更工作。其审批程序是,监理工程师在下达工程变更令之前,一是要报业主批准,二是要同承包人协商确定变更工程的价格不超过业主批准的范围(如果超过业主批准的总额,监理工程师应在下达工程变更令之前请求业主作进一步的批准或授权)。

(3)重大工程变更的审批程序

重大工程变更通常指一些对工程造价的影响很大,可能超出设计概算甚至投资估算的工程变更。对这些工程变更工作,业主在审批工程变更之前应事先取得国家计划主管部门的批准。

三、变更工程的造价管理

工程变更的法律后果是合同造价的变化及由此而引发的索赔。加强变更工程的造价管理,对于规范工程变更行为、有效控制工程造价、提高建设项目的投资效益有着十分重要的意义。在进行变更工程的造价管理过程中,应本着合理定价和有效控制的基本原则来进行变更工程的造价管理。所谓合理定价,即应严格按合同条款的造价确定原则来确定变更工程造价;所谓有效控制,即应严格控制工程变更带来的造价变化范围,以使工程总造价不超过初步设计概算,特别是以投资估算为原则。

1. 变更工程的单价确定原则

根据 FIDIC 条款及公路工程招标文件范本的有关规定,变更工程应根据其完成的数量及相应的单价来办理结算。其中,变更工程的单价原则:其一是约定优先原则;其二是公平合理原则。具体规定如下:

(1)工程量清单中有相应工程细目者,原则上应按工程量清单中相应的工程细目的单价来确定工程造价;

(2)小型变更工程,可根据监理工程师的指示使用计日工单价作为计价的依据(大型变更工程使用计日工单价作计价依据会损害施工效率及资源的使用效率,故该方法不适于大型变更工程的计价);

(3)工程量清单中虽有相应工程细目单价但不适应时,如满足下列条件,则(对超出部分)

由监理工程师组织业主、承包人协商确定新的单价作为计价依据：

①该工程细目涉及的款额超过合同价格的2%；

②该项目细目实施时的实际工程量超出或少于工程量清单中规定的工程量的25%。

(4)如果工程量清单中没有相应工程细目的单价，则监理工程师应根据授权和业主、承包人协商确定新的工程细目单价。且下列文件是协商确定变更工程单价的依据：

①公路工程预算定额及预算编制办法；

②承包人投标时提交的单价分析资料及工程量清单中相关细目的单价。

2. 单价变更的原因与方法

在上述单价确定原则中，其原则之(3)实际上是合同履行的公平性与可操作性的有机统一。就合同的严肃性及可操作性而言，变更工程原则上应按合同中的相应单价来办理结算，但如果合同中存在不平衡报价，则单价可能与成本相比会显得偏高或偏低。此时，当变更太大超出某一范围时，继续采用原单价结算会有悖公平性甚至出现显失公平的现象，所以此时单价应进行修订或调整。下面通过示例来进行说明。

【例5-1】 设有一合同，其土方工程量为100万m^3，在施工过程中，由于设计变更而使得土方的实际数量达到150万m^3，试问增加的50万m^3怎样办理结算。土方工程细目的合同金额为1 000万元，合同总价1亿元。

解：根据合同的单价确定原则，增加的50万m^3首先原则上应按合同中的相应单价来办理结算，除非该变更符合上述单价确定原则之(3)的情况。

合同中土方工程的金额为1 000万元，该合同的总价为1亿元。则通过分析可知，该变更符合上述单价确定原则之(3)的条件：

第一，土方工程项目的合同金额为1 000万元，已超出合同总价(1亿元)的2%；

第二，土方工程项目由于变更使得工程量增加了50万m^3，其增幅已超出工程量清单中该项目工程量(100万m^3)的25%。

所以土方的单价可以进行调整。但是否一定要进行调整，则应分析工程量清单中土方的单价是否真实地反映了承包人为完成变更工程所需要的成本和利润。

$$\text{结算价} = (100\text{万} + 100\text{万} \times 25\%) \times \text{清单单价} + 25\text{万} \times \text{协商价}$$

从成本和利润分析可知，假设承包人完成100万m^3土方的合理单价为10.5元/m^3。其价格组成是：

(1)直接成本8元/m^3；

(2)间接成本2元/m^3；

(3)利润0.5元/m^3；

但由于多种原因，承包人的报价可能出现以下三种情况：

第一种情况：10.5元/m^3及以上，即报价等于或高于合理单价；

第二种情况：10元/m^3，即报价中采取了让利策略，利润为0；

第三种情况：8元/m^3甚至更低，即在第二种报价的基础上采用了不平衡报价法或将管理费分摊到了其他工程细目的报价中，此时的单价为亏损价。

对于第一种报价。由于工程量的增加，承包人会增大规模效益，其增加的工程量部分的直接成本和间接成本均会降低，因此，在对超出25%部分的增加工程量计价时，原有合同单价应予以降低，当单价因不平衡报价而超出 10.5 元/m^3 时更应如此。

对于第二种报价。尽管承包人并未承诺对变更工程继续向业主让利，但由于规模经济性会使得承包人的施工成本下降，承包人在完成变更工程中，可以从规模效益的增加中获利，因此其单价可维持不变。

对于第三种报价。由于其单价为亏损价，因此继续使用合同单价对超出 25% 部分的增加工程量计价是不公平的，宜采用 10.5 元/m^3 或 10 元/m^3 的价格对超出 25% 部分的变更工程计价。

本例中，从已知数据可知，合同中的土方单价为 10 元/m^3，即承包人在报价中采取了让利策略，其利润为 0。但由于规模经济性可使承包人从中获利，因此，其单价应维持不变。

从以上分析可知，之所以出现单价变更，其主要原因在于：

第一，工程量清单中可能存在不平衡报价现象，因而对变更工程按不平衡单价办理结算显得不合理。

第二，即使不存在不平衡报价现象，施工规模的经济性及规模效益的变化也会使得在实施变更工程过程中，其发生的管理费等费用并不一定与变更后的工程量成正比的变化。当工程量增加时，承包人的施工成本并不一定成比例增加，而当工程量减少时，承包人的成本不一定成比例减少，因而对变更工程按原单价办理结算时会使得变更工程部分的管理费等费用考虑得不准确。

但即使出现上述情况，原则上首先得维护合同的严肃性和可操作性。只有当变化太大，即超出单价确定原则之(3)的情况而使得当事人一方难以承受时，才考虑对超出部分带来的影响进行调整或考虑。

3. 新单价的确定方法

对于变更工程单价确定原则之(4)中新单价的确定工作，在实践中有以下方法：

(1)以合同单价为基础定价

【例 5-2】 设某合同中沥青路面原设计为厚 4cm，其单价为 40 元/m^2。现进行设计变更为厚 5cm。则按上述原则可求出变更后路面的单价为：

$$5 \div 4 \times 40 = 50(\text{元}/m^2)$$

该方法的特点是简单且有合同依据。但如果原单价偏低，则得出的新单价也会偏低，反之，原单价偏高，则得出的新单价也会偏高。所以其确定的单价只有在原单价是合理的情况下才会相对合理；当原单价不合理(有不平衡报价)时，该方法对增加的工程量部分的定价是不合理的。

(2)以概、预算方法为基础定价

仍以上例说明之。先确定沥青路面的施工方案和施工方法，进行资源价格的预算，之后按《公路工程预算定额》及相应的编制办法，确定其预算单价。该方法的优点是有法律依据，产生的价格相对合理，能真实地反映完成变更工程的成本和利润。其缺点是不同的施工方案，施工方法会有不同的单价，另外该方法无法反映竞争的作用以及原有招标成果的作用，特别是当承包人有不平衡报价时，该方法会加剧总造价的不合理性。例如，假定本项变更发生后沥青路面(5cm)的预算单价为 55 元/m^2，即比前述方法确定的单价(50 元/m^2)高出 5 元/m^2，它表明原合同中沥青路面(4cm)的单价 40 元/m^2 偏低。其偏低的原因可能是承包人的报价普遍较低(即合同总价偏低),也有可能是承包人在该单价上采用了不平衡报价法(即合同总价不低,但某个细目单价偏低)。对于前一种情况,采用预算单价后会使投标竞争所产生的积极成果不能有效地发挥作用,使合同的结算价回复到预算价。对于后一种情况则不仅不能使投标竞争所产生的积极成果发挥作用,反而提高了合同的结算价格,使合同的总结算价超过预算总价。下面以示例说明。

【例 5-3】 设某项目有挖方、填方以及路面三项工程,其工程量和标底价格如表 5-1 所示。当承包人采用平衡报价或不平衡报价时,其报价结果有所不同(承包人采用不平衡报价是基于路基工程开工早,适当报高有利于资金周转及提前受益)。现假定路面在施工中由 4cm 变更为 5cm,则采用不同的定价方法时会有不同的结算结果。从表中可以看出,如果未采用不平衡报价,则采用第一种方法定价时其结算总价为 2 470 万元。该价格的不合理之处在于,对增加的路面(1cm)工程量同样要求承包人向业主让利(10%),而承包人在投标及签约时并未作此承诺。而采用第二种方法结算时,其结算总价为 2 600 万元。该价格的不合理之处在于,由于采用路面的预算单价作结算价,使得承包人在投标及签约时作出的让利 10% 的承诺没有真实执行(承包人的路面报价是 50 元/m^2,预算单价为 55 元/m^2,故让利 10%)。

变更工程造价分析表　　表 5-1

工程细目	单位	数量(万)	标底		平衡报价		不平衡报价		备注
			单价(元)	金额(万元)	单价(元)	金额(万元)	单价(元)	金额(万元)	
挖方	m^3	100	8.5	850	8.0	800	9.5	950	投标时价格
填方	m^3	100	5.5	550	5.0	500	6.0	600	
路面(4cm)	m^3	26	40.0	1 040	36.0	936	32.0	832	
合计				2 440		2 236		2 382	
变更路面(5cm)	m^3	26	50.0	1 300	45.0	1 170	40.0	1 040	以合同单价为基础定价
合计				2 700		2 470		2 590	
变更路面(5cm)	m^3	26	50.0	1 300	50.0	1 300	50.0	1 300	以概、预算方法为基础定价
合计				2 700		2 600		2 850	
变更路面(5cm)	m^3	26	50.0	1 300	46.0	1196	42.0	1 092	以加权定价法定价时
合计				2 700		2 496		2 642	

如果合同单价是一种不平衡报价,则采用第一种方法结算时其结算总价为 2 590 万元。其不合理之处在于,对增加的路面(1cm)工程量同样要求承包人以低于标底 20% 的水平结算,而承包人在投标时并未作此承诺,当采用第二种方法结算时,其结算总价为 2 850 万元,结算总价已大大高于预算(标底)总价(2 700 万元)。其不合理之处在于原合同路面(4cm)的降价和不平衡报价因素使得路面单价偏低的现象被新确定的路面单价完全消除,而挖方和填方报价偏高的现象仍在继续执行。

(3)加权定价法

以上两种方法均存在不足。合理的定价方法是在考虑路面(5cm)的单价时,在保持原有报价不受实质影响的前提下,对新增工程部分按概、预算方法定价以此加权确定路面的单价。

就上例而言，其合理的单价应为：

$$32 + 50 \div 5 = 42 \text{ 元/m}^2$$

上述三种方法中第二种方法适用于新增工程量的定价，而第三种方法适用于原有合同工程作设计修改（尺寸修改）时的定价。在造价管理实践中遇到的问题会比上述示例要复杂得多，但不管如何复杂，价格公平是单价变更的基本原则。

4. 工程总价的变更原则

根据合同条款第52.3条的规定，按变更工程单价确定原则出来的造价，并不一定是变更工程的最终造价。合同条款规定，如果在签发交工证书（又称移交证书）时，发现合同价格的增加或减少总共超过“有效合同价格”（这里的“有效合同价格”是指扣除暂定金额后的合同价格）的15%。这种总额超过或减少15%或以上是产生于：

(1)根据第52.1和第52.2款作价过的全部变更的工程累计结果；

(2)根据实际计量对工程量清单中的估算工程量所作的一切调整，但不包括暂定金额和物价因素价格调整。

如果发生这种情况，监理工程师应与业主和承包人协商后确定一笔管理费调整额，从合同价格中扣除或加到合同价格上。该调整金额是针对承包人用于本合同的现场管理费及总管理费中不受上述(1)、(2)调整额影响的相应间接费的合理调整。监理工程师应将根据此款规定作出的决定通知承包人，并抄送业主。这笔调整金额应只依据上述增加或减少超过有效合同价格的15%的那一部分款额（如为正值，管理费向下调；如为负值，管理费则向上调）。

中小型项目，如项目专用条款另有规定，可不考虑此项调整。

注：工程数量调整与变更过多，累计超过15%，意味着工程规模的扩大或缩小，直接费用随之调整了，但单价中包含一些间接费（比如预制厂、加工场）并未因工程规模增大而扩大，只是增加了利用率，但也随着工程量增加而上调，承包人因此而受益；反之，又会因工程量大量削减而吃亏，所以才有这一条管理费的调整。

之所以要进行价格调整，其原因主要有以下几方面。

(1)由于工程量清单中其开办项目的费用是包干使用的，所以如工程量变化太大，其开办项目的费用会包不住。

(2)由于工程量清单中的单价存在不平衡报价现象，因此以此作变更工程以及实际上与工程量清单估算工程量有出入的部分工程量的计价依据不合理。

(3)承包人的有些管理费如总部管理费等费用总是固定不变的，但这笔费用通常成比例地分摊到了工程量清单的各永久工程项目的单价中，因此随着变更后工程量的变化，在计价时这些管理费会存在着增加或减少的现象而需要重新进行调整。

下面通过示例来说明上述问题。

【例5-4】 某工程项目合同造价为1.2亿元，其工程量清单的计算如下。

(1)路基土石方工程：金额3 000万元，其中：

①挖土方：数量60万m^3，单价10元/m^3，金额600万元；

②挖石方：数量10万m^3，单价为40元/m^3，金额400万元；

③其他：金额2 000万元。

(2)路面工程：金额2 000万元。

(3)桥梁工程：金额3 000万元。

(4)隧道工程:金额 1 200 万元。

(5)排水防护工程:金额 600 万元。

(6)计日工:金额 200 万元。

(7)暂定金额:计 2 000 万元。

工程施工过程中,其挖土方数量比预计的数量少 10 万 m^3,而挖石方数量多 10 万 m^3,且发生了一系列合同变更(见表 5-2),其他情况无变化。问:根据合同条款,需对哪些工作下达工程变更令?按合同条款第 52.3 条规定,其最后的合同价格是否需要调整?

合同工程变更一览表　　表 5-2

序号	变更项目名称	变更金额(元)	变更实际完成金额(元)
1	取消 1 号灌溉倒虹吸	-223 506	-223 506
2	取消 2 号灌溉倒虹吸	-242 320	-242 320
3	修改 300 章 301 项,900 章 909 项、907 项	61 741	61 741
4	新增人行通道和排水涵	70 078	70 078
5	××段清单补列 500 章 504 项	69 065	69 065
6	投保工程一切险和第三者责任险	476 674	476 674
7	路堤处理	527 859	527 861
8	修改 100 章 109 项	627 445	719 670
9	修改 500 章 505 项	4 953	4 953
10	取消 3 号灌溉倒虹吸	-83 818	-83 818
11	增打水井	549 644	549 645
12	STA12 +600 = 13 +320 软基处理	396 567	396 566
13	修改 200 章、500 章、600 章、700 章、900 章的 BI33	44 534	44 534
14	顶进铁路地道桥	599 447	599 447
15	0 +550, BI1 桥	823 266	974 661
16	增加通道及排水管涵(0 +500 ~ 14 +500)	650 481	650 481
17	增加通道及排水管涵(14 +500 ~ 27 +500)	276 560	276 560
18	增加排水管涵(27 +500 ~ 35 +000)	7 332	7 332
19	主线 1 +590 增建 ϕ1.5m 管涵(双孔)	74 578	74 578
20	0 +600 ~ 1 +450U 形槽和 0 +5 000 1 +450 沥青混凝土路面	6 785 743	6 893 490
21	14 +500 ~ 27 +500,通道管涵变更	-124 365	-124 365
合　计		11 371 958	11 723 327

解:本例中表 5-2 绝大部分项目都属工程变更,需由监理工程师下达工程变更令,但一些涉及修改合同文件的变更项目,需首先由业主和承包人签署补充协议,之后由监理工程师按补充协议去处理。如表 5-2 中的第 6 项变更项目,原合同文件中未要求投保工程一切险和第三者责任险,现要求补保。由于这项变更超出了合同条款第 51 条所规定的类型,所以首先必须由业主和承包人签署补充保险的协议书,之后才能由监理工程师根据补充保险协议指令承包

人去完成此项工作，并根据完成情况办理计量与支付手续。至于本例中土石方数量的变化，由于它不涉及到合同文件中设计图纸和技术规范的修改，而仅仅是工程量的估计误差，因此，它不属于工程变更的范畴，更不需要下达工程变更令（由于它是非工程变更范畴，因此，不存在单价变更的问题）。

工程完成后由于工程量误差及变更而引起的合同价格增加额为：

$$10\text{万}\times 40-10\text{万}\times 10+11\ 723\ 327=14\ 723\ 327\text{元}$$

本项目的有效合同价为：

$$12\ 000-2\ 000-200=9\ 800\text{万元}$$

合同价格增加比率为：$\frac{14\ 723\ 327}{98\ 000\ 000}=15.02\%$，基本上在15%的范围，所以按合同条款合同价格无需进行调整。如需调整监理工程师也仅针对超出的98 000 000×0.02% =19 600（元）与业主和承包人协商后确定一笔管理费的调整额。

5. *总价变更方法*

处理工程变更（或工程量估计误差）引起的总价调整问题，其难度是较大的。造价工程师首先应对工程量清单的各工程细目逐个进行单价分析，以确认工程量清单中是否有不平衡报价现象。之后来评估工程量误差及工程变更所带来的合同价格增加额，是否真实客观地反映了承包人为完成这些工作所需发生的费用。如确实不够的话，造价工程师应据实提出应增加的款额；如已经超过了承包人实际所需发生的费用及合理利润，则应据实提出应减少的款额。之后和业主及承包人协商确定其增减额。在调整变更工程的总价时，其在单价变更中已考虑了的费用不能再重复考虑，必须予以剔除，这是合同在履行过程中的客观要求。下面以示例说明之。

【例5-5】 现仍以前例为基础。设该项目在实施中除路面4cm变更为5cm外，其工程量清单中的挖方和填方工程量有估计误差（或变更），其实测数量均为120万m^3，而不是100万m^3，则此时，如按前述的单价确定原则结算，项目的结算价格分别为4 524万元或4 744万元（见表5-3）。

总价合理性分析一览表 表5-3

工程细目	单位	数量（万）	实测数量（万）	平衡报价		不平衡报价		备注
				单价	金额（万元）	单价	金额（万元）	
挖方	m^3	100	120	8.0	960	10.0	1 200	
填方	m^3	100	120	5.0	600	7.0	840	
路面（5cm）	m^3	26	26	114	2 964	104	2 704	采用加权法确定单价
总额					4 524		4 744	
有效合同价					3 640		3 780	
超出比率（%）					24%		26%	

可以看出，不管承包人采用何种报价，其结算款的增加额均将超出有效合同价的15%。其中，当承包人采用不平衡报价时，其结算款的增加额更大，说明如按原合同价（或工程变更的单价确定原则确定的单价）结算，其结算价的不合理性加剧，因而有必要对结算总价进一步进行调整。

当承包人采用平衡报价时，承包人会从土方的增加中获得规模效益，但本例中承包人报价时已向业主让利(挖方、填方单价均比标底单价低),因此,两者相抵后,其结算款额4 524万元仍是相对合理的,即总价可不作调整。

当承包人采用不平衡报价时,承包人除获得规模效益外,还会从土方的超高报价中获得不合理利润,其结算款额达到4 744万元,为有效合同价的26%,超过有效合同价的15%。因此其合同款额有必要调低。如考虑15%内的变化不作调整,而只调整超过15%的部分,且将挖方、填方的价格下调到8元/m^3及5元/m^3,则调整后的结算情况是:

挖方:$10\times100(1+15\%)+8\times[120-100(1+15\%)]=1\ 190$万元;

填方:$7\times100(1+15\%)+5\times[120-100(1+15\%)]=830$万元;

路面:$26\times104=2\ 704$万元;

合计:4 724万元。

因此,通过该方法,下调了20万元,总价的不合理性相对受到控制。

6. 加强变更工程造价管理的途径

加强变更工程造价管理的途径主要如下。

(1)严格按合同中规定的变更工程造价确定原则来确定变更工程的造价。

(2)加强变更工程的计量工作,尤其是要加强变更工程开(竣)工测量工作、工程隐蔽部位的计量工作。

(3)对采用计日工形式计价的变更工程项目,监理工程师应及时对发生的计日工数量进行检查和清点,以保证计日工数量的准确性。另外对大型变更工程应避免使用计日工形式计价,因为该方式不利于促进施工效率的提高,甚至增大工程造价,降低投资效益。

(4)当工程量清单中没有相应工程细目的单价,而需要造价工程师和承包人协商确定新的单价时,造价工程师应参照公路工程预算定额及编制办法,尽量依据承包人在投标时的报价分析资料和工程量清单中的单价来协商确定其价格。

(5)当工程造价出现FIDIC条款第52.3条规定的合同价格调整现象时,造价工程师应本着公平合理原则,在全面分析承包人的施工成本和利润的基础上,确定出需要增加或减少的合同款额。

(6)在变更工程的造价管理过程中,应严格按管理程序执行分级审批制度,加强内部监督,做到层层把关,以杜绝利用工程变更钻业主和合同空子的行为。

(7)对有不平衡报价的合同,应加强单价分析,并对与此相关的工程细目和工程量,加强全面综合控制。以下是一些在造价管理中应加强控制的工程变更:

①工程规模扩大的工程变更;

②因工程性质改变的工程变更;

③单价偏高的工程细目其工程量会增大的工程变更;

④单价偏低的工程细目其工程量会减小的工程变更。

第二节 价格调整

工程施工过程中,物价的变化具有很强的不确定性和不可预见性,施工成本会因物价的变化而变化,物价上涨时,施工成本会上升,反之会下降。为此,合同条款第70.1款规定对物价变化所引起的施工成本变化应单独处理,即进行价格调整。价格调整可以避免双方的风险损失,同时由于承包人在报价中不用考虑物价上涨因素,因而有利于降低投标报价及降低工程造价。所以合同条款规定,工期较长的合同(工期长于24个月)都应设立价格调整条款。

价格调整的一般方法有“价格指数法”和“基本价格法”。两种方法相比,如果能够得到合适的价格指数,应该尽量采用前者,因为这样较有利于管理。以下是FIDIC条款中的价格调整方法。

一、价格调整的一般方法

1. 基本价格法

基本价格法是以投标截止日期前28天各种资源的价格(称为基本价格)为基础进行价格调整的一种方法。施工过程中的价格调整额根据其资源消耗量与资源价格变化量的乘积来确定。即:

价格调整额 = 资源消耗量 ×(现行价格 - 基本价格)

基本价格法在采用时应解决好如下几个问题:

(1)对哪些资源的价格进行调整;

(2)资源消耗量怎样确定;

(3)基本价格怎样确定;

(4)现行价格怎样确定。

对于第一个问题,为简化工作,通常只对占合同价格比例较大的几种资源(如人工费、几种主要材料费等)进行调整,以简化价格调整工作。为保持合同的可操作性,在专用条款中应详细列明拟调整价格的资源名称。

对于第二个问题(即资源消耗量的确定),可以根据实际需要的到场材料和其他资源的数量来确定,但监理工程师将为到场材料数量的确定特别是合理使用量的确定等管理工作花费很大的精力,实践中也难于管理。所以我国可以根据概、预算中人工、主要材料、机械台(班)数量汇总表中的数据来确定。

对于第三个问题(即基本价格的确定),有两种方法:一是由承包人在投标时填报基本价格;另一种方法是根据各地定额站颁发的同期价格信息(如有的话)来确定。

对于第四个问题(即现行价格的确定),有三种方法:第一种方法是由监理工程师通过调查来确定现行价格,但往往由于价格信息的不充分及价格的波动而引起监理工程师、业主和承包人对现行价格的分歧;第二种方法是根据各地定额站颁发的现行价格信息(如有的话)来确定;第三种方法是根据承包人的实际已到场材料的价格(发票)来确定,其缺点是发票的真伪不易辨认,且不利于承包人加强材料采购,降低材料价格。

总之,实践中要解决好以上四个问题,都有一定的难度。基本价格法看上去直观、简单,但操作起来却很困难,即可操作性差。

2. 价格指数法

价格指数法是以投标截止日期前第28天的各种资源的基本价格指数为基础来进行价格调整的一种方法。施工过程中的价格调整数额按下式确定,即:

$$\mathrm{ADJ} = \mathrm{MVW} \times (C_0 + \sum C_i b_i - 1) \tag{5-1}$$

其约束条件为:

$$C_0 + \sum C_i = 1 \tag{5-2}$$

式中：ADJ——价格调整金额；

MVW——结算工程款，是合同中规定可参与调价的工程结算款，多数业主通常只允许对永久工程的验工计价作出调价，承包人应该在签约时就力争将计日工和临时款项等收入也列到结算工程款的范畴，因为结算工程款对于调价结果有着直接影响；

C_0——固定系数，即支付中不进行调整的金额权重，不进行调整的金额指固定的间接费和利润、保险费和各类税收以及业主以固定价格提供的材料和按现行价格支付的项目等，一般取0.15，但应看具体项目而定，在FIDIC条款的调价公式中必须事先明确固定系数的数值，因为固定系数对于调价结果的影响很大；

i——1，2，3，…，n 代表要进行价格调整的各种资源；

C_i——影响价格的各种材料或资源的费用所占的权重系数：

$$C_i = W_i / \sum W_i \times (1 - C_0) \tag{5-3}$$

其中：W_i——第 i 种资源的总金额，如沥青材料等；

$\sum W_i$——所有需进行价格调整的资源的总金额；

b_i——影响价格因素的现价指数与基价指数之比，它等于现价与基价之比；

$$b_i = P_{1i} / P_{0i} \tag{5-4}$$

其中：P_{1i}——为现价指数，即各种资源在进行价格调整时适用的现行价格指数；

P_{0i}——为基价指数，即投标截止日期前28天各种资源通用的价格指数。

二、价格调整的程序与计算步骤

根据国际惯例，在建设项目已完工程费用的结算中，一般是采用“价格指数法”进行价格调整。事实上，绝大多数情况是甲乙双方在签订的合同中就规定了明确的调价公式。

价格调整的计算工作比较复杂，首先，确定计算物价指数的品种。为了平衡物价风险，必须选择对工程投资、工程成本以下较大且投入数量较多的主要材料作为代表。一般地说，品种不宜太多，参与调价的因素取5～10种为宜，如设备、水泥、钢材、木材和工资等，这样便于计算。

其次，确定物价指数即基价指数和现价指数。合同条款规定，投标截止日期前第28天原产地国家统计局公布流通使用的基础物价指数为参与调价品种的基价指数；工程开工后原产地国家统计局公布流通使用的现行物价指数为参与调价品种的现行指数。现价指数按指数选择基期的不同分为定基物价指数和环比物价指数。定基物价指数以某一固定期为基期所计算的相对价格指数，而环比物价指数是以计算期的前一时期为基期所计算的相对价格指数，如规定以一个年度期限编制的环比指数为年度环比指数。国际上习惯使用定基物价指数，如香港统计局每月公布的钢材价格指数都是以1975年12月为基期，1989年12月钢材价格指数为573，是指相对于1975年12月钢材价格指数为100而推测的。我国每年公布一次本年度相对于上年度的各种物价指数，即环比物价指数，公布时间一般为次年3月，采用时应注意。如基期年为1996年，钢材物价指数为100，1997年钢材价格指数相对于1996年上涨10%，1998年相对于1997年上涨12%，1999年相对于1998年上涨11%，则1999年相对于1996年的钢材价格指数为：100×(1+10%)×(1+12%)×(1+

11%）=145.20。

第三，确定每个品种的权重系数和固定系数，各品种的权重系数要根据该品种价格占总造价的比例而定。各品种系数之和加上固定系数应该等于1。

综上所述，监理工程师应按下述步骤进行价格调整：

(1)分析施工中必需的投入，并决定选用一个公式，还是选用几个公式；

(2)估计各项投入占工程总成本的相对比重，以及国内投入和国外投入的分配，并决定对国内成本与国外成本是否分别采用单独的公式；

(3)选择能代表主要投入的物价指数；

(4)确定合同价中固定系数和不同投入因素的物价指数的变化范围；

(5)按公式规定的应用范围和用法计算调整金额；

(6)如有必要，规定外汇汇率的调整。

第三节　工程索赔与索赔费用的确定

一、索赔的含义及其特征

合同条款并不希望承包人在其投标报价中将不可预见到的风险因素和大笔应急费用全部包括进去，而是主张如果确实发生了此类事件，则应由业主赔偿或支付这类费用，这就构成了索赔的理论基础。

所谓“索赔”，顾名思义有索取赔偿之意，是指当事人一方在合同实施过程中，根据合同及法律规定，对并非由于自己的过错，而是属于对方的风险责任或过错所造成的实际损失，凭有关证据向对方提出请求给予补偿的过程。广义的索赔包括承包人向业主的索赔及业主向承包人的索赔（反索赔），合同条款第53条规定的索赔专指承包人向业主的索赔。

在合同执行过程中，如果当事人一方认为另一方没能履行或不完全履行合同既定的义务或妨碍了自己履行合同义务，或是发生了合同中规定由另一方承担的风险事件，结果造成经济损失，则受损方通常可提出索赔要求。显然，索赔对另一方不具任何惩罚性质，它是一个问题的两个方面，是签定合同的双方各自应该享有的合法权利，实际上是业主与承包人之间在分担工程风险方面的责任再分配。这是一种经济行为，也是一项管理业务，对业主和承包人而言，这种经济行为是双向的，只是索赔的出发点和对象各不相同罢了，并不是“主动”与“被动”的关系，只是主动提出索赔的一方往往是承包人，故国内同行经常使用“索赔”与“反索赔”的说法以示区别。

从合同条款的规定中可以看出索赔具有以下几个本质特征：

(1)索赔是要求给予赔偿的权利主张；

(2)索赔的依据是合同文件及适用法律的规定；

(3)承包人自己没有过错；

(4)这种情况的责任应由业主（包括其代理人或监理工程师）承担；

(5)与合同标准相比较已经发生实际损失（包括工期和经济损失）；

(6)必须有切实的证据。

二、索赔的有关规定

1. 索赔通知

合同条款第53.1款规定:如果承包人根据本合同条款中任何条款提出任何附加支付的索赔时,他应在该索赔事件首次发生的21天之内将其索赔意向书提交监理工程师,并抄送业主。

2. 当时记录

在第53.1款所指事件发生时,承包人应保存当时的记录,作为申请索赔的凭证。监理工程师在接到第53.1款所述的索赔意向书时,无须认可是否系业主责任,先应审查这些当时记录,并可指示承包人进一步做好当时记录。承包人应允许监理工程师审查其保存的全部记录,当监理工程师要求时,应向监理工程师提交记录的复制件。

3. 索赔的证明

在根据第53.1款规定发生索赔意向书后的21天内,或监理工程师同意的另一期限内,承包人应送交监理工程师一份拟索赔款额的详细账目,并说明索赔所依据的理由。如索赔的事件具有连续性,上述账目应认为是一笔暂时账目。承包人应在监理工程师要求的间隔时间内,送交继发的暂时账目和索赔理由。并在此索赔事件终止后21天之内送出最后账目。承包人还应将本款规定送交监理工程师的全部账目的复制件送交业主。

4. 不合规定

如果承包人提出的索赔要求未能遵守本条中的各项规定,则承包人无权得到索赔或只限于索赔由监理工程师按当时记录予以核实的那部分款额。

5. 索赔的支付

监理工程师应对承包人根据上述各款规定提供的索赔证据和详细账目进行审查核实,在与业主和承包人协商后,确定承包人有权得到的全部或部分的索赔款额,并按第60条规定列入核签的期中支付证书或最后支付证书内予以支付。监理工程师应将此决定通知承包人,并抄送业主。

三、索赔的类型

合同条款中承包人可用于索赔的条款很多,这些索赔按引发的原因不同大致可分为四大类型。

第一类是业主过错引起的索赔,如第20条、第23条、第41条、第60条、第69条及第70条所指的索赔;

第二类是监理过错或责任引起的索赔,如第2条、第6条、第7条、第8条及第40条所指的索赔;

第三类是合同变更引起的索赔,如第51条所指的索赔;

第四类是不可预见因素引起的索赔,如第12条、第20条、第27条、第65条及第70条所指的索赔。

当施工索赔超出合同规定的情况时,承包人可依据合同法的规定来索赔。如业主的其他过错或监理过错造成承包人的损失时,承包人可以依据合同法的违约责任规定来索赔;又如在施工过程中业主要求赶工(缩短工期)而造成费用增加时,承包人可依据合同变更的法律规定来索赔。

四、处理索赔的一般原则与要求

1. 要有合同依据

监理工程师处理双方所提出的索赔必须以合同或法律为依据。但有时合同文件本身也会引起索赔,由于合同文件的内容相当广泛,包括合同协议书、图纸、合同条件、工程量清单以及许许多多的来往函件和修改变更通知,以致自相矛盾,或者可作不同解释,导致合同纠纷。根据 FIDIC 条款第 5.2 款规定,组成合同的几个文件应该认为是能彼此互为解释的,在出现含糊或互不一致的情况下,监理工程师应该向承包人发出有关指令,以便对此作出解释和调整。除非合同另有规定,组成合同的几个文件的优先支配地位应遵循第 5.2 款的规定。

组成合同的各个文件应该认为是一个整体,彼此相互解释,相互补充,如出现相互矛盾的情况,以下述文件次序在先者为准。

组成合同的多个文件的优先支配地位的次序如下:

(1)合同协议书及附件(含评标期间和合同谈判过程中的澄清文件和补充资料);

(2)中标通知书;

(3)投标书和投标书附录;

(4)合同专用条款及数据表(含招标文件补遗书中与此有关的部分);

(5)合同通用条款;

(6)技术规范(含招标文件补遗书中与此有关的部分);

(7)图纸(含招标文件补遗书中与此有关的部分);

(8)标价的工程量清单;

(9)投标书附表;

(10)在本合同专用条款中可能规定的构成本合同组成部分的其他文件。

2. 要有损害事实

要有损害事实即合同中规定业主承担的风险责任的确给承包人造成了实际损害,使承包人增加了额外费用或发生了不应有的损失。所以承包人的索赔要以实际损害为前提,以损害事实为依据,如果没有损害事实,则不能给予补偿。

3. 应在规定期限内提出索赔

承包人应在规定的期限内提出索赔。超过规定期限提出的索赔,会使得准确确认索赔难度加,在这种情况下,根据合同规定监理工程师有权按承包人自动放弃这种权利来处理,这是索赔处理中的国际惯例。

4. 索赔的审批应公平合理

索赔的审批应公平合理,即确认的索赔金额应真实地反映承包人的实际损害,符合法律和合同规定的公平原则。

在处理索赔事件中,监理工程师还应注意下列事项。

(1)监理工程师必须注意资料的积累

积累一切可能涉及索赔论证的资料,同施工企业、建设单位研究的技术问题、进度问题和其他重大问题的会议应做好文字记录，并争取会议参加者签字，作为正式文档资料。同时应建立严密的监理日志，承包人对监理工程师指令的执行情况、抽查试验记录、工序验收记录、计量记录、日进度记录及每天发生的可能影响到合同协议的事件的具体情况等，同时还应建立业务往来的文件编号档案等业务记录制度，做到处理索赔时有充分的事实依据。

(2)及时、合理地处理索赔

索赔发生后，监理工程师应及时对索赔进行处理。及时处理索赔可以促进业主、承包人之间的信任与合作，促进合同的正常履行；及时处理索赔能提高索赔处理结果的准确性，避免时过境迁而无法确定赔偿带来的不利影响。此外，及时处理索赔还可以简化竣工结算、避免结算工作的复杂性。

(3)加强主动监理，减少工程索赔

在我国，监理与承包人是为完成同一工程而进行的不同分工，必须提倡主动监理，要在工程的实施过程中，将预料到的可能发生的问题告诉承包企业，避免由于工程返工所造成的工程成本上升。另外，应对可能引起的索赔进行预测，尽量采取一些措施，进行补救，避免索赔的发生。

五、索赔审批程序

图5-1是索赔审批的程序框图，在审批过程中，应贯彻分级审批的原则。通常由驻地监理

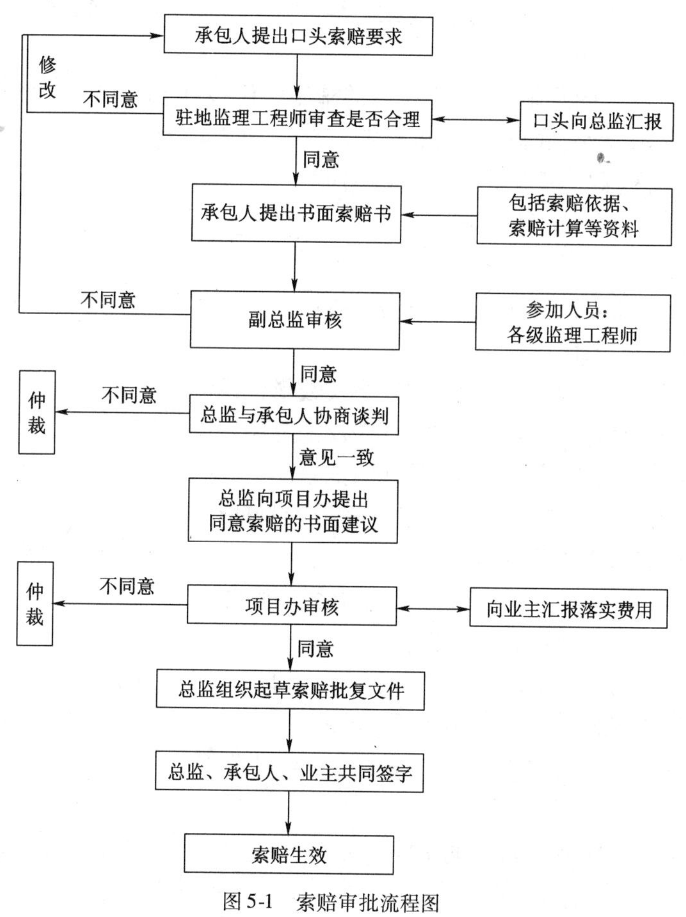

图5-1 索赔审批流程图

查证索赔原因、核实索赔数量,高级驻地监理确定索赔价格和金额,总监进行索赔的审批和控制。

六、索赔证据与索赔文件

1. 索赔证据

任何索赔事件的确立,其前提条件是必须有正当的索赔理由。对正当索赔理由的说明必须有证据,因为索赔的进行主要靠证据说话。没有证据或证据不足,索赔是难以成功的。

(1)索赔证据的要求

①真实性。索赔证据必须是在合同实施过程中确实存在和发生的,必须完全反映实际情况,能经得住推敲。

②全面性。所提供的证据应能说明事件的全过程。索赔报告中涉及的索赔理由、事件过程、影响、索赔值等都应有相应证据,不能零乱和支离破碎。

③关联性。索赔的证据应能够互相说明,相互具有关联性,不能互相矛盾。

④及时性。索赔证据的取得及提出应及时。

⑤具有法律证明效力。一般要求证据必须是书面文件,有关记录、协议、纪要必须是双方签署的;工程中重大事件、特殊情况的记录、统计必须由监理工程师签证认可。

(2)索赔证据的种类

①招标文件、工程合同及附件、业主认可的施工组织设计、工程图纸、技术规范等。

②工程各项有关设计交底记录、变更图纸、变更施工指令等。

③工程各项经业主或监理工程师签认的签证。

④工程各项往来信件、指令、信函、通知、答复等。

⑤工程各项纪要。

⑥施工计划及现场实施情况记录。

⑦施工日报及工长工作日志、备忘录。

⑧工程送电、送水、道路开通、封闭的日期及数量记录。

⑨工程停电、停水和干扰事件影响的日期及恢复施工的日期。

⑩工程预付款、进度款拨付的数额及日期记录。

⑪工程图纸、图纸变更、交底记录的送达份数及日期记录。

⑫工程有关施工部位的照片及录像等。

⑬工程现场气候纪录。有关天气的温度、风力、雨雪等。

⑭工程验收报告及各项技术鉴定报告等。

⑮工程材料采购、订货、运输、进场、验收、使用等方面的凭证。

⑯工程会计核算资料。

⑰国家、省、市有关影响工程造价、工期的文件、规定等。

2. 索赔文件

索赔文件是承包人向业主索赔的正式书面材料,也是业主审议承包人索赔请求的主要依据。索赔文件通常包括三个部分:

(1)索赔信

索赔信是一封承包人致业主或其代表的简短的信函,应包括以下内容:

①说明索赔事件;

②列举索赔理由;

③提出索赔金额与工期;

④附件说明。

整个索赔信是提纲性的材料,它把其他材料贯通起来。

(2)索赔报告

索赔报告是索赔文件的正文,其结构一般包含三个主要部分。首先是报告的标题,应言简意赅地概括索赔的核心内容;其次是事实与理由,这部分应叙述客观事实,合理引用合同规定,建立事实与损失之间的因果关系,说明索赔的合理合法性;最后是损失计算与要求赔偿金额与工期,这部分只需列举各项明细数字及汇总数据即可。

需要特别注意的是索赔报告的表述方式对索赔的解决有重大影响。一般应注意如下几个方面:

①索赔事件要真实、证据确凿。索赔针对的事件必须实事求是,有确凿的证据,令对方无可推卸和辩驳。对事件叙述要清楚明确,避免使用"可能"、"也许"等估计、猜测性语言,造成索赔说服力不强。

②计算索赔值要合理、准确。要将计算的依据、方法、结果详细地说明列出,这样易于对方接受,减少争议和纠纷。

③责任分析要清楚。一般索赔所针对的事件都是由于非承包人责任引起的,因此,在索赔报告中必须明确对方负全部责任,而不可用含糊的语言,这样会丧失自己在索赔中的有利地位,使索赔失败。

④在索赔报告中,要强调事件的不可预见性和突发性,说明承包人对它不可能有准备,也无法预防,并且承包人为了避免和减轻该事件的影响和损失已尽了最大的努力,采取了能够采取的措施,从而使索赔理由更加充分,更易于对方接受。

⑤明确阐述由于干扰事件的影响,使承包人的工程施工受到严重干扰,并为此增加了支出,拖延了工期,表明干扰事件与索赔有直接的因果关系。

⑥索赔报告书写用语应尽量婉转,避免使用强硬、不客气的语言,否则会给索赔带来不利的影响。

(3)附件

索赔文件中附件主要是索赔报告中所列举事实、理由、影响等的证明文件和证据;详细计算书,这是为了证实索赔金额的真实性而设置的,为了简明可以大量运用图表。

七、索赔费用的组成

表5-4是常见的几种索赔情况的费用构成。

1. 停工费

停工及窝工费的计算方法:

(1)合同中规定了计算方法的,原则上按合同中规定的计算方法计算;

工程索赔的费用项目构成分析 表5-4

索赔事件	可能的费用损失项目	有关说明
工程中断	(1)停工费； (2)机械停置费； (3)材料积压损失费； (4)管理费损失； (5)其他支出费	见本表后续说明
期延后的索赔	(1)工期延长后物价上涨使原工程成本增加； (2)各种开办费用的增加； (3)其他索赔	(1)物价上涨引起的成本增加按价格调整的有关规定去处理； (2)开办费用具有包干的性质，但延期后承包人会认为开办费包不住，如会增加临时设施维护费、保险费等各项费用
工程变更	(1)工程量增加所引起索赔； (2)附加工程所引起索赔； (3)工程的性质、质量、类型改变引起的索赔	变更工程的计价问题按工程变更的有关规定来处理，工程变更引起工程中断及延期后的费用索赔按前述规定进行
业主指令工程加速	(1)人工费增加； (2)材料费增加； (3)现场施工机械费用增加； (4)现场管理费增加； (5)总部管理费用增加； (6)利息增加	(1)因抢工不合理投入大量劳动力致使工效降低造成损失； (2)因抢工不经济地使用材料，材料运费等增加； (3)增加大量机械，不合理地使用机械、停班多、费用增加； (4)临时增加人员，临时宿舍旅馆费增加，加班费、差旅费、生活补贴、管理人员增加； (5)因抢工临时增加贷款进货进料，增加流动资金、银行贷款利息增加

(2)合同中未规定计算方法的，可以参考：

①计日工单价；

②人工费预算单价；

③当前的人工工资水平。

在此基础上确定停工及窝工费的工日单价并根据实际的停工及窝工时间进行计算。其中停工、窝工时间中应根据工程的不同性质扣除雨水天气所占用的时间。

2. 材料积压损失费

(1)合同中已支付材料预付款的，原则上不考虑材料积压损失费；

(2)合同中未支付材料预付款的，可根据材料费价格及积压材料的费用总额计算其利息；

(3)对于使用时间有要求的材料，当材料积压时间太长时，应根据实际情况考虑材料超过使用期限后报废的损失。

3. 机械停置费损失

(1)合同中规定了计算方法的，原则上按合同中规定的计算方法计算。

(2)合同中未规定计算方法的,可参考下列公式计算:

机械停置费台班单价=(折旧费+大修理费)×50%+机上人员工资+养路费及车船使用税

其中,折旧费、大修理费是指机械台班费用定额中每台班的折旧费和大修理费,由于机械设备的使用率为50%左右,所以在计费时按50%考虑。

机上人员工资按停工、窝工费的计算方法确定。养路费及车船使用税可查有关定额或规定。

(3)施工单位的租赁机械,可在出具租赁合同后,根据租赁价格扣除燃料费后确定其停置费。

4. 管理费

(1)可根据实际情况由业主、承包人、监理工程师协商确定(主要考虑现场管理费)。

(2)按辅助资料表中的单价分析表中的管理费比例,测算管理费占合同总价的比例之后确定合同总价中的管理费总额;再根据项目合同工期测算承包人每天的现场管理费总额;最后根据增工、停工或窝工时间确定索赔事件期间所发生的管理费总额。

5. 延长工期后的费用

(1)工程保险费追加,可根据保险单或调查所得的保险费率来确定保险费用(当合同规定由承包人办理工程保险时);

(2)承包人临时设施维护费,如已包含在现场管理费中,则不另行计算,否则可根据延长时间由业主、承包人、监理工程师协商确定维护费用;

(3)延长期间的临时租地费,可根据租地合同或其他票据参考确定(当合同规定临时租地费由业主承担时);

(4)临时工程的维护费,可根据临时工程的性质及实际情况由业主、承包人、监理工程师协商确定。

6. 延期付款利息

根据投标书附件中规定的延期付款利率和延期付款时间,按单利法或复利法进行计算。

7. 赶工费

为抢工期而增加的周转性材料增加费、工效和机械效率降低费、职工的加班费、不经济地使用材料等赶工费,由业主、承包人、监理工程师根据赶工的工程性质和当时当地的实际情况协商确定。

8. 利润

对于不同性质的索赔,取得利润索赔的成功率是不同的。一般来说,由于工程范围的变更和施工条件变化引起的索赔,承包人是可以列入利润的;由于业主的原因终止或放弃合同,承包人也有权获得已完成工程款外,还应得到原定比例的利润。而对于工程延误的索赔,由于利润通常是包括在每项实施的工程内容的价格之内的,而延误工期并未影响、削减某些项目的实施,而导致利润减少,所以,一般监理工程师很难同意在延误费用索赔中加进利润损失。

索赔利润款额的计算通常是与原报价单中的利润百分率保持一致。即在索赔款直接费的基础上,乘以原报价单中的利润率,即为该项索赔款中的利润额。

9. 其他费用

其他费用根据实际情况由业主、承包人及监理工程师协商确定。

八、索赔费用的计算方法

1. 分项法

分项法是按每个索赔事件所引起的损失费用项目分别分析计算索赔值的一种方法。这一方法是在明确责任的前提下,将需索赔的费用分项列出,并提供相应的工程记录、收据、发票等证据资料。这样可以在较短时间内给以分析、核实,确定索赔费用顺利解决索赔事宜。在实际工作中,绝大多数工程的索赔都采用分项法计算。

分项法计算通常分为以下三步。

(1)分析每个或每类索赔事件所影响的费用项目,不得有遗漏。这些费用项目通常应与合同报价中的费用项目一致。

(2)计算每个费用项目受索赔事件影响后的数值,通过与合同价中的费用值进行比较即可得到该项费用的索赔额。

(3)将各费用项目的索赔值汇总,得到总费用索赔值。分项法中索赔费用主要包括该项工程施工过程中所发生的额外人工费、材料费、施工机械使用费、相应的管理费以及应得的间接费、利润等。由于分项法所依据的是实际发生的成本记录或单据,所以施工过程中,对第一手资料的收集整理就显得非常重要。

2. 总费用法

总费用法,又称总成本法,就是当发生多次索赔事件后,重新计算出该工程的实际总费用,再从这个实际总费用中减去投标报价时的估算总费用,计算出索赔余额,具体公式为:

$$索赔金额 = 实际总费用 - 投标报价时估算总费用$$

采用总费用法进行索赔时应注意以下几点。

(1)采用这个方法往往是由于施工过程中受到严重干扰,造成多个索赔事件混杂在一起,导致难以准确地进行分项记录和收集资料、证据,也不容易分项计算出具体的损失费用,只得采用总费用法进行索赔。

(2)承包人报价必须合理,不能是采取低价中标策略后过低的标价。

(3)该方法要求必须出具足够的证据,证明其全部费用的合理性,否则其索赔款额将不容易被接受。

(4)由于实际发生的总费用中可能包括了因承包人的原因(如施工组织不善、浪费材料等)而增加的费用,同时承包人投标报价估算的总费用由于急于中标而过低,因此,总费用法只有在难以按分项法计算索赔费用时才能使用。

3. 修正总费用法

修正总费用法是对总费用法的改进,即在总费用计算的原则上,去掉一些不合理的因素,使其更合理。修正的内容如下。

(1)将计算索赔款的时段局限于受到外界影响的时间,而不是整个施工期。

(2)只计算受影响时段内的某项工作所受影响的损失,而不是计算该时段内所有施工工作所受的损失。

(3)与该工作无关的费用不列入总费用中。

(4)对投标报价费用重新进行核算:按受影响时段内该项工作的实际单价进行核算,乘以实际完成的该项工作的工作量,得出调整后的报价费用。

按修正后的总费用计算索赔金额的计算公式为:

索赔金额 = 某项工作调整后的实际总费用 - 该项工作的报价费用

修正的总费用法与总费用法相比,有了实质性的改进,已相当准确地反映出实际增加的费用。

九、索赔的防范

当索赔意向已经由承包人提出时,监理工程师的工作就会显得被动一些,不合理的索赔虽然可以驳回,但合理的索赔应当予以批准,因此,重要的是尽量防止索赔事件的发生。监理工程师及所属监理人员都应尽力完成合同规定的义务和责任,同时也要帮助业主按合同条款办事。为了尽可能防止索赔的产生,监理工程师应遵循以下原则。

(1)监理工程师和驻地监理工程师应尽早开始对监理工作进行准备,最好在工程招标之前进行。监理工程师及监理人员应尽早熟悉合同文件、工地环境、地质水文资料、施工进度计划、施工机械设备和人员、施工方法等各方面详细情况。

(2)监理工程师应作详尽的监理规划和工作计划,在每一工作环节上,都应与承包人尽早地进行分析预测和控制工作。

(3)监理人员应严格根据合同条款实施监理,绝不能因自己的失职和错误而给承包人带来索赔的机会和理由。

(4)监理人员应时常注意提醒和督促业主按合同办事。

(5)建立健全的工作制度和监理程序,并严格执行。

(6)做好记录,包括各种指示、函件、决定、会议、试验、法规等记录,这是判断索赔合理性的重要依据。

(7)指定专人负责索赔事务,并建立技术人员、管理人员、财务人员之间联络的制度。

(8)尽早提供帮助和协助,或迅速采取防范和补救措施,是承包人减少乃至避免损失,以争取承包人不提出索赔。通过变更来调整承包人的工作是最常用的措施。

(9)当承包人提出索赔时,监理工程师应尽快采取行动,将损失降至最少。

当然,大多数索赔是难以防范的。从设计、招标到设备材料供货,从地质勘探到气候状况,存在着许多不确定、可变或不可控制的因素,这些因素中反映了工程建设的复杂性。索赔在合同条款中就是用来分担风险因素的条款,因此应作为正常经济和法律现象来加以对待和研究。

十、索赔案例

【例 5-6】 合同文件错误引起的索赔

某污水管线工程在施工将完工时,监理工程师才发现,图纸上所示的一污水管段没有注明尺寸。监理工程师立即将图纸上的错误矫正,并指示承包人按经矫正的图纸上的尺寸敷设管道。承包人需要重新定购这种尺寸的管段,结果,一个专业队的安装人员被迫闲着三周,工期已接近尾声,无其他工作可做。

承包人根据第6.2款,要求获得附加款项,因为合同文件的错误带来了延误,或者是监理工程师的变更令带来了延误,并受到损失。

监理工程师不接受这项索赔要求,因为图纸没有注明尺寸,是承包人事前可以预见得到的,承包人于投标时必须细看图纸(第11条),应在当时或工程初期要求澄清。

【例5-7】 放线资料错误引起的索赔

某工程的一个截流检查井所放线和建造的位置偏低了1m,基于水力方面的考虑,该井不得不提高。

承包人说,该检查井是根据监理工程师属下的测量员所提供的临时水准点而放线的,故此提高检查井的费用应由业主负担(第17条)。

监理工程师答复说,监理工程师属下的测量员曾在现场附近测定临时水准点,这是正确的,测量员所作的测定,误差有1m(过低)。测定这一临时水准点所用的参考点(已在图纸上显示)是正确的。

承包人有责任在检查井附近确定临时水准基点,依赖监理工程师属下的测量员所确定的水准基点,并非以合同条件第17条所规定的书面形式提供的。因此,承包人必须自费矫正放线方面的错误。

【例5-8】 工程暂停引起的索赔

某公路工程在一座桥梁引桥路堤施工到最高点时,其中一个桥台的桩柱出现裂痕,改裂痕是基底土沉陷所致。监理工程师于4月1日下令暂停有关工程。

4月15日,监理工程师又下令附近一座桥梁暂停施工,因为该桥可能会遇到同样的问题。

上述两座桥梁的桥台已经建成,而预应力大梁亦准备妥当,随时可以开始安装。监理工程师应承包人的要求于4月20日撤销大梁吊装的指令。于5月30日重新开始土方工程,并指示将上述两座桥的引桥路基加上辅助桩,作为变更工程,价格由监理工程师与承包人议定。

5月9日,承包人通知索赔意向,根据第40条规定,就上述两项暂停指令要求补偿额外费用。索赔数额是中断工程期间的机械闲置费、雇人看管的费用、吊装小组的窝工费用、在没有引桥路堤的条件下架设所需要的附加拖架设备所需费用。

监理工程师答复如下:

暂停施工是设计错误所致,根据第40条,索赔原则上可以接受。但对第一次暂停的索赔不能接受,因为监理工程师下令暂停施工后21天内承包人未给予索赔通知。第二次暂停命令后19天给予了索赔通知,因此,只接受第二次停工的索赔。

第二次停工导致的费用由监理工程师确定,由业主支付。这些费用包括管理费,利润则不包括在内。

【例5-9】 因不可抗力事件引起的索赔

某地区因连遭暴风雨袭击而发生严重的洪水灾害,致使一条正在施工的公路发生如下损失:

①部分路基被洪水冲毁,估计损失为500万元;

②一座临时水泥仓库被暴雨淋湿,估计损失为30万元;

③部分临时设施被毁,其损失为70万元;

④工棚倒塌,致使现场的部分施工机械受损,其损失为30万元;

⑤施工过程中因原排水系统被破坏，洪水无法正常渲泄，致使公路沿线的农田被淹，估计其损失为100万元；

⑥临时房屋倒塌造成承包人人员伤亡，其损失为20万元；

⑦工程被迫停工15天，停工窝工和机械闲置，其损失为50万元。

承包人就上述损失向业主提出了索赔。

索赔的处理：

根据FIDIC条款第20.4款、第22.1款、第24.1款及第40.1款，上述各项损失应按表5-5处理。即雇主应承担被毁工程、水泥材料及临时设施的修复损失、停工窝工和停机损失共计650万元；而施工机械受损、承包人人员伤亡、农田受淹150万元应由承包人承担。

由于办理了建筑工程一切险，因此雇主遭受的损失部分可由保险公司赔偿。经调查，该项工程造价需6000万元，而投保金额为5000万元，按保险公司规定，当保险金额低于工程完成时的总价值时，其赔偿只能按保金与总价值的比例支付，即保险公司的赔偿费为：

$$(500+30+70)\times 5\,000 \div 6\,000 = 500\ 万元$$

雇主办理保险应交纳的保险费为：

$$5\,000\times 4‰ = 20\ 万元$$

所以，雇主所受损失的600万元中的500万元可由保险公司承担。雇主用20万元保险费避免了500万元的损失。

由于办理了第三者责任保险，因此周围农田受淹损失中的100万元中的50万（只保了50万元）可由保险公司赔偿。需交纳的保险费为：

$$50\times 3‰ = 0.15\ 万元$$

表5-5中括号内的数据为保险公司承担费用。

索赔费用处理一览表　　表5-5

序号	受损项目	合同依据	承担人	损失(万元)
1	部分路基	20.4	业主和保险公司	500(500×5/6)
2	水泥仓库	20.4	业主和保险公司	30(30×5/6)
3	临时设施	20.4	业主和保险公司	70(70×5/6)
4	施工机械	22.1	承包人	30
5	农田被淹损失	24.1	承包人和保险公司	100(50)
6	承包人人员伤亡	22.1	承包人	20
7	停工窝工和机械闲置	40.1	业主	50

【例5-10】 某高速公路的某一合同，原设计为两边是高架桥，中间有980m路堤。在承包人施工期间，业主对此合同设计方案进行变更，取消980m路堤段，改为高架桥，即为全桥方案。但业主对此变更尚在研究，并未取得有关部门的正式认可，且没有正式通知监理工程师的情况下，就向承包人提供了变更工程草图，承包人根据草图进行了施工。当监理工程师得知这一情况后，于1988年7月18日正式下文通知承包人：凡没有按正常渠道受理和批准的变更令，任何未按合同文件施工的工程不能予以支付，且承包人应承担由此带来的法律和经济后果。承包人接文后，暂停了这部分工程，并准备按原合同文件进行。此时，业主正式通知监理

工程师，将对此段工程进行变更，希望暂停这部分的工程。据此，监理工程师于7月28日正式下达停工令。9月20日在业主变更方案获得批准后，监理工程师下达正式复工令。由于上述原因，承包人根据合同条款第40条的规定，提出停工期间的费用索赔。承包人随费用索赔申请书附上了有关文件、票据和详细的费用计算书。承包人称他7月18日收到监理工程师的文件后就停止了施工，至9月21日收到复工令，停工时间为65天。索赔金额为2 287 976.21元，汇总如表5-6所示：

承包人索赔费用汇总表 表5-6

名称及规格	数量	单位	单价	金额(元)	备注
1.误工费	1	天		2 176.80	
2.机械停置费	1	天		11 409.20	
3.水电费	1	天		157.50	
4.贝雷租金	1	天		300.00	
5.履约保函费	1	天		520.30	
6.工程咨询费	1	天		3 624.30	
7.管理费用	1	天		5 464.12	
日计	1	天		23 650.22	
合计	65	天		1 537 264.30	
8.其他直接费				150 711.91	
9.间接费用				600 000.00	
总计				2 287 976.21	

具体计算结果如下：

1. 误工费(2 176.80元/天)

1988年8月份，我二分部实际支付的生产工人工资总额为人民币65 277.36元，平均每人每天的工资费用为65 277.36÷240÷30=9.07元/天。每天的误工费为9.07×240=2 176.80元。

注：由于施工场地及计划安排的闲置，上述人员不能转移到别处工作。

2. 机械停置费(11 409.20元/天)

3. 水电费(157.50元/天)

(1)水费：1988年6~12月共缴纳6 630.40元，平均每天为6 630.40÷214天=30.98元。

(2)电费：1988年8月支付数为3 277.97元，平均每天为3 277.97÷31天=105.74元。

(3)基地水电费：1988年8月份为644.05元，平均每天为20.78元。

4. 贝雷租金

根据口头协议，贝雷片每片的租金为1元/天，共租300片，故贝雷租金为300元/天。

5. 履约保函费

为提供履约保函，一次性共支付手续费33 960元，银行贷款押金为6 792 500元，月息为0.45%。

我部提供履约保函的实际费用为:33 960 +67 925 000 ×0.45% ×36 =1 134 345.00(元),与数量清单101项相比平均每天超支:(1 134 345.00 -10 500.00) ÷36 ÷30 ÷2 =520.30(元)。

6. 工程咨询费

根据合同附表1外汇需求明细表,某外国公司的咨询费用总额为520 824美元,按合同协议,外国公司将负责500项桩基部分的技术工作,时间为13个月,这样,平均每天的费用为:

520 824 ×(1 -4.3%) ÷13 ÷30 ×76%

=971.30美元

=3 624.30元

这里4.3%为投标时的降价百分比;76%为该项费用的直接费部分。

7. 管理费用

1988年8月份实际发生的管理费用如下:计算公式为:二分部管理费 + 经理部管理费 ÷2

(1)工作人员工资:18 337.82 +10 766.02/2 =23 720.83元

(2)工资附加费:2 383.92 +699.79/2 =3 083.71元

(3)办公费:6 069.13 +2 536.50/2 =7 337.38元

(4)差旅费:4 960.00 +1 637.70/2 =5 778.85元

(5)固定资产使用费:5 241.35 +10 512.00/2 =10 497.35元

(6)工具、用具使用费:7 283.53 +393.10/2 =7 480.08元

(7)劳动保护费:7 632.12 +989.00/2 =8 126.62元

(8)房产、车船税:3 000.00 +700.00/2 =3 350.00元

(9)职工教育经费:2 839.50 +1 376.40/2 =3 527.70元

(10)利息支出:26 250.00元

(11)其他费用(包括业务招待费):3742.80 +1936.50/2 =4711.05元

(12)公司管理费:60 000.00元

以上各项合计:163 863.57元,平均每天:163 863.57 ÷30 =5 462.12元。

8. 其他直接费

(1)索赔准备费:900.00元。

(2)1至7项索赔金额为1 537 264.30元,我们在1988年9月21日复工后即应得到赔偿。但至1988年10月21日仍没有得到赔偿,应付利息:

1 537 264.30 ×7.5% ×13 =149 883.27元

(3)上述本息1 537 264.30 +149 883.26 =1 687 147.57(元),应按0.25‰计算每天的利息为1 687 147.57 ×0.25‰ =421.79(元),直至本索赔全部得到赔付。

9. 间接费用

由于停工使得在停工期间本应完成的工作量200万元被迫推迟至1991年进行。预计通货膨胀率将在30%左右,那么推迟施工所造成的损失为:

2 000 000 ×30% =600 000元

本例监理工程师的评估如下。

1. 合同条款

按照合同条款第40条的规定，此项费用索赔可以成立，且承包人应按合同要求，在监理工程师书面下达停工令后的28天以内提供了费用索赔意向。故此项费用索赔按合同要求被接受。

2. 提供期限

承包人主张停工时间应从1988年7月18日算起。但监理工程师认为，7月18日的指令是因为承包人未能按合同文件的要求进行施工才下发的。尽管承包人申述其未按合同规定的图纸施工是业主的原因，但本项费用索赔是根据合同条款第40条的规定，以监理工程师的书面令为准。故停工时间应以承包人正式收到的停工令和复工令的时间计算。经确认，承包人于1988年7月29日收到正式的停工令，1988年9月21日收到正式的复工令，因此，批准的停工期限为55天。

在书面停工令颁发之前的任何强制性停工不在本项费用索赔中考虑，承包人可以另案提出。

3. 索赔费用的确定

批准索赔金额为376 718.55元，汇总表如表5-7所示。

监理工程师审批的索赔费用汇总表 表5-7

名　称	数　量	单　位	金额(元)	备　注
(1)误工费	1	天	1 810.54	
(2)机械停置费	1	天	3 283.56	
(3)水电费	1	天	131.51	
(4)贝雷租金	1	天	300.00	
(5)管理费用	1	天	1 346.81	
日计	1	天	6 839.61	
合计	55	天	376 178.55	

(1)误工费：1 836.43元/天。

1988年8月份，二分部实际支付生产工人工资额减去超产奖后加上基本工资为60 206.20元，平均每人每天的工资为：

$$60\ 206.20 \div 240\text{人} \div 31\text{天} = 8.09\text{元/人/天}$$

监理工程师现场实测人数为277人，即：

$$8.09\text{元/人/天} \times 277\text{人} = 1\ 836.43\text{元/天}$$

扣除停工期间试桩墩钻孔桩施工的人工费，即：

$$1\ 836.43\text{元/天} - [(194.16\text{元} + 1\ 229.68\text{元}) \div 55\text{天}] = 1\ 810.54\text{元/天}$$

(2)机械停置费：3 283.56元/天。

(3)水电费：131.51元/天。

①水费：1988年6～12月×××中学共缴纳3 290.70元，3 290.70元÷214天＝15.38元/天

②电费：1988年8月份支付电费为3 227.97元÷31天＝105.74元/天

③基地水电费：1988年8月份为644.05元，因经理部所用应除以2，即：

$$15.38\text{元} + 105.74\text{元} + 10.39\text{元} = 131.51\text{元/天}$$

(4)贝雷租金：300元/天，按实际支付为300元/天。

(5)管理费用:1102.37 元/天。

参照承包人提供的 1988 年 8 月份管理费用资料,计算方法为(二分部管理费 + 经理部管理费/2) ÷ 31 天

①工作人员工资:15 462.26 + 10 455.02/2 = 20 689.77 元

②工资附加费:2 010.09 + 1 359.15/2 = 2 689.67 元

③办公费:6 069.13 + 2 536.50/2 = 7 337.38 元

④差旅费:4 960.00 + 1 637.70/2 = 5 778.85 元

⑤职工教育经费:(59 900.18 + 10 766.02/2) × 1.5% = 979.25 元

⑥其他费用:3 742.80 + 1 936.50/2 = 4 711.05 元

以上 6 项费用共计 42 185.97 元。

42 185.97 元 ÷ 31 天 = 1 360.84 元/天

扣除停工期间试桩和 112 号墩钻孔桩施工的管理费,即:

1 360.84 元/天 − [(170.06 元 + 601.40 元) ÷ 55 天] = 1 346.81 元/天

(6)停工期间仍进行施工的工作人员、机械和管理费用应减去的总费用有:

①112 号墩施工:(1 号桩施工)953.76 元

人工费:8.09 × 12 × 2 = 194.16 元

机械费:290.82 元/天

履带吊 1 台:189.24 元/天

混凝土车 1 台:71.03 元/天

混凝土搅拌站 1 台:30.55 元/天

290.82 元/天 × 2 天 = 581.64 元

管理费:

(194.16 + 581.64) × 21.92% = 170.06 元

194.16 + 581.64 + 170.06 = 945.86 元

②试桩施工:3 395.03 元

人工费:80.9 元/人 · 天 × 19 人 × 8 天 = 1 229.68 元

机械费:

吊车 1

189.24 元/天 × 8 天 = 1513.92 元

管理费:

(1 229.68 + 1513.92) × 21.92% = 601.40 元

1 229.68 + 1 513.92 + 601.40 = 3 345.00 元

第四节　工 程 延 期

一、工程延期的概念、性质及类型

工程延期是指由于非承包人自身原因造成的,经监理工程师书面批准的合理竣工期限的

延长。它不包括由于承包人的违约或者承包人未能履行他应尽的义务或责任而引起的工程延误。

工程延期在性质上仍属于索赔的范畴。与费用索赔相比,除了索赔对象不同外,索赔的合同依据也不完全相同。例如,在FIDIC条款中,工期索赔的范围更广,当异常恶劣的气候条件发生时,FIDIC条款允许工期索赔,但不允许费用索赔。

工期延误直接涉及到业主和承包人的切身利益。一方面工期延误将会使一个工程项目不能在预定的时间内交付使用,使运营效益减少,直接影响到投资效益的发挥。另一方面业主要增加工程项目的管理费用,特别是要承担投入资金的利息,工期拖得越长,这种负担就越重。同样对于承包人来说,如果工程拖延长久,不仅要受到处罚,造成经济损失,而且由于力量受到牵制,无法承接新的业务。因此,当工期延误发生后,监理工程师要分析产生影响计划进度实施的原因,根据合同规定,正确判定延误的性质,以作出相应的处理。

当工期延误是由于非承包人原因所造成时,则属于可原谅延误。在承包人按合同规定提交延期申请后,监理工程师应在调查、分析、核实延误的原因和影响,确定满足合同条件后,作出延期决定。当延误是承包人自身原因造成时,则属于不可原谅延误,监理工程师应对承包人作出反索赔甚至运用FIDIC条款第63.1款,将其逐出工地。

延期会打乱项目的整体进度计划和业主的经营计划,给业主造成经济损失,因此,业主不愿意合同延期。而合同的延期是承包人的正当权益,承包人可通过合理延期来避免工期延误后为赶工而增加的施工成本(当延误的工期得不到延期时就只得赶工)。总之,延期是合同管理中极重要的事件,监理工程师必须始终予以关注和监督,熟练掌握延期的处理原则,并尽早采取措施避免或减少工期延误。

监理工程师应牢记以下几点:

(1)批准延期可能造成业主增加支出;

(2)批准延期可能会给承包人要求费用索赔带来借口;

(3)拒绝承包人申请延期的合理要求,亦可导致承包人要求费用索赔。

FIDIC条款通用条件第44.1款,规定了可以批准延期的几种情况。对于不同的工程项目,可通过专用条件对这些规定作适当的修改。

根据FIDIC条款第44条规定,延期的主要类型如下:

(1)额外或附加工作造成工程或某区段工程必须延期完成;

(2)本合同条件中提到的任何误期原因;

(3)异常恶劣的气候条件造成工程延误;

(4)由业主造成的任何延误、干扰或阻碍;

(5)除去承包人不履行合同或违约或由他负责的以外,其他可能产生的特殊情况。

上述任何一种情况发生,使承包人有理由延期完成工程或其任何区段或部分时,则监理工程师应在与业主和承包人适当协商后作出公平的延期决定。

上述的部分涉及到许多条款,如第6.4款图纸延误发出;第12条,不利的自然障碍或条件;第27.1款,地下发现文物、化石等;第36.5款,合同外的检测;第20条,工程的损害;第65条,特殊风险;第40条,工程暂停;第42.1款,延迟占用土地;第69条,业主违约等。这些条款都具体地规定了可以作出延期决定的情况,具有可操作性。

二、工程延期的处理方法

1. 处理工程延期的一般规定

监理工程师必须在确认下述条件满足后,受理工程延期:

(1)由于非承包人的责任,工程不能按原定工期完工。

(2)延期情况发生后,承包人在合同规定的期限内向监理工程师提交工程延期意向。

(3)承包人承诺继续按合同规定向监理工程师提交有关延期的详细资料,并根据监理工程师需求随时提供有关证明。

(4)延期事件终止后,承包人在合同规定的期限内,向监理工程师提交正式的延期申请报告。

非承包人责任引起的可原谅延误,根据 FIDIC 条款 44.1 款判定。

合同条款中涉及到的延期事件,监理工程师可以根据条款的详细说明,找出判断延期的依据。

特殊情况如业主和承包人所不能控制的罢工及其他经济风险引起的延误可以延期。例如,由于政府政策的改变,影响了本工程有关劳务、材料或设备的采购与运输,因而造成工程延误。

异常恶劣的天气造成工程延误可以给予延期。而异常恶劣的天气与恶劣天气如何区分,则可在合同专用条件中说明,也可由监理工程师掌握。例如由于下雨,雨量为过去 20 年平均值的 2 倍,某承包人延误了 60 天,工程师认为 25 天为异常恶劣的气候,另外 35 天为可以预料的正常气候。

业主或业主代表原因引起的延误可以批准延期。例如某公路工程,业主与银行所签订的贷款合同中规定:银行在收到借款人(业主)与承包人正式共同签署的书面合同以后,才允许借款人从贷款中提取款项。由于合同成立之后,整理和编印供双方正式签署的合同文件于工程开工后才完成,在这期间,业主没有资金来源,无法按合同规定向承包人支付款项,由此造成的承包人的施工延误可以得到工期补偿。

监理工程师原因引起的延误也可以延期。如施工过程中监理工程师超出合同规定而进行的额外检测且检测结果合格时可以延期;监理工程师对隐蔽工程进行质量复查且结果合格时亦可延期。

但因可预见的条件或在承包人控制之内的情况,或由于承包人自己的问题与过错而引起的不可原谅延误,承包人没有资格获准延长工期。承包人必须无条件地按合同规定的时间实施和完成施工任务,否则构成违约。例如:由于承包人缺乏足够的财务能力;与承包人有直接关系的第三方造成的问题;分包人的行为;承包人对现场条件的错误判断;不适当的施工组织管理;没有适当的施工设备和劳力等引起延误的情况。

2. 共同延误的处理

共同延误是指两项或两项以上的单独延误同时发生的情况。

(1)在同一项工作上发生的共同延误

在同一项工作上同时发生两项或两项以上的延误的情况可能有以下几种基本组合,监理工程师应认真分析,区别处理:

①可补偿延误与不可原谅延误同时存在。监理工程师应注意,在这种情况下,不能批准承包人延期和经济补偿的要求,因为即便没有可补偿延误,不可原谅延误也已经造成工程延误。

②不可补偿延误与不可原谅延误同时存在。在这种情况下,监理工程师不能批准延长工期,因为即使没有不可补偿延误,不可原谅延误也已经导致工程延误。

③不可补偿延误与可补偿延误同时存在。此时,监理工程师可以批准承包人延期的要求,但不能给予经济补偿,因为即使没有可补偿延误,不可补偿延误也已经造成工程施工延误。

④两项可补偿延误同时存在。此时,监理工程师只能批准一项工期延长或经济补偿。

【例5-11】 某公路工程一合同段发生了以下原因引起的停工:1996年6月30日至7月3日承包人的设备出了故障;监理工程师向承包人提供后续图纸比规定时间晚了10天(7月1日至10日);7月5日至18日之间工地下了特大雨。监理工程师综合分析后作出如下决定:批准费用补偿1天(7月4日),延期15天(7月4日~18日)。

(2)在不同的工作上发生的共同延误

这是指在不同的工作上同时发生了两项或两项以上的延误,从而产生了对整个工程综合影响而言的共同延误。这种情况是比较复杂的,由于各项工作在工程总进度表中所处的地位和重要性不同,同等时间的相应延误对工程进度所产生的影响也就不同。工程师在处理这种共同延误时,应认真具体地分析单项延误分别对工程总进度所造成的影响,然后将这些影响进行比较,对相互重叠部分按前述在同一项工作上发生的共同延误处理。对剩余部分进一步分析延误引起的原因和影响,从而断定是否给予延长工期和经济补偿。

关于业主延误与承包人延误同时存在的共同延误,对其经济损失的处理,一般应用一定的方法分解延误,根据双方过错的大小及所造成影响的大小来按比例分担。若该延误无法分解开,也应按一定的比例在双方当事人之间分担责任,允许承包人得到相当的经济补偿。随着高级网络计划技术的应用,共同延误的可分解性已经大大提高。

共同延误的最终结果,可能是承包人可以获得工期延长和经济补偿,也可能是承包人要向业主支付延误赔偿金。如果承包人想从业主那里获得工期延长及经济补偿,则承包人必须划分和证明双方分别应负的责任;如果业主想从承包人那里得到延误赔偿金,则业主也必须划分和证明双方的责任。

三、工程延期的申请与审批

1. 工程延期的申请与审批程序

(1)承包人提交延期申请书

根据FIDIC条款第44.2款的规定,承包人在首次出现FIDIC第44.1款需延期情况后的28天之内,除非承包人向监理工程师提出申请延期,并向业主递交申请延期副本,否则监理工程师不予考虑。

承包人在非自己原因引起工程延误时,应在该事件发生之后,立即写一份申请延长合同工期的意向书,定性地先报与监理工程师,并报业主备案;随后详细列出自己认为有权要求延期的具体情况、证据、记录和网络计划图等,以供监理工程师审批。若延期事件是连续发生的,则承包人应以不超过28天的时间间隔向监理工程师申报延期意向并提供有关资料,并在延期事件终止后28天内,报正式的延期申请书和最后的详细资料。承包人申请与监理工程师审批的程序，如图 5-2 所示。

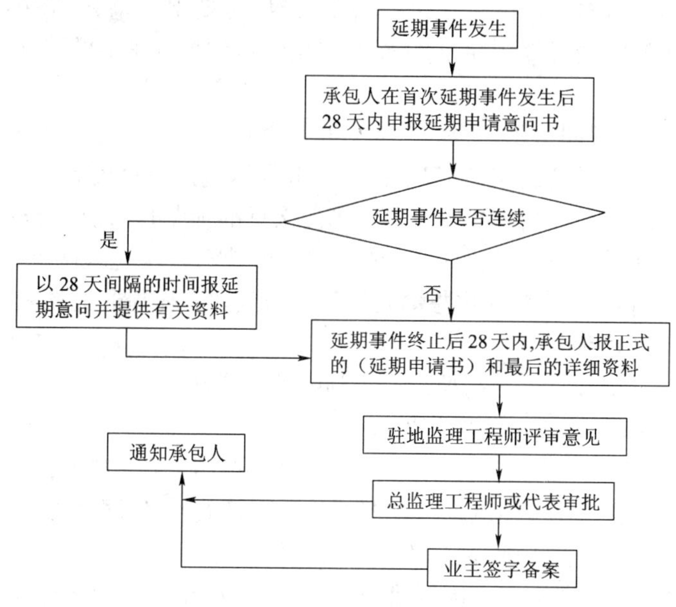

图 5-2　工程延期的申请与审批程序图

(2)监理工程师审批延期的程序

监理工程师在收到承包人的延期申请和详细补充情况及证据后，应在合理时间内进行审查、核实与详细计算。不应无故拖延时间，以免出现承包人声称为工程进度被迫加班，而要求支付加班费用(或赶工费用)的情况。

在延期审批过程中，驻地监理工程师的原始记录如《监理日志》、《天气记录》等，是很关键的证明材料。当延误发生时，驻地监理工程师对承包人延误的事实、时间、人力、机械设备的闲置以及能否重新调整计划等，均应有详细的记录。否则，将会给承包人延期申请的审批带来困难。

在 FIDIC 条款中，对监理工程师作出延期决定的时间并没有明确规定。但在实际工作中，监理工程师必须在合理的时间内作出决定，否则承包人会以延期迟迟未获批准而被迫加快工程进度为由，提出费用索赔。为了避免这种情况发生，又使监理工程师有比较充裕的时间评审延期时间，对于某些较为复杂或持续时间较长的延期申请，监理工程师可以根据初步评审，给予一个暂定的延期，然后再进行详细的研究评审，书面给予批准的有效延期时间。合同条件规定，暂时批准的延期时间不能长于最后书面批准的延期时间。

严格地讲，在承包人未提出最后一个延期申请时，监理工程师批准的延期时间均是暂定的延期时间。最终延期时间应是承包人的最后一个延期申请批准后的累计时间，但并不是每一项延期时间都累加，如果后面批准的延期内包含有前一个批准延期的内容，则前一项延期的时间不能予以累计。

【例 5-12】　如外国某一世界银行贷款高等级公路项目，公路全长 78km。招、投标后原定合同工期为 30 个月，工程实施期间，承包人申请延期，经监理工程师批准后，延期后合同实际工期为 42.6 个月。

第一次延期:在工程进展过程中,承包人分 12 次提出申请延期意向书。到工程进展到 27 个月时,承包人提出详细证据与计算、记录资料正式报《延期申请书》。在第 29 个月时,监理工程师给予暂时批准延期之通知。在第 32 个月时给予详细批准延期的通知,共审查批准延期 208 天即 6.8 个月。

第二次延期:在第一次同意延期合同工期为 6.8 个月后,承包人在工程进展到 35 个月时,又以 8 个理由第二次申请延期,监理工程师在审查承包人所报资料和考察工地实际情况后,第二次正式给予批准延期是在第 36 个月。第二次批准延期时间为 175 天。

监理工程师两次累计批准延期为 383 天,合为 12.6 个月。承包人两次共提出申请延期天数为 1 402 天。由此例可见,承包人申报的延期天数与监理工程师的批准天数是会有差别的。

2. 工程延期审批的依据

承包人延期申请能够成立并获得监理工程师批准的依据如下:

(1)工程延期事件是否属实,强调实事求是;

(2)是否符合本工程合同规定,及 FIDIC 合同条件和第 44 条的规定;

(3)延期事件是否发生在工期网络计划图的关键线路上,即延期是否有效合理;

(4)延期天数的计算是否正确,证据资料是否充足。

上述四条中,只有同时满足前三条,延期申请才能成立,至于时间的计算,监理工程师可以根据自己的记录,作出公正合理的处理。

上述前三条中,最关键的一条就是第三条,即:延期事件是否发生在工期网络计划图的关键线路上。因为在承包人所报的延期申请中,有些虽然满足前两个条件,但并不一定是有效和合理的,只有有效和合理的延期申请才能给予批准。也就是说,所发生的延误工程部分项目必须是会影响到整个工程项目工期的工程。如果发生延误的工程部分项目并不影响整个工程完工期,那么,批准延期就是没有必要的。

项目是否在关键线路上的确定,一般常用的方法是:监理工程师根据最新批准的进度计划,分道路(路基、路面)和结构两大部分,哪一部分工期长,哪一部分就在关键线路上。对于只有独立结构物的工程合同,也可根据进度计划来确定关键线路上的分部工程项目。另外,利用网络图来确定关键线路,是最直观的方法。

例如前述例子所讲,承包人申请延期 1 402 天,其中有 697 天在非关键线路上,监理工程师就不予批准延期。

延期审批应注意以下问题:

(1)关键线路并不是固定的,随着工程进展,关键线路也在变化,而且是动态变化。随着工程进展的实际情况,有时在计划调整后,原来的非关键线路有可能变为关键线路,驻地监理工程师要随时记录并注意。

(2)关键线路的确定,必须是依据最新批准的工程进度计划。

3. 延期天数的计算方法

在处理延期事件时,工程师审查、核实、计算工期延长的天数,是很重要的。国际工程承包实践中,对延期天数的计算有下面几种方法。

(1)工期分析法:即依据合同工期的网络进度计划图,考察承包人按监理工程师的指示,完成各种原因增加的工程量所需用的工时,以及工序改变的影响,算出损失进度以确定延期的天数。

(2)实测法:承包人按监理工程师的书面工程变更指令,完成变更工程所用的实际工时。

(3)类推法:按照合同文件中规定的同类工作进度计算工期延长。

(4)工时分析法:某一工种的分项工程项目延误事件发生后,按实际施工的程序统计出所用的工时总量,然后按延误期间承担该分项工程工种的全部人员投入施工来计算要延长的工期。

(5)造价比较法:若施工中出现了很多大小不等的工期索赔事由,较难准确地单独计算且又麻烦时,可经双方协商,采用造价比较法确定工期补偿天数。

(6)折合法:当计算出某一分部分项工程的工期延长后,还要把局部工期转变成整体工期。这可以用局部工程的工作量占整个工程工作量的比重来折算。

4. 加强工程进度控制,尽量避免和减少工期延误

根据我国公路工程项目实践过程中的经验和教训,要防止或减少工程延期发生,就必须做到以下几点:

(1)不管是监理工程师还是业主和承包人,都必须熟悉和掌握 FIDIC 条款和技术规范,严格遵守、执行合同;

(2)作为业主应多协调、少干扰,必须尽量避免由于行政命令的干扰引起的工期延误;

(3)应尽量避免由于图纸延迟发出、征地拆迁延误、工程暂停和不按程序办理工程变更等引起的延期;

(4)监理工程师必须掌握第一手原始资料,认真做好《监理日志》等原始记录,以了解工地现场的实际情况;

(5)监理工程师必须对承包人的进度计划安排给予充分的重视,并积极协助和督促业主解决影响施工进度的外部条件,减少或避免因业主原因造成的延期。

5. 案例

【例 5-13】 京津塘高速公路一号合同北京段由于气候异常提出的延期:

北京合同段:1988 年 7、8 月份,北京地区连降大雨,降雨量超过本地区 20 年平均水平。由于大雨的影响,迫使正在施工的路基土方工程停工。为此,承包人根据 FIDIC 合同条件第 44 条的规定,提出延期申请。

(1)承包人申请延期的证据:承包人随工程延期申请附上了 1988 年 7、8 月份的降雨量、降雨天数和前 20 年平均降雨量、降雨天数的对照表以及工地施工记录。前 20 年平均降雨天数和降雨量为向当地气象局索取的统计资料,1988 年后的情况为施工现场的实测资料。这些资料见表 5-8、表 5-9 和表 5-10。

从表中可看出,在施工现场,1988 年 7、8 月份的降雨量分别为常年降雨量的 1.6 倍和 2.3 倍,是两个月份的 1.9 倍。

承包人又申述:在 1988 年 7、8 月份的 62 天中,实际只有 6 天进行了土方工程施工。其原因是由于全线大部分土是粉质黏土,这种土遇水含水量易增高,且施工现场地下水位只有 1.5m,而路基高度平均只有 1.6m,所以土方吸收了大量的雨水不易晒干,在这种情况下不能进行施工操作。

北京地区1988年前20年气候数据(1968~1987) 表5-8

月份	项目	朝阳区	通州	大兴	平均值
7月份	降雨量(mm)	186.9	161.6	176.4	175.0
	降雨天数(天)	13.6	15.4	13.3	14.1
8月份	降雨量(mm)	187.2	175.2	181.3	181.2
	降雨天数(天)	12.9	13.6	11.9	12.8

北京地区1988气象数据表 表5-9

月份	项目	朝阳区	通州	大兴	平均值	施工现场
7月份	降雨量(mm)	260.6	220	248.0	243.0	286.0
	降雨天数(天)	17.0	16.0	17.0	16.7	10.0
8月份	降雨量(mm)	255.8	264.4	243.3	254.5	407.5
	降雨天数(天)	14.0	15.0	16.0	15.0	12.0

注:朝阳、通州、大兴均是施工现场附近的几个区。

降雨量比较表 表5-10

月份	现测值		施工现场	超过率(%)
	1968年~1987年	1988年		
7月份	175	243	286.6	1.64
8月份	181.2	254.5	407.5	2.25
合计	356.2	497.5	694.1	1.949

计算方法:用预计工作日与实际工作日的差值为其所需延期天数的计算方法。

预计工作日计算方法:

日历天数-(20年平均降雨天数×影响系数)=预计工作日

其计算结果如表5-11所示。

承包人延期申请计算结果表 表5-11

月份	预计工作日(天)	实际工作日(天)	差值(天)
7月份	31-14.1×0.7* =21.1	6	15.1
8月份	31-12.8×0.7* =22.0	0	22.0
合计	43.1	6	37.1

注:"*"其中0.7的系数,是承包人根据高速公路施工经验所得。

申请延期天数:37天。

(2)监理工程师评估意见:

①承包人的延期申请符合合同专用条款第44.2(a)子款,且发生的延误在关键线路上。根据合同专用条款第44.2(a)子款规定,延期申请可以接受。

②承包人延期申请报告中,采用0.7的系数来预计工作日的方法,因缺乏可靠依据,所以不能接受。应采用通常将一个下雨日等于1.5个非工作日的办法进行计算。

③采用承包人提供的1988年前20年的降雨平均记录及1988年的降雨记录,并采用1.5的影响系数,则由于降雨天数引起的差额工作日为:

7 月份:(14.1 - 16.7) ×1.5 = -3.9 = -4 天

8 月份:(12.6 - 15) ×1.5 = -3.3 = -3 天

即由于降雨天数差额而需弥补的工作天数为 7 天。

(3)由表 5-12 可以明显看出,1988 年 7 ~8 月份雨量远大于按 20 年统计的 7 ~8 月份平均降雨量,分别超出 38.9% 和 40.5%。施工现场雨量更大,分别超出 63.8% 和 124.9%,而采用 1.5 系数的计算方法,仅仅体现了常规雨量及下雨天数的影响,没有真正反映特殊雨量和特别异常气候的影响。因此,以此计算出的天数显然不尽合理。承包人在报告中提出 7 ~8 月份实际工作仅 6 天,经驻地监理工程师核实,基本可以接受。考虑雨天对工作的综合影响及实际工作情况,则由于异常降雨所引起的差额工作日为:

7 月份:31 - (14.1 ×1.5) -6 =3.85 =4 天

8 月份:31 - (12.8 ×1.5) -0 =11.8 =12 天

即综合考虑各方面由于异常雨天的影响,对承包人所提 7 ~8 月份由于异常降雨所引起的工程延期的申请报告,批准为 16 天。

监理工程师用降雨量比较表 表 5-12

月 份	项 目	20 年平均值	1988 年平均值	差 额
7 月份	降雨量(mm)	175	243.0	超 38.9%
	降雨天数(d)	14.1	16.7	多 2.6
8 月份	降雨量(mm)	181.2	254.5	超 40.5%
	降雨天数(d)	12.8	15.0	多 2.2

【例 5-14】 由于工程变更所引起的工期延长

1. 工程概况

北京合同段:京津塘高速公路 STA.0 +600 ~1 +450 段为下穿式铁路顶进桥引道,地下水位较高,最高地下水高程为 32.3 ~29.84mm,而该地段高速公路路堑最低点高程为 29.94m,水头高差最大达 2.36m。原设计该路段为连续式钢筋混凝土路面及扶壁式挡墙,对混凝土路面的纵、横缝,扶壁式挡墙与路面的缝隙,在水头作用下可能出现的涌水、冻胀等未引起重视。同时,原设计的排水泵站,也未考虑地下水的涌入量。故业主提出对此段作出变更设计,变更后的结构形式为钢筋混凝土 U 形槽。由于变更设计后,变更设计图纸迟迟未能发出,影响了承包人的工期。承包人根据合同条件第 6.4 款,业主方迟交图纸延误了工期,特提出工程延期申请。申请延期天数:523 天。

2. 该延期事件特点:这项延期是比较特殊的一个,由于在工程刚开始阶段,业主就提出变更要求,直到第二年(1989 年)6 月 1 日起,才陆续提供图纸,完全打乱了承包人的施工计划安排,工程性质也与原工程不一样,无法按常规的办法,即按承包人原来的施工计划与实际延误时间来确定工程延期的天数。

3. 工期计算:承包人提出根据《全国市政工程施工工期定额》(试行)来计算合理工期的方法,并提交了关键线路网络图和详细的工期计算等资料。

4. 监理工程师的评估意见

1)合同条件:承包人根据合同专用条件第 6.4 条提出延期交图而导致工期延长,但延期交图完全是由于工程变更引起的,故应根据合同专用条件第 44.2(b)、(c)子款提出工程延期才更适用、更合理。

根据合同专用条件第 44.2(b)、(c)子款,此项延期发生在关键线路上,该项延期申请可以接受。

2)开工时间:承包人提出该段工程恢复施工起始日期为 1989 年 10 月 6 日,其中 U 形槽施工起始日期为 1989 年 10 月 29 日,而不是监理工程师确定的 1989 年 9 月 12 日。理由为 9 月 12 日为交图日期,之后还需要加上熟悉图纸、制定施工组织计划的时间。

事实上,最后提供的平面总体施工图为 1989 年 9 月 12 日。但其他图纸均从 1989 年 6 月 1 日起陆续提供,并没有影响独立单位工程的开工。根据驻地监理工程师批准的开工报告及实际工程进展的资料记载,以 1989 年 9 月 12 日作为该段正式恢复施工的起始日期是合理的。承包人的理由不充分,不能接受。

3)工程延期的测定

(1)工期的测算方法

在交通部尚没有工期定额的情况下,承包人采用中华人民共和国建设部颁发的《全国市政工程工期定额》作为工期测算的依据进行替代计算。由于此《工期定额》具有较高的权威性和合法性,因此,该测算方法可以接受。

(2)该段工程的关键线路

涉及该段的工程单项有铁路顶进桥一座、跨线桥一座、U 形槽工程 850m 和路面工程 950m。承包人制定的该段工程网络计划中,U 形槽与部分路面为关键线路,经监理工程师审核,认为是合理的。

(3)工期测算

在确定了该段工程的关键线路后,只需计算关键线路上工程的工期即可。

根据《工期定额》规定,整个工期由基本工期加上附加工期组成。

①基本工期

由于《工期定额》中没有与之相应的 U 形槽工程,故采用与 U 形槽相近的方沟工程工期定额进行代换的近似方法。方沟工程计算的基本工期是 237 天,采用 1.47 的代换系数,代换后的基本工期为 $237 \times 1.47 = 349$ 天(具体计算略)。

②附加工期

施工排水:根据《工期定额》承包人可以得到施工排水工期,定额中的调整系数为 0.58,考虑到系数中所含的工作内容与实际不尽相同,相应的系数予以折减,故采用 0.58 的 2/3 即 0.39的调整系数,即 $349 \times 0.39 = 136$ 天。

冬、雨季:根据《工期定额》总说明第九条,应补偿冬、雨季的工期。考虑到实际工程(按计算工期算)将经过两个冬季一个雨季。故每个冬季补偿一个月,雨季补偿 15 天,即 $30 \times 2 + 15 = 75$ 天。

③大型 U 形槽共需工期

$$349 + 136 + 75 = 560 \text{ 天}$$

④关键线路共需工期

根据承包人的网络计划,在关键线路上的部分道路工程工期需 30 天,则该段工程关键线路上的项目最终总工期为:$560 + 30 = 590$ 天。

(4)延期确定

原合同竣工期是1990年6月23日,该段工程开工期是1989年9月12日,应扣除此段时间共285天,故此项延期为:590－285＝305天。

最后批准延期305天。

第五节　反　索　赔

一、反索赔的种类

依据工程承包合同规定和实践,常见的业主反索赔主要有以下几种类型。

1. 工程质量缺陷引起的反索赔

在工程施工过程中,当承包人所使用的材料或设备不符合合同规定或工程质量不符合施工技术规范和验收规范的要求,或出现缺陷而未在缺陷责任期满之前完成修复工作,业主均有权追究承包人的责任,并对由此所带来经济损失的进行反索赔。

常见的工程质量缺陷表现为:

(1)由承包人负责设计的部分永久工程和细部构造,虽然经过监理工程师的复核和审查批准,仍出现了质量缺陷或事故;

(2)承包人的临时工程或模板支架设计安排不当,造成了施工后的永久工程的缺陷,如悬臂连续浇筑混凝土施工时,由于挂篮设计强度及稳定性不够,造成梁段下挠严重,致使跨中无法合龙;

(3)承包人使用的工程材料和机械设备等不符合合同规定和质量要求,从而使工程质量产生缺陷;

(4)承包人施工的分项分部工程,由于施工工艺或方法问题,造成严重开裂、下挠、倾斜等缺陷;

(5)承包人没有完成按照合同条件规定的工作或隐含的工作,如对工程的保护和照管,安全及环境保护等。

对于工程质量所出现的缺陷,若承包人没按监理工程师的要求进行修补或返工,监理工程师可以拒绝签发月工程进度付款证书,业主可以暂停支付工程款。在缺陷责任期内,若承包人不修复由其造成的工程缺陷,业主和监理工程师有权雇用其他承包人来修复缺陷,所需款项可从保留金中支出(并扣回承包人的款项)。另外,业主向承包人提出工程质量缺陷的反索赔要求时,往往不仅仅包括工程缺陷所产生的直接经济损失,也包括缺陷带来的间接经济损失,比如,承包人修建的桥梁工程,在交工验收时发现栏杆和照明灯具不符合合同中的规定,业主不仅提出修复和更换的直接费用损失要求,还提出由于更换栏杆和灯具而造成桥梁的推迟开通运营而造成的过桥费收入的损失的补偿要求。

2. 拖延工期引起的反索赔

承包人必须在合同规定的时间内完成工程的施工任务。如果由于承包人的原因造成工期延误,影响业主对该工程的按期使用和运营,业主带来经济损失,按FIDIC合同条件第46条规定,业主有权向承包人索取"误期损害赔偿费"。承包人误期损失赔偿的具体计算和规定数额,在工程合同中都有规定,每延期完工一天,应赔偿一定款额的损失赔偿费。比如某公路桥梁项目合同,规定承包人延期完工一天,向业主支付5000~10000元不等的延期违约损失补偿金。在有些情况下,延期损失补偿金若按该工程项目合同价的一定比例计算,若在整个工程完工之前,监理工程师已经对一部分工程颁发了移交证书,则对整个工程计算的延误补偿金数量应给予适当的减少。

3. 其他违约行为引起的反索赔

依据合同规定,除了上述业主的反索赔外,当业主在受到其他承包人原因造成的经济损失时,业主仍可提出反索赔要求。比如:由于承包人的原因,在运输施工设备及大型预制构件时损坏了旧有的道路或桥梁;承包人的工程保险失效,给业主造成损失等。总之,业主的反索赔面也较广泛,业主要运用反索赔的权利保护自身利益并促使工程三大目标的实现,承包人应注意做好自己的工作,以尽量减少和避免业主反索赔。

4. 因法规变更或物价下跌而引起的反索赔

法规变更可能会使得承包人的费用支出减小,物价下跌会使得施工中的工、料、机费用下降,此时业主可依据合同条款进行反索赔。

5. 因工程变更而引起的反索赔

工程变更可能会使得工程规模和工程量减小,工程细目的单价在用于办理变更工程的结算时可能需要调低,总结算价格也可能因偏高而需要下调,由此而引发反索赔(详见第三节)。

二、FIDIC合同条件中的业主反索赔规定

FIDIC合同条件具体规定了业主向承包人索赔的条款,共有11条。下面分别予以介绍。

(1)依据FIDIC合同条件第25条规定,承包人未按合同要求进行任何保险或办理保险失效,业主可以直接去办理相关的保险并保持其有效,然后从应付给承包人的款项中扣回。例如,某工程项目,依据合同规定,承包人办理了工程保险和第三方责任验,共支付了200元的保险金额。因所选择的保险公司不当,在工程还在进展过程中,该保险公司因资不抵债而破产。之后,业主又到另外的保险公司去办理了保险,交付了保险金,这笔保险金则要从承包人那里扣回。

(2)依据FIDIC合同条件第30条规定,承包人应采用一切合理的措施,防止承包人或分包人在运输工程材料、设备或临时工程设施的过程中损害自己的道路或桥梁。除非合同另有规定,为了便利承包人的设备或临时工程的运输,承包人应自费加固旧有道路或桥梁。若在运输过程中对旧有道路或桥梁造成不必要的损害或损伤,承包人应负责赔偿,并不因此伤害业主的利益。有些情况发生后,也可由监理工程师和业主与承包人三方协商讨论,确属承包人的失误造成,可由业主先出旧有道路与桥梁的损失赔款,然后再从应付或将付给承包人的款项中扣除。

(3)依据FIDIC合同条件第37条规定,当承包人没按合同规定时间、地点准备好供检查和检验的工程材料或设备,或检查检验不合格时,监理工程师有权拒收这些材料或设备。如果需要重复检查或检验时,所需的费用应由承包人支付。若承包人拒付,业主可从应付或将付给承包人的款项中扣除,监理工程师应书面通知承包人。

(4)依据FIDIC合同条件第39条规定,如果承包人一方不遵守监理工程师的指示,将不

合格的工程材料或设备从工程现场运走,以及将不合格的工程返工,业主有权雇用其他人执行该项指示并向其支付有关费用。然后由监理工程师通知承包人,确定由此造成的或伴随产生的全部费用,由业主从承包人处扣回。

(5)依据 FIDIC 合同条件第 46 条规定,由于承包人原因造成工程进度太慢,在监理工程师发出警告后,承包人可以采取措施加快工程进度。由于承包人原因而采取加速施工的措施,而导致业主付出任何额外的监理费用等,业主可以从承包人处扣款以得到补偿,有关款额可由监理工程师通知承包人。

(6)依据 FIDIC 合同条件第 47 条规定,由于承包人原因未能在合同规定的全部工程竣工期限完成整个工程,则承包人应向业主支付投标书附件中写明的金额作为拖期违约损害赔偿金。此项金额可从工程结算款中由业主扣回,并不需要通知承包人。

(7)依据 FIDIC 合同条件第 49 条规定,承包人如果未在合理的时间内执行监理工程师的指示,在缺陷责任期内及时修补工程缺陷,业主就有权雇用其他承包人从事该修补工作并给予报酬。若经过监理工程师认为该项工作按合同规定应由承包人自费进行,则业主雇用他人产生的费用则可由业主向承包人索赔,或由业主从其应支付或将要支付给承包人的款项中扣除,监理工程师应书面通知承包人,并将副本留给业主。

(8)依据 FIDIC 合同条件第 59 条规定,承包人在未能证明有正当的理由扣留或拒付给指定的分包商的工程款项时,业主有权依据监理工程师的证明,直接向该指定的分包人支付指定分包合同中已规定的而承包人未曾向该指定分包商支付的费用,并以冲账方式从业主应付或将付给承包人的任何款项中将此款扣回。

(9)依据 FIDIC 合同条件第 63 条规定,当承包人严重违约时,经过业主和监理工程师的一再警告而不能继续进展工程时,业主有权终止对承包人的雇佣,进驻工程现场并尽快查清施工、竣工及修补任何缺陷的费用,进行清算。若承包人应得款额还不足以偿还业主已支付给他的款额,则应视为承包人欠业主的应付债务。业主有权进行索赔,讨要款项。

(10)依据 FIDIC 合同条件第 64 条规定,在施工期或缺陷责任期内,若发生与工程相关的紧急维修或抢救工作时,承包人无能力或不愿意立即进行此类工作时,业主有权雇用其他人员去从事该项工作并付出有关费用。如果监理工程师认为该项工作本应由承包人自费进行,其他人员去从事该项工作并由业主付出有关费用,可由业主将该抢救或维修工程的费用向承包人索赔,或从应付或将付给承包人的款项中扣回。

(11)依据 FIDIC 合同条件第 65 条规定,当发生特殊风险而导致合同终止时,在业主按监理工程师的认证,向承包人支付了应支付的任何费用外,亦有权要求承包人偿还任何有关承包人的设备、材料和工程设备的预付款未结算余款,以及其他承包人应偿还业主的金额,并由监理工程师向承包人发出通知。

思 考 题

1. 工程变更有哪些规定的类型?超出合同规定类型的工程变更该如何处理?
2. 为什么变更工程一般应是原合同中已有的同类工程?
3. 简述工程变更的审批原则。为什么在工程变更审批过程中实行分级审批制度?

4. 试分析工程变更对工程造价有何影响?

5. 某项目施工过程中其桥梁的桩径由原设计的 ϕ1.0m 改为 ϕ1.2m。合同中无 ϕ1.2m 桩的单价,试分析此时应采用何种方法来确定 ϕ1.2m 桩的单价?

6. 变更工程的单价调整原则与变更工程的总价调整原则有何联系与区别?

7. 为控制工程造价,在工程变更中应加强哪些管理工作?

8. 当工程变更超过“双控”条件时,单价是否要予以变更? 为什么要变更?

9. 工程总价在什么情况下必须调整?

10. 合同中设立惩罚性违约金有何积极和消极的影响?

11. 简述损害赔偿的基本计算方法。

12. 某项目合同金额为 5 000 万元,承包人在完成 3 000 万元合同金额后因违约而被解除合同。合同规定的误期损害赔偿费为 10 万元/天,最高限额为合同价的 10%。试分析承包人被解除合同后应向业主支付的赔偿费用有哪些? 若合同在完成 3 000 万元合同额后,因业主不能按时付款而被解除合同,则业主应向承包人支付的赔偿费用有哪些?

13. 怎样理解“施工索赔有利于降低工程造价”?

14. 在例 5-1 中,若先计算各年相对于年初的综合调价系数,然后再计算它相对于投标截止日期前第 28 天的调价系数,如对第二年,先计算 $K_2 = \sum C_i \times \frac{P_{2i}}{100} - 1$,再计算 $K_2 = (1 + K_1)(1 + K_2) - 1$,则按此方法得出的各年的调价额是多少? 这种方法与书中所述的方法相比较,哪种方法更科学?

15. 简述索赔的基本概念和特征。

16. 索赔成立的基本条件有哪些?

17. 实践中如何防止索赔的发生?

18. 反索赔有哪些类型?

19. 设有一工程项目,其价格调整的资源种类、占合同造价的比例和有关的价格指数如表5-13。

表 5-13

资源种类	投标截止日期前 28 天价格指数 P_{0i}	投标当年末价格指数 P_{1i}	投标第二年末价格指数 P_{2i}	投标第三年末价格指数 P_{3i}	C_i
人工	105	107	105	104	0.10
钢材	104	106	102	103	0.10
水泥	103	105	102	102	0.08
沥青	104	106	104	103	0.10
油料	105	106	105	104	0.05
机械	104	104	103	102	0.20
砂石料	102	105	105	104	0.15

续上表

资源种类	投标截止日期前28天价格指数 P_{0i}	投标当年末价格指数 P_{1i}	投标第二年末价格指数 P_{2i}	投标第三年末价格指数 P_{3i}	C_i
木材	103	104	105	104	0.02
合计					0.08

上表中的价格指数为环比价格指数。设该项目在投标当年完成合同工程500万元，第二年1 000万元，第三年2 000万元。试计算各年度价格调整金额。

20. 怎样才能做好工程项目监理的造价监理工作？

附　　录

附录一

中华人民共和国招标投标法

（1999 年 8 月 30 日第九届全国人民代表大会
常务委员会第十一次会议通过）

第一章　总　　则

第一条　为了规范招标投标活动，保护国家利益、社会公共利益和招标投标活动当事人的合法权益，提高经济效益，保证项目质量，制定本法。

第二条　在中华人民共和国境内进行招标投标活动，适用本法。

第三条　在中华人民共和国境内进行下列工程建设项目包括项目的勘察、设计、施工、监理以及与工程建设有关的重要设备、材料等的采购，必须进行招标：

（一）大型基础设施、公用事业等关系社会公共利益、公众安全的项目；

（二）全部或者部分使用国有资金投资或者国家融资的项目；

（三）使用国际组织或者外国政府贷款、援助资金的项目。

前款所列项目的具体范围和规模标准，由国务院发展计划部门会同国务院有关部门制订，报国务院批准。

法律或者国务院对必须进行招标的其他项目的范围有规定的，依照其规定。

第四条　任何单位和个人不得将依法必须进行招标的项目化整为零或者以其他任何方式规避招标。

第五条　招标投标活动应当遵循公开、公平、公正和诚实信用的原则。

第六条　依法必须进行招标的项目，其招标投标活动不受地区或者部门的限制。任何单位和个人不得违法限制或者排斥本地区、本系统以外的法人或者其他组织参加投标，不得以任何方式非法干涉招标投标活动。

第七条　招标投标活动及其当事人应当接受依法实施的监督。

有关行政监督部门依法对招标投标活动实施监督，依法查处招标投标活动中的违法行为。

对招标投标活动的行政监督及有关部门的具体职权划分，由国务院规定。

第二章 招 标

第八条 招标人是依照本法规定提出招标项目、进行招标的法人或者其他组织。

第九条 招标项目按照国家有关规定需要履行项目审批手续的，应当先履行审批手续，取得批准。

招标人应当有进行招标项目的相应资金或者资金来源已经落实，并应当在招标文件个如实载明。

第十条 招标分为公开招标和邀请招标。

公开招标，是指招标人以招标公告的方式邀请不特定的法人或者其他组织投标。

邀请招标，是指招标人以投标邀请书的方式邀请特定的法人或者其他组织投标。

第十一条 国务院发展计划部门确定的国家重点项目和省、自治区、直辖市人民政府确定的地方重点项目不适宜公开招标的经国务院发展计划部门或者省、自治区、直辖市人民政府批准，可以进行邀请招标。

第十二条 招标人有权自行选择招标代理机构，委托其办理招标事宜。任何单位和个人不得以任何方式为招标人指定招标代理机构。

招标人具有编制招标文件和组织评标能力的，可以自行办理招标事宜。任何单位和个人不得强制其委托招标代理机构办理招标事宜。

依法必须进行招标的项目，招标人自行办理招标事宜的，应当向有关行政监督部门备案。

第十三条 招标代理机构是依法设立、从事招标代理业务并提供相关服务的社会中介组织。

招标代理机构应当具备下列条件：

（一）有从事招标代理业务的营业场所和相应资金；

（二）有能够编制招标文件和组织评标的相应专业力量；

（三）有符合本法第三十七条第三款规定条件、可以作为评标委员会成员人选的技术、经济等方面的专家库。

第十四条 从事工程建设项目招标代理业务的招标代理机构，其资格由国务院或者省、自治区、直辖市人民政府的建设行政主管部门认定。具体办法由国务院建设行政主管部门会同国务院有关部门制定。从事其他招标代理业务的招标代理机构，其资格认定的主管部门由国务院规定。

招标代理机构与行政机关和其他国家机关不得存在隶属关系或者其他利益关系。

第十五条 招标代理机构应当在招标人委托的范围内办理招标事宜，并遵守本法关于招标人的规定。

第十六条 招标人采用公开招标方式的，应当发布招标公告。依法必须进行招标的项目的招标公告，应当通过国家指定的报刊、信息网络或者其他媒介发布。

招标公告应当载明招标人的名称和地址、招标项目的性质、数量、实施地点和时间以及获取招标文件的办法等事项。

第十七条 招标人采用邀请招标方式的，应当向三个以上具备承担招标项目的能力、资信良好的特定的法人或者其他组织发出投标邀请书。

投标邀请书应当载明本法第十六条第二款规定的事项。

第十八条 招标人可以根据招标项目本身的要求，在招标公告或者投标邀请书中，要求潜在投标人提供有关资质证明文件和业绩情况，并对潜在投标人进行资格审查；国家对投标人的资格条件有规定的，依照其规定。

招标人不得以不合理的条件限制或者排斥潜在投标人，不得对潜在投标人实行歧视待遇。

第十九条 招标人应当根据招标项目的特点和需要编制招标文件。招标文件应当包括招标项目的技术要求、对投标人资格审查的标准、投标报价要求和评标标准等所有实质性要求和条件以及拟签订合同的主要条款。

国家对招标项目的技术、标准有规定的，招标人应当按照其规定在招标文件中提出相应要求。

招标项目需要划分标段、确定工期的，招标人应当合理划分标段、确定工期，并在招标文件中载明。

第二十条 招标文件不得要求或者标明特定的生产供应者以及含有倾向或者排斥潜在投标人的其他内容。

第二十一条 招标人根据招标项目的具体将况，可以组织潜在投标人踏勘项目现场。

第二十二条 招标人不得向他人透露已获取招标文件的潜在投标人的名称、数量以及可能影响公平竞争的有关招标投标的其他情况。

招标人没有标底的，标底必须保密。

第二十三条 招标人对已发出的招标文件进行必要的澄清或者修改的，应当在招标文件要求提交投标文件截止时间至少十五日前，以书面形式通知所有招标文件收受人。该澄清或者修改的内容为招标文件的组成部分。

第二十四条 招标人应当确定投标人编制投标文件所需要的合理时间；但是，依法必须进行招标的项目，自招标文件开始发出之日起至投标人提交投标文件截止之日止，最短不得少于二十日。

第三章 投 标

第二十五条 投标人是响应招标、参加投标竞争的法人或者其他组织。依法招标的科研项目允许个人参加投标的，投标的个人适用本法有关投标人的规定。

第二十六条 投标人应当具各承担招标项目的能力；国家有关规定对投标人资格条件或者招标文件对投标人资格条件有规定的，投标人应当具备规定的资格条件。

第二十七条 投标人应当按照招标文件的要求编制投标文件。投标文件应当对招标文件提出的实质性要求和条件作出响应。

招标项目属于建设施工的，投标文件的内容应当包括拟派出的项目负责人与主要技术人员的简历、业绩和拟用于完成招标项目的机械设备等。

第二十八条 投标人应当在招标文件要求提交投标文件的截止时间前，将投标文件送达投标地点。招标人收到投标文件后,应当签收保存,不得开启。投标人少于三个的,招标人应当依照本法重新招标。

在招标文件要求提交投标文件的截止时间后送达的投标文件,招标人应当拒收。

第二十九条 投标人在招标文件要求提交投标文件的截止时间前,可以补充、修改或者撤回已提交的投标文件;并书面通知招标人。补充、修改的内容为投标文件的组成部分。

第三十条 投标人根据招标文件载明的项目实际情况,拟在中标后将中标项目的部分非主体、非关键性工作进行分包的,应当在投标文件中载明。

第三十一条 两个以上法人或者其他组织可以组成一个联合体,以一个投标人的身份共同投标。

联合体各方均应当具备承担招标项目的相应能力;国家有关规定或者招标文件对投标人资格条件有规定的,联合体各方均应当具备规定的相应资格条件。由同一专业的单位组成的联合体,按照资质等级较低的单位确定资质等级。

联合体各方应当签订共同投标协议,明确约定各方拟承担的工作和责任,并将共同投标协议连同投标文件一并提交招标人。联合体中标的,联合体各方应当共同与招标人签订合同,就中标项目向招标人承担连带责任。

招标人不得强制投标人组成联合体共同投标,不得限制投标人之间的竞争。

第三十二条 投标人不得相互串通投标报价,不得排挤其他投标人的公平竞争,损害招标人或者其他投标人的合法权益。

投标人不得与招标人串通投标,损害国家利益、社会公共利益或者他人的合法权益。

禁止投标人以向招标人或者评标委员会成员行贿的手段谋取中标。

第三十三条 投标人不得以低于成本的报价竞标,也不得以他人名义投标或者以其他方式弄虚作假,骗取中标。

第四章 开标、评标和中标

第三十四条 开标应当在招标文件确定的提交投标文件截止时间的同一时间公开进行;开标地点应当为招标文件中预先确定的地点。

第三十五条 开标由招标人主持,邀请所有投标人参加。

第三十六条 开标时,由投标人或者其推选的代表检查投标文件的密封情况,也可以由招标人委托的公证机构检查并公证;经确认无误后,由工作人员当众拆封宣读投标人名称、投标价格和投标文件的其他主要内容。

招标人在招标文件要求提交投标文件的截止时间前收到的所有投标文件,开标时都应当当众予以拆封、宣读。

开标过程应当记录,并存档备查。

第三十七条 评标由招标人依法组建的评标委员会负责。

依法必须进行招标的项目,其评标委员会由招标人的代表和有关技术、经济等方面的专家组成,成员人数为五人以上单数,其中技术、经济等方面的专家不得少于成员总数的三分之二。

前款专家应当从事相关领域工作满八年并具有高级职称或者具有同等专业水平,由招标人从国务院有关部门或者省、自治区、直辖市人民政府有关部门提供的专家名册或者招标代理机构的专家库内的相关专业的专家名单中确定;一般招标项月可以采取随机抽取方式,特殊招标项目可以由招标人直接确定。

与投标人有利害关系的人不得进入相关项目的评标委员会;已经进入的应当更换。

评标委员会成员的名单在中标结果确定前应当保密。

第三十八条 招标人应当采取必要的措施,保证评标在严格保密的情况下进行。

任何单位和个人不得非法干预、影响评标的过程和结果。

第三十九条 评标委员会可以要求投标人对投标文件中含义不明确的内容作必要的澄清或者说明,但是澄清或者说明不得超出投标文件的范围或者改变投标文件的实质性内容。

第四十条 评标委员会应当按照招标文件确定的评标标准和方法,对投标文件进行评审和比较;设有标底的,应当参考标底。评标委员会完成评标后,应当向招标人提出书面评标报告,并推荐合格的中标候选人。

招标人根据评标委员会提出的书面评标报告和推荐的中标候选人确定中标人。招标人也可以授权评标委员会直接确定中标人。

国务院对特定招标项目的评标有特别规定的,从其规定。

第四十一条 中标人的投标应当符合下列条件之一:

(一)能够最大限度地满足招标文件中规定的各项综合评价标准;

(二)能够满足招标文件的实质性要求,并且经评审的投标价格最低,但是投标价格低于成本的除外。

第四十二条 评标委员会经评审,认为所有投标都不符合招标文件要求的,可以否决所有投标。

依法必须进行招标的项目的所有投标被否决的,招标人应当依照本法重新招标。

第四十三条 在确定中标人前,招标人不得与投标人就投标价格、投标方案等实质性内容进行谈判。

第四十四条 评标委员会成员应当客观、公正地履行职务,遵守职业道德,对所提出的评审意见承担个人责任。

评标委员会成员不得私下接触投标人,不得收受投标人的财物或者其他好处。

评标委员会成员和参与评标的有关工作人员不得透露对投标文件的评审和比较、中标候选人的推荐情况以及与评标有关的其他情况。

第四十五条 中标人确定后,招标人应当向中标人发出中标通知书,并同时将中标结果通知所有未中标的投标人。

中标通知书对招标人和中标人具有法律效力。中标通知书发出后,招标人改变中标结果的,或者中标人放弃中标项目的,应当依法承担法律责任。

第四十六条 招标人和中标人应当自中标通知书发出之日起三十日内,按照招标文件和中标人的投标文件订立书面合同。招标人和中标人不得再行订立背离合同实质性内容的其他协议。

招标文件要求中标人提交履约保证金的,中标人应当提交。

第四十七条 依法必须进行招标的项目,招标人应当自确定中标人之日起十五日内,向有关行政监督部门提交招标投标情况的书面报告。

第四十八条 中标人应当按照合同约定履行义务,完成中标项目。中标人不得向他人转让中标项目,也不得将中标项目肢解后分别向他人转让。

中标人按照合同约定或者经招标人同意,可以将中标项目的部分非主体、非关键性工作分包给他人完成。接受分包的人应当具备相应的资格条件,并不得再次分包。

中标人应当就分包项目向招标人负责,接受分包的人就分包项目承担连带责任。

第五章 法律资任

第四十九条 违反本法规定,必须进行招标的项目而不招标的,将必须进行招标的项目化整为零或者以其他任何方式规避招标的,责令限期改正,可以处项目合同金额千分之五以上千分之十以下的罚款;对全部或者部分使用国有资金的项目,可以暂停项目执行或者暂停资金拨付;对单位直接负责的主管人员和其他直接责任人员依法给予处分。

第五十条 招标代理机构违反本法规定,泄露应当保密的与招标投标活动有关的情况和资料的,或者与招标人、投标人串通损害国家利益、社会公共利益或者他人合法权益的,处五万元以上二十五万元以下的罚款,对单位直接负责的主管人员和其他直接责任人员处单位罚款数额百分之五以上百分之十以下的罚款;有违法所得的,并处没收违法所得;情节严重的,暂停直至取消招标代理资格;构成犯罪的,依法追究刑事责任。给他人造成损失的,依法承担赔偿责任。

前款所列行为影响中标结果的,中标无效。

第五十一条 招标人以不合理的条件限制或者排斥潜在投标人的,对潜在投标人实行歧视待遇的,强制要求投标人组成联合体共同投标的,或者限制投标人之间竞争的,责令改正,可以处一万元以上五万元以下的罚款。

第五十二条 依法必须进行招标的项目的招标人向他人透露已获取招标文件的潜在投标人的名称、数量或者可能影响公平竞争的有关招标投标的其他情况的,或者泄露标底的,给予警告,可以并处一万元以上十万元以下的罚款;对单位直接负责的主管人员和其他直接责任人员依法给予处分;构成犯罪的,依法追究刑事责任。

前款所列行为影响中标结果的,中标无效。

第五十三条 投标人相互串通投标或者与招标人串通投标的,投标人以向招标人或者评标委员会成员行贿的手段谋取中标的,中标无效。处中标项目金额千分之五以上千分之十以下的罚款,对单位直接负责的主管人员和其他直接责任人员处单位罚款数额百分之五以上百分之十以下的罚款;有违法所得的,并处没收违法所得;情节严重的,取消其一年至二年内参加依法必须进行招标的项目的投标资格并予以公告,直至由工商行政管理机关吊销营业执照;构成犯罪的,依法追究刑事责任。给他人造成损失的,依法承担赔偿责任。

第五十四条 投标人以他人名义投标或者以其他方式弄虚作假,骗取中标的;中标无效,给招标人造成损失的,依法承担赔偿责任;构成犯罪的,依法追究刑事责任。

依法必须进行招标的项目的投标人有前款所列行为尚未构成犯罪的,处中标项目金额千分之五以上千分之十以下的罚款,对单位直接负责的主管人员和其他直接责任人员处单位罚款数额百分之五以上百分之十以下的罚款，有违法所得的，并处没收违法所得；情节严重的，取消其一年至三年内参加依法必须进行招标的项目的投标资格并予以公告，直至由工商行政管理机关吊销营业执照。

第五十五条 依法必须进行招标的项目，招标人违反本法规定，与投标人就投标价格、投标方案等实质性内容进行谈判的，给予警告，对单位直接负责的主管人员和其他直接责任人员依法给予处分。

前款所列行为影响中标结果的，中标无效。

第五十六条 评标委员会成员收受投标人的财物或者其他好处的，评标委员会成员或者参加评标的有关工作人员向他人透露对投标文件的评审和比较、中标候选人的推荐以及与评标有关的其他情况的，给予警告，没收收受的财物，可以并处三千元以上五万元以下的罚款，对有所列违法行为的评标委员会成员取消担任评标委员会成员的资格，不得再参加任何依法必须进行招标的项目的评标；构成犯罪的，依法追究刑事责任。

第五十七条 招标人在评标委员会依法推荐的中标候选人以外确定中标人的，依法必须进行招标的项目在所有投标被评标委员会否决后自行确定中标人的，中标无效。责令改正，可以处中标项目金额千分之五以上千分之十以下的罚款；对单位直接负责的主管人员和其他直接责任人员依法给予处分。

第五十八条 中标人将中标项目转让给他人的，将中标项目肢解后分别转让给他人的，违反本法规定将中标项目的部分主体、关键性工作分包给他人的，或者分包人再次分包的，转让、分包无效，处转让、分包项目金额千分之五以上千分之十以下的罚款；有违法所得的，并处没收违法所得；可以责令停业整顿；情节严重的，由工商行政管理机关吊销营业执照。

第五十九条 招标人与中标人不按照招标文件和中标人的投标文件订立合同的，或者招标人、中标人订立背离合同实质性内容的协议的，责令改正；可以处中标项目金额千分之五以上千分之十以下的罚款。

第六十条 中标人不履行与招标人订立的合同的，履约保证金不予退还，给招标人造成的损失超过履约保证金数额的，还应当对超过部分予以赔偿；没有提交履约保证金的；应当对招标人的损失承担赔偿责任。

中标人不按照与招标人订立的合同履行义务，情节严重的，取消其二年至五年内参加依法必须进行招标的项目的投标资格并予以公告，直至由工商行政管理机关吊销营业执照。

因不可抗力不能履行合同的，不适用前两款规定。

第六十一条 本章规定的行政处罚，由国务院规定的有关行政监督部门决定。本法已对实施行政处罚的机关作出规定的除外。

第六十二条 任何单位违反本法规定，限制或者排斥本地区、本系统以外的法人或者其他组织参加投标价，为招标人格定招标代理机构的，强制招标人委托招标代理机构办理招标事宜的，或者以其他方式干涉招标投标活动的，责令改正；对单位直接负责的主管人员和其他直接责任人员依法给予警告、记过、记大过的处分，情节较重的，依法给予降级、撤职、开除的处分。

个人利用职权进行前款违法行为的，依照前款规定追究责任。

第六十三条 对招标投标活动依法负有行政监督职责的国家机关工作人员构私舞弊、滥用职权或者玩忽职守，构成犯罪的，依法追究剂事责任；不构成犯罪的，依法给予行政处分。

第六十四条 依法必须进行招标的项月违反本法规定，中标无效的，应当依照本法规定的中标条件从其余投标人中重新确定中标人或者依照本法重新进行招标。

第六章 附 则

第六十五条 投标人和其他利害关系人认为招标投标活动不符合本法有关规定的，有权向招标人提出异议或者依法向有关行政监督部门投诉。

第六十六条 涉及国家安全、国家秘密、抢险救灾或者属于利用扶贫资金实行以工代赈、需要使用农民工等特殊情况，不适宜进行招标的项目，按照国家有关规定可以不进行招标。

第六十七条 使用国际组织或者外国政府贷款、援助资金的项目进行招标，贷款方、资金提供方对招标投标的具体条件和程序有不同规定的，可以适用其规定，但违背中华人民共和国的社会公共利益的除外。

第六十八条 本法自 2000 年 1 月 1 日起施行。

附录二

建设工程质量管理条例

第一章 总 则

第一条 为了加强对建设工程质量的管理，保证建设工程质量，保护人民生命财产安全，根据《中华人民共和国建筑法》，制定本条例。

第二条 凡在中华人民共和国境内从事建设工程的新建、扩建、改建等有关活动及实施对建设工程质量监督管理的，必须遵守本条例。

本条例所称建设工程，是指土木工程、建筑工程、线路管道和设备安装工程及装修工程。

第三条 建设单位、勘察单位、设计单位、施工单位、工程监理单位依法对建设工程质量负责。

第四条 县级以上人民政府建设行政主管部门和其他有关部门应当加强对建设工程质量的监督管理。

第五条 从事建设工程活动，必须严格执行基本建设程序，坚持先勘察、后设计、再施工的原则。

县级以上人民政府及其有关部门不得超越权限审批建设项目或者擅自简化基本建设程序。

第六条 国家鼓励采用先进的科学技术和管理方法，提高建设工程质量。

第二章 建设单位的质量责任和义务

第七条 建设单位应当将工程发包给具有相应资质等级的单位。建设单位不得将建设工程肢解发包。

第八条 建设单位应当依法对工程建设项目的勘察、设计、施工、监理以及与工程建设有关的重要设备、材料等的采购进行招标。

第九条 建设单位必须向有关的勘察、设计、施工、工程监理等单位提供与建设工程有关的原始资料。原始资料必须真实、准确、齐全。

第十条 建设工程发包单位不得迫使承包方以低于成本的价格竞标，不得任意压缩合理工期。

建设单位不得明示或者暗示设计单位或者施工单位违反工程建设强制性标准，降低建设工程质量。

第十一条 建设单位应当将施工图设计文件报县级以上人民政府建设行政主管部门或者

其他有关部门审查。施工图设计文件审查的具体办法，由国务院建设行政主管部门会同国务院其他有关部门制定。

施工图设计文件未经审查批准的，不得使用。

第十二条 实行监理的建设工程，建设单位应当委托具有相应资质等级的工程监理单位进行监理，也可以委托具有工程监理相应资质等级并与被监理工程的施工承包单位没有隶属关系或者其他利害关系的该工程的设计单位进行监理。

下列建设工程必须实行监理：

（一）国家重点建设工程；

（二）大中型公用事业工程；

（三）成片开发建设的住宅小区工程；

（四）利用外国政府或者国际组织贷款、援助资金的工程；

（五）国家规定必须实行监理的其他工程。

第十三条 建设单位在领取施工许可证或者开工报告前，应当按照国家有关规定办理工程质量监督手续。

第十四条 按照合同约定，由建设单位采购建筑材料、建筑构配件和设备的，建设单位应当保证建筑材料、建筑构配件和设备符合设计文件和合同要求。

建设单位不得明示或者暗示施工单位使用不合格的建筑材料、建筑构配件和设备。

第十五条 涉及建筑主体和承重结构变动的装修工程，建设单位应当在施工前委托原设计单位或者具有相应资质等级的设计单位提出设计方案；没有设计方案的，不得施工。

房屋建筑使用者在装修过程中，不得擅自变动房屋建筑主体和承重结构。

第十六条 建设单位收到建设工程竣工报告后，应当组织设计、施工、工程监理等有关单位进行竣工验收。

建设工程竣工验收应当具备下列条件：

（一）完成建设工程设计和合同约定的各项内容；

（二）有完整的技术档案和施工管理资料；

（三）有工程使用的主要建筑材料、建筑构配件和设备的进场试验报告；

（四）有勘察、设计、施工、工程监理等单位分别签署的质量合格文件；

（五）有施工单位签署的工程保修书。

建设工程经验收合格的，方可交付使用。

第十七条 建设单位应当严格按照国家有关档案管理的规定，及时收集、整理建设项目各环节的文件资料，建立、健全建设项目档案，并在建设工程竣工验收后，及时向建设行政主管部门或者其他有关部门移交建设项目档案。

第三章　勘察、设计单位的质量责任和义务

第十八条 从事建设工程勘察、设计的单位应当依法取得相应等级的资质证书，并在其资质等级许可的范围内承揽工程。勘察、设计单位不得转包或者分包所承揽的工程。

禁止勘察设计单位超越其资质等级许可的范围或者以其他勘察、设计单位的名义承揽工

程。禁止勘察、设计单位允许其他单位或者个人以本单位的名义承揽工程。

第十九条 勘察、设计单位必须按照工程建设强制性标准进行勘察、设计,并对其勘察、设计的质量负责。

注册建筑师、注册结构工程师等注册执业人员应当在设计文件上签字,对设计文件负责。

第二十条 勘察单位提供的地质、测量、水文等勘察成果必须真实、准确。

第二十一条 设计单位应当根据勘察成果文件进行建设工程设计。

设计文件应当符合国家规定的深度要求,注明工程合理使用年限。

第二十二条 设计单位在设计文件中选用的建筑材料、建筑构配件和设备,应当注明规格、型号、性能等技术指标,其质量要求必须符合国家规定的标准。

除有特殊要求的建筑材料、专用设备、工艺生产线等外,设计单位不得指定生产厂、供应商。

第二十三条 设计单位应当就审查合格的施工图设计文件向施工单位作出详细说明。

第二十四条 设计单位应当参与建设工程质量事故分析,并对因设计造成的质量事故,提出相应的技术处理方案。

第四章 施工单位的质量责任和义务

第二十五条 施工单位应当依法取得相应的等级的资质证书,并在其资质等级许可的范围内承揽工程。

禁止施工单位超越本单位资质等级许可的业务范围或者以其他施工单位的名义承揽工程。禁止施工单位允许其他单位或者个人以本单位的名义承揽工程。

施工单位不得转包或者违法分包工程。

第二十六条 施工单位对建设工程的施工质量负责。

施工单位应当建立质量责任制,确定工程项目的项目经理、技术负责人和施工管理负责人。

建设工程实行总承包的,总承包单位应当对全部建设工程质量负责;建设工程勘察、设计、施工、设备采购的一项或者多项实行总承包的,总承包单位应当对其承包的建设工程或者采购的设备的质量负责。

第二十七条 总承包单位依法将建设工程分包给其他单位的,分包单位应当按照分包合同的约定对其分包工程的质量向总承包单位负责,总承包单位与分包单位对分包工程的质量承担连带责任。

第二十八条 施工单位必须按照工程设计图纸和施工技术标准施工,不得擅自修改工程设计,不得偷工减料。

施工单位在施工过程中发现设计文件和图纸有差错的,应当及时提出意见和建议。

第二十九条 施工单位必须按照工程设计要求、施工技术标准和合同约定。对建筑材料、建筑构配件、设备和商品混凝土进行检验,检验应当有书面记录和专人签字;未经检验或者检验不合格的不得使用。

第三十条 施工单位必须建立、健全施工质量检验制度,严格工序管理,做好隐蔽工程的质量检查和记录。隐蔽工程在隐蔽前,施工单位应当通知建设单位和建设工程质量监督机构。

第三十一条 施工人员对涉及结构安全的试块、试件以及有关材料,应当在建设单位或者工程监理单位监督下现场取样,并送具有相应资质等级的质量检测单位进行检测。

第三十二条 施工单位对施工中出现质量问题的建设工程或者竣工验收不合格的建设工程,应当负责返修。

第三十三条 施工单位应当建立、健全教育培训制度,加强对职工的教育培训;未经教育培训或者考核不合格的人员,不得上岗作业。

第五章 工程监理单位的质量责任和义务

第三十四条 工程监理单位应当依法取得相应等级的资质证书,并在其资质等级许可的范围内承担工程监理业务。

禁止工程监理单位超越本单位资质等级许可的范围或者以其他工程监理单位的名义承担工程监理业务。禁止工程监理单位允许其他单位或者个人以本单位的名义承担工程监理业务。

工程监理单位不得转让工程监理业务。

第三十五条 工程监理单位与被监理工程的施工承包单位以及建筑材料、建筑构配件和设备供应单位有隶属关系或者其他利害关系的,不得承担该项建设工程监理业务。

第三十六条 工程监理单位应当依照法律、法规以及有关技术标准、设计文件和建设工程承包合同,代表建设单位对施工质量实施监理,并对施工质量承担监理责任。

第三十七条 工程监理单位应当选派具备相应资格的总监理工程师和监理工程师进驻施工现场。

未经监理工程师签字,建筑材料、建筑构配件和设备不得在工程上使用或者安装,施工单位不得进行下一道工序的施工。未经总监理工程师签字,建设单位不拨付工程款,不进行竣工验收。

第三十八条 监理工程师应当按照工程监理规范的要求,采取旁站、巡视和平行检验等形式,对建设工程实施监理。

第六章 建设工程质量保修

第三十九条 建设工程实行质量保修制度。

建设工程承包单位在向建设单位提交工程竣工验收报告时,应当向建设单位出具质量保修书。质量保修书中应当明确建设工程的保修范围、保修期限和保修责任等。

第四十条 在正常使用条件下,建设工程的最低保修期限为:

(一)基础设施工程、房屋建筑的地基基础工程和主体结构工程,为设计文件规定的该工程的合理使用年限;

(二)屋面防水工程、有防水要求的卫生间、房间和外墙面的防渗漏,为5年;

(三)供热与供冷系统,为2个采暖期、供冷期;

(四)电气管线、给排水管道、设备安装和装修工程,为2年。

其他项目的保修期限由发包方与承包方约定。

建设工程的保修期,自竣工验收合格之日起计算。

第四十一条 建设工程在保修范围保修期限内发生质量问题的,施工单位应当履行保修义务,并对造成的损失承担赔偿责任。

第四十二条 建设工程在超过合理使用年限后需要继续使用的,产权所有人应当委托具有相应资质等级的勘察、设计单位鉴定,并根据鉴定结果采取加固、维修等措施,重新界定使用期。

第七章 监督管理

第四十三条 国家实行建设工程质量监督管理制度。

国务院建设行政主管部门对全国的建设工程质量实施统一监督管理。国务院铁路、交通、水利等有关部门按照国务院规定的职责分工,负责对全国有关专业建设工程质量的监督的管理。

县级以上地方人民政府建设行政主管部门对本行政区域内的建设工程质量实施监督管理。县级以上地方人民政府交通、水利等有关部门在各自的职责范围内,负责对本行政区域内的专业建设工程质量监督管理。

第四十四条 国务院建设行政主管部门和国务院铁路、交通、水利等有关部门应当加强对有关建设工程质量的法律、法规和强制性标准执行情况的监督检查。

第四十五条 国务院发展计划部门按照国务院规定的职责,组织稽察特派员,对国家出资的重大建设项目实施监督检查。

国务院经济贸易主管部门按照国务院规定的职责,对国家重大技术改造项目实施监督检查。

第四十六条 建设工程质量监督管理,可以由建设行政主管部门或者其他有关部门委托的建设工程质量监督机构具体实施。

从事房屋建筑工程和市政基础设施工程质量监督的机构,必须按照国家有关规定经国务院建设行政主管部门或者省、自治区、直辖市人民政府建设行政主管部门考核;从事专业建设工程质量监督的机构,必须按照国家有关规定经国务院有关部门或者省、自治区、直辖市人民政府有关部门考核。经考核合格后方可实施质量监督。

第四十七条 县级以上地方人民政府建设行政主管部门和其他有关部门应当加强对有关建设工程质量的法律、法规、强制性标准执行情况的监督检查。

第四十八条 县级以上地方人民政府建设行政主管部门和其他有关部门履行监督检查职责时,有权采取下列措施:

(一)要求被检查的单位提供有关工程质量的文件和资料;

(二)进入被检查单位的施工现场进行检查;

(三)发现有影响工程质量的问题时,责令改正。

第四十九条 建设单位应当自建设工程竣工验收合格之日起15日内,将建设工程竣工验收报告和规划、公安消防、环保等部门出具的认可文件或者准许使用文件报建设行政主管部门或者其他有关部门备案。

建设行政主管部门或者其他有关部门发现建设单位在竣工验收过程中有违反国家有关建设工程质量管理规定行为的，责令停止使用，重新组织竣工验收。

第五十条 有关单位和个人对县级以上人民政府建设行政主管部门和其他有关部门进行监督检查应当支持与配合，不得拒绝或者阻碍建设工程质量监督检查人员依法执行职务。

第五十一条 供水、供电、供气、公安消防等部门或者单位不得明示或者暗示建设单位、施工单位购买其指定的生产供应单位的建筑材料、建筑构配件和设备。

第五十二条 建设工程发生质量事故，有关单位应当在24小时内向当地建设行政主管部门和其他有关部门报告。对重大质量事故，事故发生地的建设行政主管部门和其他有关部门应当按照事故类别和等级向当地人民政府和上级建设行政主管部门和其他有关部门报告。

特别重大质量事故的调查程序按照国务院有关规定办理。

第五十三条 任何单位和个人对建设工程的质量事故、质量缺陷都有权检举、控告、投诉。

第八章 罚　　则

第五十四条 违反本条例规定，建设单位将建设工程发包给不具有相应资质等级的勘察、设计、施工单位或者委托给不具有相应资质等级的工程监理单位的，责令改正，处50万元以上100万元以下的罚款。

第五十五条 违反本条例规定，建设单位将建设工程肢解发包的，责令改正，处工程合同价款百分之零点五以上百分之一以下的罚款；对全部或者部分使用国有资金的项目，并可以暂停项目执行或者暂停资金拨付。

第五十六条 违反本条例规定，建设单位有下列行为之一的，责令改正，处20万元以上50万元以下的罚款；

（一）迫使承包方以低于成本的价格竞标的；

（二）任意压缩合理工期的；

（三）明示或者暗示设计单位或者施工单位违反工程建设强制性标准，降低工程质量的；

（四）施工图设计文件未经审查或者审查不合格，擅自施工的；

（五）建设项目必须实行工程监理而未实行工程监理的；

（六）未按照国家规定办理工程质量监督手续的；

（七）明示或者暗示施工单位使用不合格的建筑材料、建设构配件和设备的；

（八）未按照国家规定将竣工验收报告、有关认可文件或者准许使用文件报送备案的。

第五十七条 违反本条例规定，建设单位未取得施工许可证或者开工报告未经批准，擅自施工的，责令停止施工，限期改正，处工程合同价款百分之一以上百分之二以下的罚款。

第五十八条 违反本条例规定，建设单位有下列行为之一的，责令改正，处工程合同价款百分之二以上百分之四以下的罚款；造成损失的，依法承担赔偿责任：

（一）未组织竣工验收，擅自交付使用的；

（二）验收不合格，擅自交付使用的；

（三）对不合格的建设工程按照合格工程验收的。

第五十九条　违反本条例规定，建设工程竣工验收后，建设单位向建设行政主管部门或其他有关部门移交建设项目档案的，责令改正，处1万元以上10万元以下的罚款。

第六十条　违反本条例规定，勘察、设计、施工、工程监理单位超越单位资质等级承揽工程的，责令停止违法行为，对勘察、设计单位或者工程监理单位处合同约定的勘察费、设计费或者监理酬金1倍以上2倍以下的罚款；对施工单位处工程合同价款百分之二以上百分之四以下的罚款，可以责令停业整顿，降低资质等级；情节严重的，吊销资质证书；有违法所得的，予以没收。

未取得资质证书承揽工程的，予以取缔，依照前款规定处以罚款；有违法所得的，予以没收。

以欺骗手段取得资质证书承揽工程的，吊销资质证书，依照本条第一款规定处以罚款；有违法所得的，予以没收。

第六十一条　违反本条例规定，勘察、设计、施工、工程监理单位允许其他单位或者个人以本单位名义承揽工程的，责令改正，没收违法所得，对勘察、设计单位和工程监理单位处合同约定的勘察费、设计费和监理酬金1倍以上2倍以下的罚款；对施工单位处工程合同价款百分之二以上百分之四以下的罚款；可以责令停业整顿，降低资质等级；情节严重的，吊销资质证书。

第六十二条　违反本条例规定，承包单位将承包的工程转包或者违法分包的，责令改正，没收违法所得，对勘察、设计单位处合同约定的勘察费、设计费百分之二十五以上百分之五十以下的罚款；对施工单位处工程合同价款百分之零点五以上百分之一以下的罚款；可以责令停业整顿，降低资质等级；情节严重的，吊销资质证书。

工程监理单位转让工程监理业务的，责令改正，没收违法所得，处合同约定的监理酬金百分之二十五以上百分之五十以下的罚款；可以责令停业整顿，降低资质等级；情节严重的，吊销资质证书。

第六十三条　违反本条例规定，有下列行为之一的，责令改正，处10万元以上30万元以下的罚款：

（一）勘察单位未按照工程建设强制性标准进行勘察的；

（二）设计单位未根据勘察成果文件进行工程设计的；

（三）设计单位指定建筑材料、建筑构配件的生产厂、供应商的；

（四）设计单位未按照工程建设强制性标准进行设计的。

有前款所列行为，造成工程质量事故的，责令停业整顿，降低资质等级；情节严重的，吊销资质证书；造成损失的，依法承担赔偿责任。

第六十四条　违反本条例规定，施工单位在施工中偷工减料的，使用不合格的建筑材料、建筑构配件和设备的，或者有不按照工程设计图纸或者施工技术标准施工的其他行为的，责令改正，处工程合同价款百分之二以上百分之四以下的罚款；造成建设工程质量不符合规定的质量标准的，负责返工、修理，并赔偿因此造成的损失；情节严重的，责令停业整顿，降低资质等级或者吊销资质证书。

第六十五条　违反本条例规定，施工单位未对建筑材料、建筑构配件、设备和商品混凝土进行检验，或者未对涉及结构安全的试块、试件以及有关材料取样检测的，责令改正，处10万元以上20万元以下的罚款；情节严重的，责令停业整顿，降低资质等级或者吊销资质证书；造成损失的，依法承担赔偿责任。

第六十六条 违反本条例规定，施工单位不履行保修义务或者拖延履行保修义务的，责令改正，处10万元以上20万元以下的罚款，并对保修期内因质量缺陷造成的损失承担赔偿责任。

第六十七条 工程监理单位有下列行为之一的，责令改正，处50万元以上100万元以下的罚款，降低资质等级或者吊销资质证书；有违法所得的，予以没收；造成损失的，承担连带赔偿责任：

（一）与建设单位或者施工单位串通，弄虚作假、降低工程质量的；

（二）将不合格的建设工程、建筑材料、建筑构配件和设备按照合格签字的。

第六十八条 违反本条例规定，工程监理单位与被监理工程的施工承包单位以及建筑材料、建筑构配件和设备供应单位有隶属关系或者其他利害关系承担该项建设工程的监理业务的，责令改正，处5万元以上10万元以下的罚款，降低资质等级或者吊销资质证书；有违法所得的，予以没收。

第六十九条 违反本条例规定，涉及建筑主体或者承重结构变动的装修工程，没有设计方案擅自施工的，责令改正，处50万元以上100万元以下的罚款；房屋建筑使用者在装修过程中擅自变动房屋建筑主体和承重结构的，责令改正，处5万元以上10万元以下的罚款。

有前款所列行为，造成损失的，依法承担赔偿责任。

第七十条 发生重大工程质量事故隐瞒不报、谎报或者拖延期限的，对直接负责的主管人员和其他责任人员依法给予行政处分。

第七十一条 违反本条例规定，供水、供电、供气、公安消防部门或者单位明示或者暗示建设单位或者施工单位购买其指定的生产供应单位的建筑材料、建筑构配件和设备的，责令改正。

第七十二条 违反本条例规定，注册建筑师、注册结构工程师、监理工程师等注册执业人员因过错造成质量事故的，责令停止执业1年；造成重大质量事故的，吊销执业资格证书，5年以内不予注册；情节特别恶劣的，终身不予注册。

第七十三条 依照本条例规定，给予单位罚款处罚的，对单位直接负责的主管人员和其他直接责任人员处单位罚款数额百分之五以上百分之十以下的罚款。

第七十四条 建设单位、设计单位、施工单位、工程监理单位违反国家规定，降低工程质量标准，造成重大安全事故，构成犯罪的，对直接责任人员依法追究刑事责任。

第七十五条 本条例规定的责令停业整顿，降低资质等级或者吊销资质证书的行政处罚，由颁发资质证书的机关决定；其他行政处罚，由建设行政主管部门或者其他有关部门依照法定职权决定。

依照本条例规定被吊销资质证书的，由工商行政管理部门吊销其营业执照。

第七十六条 国家机关工作人员在建设工程质量监督管理工作中玩忽职守、滥用职权、徇私舞弊，构成犯罪的，依法追究刑事责任；尚不构成犯罪的，依法给予行政处分。

第七十七条 建设、勘察、设计、施工、工程监理单位的工作人员因调动工作、退休等原因离开该单位后，被发现在该单位工作期间违反国家有关建设工程质量管理规定，造成重大工程质量事故的,仍应当依法追究法律责任。

第九章　附　　则

第七十八条　本条例所称肢解发包,是指建设单位将应当由一个承包单位完成的建设工程分解成若干部分发包给不同的承包单位的行为。

本条例所称违法分包,是指下列行为:

(一)总承包单位将建设工程分包给不具备相应资质条件的单位的;

(二)建设工程总承包合同中未有约定,又未经建设单位认可,承包单位将其承包的部分建设工程交由其他单位完成的;

(三)施工总承包单位将建设工程主体结构的施工分包给其他单位的;

(四)分包单位将其承包的建设工程再分包的。

本条例所称转包,是指承包单位承包建设工程后,不履行合同约定的责任和义务,将其承包的全部建设工程转给他人或者将其承包的全部建设工程肢以后以分包名义分别转给其他单位承包的行为。

第七十九条　本条例规定的罚款和没收的违法所得,必须全部上缴国库。

第八十条　抢险救灾及其他临时性房屋建筑和农民自建低层住宅的建设活动,不适用本条例。

第八十一条　军事建设工程的管理,按照中央军事委员会的有关规定执行。

第八十二条　本条例自发布之日起施行。

附《刑法》有关条款

第一百三十七条　建设单位、设计单位、施工单位、工程监理单位违反国家规定,降低工程质量标准,造成重大安全事故的,对直接责任人员处五年以下有期徒刑或者拘投,并处罚金;后果特别严重的,处五年以上十年以下有期徒刑,并处罚金。

附录三

工程建设项目招标范围和规模标准规定

（2000 年 4 月 4 日国务院批准
2000 年 5 月 1 日国家发展计划委员会）

第一条 为了确定必须进行招标的工程建设项目的具体范围和规模标准，规范招标投标活动，根据《中华人民共和国招标投标法》第三条的规定，制定本规定。

第二条 关系社会公共利益、公众安全的基础设施项目的范围包括：

（一）煤炭、石油、天然气、电力、新能源等能源项目；

（二）铁路、公路、管道、水运、航空以及其他交通运输业等交通运输项目；

（三）邮政、电信枢纽、通信、信息网络等邮电通信项目；

（四）防洪、灌溉、排涝、引（供）水、滩涂治理、水土保持、水利枢纽等水利项目；

（五）道路、桥梁、地铁和轻轨交通、污水排放及处理、垃圾处理、地下管道、公共停车场等城市设施项目；

（六）生态环境保护项目；

（七）其他基础设施项目。

第三条 关系社会公共利益、公众安全的公用事业项目的范围包括：

（一）供水、供电、供气、供热等市政工程项目；

（二）科技、教育、文化等项目；

（三）体育、旅游等项目；

（四）卫生、社会福利等项目；

（五）商品住宅，包括经济适用住房；

（六）其他公用事业项目。

第四条 使用国有资金投资项目的范围包括：

（一）使用各级财政预算资金的项目；

（二）使用纳入财政管理的各种政府性专项建设基金的项目；

（三）使用国有企业事业单位自有资金，并且国有资产投资者实际拥有控制权的项目。

第五条 国家融资项目的范围包括：

（一）使用国家发行债券所筹资金的项目；

（二）使用国家对外借款或者担保所筹资金的项目；

（三）使用国家政策性贷款的项目；

（四）国家授权投资主体融资的项目；

（五）国家特许的融资项目。

第六条 使用国际组织或者外国政府资金的项目范围包括：

(一)使用世界银行、亚洲开发银行等国际组织贷款资金的项目；

(二)使用外国政府及其机构贷款资金的项目；

(三)使用国际组织或者外国政府援助资金的项目。

第七条 本规定第二条至第六条规定范围内的各类工程建设项目，包括项目的勘察、设计、施工、监理以及与工程建设有关的重要设备、材料等的采购，达到下列标准之一的，必须进行招标：

(一)施工单项合同估算价在200万元人民币以上的；

(二)重要设备、材料等货物的采购，单项合同估算价在100万元人民币以上的；

(三)勘察、设计、监理等服务的采购，单项合同估算在50万元人民币以上的；

(四)单项合同估算价低于第(一)、(二)、(三)项规定的标准，但项目总投资额在3000万元人民币以上的。

第八条 建设项目的勘察、设计、采用特定专利或者专有技术的，或者其建筑艺术造型有特殊要求的，经项目主管部门批准，可以不进行招标。

第九条 依法必须进行招标的项目，全部使用国有资金投资或者国有资金投资占控股或者主导地位的，应当公开招标。

招标投标活动不受地区、部门的限制，不得对潜在投标人实行歧视待遇。

第十条 省、自治区、直辖市人民政府根据实际情况，可以规定本地区必须进行招标的具体范围的规模标准，但不得缩小本规定确定的必须进行招标的范围。

第十一条 国家发展计划委员会可以根据实际需要，会同国务院有关部门对本规定确定的必须进行招标的具体范围和规模标准进行部门调整。

第十二条 本规定自发布之日起施行。

附录四

评标委员会和评标方法暂行规定

（2001 年 7 月 5 日国家发展计划委员会等七部委第 12 号令）

第一章　总　　则

第一条　为了规范评标活动，保证评标的公平、公正，维护招标活动当事人的合法权益，依照《中华人民共和国招标投标法》制定本规定。

第二条　本规定适用于依法必须招标项目的评标活动。

第三条　评标活动遵循公平、公正、科学、择优的原则。

第四条　评标活动依法进行，任何单位和个人不得非法干预或者影响评标过程和结果。

第五条　招标人应采取必要措施，保证评标活动在严格保密的情况下进行。

第六条　评标活动及其当事人应当接受依法实施的监督。

有关行政监督部门依照国务院或者地方政府的职责分工，对评标活动实施监督，依法查处评标活动中的违法行为。

第二章　评标委员会

第七条　评标委员会依法组建，负责评标活动，向招标人推荐中标候选人或者根据招标人的授权直接确定中标人。

第八条　评标委员会由招标人负责组建。

评标委员会成员名单一般应于开标前确定。评标委员会成员名单在中标结果确定前应当保密。

第九条　评标委员会由招标人或其委托的招标代理机构熟悉相关业务的代表，以及有关技术、经济等方面的专家组成，成员人数为五人以上单数，其中技术、经济等方面的专家不得少于成员总数的三分之二。

评标委员会设负责人的，评标委员会负责人由评标委员会成员推举产生或者由招标人确定。评标委员会负责人与评标委员会的其他成员有同等的表决权。

第十条　评标委员会的专家成员应当从省级以上人民政府有关部门提供的专家名册或者招标代理机构的专家库内的相关专家名单中确定。

按前款规定确定评标专家，可以采取随机抽取或者直接确定的方式。一般项目，可以采取随机抽取的方式；技术特殊复杂、专业性要求特别高或者国家有特殊要求的招标项目，采取随机抽取方式确定的专家难以胜任的,可由招标人直接确定。

第十一条 评标专家应符合下列条件:

(一)从事相关专业领域工作满八年并具有高级职称或者同等专业水平;

(二)熟悉有关招标的法律法规并具有与招标项目相关的实践经验;

(三)能够认真、公正、诚实、廉洁地履行职责。

第十二条 有下列情形之一的,不得担任评标委员会成员:

(一)投标人或者投标人主要负责人的近亲属;

(二)项目主管部门或者行政监督部门的人员;

(三)与投标人有经济利益关系,可能影响对投标公正评审的;

(四)曾因在招标、评标以及其他与招标投标有关活动中从事违法行为而受过行政处罚或刑事处罚的。

评标委员会成员有前款规定情形之一的,应当主动提出回避。

第十三条 评标委员会成员应当客观、公正地履行职责,遵守职业道德,对所提出的评审意见承担个人责任。

评标委员会成员不得与任何投标人或者与招标结果有利害关系的人进行私下接触,不得收受投标人、中介人、其他利害关系人的财物或者其他好处。

第十四条 评标委员会成员和与评标活动有关的工作人员不得透露对投标文件的评审和比较、中标候选人的推荐情况以及与评标有关的其他情况。

前款所称与评标活动有关的工作人员,是指评标委员会成员以外的因参与评标监督工作或者事务性工作而知悉有关评标情况的所有人员。

第三章 评标的准备与初步评审

第十五条 评标委员会成员应当编制供评标使用的相应表格,认真研究招标文件,至少应了解和熟悉以下内容:

(一)招标的目标;

(二)招标项目的范围和性质;

(三)招标文件中规定的主要技术要求、标准和商务条款;

(四)招标文件规定的评标标准、评标方法和在评标过程中考虑的相关因素。

第十六条 招标人或者其委托的招标代理机构应当向评标委员会提供评标所需的重要信息和数据。

招标人设有标底的,标底应当保密,并在评标时作为参考。

第十七条 评标委员会应当根据招标文件规定的评标标准和方法,对投标文件进行系统地评审和比较。招标文件中没有规定的标准和方法不得作为评标的依据。

招标文件中规定的评标标准和评标方法应当合理,不得含有倾向或者排斥潜在投标人的内容,不得妨碍或者限制投标人之间的竞争。

第十八条 评标委员会应当按照投标报价的高低或者招标文件规定的其他方法对投标文件排序。以多种货币报价的,应当按照中国银行在开标日公布的汇率中间价换算成人民币。

招标文件应当对汇率标准和汇率风险作出规定。未作规定的,汇率风险由投标人承担。

第十九条 评标委员会可以书面方式要求投标人对投标文件中含义不明确、对同类问题表述不一致或者有明显文字和计算错误的内容作必要的澄清、说明或者补正。澄清、说明或者补正应以书面方式进行并不得超出投标文件的范围或者改变投标文件的实质性内容。

投标文件中的大写金额和小写金额不一致的,以大写金额为准;总价金额与单价金额不一致的,以单价金额为准,但单价金额小数点有明显错误的除外;对不同文字文本投标文件的解释发生异议的,以中文文本为准。

第二十条 在评标过程中,评标委员会发现投标人以他人的名义投标、串通投标、以行贿手段谋取中标或者以其他弄虚作假方式投标的,该投标人的投标应作废标处理。

第二十一条 在评标过程中,评标委员会发现投标人的报价明显低于其他投标报价或者在设有标底时明显低于标底,使得其投标报价可能低于其他个别成本的,应当要求该投标人作出书面说明并提供相应证明材料。投标人不能合理说明或者不能提供相关证明材料的,由评标委员会认定该投标人以低于成本报价竞标,其投标应作废标处理。

第二十二条 投标人资格条件不符合国家有关规定和招标文件要求的,或者拒不按要求对投标文件进行澄清、说明或者补正的,评标委员会可以否决其投标。

第二十三条 评标委员会应当审查每一投标文件是否对招标文件提出的所有实质性要求和条件作出响应。未能在实质上响应的投标,应作废标处理。

第二十四条 评标委员会应当根据招标文件,审查并逐项列出投标文件的全部投标偏差。

投标偏差分为重大偏差和细微偏差。

第二十五条 下列情况属于重大偏差:

(一)没有按照招标文件要求提供投标担保或者所提供的投标担保有瑕疵;

(二)投标文件没有投标人授权代表签字和加盖公章;

(三)投标文件载明的招标项目完成期限超过招标文件规定的期限;

(四)明显不符合技术规格、技术标准的要求;

(五)投标文件载明的货物包装方式、检验标准和方法不符合招标文件的要求;

(六)投标文件附有招标人不能接受的条件;

(七)不符合招标文件中规定的其他实质性要求。

投标文件有上述情形之一的,为未能对招标文件作出实质性响应,并按本规定第二十三条规定作废标处理。招标文件对重大偏差另有规定的,从其规定。

第二十六条 细微偏差是指投标文件在实质上响应招标文件要求,但在个别地方存在漏项或者提供不完整的技术信息和数据等情况,并且补正这些遗漏或者不完整不会对其他投标人造成不公平的结果。细微偏差不影响投标文件的有效性。

评标委员会应当书面要求存在细微偏差的投标人在评标结束前予以补正。拒不补正的,在详细评审时可以对细微偏差作不利于该投标人的量化,量化标准应当在招标文件中规定。

第二十七条 评标委员会根据本规定第二十条、第二十一条、第二十二条、第二十三条、第二十五条的规定否决不合格投标或者界定为废标后,因有效投标不足三个使得投标明显缺乏竞争的,评标委员会可以否决全部投标。

投标人少于三个或者所有投标被否决的,招标人应当依法重新招标。

第四章 详细评审

第二十八条 经初步评审合格的投标文件,评标委员会应当根据招标文件确定的评标标准和方法,对其技术部分和商务部分作进一步评审、比较。

第二十九条 评标方法包括经评审的最低投标价法、综合评估法或者法律、行政法规允许的其他评标方法。

第三十条 经评审的最低投标价法一般适用于具有通用技术、性能标准或者招标人对其技术、性能没有特殊要求的招标项目。

第三十一条 根据经评审的最低投标价法,能够满足招标文件的实质性要求,并且经评审的最低投标价的投标,应当推荐为中标候选人。

第三十二条 采用经评审的最低投标价法的,评标委员会应当根据招标文件中规定的评标价格调整方法,对所有投标人的投标报价以及投标文件的商务部分作必要的价格调整。

采用经评审的最低投标价法的,中标人的投标应当符合招标文件规定的技术要求和标准,但评标委员会无需对投标文件的技术部分进行价格折算。

第三十三条 根据经评审的最低投标价法完成详细评审后,评标委员会应当拟定一份"标价比较表",连同书面评标报告提交招标人。"标价比较表"应当载明投标人的投标报价、对商务偏差的价格调整和说明以及经评审的最终投标价。

第三十四条 不宜采用经评审的最低投标法的招标项目,一般应当采取综合评估法进行评审。

第三十五条 根据综合评估法,最大限度地满足招标文件中规定的各项综合评价标准的投标,应当推荐为中标候选人。

衡量投标文件是否最大限度地满足招标文件中规定的各项评价标准,可以采取折算为货币的方法、打分的方法或者其他方法。需量化的因素及其权重应当在招标文件中明确规定。

第三十六条 评标委员会对各个评审因素进行量化时,应当将量化指标建立在同一基础或者同一标准上,使各投标文件具有可比性。

对技术部分和商务部分进行量化后,评标委员会应当对这两部分的量化结果进行加权,计算出每一投标的综合评估价或者综合评估分。

第三十七条 根据综合评估法完成评标后,评标委员会应当拟定一份"综合评估比较表",连同书面评标报告提交招标人。"综合评估比较表"应当载明投标人的投标报价、所作的任何修正、对商务偏差的调整、对技术偏差的调整、对各评审因素的评估以及对每一投标的最终评审结果。

第三十八条 根据招标文件的规定,允许投标人投备选标的,评标委员会可以对中标人所投的备选标进行评审,以决定是否采纳备选标。不符合中标条件的投标人的备选标不予考虑。

第三十九条 对于划分有多个单项合同的招标项目,招标文件允许投标人为获得整个项目合同而提出优惠的,评标委员会可以对投标人提出的优惠进行审查,以决定是否将招标项目作为一个整体合同授予中标人。将招标项目作为一个整体合同授予的,整体合同中标人的投标应当最有利于招标人。

第四十条 评标和定标应当在投标有效期结束日30个工作日前完成。不能在投标有效期结束日30个工作日前完成评标和定标的,招标人应当通知所有投标人延长投标有效期。拒绝延长投标有效期的投标人有权收回投标保证金。同意延长投标有效期的投标人应当相应延长其投标担保的有效期,但不得修改投标文件的实质性内容。因延长投标有效期造成投标人损失的,招标人应当给予补偿,但因不可抗力需延长投标有效期的除外。

招标文件应当载明投标有效期。投标有效期从提交投标文件截止日起计算。

第五章 推荐中标候选人与定标

第四十一条 评标委员会在评标过程中发现的问题,应当及时作出处理或者向招标人提出处理建议,并作出书面记录。

第四十二条 评标委员会完成评标后,应当向招标人提出书面评标报告,并抄送有关行政监督部门。评标报告应当如实记载以下内容:

(一)基本情况和数据表;

(二)评标委员会成员名单;

(三)开标记录;

(四)符合要求的投标一览表;

(五)废标情况说明;

(六)评标标准、评标方法或者评标因素一览表;

(七)经评审的价格或者评分比较一览表;

(八)经评审的投标人排序;

(九)推荐的中标候选人名单与签订合同前要处理的事宜;

(十)澄清、说明、补正事项纪要。

第四十三条 评标报告由评标委员会全体成员签字。对评标结论持有异议的评标委员会成员可以书面方式阐述其不同意见和理由。评标委员会成员拒绝在评标报告上签字且不陈述其不同意见和理由的,视为同意评标结论。评标委员会应当对此作出书面说明并记录在案。

第四十四条 向招标人提交书面评标报告后,评标委员会即告解散。评标过程中使用的文件、表格以及其他资料应当及时归还招标人。

第四十五条 评标委员会推荐的中标候选人应当限定在一至三人,并标明排列顺序。

第四十六条 中标人的投标应当符合下列条件之一:

(一)能够最大限度满足招标文件中规定的各项综合评价标准;

(二)能够满足招标文件的实质性要求,并且经评审的投标价格最低;但是投标价格低于成本的除外。

第四十七条 在确定中标人之前,招标人不得与投标人就投标价格、投标方案等实质性内容进行谈判。

第四十八条 使用国有资金投资或者国家融资的项目,招标人应当确定排名第一的中标候选人为中标人。排名第一的中标候选人放弃中标、因不可抗力提出不能履行合同,或者招标文件规定应当提交履约保证金而在规定的期限内未能提交的,招标人可以确定排名第二的中标候选人为中标人。

排名第二的中标候选人因前款规定的同样原因不能签订合同,招标人可以确定排名第三的中标候选人为中标人。

招标人可以授权评标委员会直接确定中标人。

国务院对中标的确定另有规定的,从其规定。

第四十九条 中标人确定后,招标人应当向中标人发出中标通知书,同时通知未中标人,并与中标人在30个工作日之内签订合同。

第五十条 中标通知书对招标人和中标人具有法律约束力。中标通知书发出后,招标人改变中标结果或者中标人放弃中标的,应当承担法律责任。

第五十一条 招标人应当与中标人按照招标文件和中标文件订立书面合同。招标人与中标人不得再行订立背离合同实质性内容的其他协议。

第五十二条 招标人与中标人签订合同后5个工作日内,应当向中标人和未中标的投标人退还投标保证金。

第六章 罚　　则

第五十三条 评标委员会成员在评标过程中擅离职守,影响评标程序正常进行,或者在评标过程中不能客观公正地履行职责的,给予警告;情节严重的,取消担任评标委员会成员的资格,不得再参加任何依法必须进行招标项目的评标,并处一万元以下的罚款。

第五十四条 评标委员会成员收受投标人、其他利害关系人的财物或者其他好处的,评标委员会成员或者与评标活动有关的工作人员向他人透露对投标文件的评审和比较、中标候选人的推荐以及与评标有关其他情况,给予警告,没收收受的财物,可以并处三千元以上五千元以下的罚款;对有所列违法行为的评标委员会成员取消担任评标委员会成员的资格,不得再参加任何依法必须进行招标项目的评标;构成犯罪的,依法追究刑事责任。

第五十五条 招标人在评标委员会依法推荐的中标候选人以外确定中标人的,依法必须进行招标项目在所有投标被评标委员会否决后自行确定中标人的,中标无效。责令改正,可以处中标项目金额千分之五以上千分之十以下的罚款;对单位直接负责的主管人和其他直接责任人员依法给予处分。

第五十六条 招标人与中标人不按照招标文件和中标人的投标文件订立合同的,或者招标人、中标人订立背离合同实质性内容的协议的,责令改正;可以处中标项目金额千分之五以上千分之十以下的罚款。

第五十七条 中标人不与招标人订立合同,投标保证金不予退还并取消其中标资格,给招标人造成的损失超过投标保证金数额的,应当对超过部分予以赔偿;没有提交投标保证金的,应当对招标人的损失承担赔偿责任。

第七章 附　　则

第五十八条 依法必须招标项目以外的评标活动,参照本规定执行。

第五十九条 使用国际组织或者外国政府贷款、援助资金的招标项目的评标活动，贷款、资金提供方对评标委员会与评标方法另有规定的，适用其规定，但违背中华人民共和国的社会公共利益的除外。

第六十条 本规定颁布前有关评标机构和评标方法的规定与本规定不一致的，以本规定为准。法律或者行政法规另有规定的，从其规定。

第六十一条 本规定由国家发展计划委员会会同有关部门负责解释。

第六十二条 本规定自发布之日起施行。

附录五

国家重大建设项目招标投标监督暂行办法

(2002年2月1日国家发展计划委员会6号令)

第一条 为了加强国家重大建设项目招标投标活动的监督,保证招标投标活动依法进行,根据《中华人民共和国招标投标法》、《国务院办公厅印发国家院有关部门实施招标投标活动行政监督职责分工意见的通知》(国办发[2000]34号)和《国家重大建设项目稽察办法》(国办发[2000]54号、2000年国家计委令第6号),制定本办法。

第二条 国家计委根据国务院授权,负责组织国家重大建设项目稽察特派员及其助理(以下简称稽察人员),对国家重大建设项目的招标投标活动进行监督检查。

第三条 本办法所称国家重大建设项目,是指国家融资的,经国家计委审批或审核后报国务院审批的建设项目。

第四条 国家重大建设项目的招标范围、规模标准及评标方法,按《工程建设项目招标范围和规模标准规定》(2000年国家计委令第3号)、《评标委员会和评标方法暂行规定》(2001年国家计委、经贸委、建设部、铁道部、交通部、信息产业部、水利部令第12号)执行。

国家重大建设项目招标公告的发布,按《招标公告发布暂行办法》(2000年国家计委令第4号)执行。

依法必须招标的国家重大建设项目,必须在报送项目可行性研究报告中增加有关招标内容,具体办法按《建设项目可行性研究报告增加招标内容以及核准招标事项暂行规定》(2001年国家计委令第9号)执行。

招标人自行招标的,必须符合《工程建设项目自行招标试行办法》(2000年国家计委令第5号)有关规定。

第五条 招标人和中标人应按照《中华人民共和国招标投标法》和《中华人民共和国合同法》规定签订书面合同。合同中确定的建设标准、建设内容、合同价格必须控制在批准的设计概算文件范围内。

除因不可抗力等情况导致项目无法执行或中标人不能履行合同外,任何单位和个人不得以其他任何理由将合同转让给他人,或要求中标人放弃合同。

第六条 通过招标节省的概算投资,不得擅自挪作他用。

第七条 任何单位和个人对国家重大建设项目招标过程中发生的违法行为,有权向国家计委投诉或举报。国家计委在收到投诉举报后15天个工作日内作出是否受理的决定。

对受理的投诉和举报,国家计委负责组织核查处理或者转请地方发展计划部门和有关部门依法查处。

第八条 稽察人员对国家重大建设项目的招标投标活动进行监督检查可以采取经常性稽

察和专项性稽察的方式。经常稽察方式是对建设项目所有招标投标活动进行全过程的跟踪监控;专项性稽察方式是对建设项目招标投标活动实施抽查。经常性稽察项目名单由国家计委确定。

第九条 列入经常性稽察的项目,招标人应当根据核准的招标事项编制招标文件,并在发售前15个工作日将招标文件、资格预审情况和时间安排及相关文件一式三份报国家计委备案。

招标人确定中标后,应当在15个工作日内向国家计委提交招标投标情况报告。报告内容依照《评标委员会和评标方法暂行规定》(2001年国家计委、经贸委、建设部、铁道部、交通部、信息产业部、水利部令第12号)第四十二条规定执行。

第十条 稽察人员对国家重大建设项目贯彻执行国家有关招标投标的法律、法规、规章和政策情况以及招标投标活动进行监督检查,履行下列职责:

(一)监督检查招标投标当事人和其他行政监督部门有关招标投标的行为是否符合法律、法规规定的权限、程序;

(二)监督检查招标投标的有关文件、资料,对其合法性、真实性进行核实;

(三)监督检查资格预审、开标、评标、定标过程是否合法以及是否符合招标文件、资格审查文件规定,并可进行相关的调查核实;

(四)监督检查招标投标结果的执行情况。

第十一条 稽察人员对招标投标活动进行监督检查,可以采取下列方式:

(一)检查项目审批程序、资金拨付等资料和文件;

(二)检查招标公告、投标邀请书、招标文件、投标文件,核查投标人的资质等级和资信等情况;

(三)监督开标、评标,并可以旁听与招标投标事项有关的重要会议;

(四)向招标人、投标人、招标代理机构、有关行政主管部门、招标公证机构调查了解情况,听取意见;

(五)审阅招标投标情况报告、合同及有关文件;

(六)现场查验,调查、核实招标结果执行情况。

根据需要,可以联合国务院其他行政监督部门、地方发展计划部门开展工作,并可以聘请有关专业技术人员参加检查。

稽察人员在监督检查过程中不得泄漏知悉的保密事项,不得作为评标委员会成员直接参与评标。

第十二条 稽察人员与被监督单位的权力、义务,依照《国家重大建设项目稽察办法》(国办发[2000]54号、2000年国家计委令第6号)的有关规定执行。

第十三条 对招标投标活动监督检查中发现的招标人、招标代理机构、投标人、评标委员会成员和相关工作人员违反《中华人民共和国招标投标法》及相关配套法规、规章的,国家计委视情节依法给予以下处罚:

(一)警告;

(二)责令限制改正;

(三)罚款;

(四)没收违法所得;

(五)取消在一定时期参加国家重大建设项目投标、评标资格;

(六)暂停安排国家建设资金或暂停审批有关地区、部门建设项目。

第十四条 对需要暂停或取消代理资质、吊销营业执照、责令停业整顿、给予行政处分、依法追究刑事责任的,移交有关部门、地方人民政府或司法机关处理。

第十五条 对国家重大建设项目招标投标过程中发生的各种违法行为进行处罚时,也可以依据职责分工由国家计委会同有关部门共同实施。

重大处理决定,应当报国务院批准。

第十六条 国家计委和有关部门作出处罚之前,应告知当事人。当事人对处罚有异议的,国家计委及其他有关行政监督部门应予以核实。

对处罚决定不服的,可以依法申请复议。

第十七条 各省、自治区、直辖市人民政府发展计划部门可依据《中华人民共和国招标投标法》及相关法规、规章,结合当地实际,参照本办法制定本地区招标投标监督办法。

第十八条 本办法由国家计委负责解释。

第十九条 本办法自2002年2月1日起施行。

附录六

公路工程勘察设计招标投标管理办法

（交通部2001年6号令）

第一章　总　　则

第一条　为规范公路建设市场秩序，提高公路工程勘察设计水平和公路建设投资效益，确保工程质量，根据《中华人民共和国公路法》、《中华人民共和国招标投标法》和国家有关规定，制定本办法。

第二条　公路建设项目的勘察、设计单项合同估算价在50万元人民币以上，或者建设项目总投资额在3000万元人民币以上的，必须进行勘察设计招标。

第三条　公路建设项目符合下列条件之一的，按项目管理权限报交通部或者省级人民政府交通主管部门批准，可以不进行勘察设计招标：

（一）涉及国家安全、国家秘密、抢险救灾的；

（二）勘察、设计采用特定专利、专有技术的；

（三）对建筑艺术造型有特殊要求的。

第四条　公路工程勘察设计招标活动应当遵循公开、公平、公正、诚实信用的原则。

第五条　公路工程勘察设计招标投标活动不受地区或者部门的限制，任何单位和个人不得以任何方式干预正当的招标投标活动；不得将必须进行招标的项目化整为零或者以其他任何方式规避招标。

第六条　公路工程勘察设计招标投标活动的监督管理实行统一领导、分级管理。

交通部负责全国公路建设项目勘察设计招标投标活动的监督管理工作。

省级人民政府交通主管部门负责本行政区域内公路建设项目勘察设计招标投标活动的监督管理工作。

县级以上人民政府交通主管部门按照项目管理权限，依法查处公路建设项目勘察设计招标投标活动中的违法行为。

第二章　招　　标

第七条　公路工程勘察设计招标是指招标人按照国家基本建设程序，依据批准的可行性研究报告，对公路工程初步设计、施工图设计通过招标活动选定勘察设计单位。

公路工程勘察设计招标可以实行一次性招标、分阶段招标，有特殊要求的关键工程可以进行方案招标。

第八条 招标人是符合公路建设市场准入条件，依照本办法规定提出公路工程勘察设计招标项目、进行招标的项目法人。

第九条 招标人具有与招标项目规模相适应的工程技术、管理人员，具备组织编制勘察设计招标文件和组织评标能力的，可以自行办理招标事宜。

招标人不具备前款规定条件的，应当委托符合公路建设市场准入条件、具有相应资格的招标代理机构办理招标事宜。

任何单位和个人不得以任何方式为招标人指定招标代理机构。

第十条 招标人自行办理招标事宜的，应当在发布招标公告或者发出投标邀请书十五日前，按项目管理权限报交通部或者省级人民政府交通主管部门核备；招标人委托招标机构办理招标事宜的，应当在委托合同签订后十五日内，按项目管理权限报交通部或者省级人民政府交通主管部门核备。

第十一条 公路工程勘察设计招标分为公开招标和邀请招标。

公开招标是招标人通过国家指定的报刊、信息网络或者其他媒体发布招标公告，邀请不特定的法人或者组织投标。

邀请招标是招标人以投标邀请书的方式，邀请三个以上具有相应资质、具备承担招标项目勘察设计能力的、资质良好的特定法人或者组织投标。

招标公告或者投标邀请书应当载明招标人的名称和地址、招标项目的基本概况、投标人的资质要求以及获取资格预审文件、招标文件的办法等事项。

第十二条 公路工程勘察设计招标应当实行公开招标。

国务院发展计划部门确定的国家重点项目和省级人民政府确定的地方重点项目不适宜公开招标的，经国务院发展计划部门或者省级人民政府批准，可以进行邀请招标。

其他公路建设项目符合下列条件之一不适宜公开招标的，按项目管理权限经交通部或者省级人民政府交通主管部门批准，可以进行邀请招标：

(一)招标人少于三个的；

(二)长大桥梁或者隧道工程有特殊要求的；

(三)涉及专利保护或者受特殊条件限制的；

(四)实行以工代赈、民工建勤、民办公助和利用扶贫资金的。

第十三条 公路工程勘察设计招标实行资格审查制度。公开招标的，实行资格预审；邀请招标的，实行资格后审。

资格预审是招标人在发布招标公告后，发出投标邀请书前对潜在投标人的资质、信誉、业绩和能力的审查。招标人只向资格预审合格的潜在投标人发出投标邀请书、发售招标文件。

资格后审是招标人在收到被邀请投标人的投标文件后，对投标人的资质、信誉、业绩和能力的审查。

第十四条 公路工程勘察设计招标按下列程序进行：

(一)编制资格预审文件和招标文件；

(二)发布招标公告或者发出投标邀请书；

(三)对潜在投标人进行资格审查；

（四）向合格的潜在投标人发售招标文件；

（五）组织潜在投标人勘察现场，召开标前会；

（六）接受投标人的投标文件，公开开标；

（七）组建评标委员会评标，推荐中标候选人；

（八）确定中标人，发出中标通知书；

（九）与中标人签订合同。

公路工程勘察设计招标实行邀请招标的，在编制招标文件后，按上述程序的（四）至（九）项要求进行。

第十五条 资格预审文件应当要求潜在投标人提供下列基本材料：

（一）营业执照、资质等级证书、资信证明和勘察设计收费证书；

（二）近五年完成的主要公路工程勘察设计项目和获奖情况以及社会信誉；

（三）正在承担的和即将承担的勘察设计项目情况；

（四）拟安排的项目负责人、主要技术人员和技术设备、应用软件投入情况；

（五）上两个会计年度的财务决算审计情况；

（六）以联合体形式投标的，联合体成员各方共同签订的投标协议和联合体各方的资质证明材料；

（七）有分包计划的，提交分包计划和拟分包单位的资质要求。

第十六条 招标文件应当按照交通部或省级人民政府交通主管部门颁布的公路工程勘察设计招标文件范本，结合招标项目的特点和实际需要进行编制。招标文件应当包括以下内容：

（一）招标邀请书；

（二）投标须知；

（三）勘察设计合同通用条款和专用条款；

（四）勘察设计标准规范；

（五）勘察设计原始资料；

（六）勘察设计协议书格式；

（七）投标文件格式；

（八）评标标准和方法。

第十七条 招标人对已发出的招标文件进行必要的补遗或者修正时，应当在提交投标文件截止日期十五日前，书面通知所有招标文件收受人。该补遗或者修正的内容为招标文件的组成部分。

第十八条 公路工程勘察设计招标资格预审结果和招标文件的审批工作由省级人民政府交通主管部门负责。其中，国道主干线、国家、部重点公路建设项目的资格预审结果和招标文件由省级人民政府交通主管部门审批后，报交通部核备。

第十九条 招标人应当合理确定资格预审申请文件和投标文件的编制时间。自招标公告发布之日起至潜在投标人递交资格预审文件截止时间，不得少于十四日；自招标文件发售截止之日至投标人递交投标文件截止时间，不得少于二十一日。

第三章　投　　标

第二十条 投标人是符合公路建设市场准入条件，具备规定资格，响应招标、参加投标竞争的法人或者组织。

第二十一条 两个以上法人或者组织可以组成联合体,以一个投标人身份共同投标。由同一个专业的法人或者组织组成的联合体资质按联合体成员内资质等级低的确定。

联合体成员各方应当签订共同投标协议,明确联合体主办人和成员各方拟承担的工作和责任,并将共同投标协议连同投标文件一并提交招标人。

招标人不得强制投标人组成联合体共同投标,不得限制投标人之间的竞争。

第二十二条 投标人拟将部分非主体、非关键工作进行分包的,必须向招标人提交分包计划,并在投标文件中载明。分包单位的资质应当与其承担的工程规模标准相适应。

第二十三条 投标人应当按照招标文件要求编制投标文件,投标文件应当对招标文件提出的实质性要求和条件作出响应。

第二十四条 投标文件由商务文件、技术文件和报价清单组成。

商务文件包括下列基本内容:

(一)投标书;

(二)授权书;

(三)项目负责人及主要技术人员基本情况;

(四)勘察设计工作大纲。

技术文件包括下列基本内容:

(一)对招标项目的理解;

(二)对招标项目的特点、难点、重点等的技术分析和处理措施;

(三)拟进行的科研课题;

(四)工程造价初步测算。

报价清单包括下列基本内容:

(一)勘察设计费报价;

(二)勘察设计费计算清单。

第二十五条 投标文件中的商务文件应当包括资格预审文件规定的主要内容以及通过资格预审后的更新材料,勘察设计工作大纲应当包括勘察设计周期、进度和质量保证措施、后续服务措施。

第二十六条 投标文件的报价清单中,对勘察设计取费应当按照现行公路工程勘察设计费收费标准进行计算。

第二十七条 投标文件应当采用双信封密封,第一个信封内为商务文件和技术文件,第二个信封内为报价清单。上述两个信封应当密封于同一信封中为一份投标文件。

投标人应当在招标文件要求截止日期前,将投标文件送达指定地点。投标文件及任何说明函件应当经投标人盖章或者其法定代表人或者其授权代理人签字。

第二十八条 投标人在招标文件要求的截止日期前,可以补充、修改或者撤回已递交的投标文件,并书面通知招标人。补充、修改的内容应当使用与投标书相同的密封方式投递,并作为投标文件的组成部分。

第二十九条 招标人在收到投标文件后,应当签收保存,不得开启。对在投标截止日期后送达的任何函件,招标人均不得接受。投标人少于三个的,招标人应当按照本办法规定重新招标。

第三十条 投标人在投标过程中不得串通作弊，不得妨碍其他投标人的公平竞争，不得以行贿、弄虚作假等手段骗取中标。

第四章 开标、评标、中标

第三十一条 开标应当在招标文件确定的提交投标文件截止日期的同一时间公开进行。开标地点应当为招标文件预先确定的地点。

第三十二条 开标由招标人主持，邀请所有投标人参加。进行公证的，应当有公证员出席。

第三十三条 开标时，由投标人或者其推选的代表检查投标文件的密封情况，也可以由招标人委托的公证机构检查并公证；经确认无误后，当众拆封投标文件的第一个信封，宣读投标人名称、投标文件签署情况及商务文件标前页的主要内容。投标文件中的第二个信封不予拆封，并妥善保存。

开标过程应当记录，并存档备查。

第三十四条 属于下列情况之一的，应当作为废标处理：

（一）投标文件未按要求密封；

（二）投标文件未加盖投标人公章或者未经法定代表人或者其授权代理人签字；

（三）投标文件字迹潦草、模糊，无法辨认；

（四）投标人对同一招标项目递两份或者多份内容不同的投标文件，未书面声明哪一个有效；

（五）投标文件不符合招标文件实质性要求。

第三十五条 评标由招标人依法组建的评标委员会负责，评标工作按照交通部制定的招标文件的有关要求进行。

评标委员会成员由招标人的代表及有关技术、经济等方面的专家组成，人数为五人以上单数，其中专家人数不得少于成员总数的三分之二。与投标人有利害关系的人员不得进入评标委员会。

交通部和省级人民政府交通主管部门应当分别设立评标专家库。国道主干线和国家、部重点公路建设项目的评标委员会专家，从交通部设立的评标专家库中确定，或者由交通部授权从省级人民政府交通主管部门设立的评标专家库中确定。其他公路建设项目的评标委员会专家从省级人民政府交通主管部门设立的评标专家库中确定。

评标委员会成员名单在中标结果确定前应当保密。

第三十六条 评标委员会可以要求投标人对投标文件中含义不明确的内容作必要的澄清或者说明，但是澄清或者说明不得超出投标文件的实质性内容。

第三十七条 评标委员会应当按照招标文件确定的评标标准，采用综合评价方法对投标人的信誉和经验，项目负责人的资格和能力，对项目的技术建议，勘察设计周期及进度计划、质量保证措施，后续服务和报价进行分别打分评议。

评标委员会对投标人的第一个信封评审打分后，在监督机构到场的情况下，拆封投标人的第二个信封,对第二个信封进行评审打分。经综合评审,依据对投标人综合得分结果的排序高低推荐二名中标候选人,并向招标人提出书面评标报告。

招标人根据评标委员会提出的书面评标报告和推荐的合格中标候选人确定中标人。招标人也可以授权评标委员会确定中标人。

第三十八条 评标委员会经评审,认为所有投标都不满足招标文件要求的,可以否决所有投标。出现下列情况之一的,招标人应当依照本办法重新招标:

(一)所有的投标文件均未通过商务文件、技术文件符合性审查;

(二)所有的投标文件均不能满足招标文件要求。

第三十九条 评标委员会成员应当客观、公正地履行职责,遵守职业道德,对所提出的评审意见承担个人责任。

评标委员会成员不得私下接触投标人,不得收受投标人的财物或者其他好处,不得透露对投标文件的评审、中标候选人的推荐情况以及评标有关的其他情况。

第四十条 中标人确定后,招标人应当在七日内向中标人发出中标通知书,并同时将中标结果通知所有未中标的投标人;在十五之内,按项目管理权限将评标报告向交通部或者省级人民政府交通主管部门核备。

第四十一条 在中标通知书发出之日起三十日内,招标人和中标人应当按照招标文件和投标文件签订合同。招标人和中标人不得再行订立背离合同实质性内容的其他协议。

招标文件要求中标人提交履约保证金的,中标人应当提供。

第四十二条 中标人应当按照合同约定履行义务,完成中标项目。

联合体中标的,联合体各方应当共同与招标人签订合同,就中标项目向招标人承担连带责任。

中标人将中标项目的部分非主体、非关键性工作分包给他人完成的,中标人应当就分包项目向招标人负责,分包人就分包项目承担连带责任。

第四十三条 进行方案招标的,招标人、中标人使用未中标人的专利、专有技术的投标方案,应当征得未中标人的同意,并给予合理的经济补偿。

第五章 法律责任

第四十四条 必须进行公路工程勘察设计招标的项目,招标人自行组织或者委托招标代理机构办理招标事宜,未在规定时间内按项目管理权限报交通主管部门核备的,给予警告,责令停止招标活动。

第四十五条 违反本办法规定,必须进行招标的项目而不招标的,将必须进行招标的项目化整为零,或者以其他任何方式规避招标的,责令限期改正,可以处以项目合同金额千分之五以上千分之十以下的罚款;对全部或者部分使用国有资金的项目,可以暂停项目执行或者暂停资金拨付,对单位直接负责的主管人员和其他直接责任人员依法给予行政处分。

第四十六条 招标代理机构违反本办法规定,泄露应当保密的与招标投标活动有关的情况和资料的,或者与招标人、投标人串通损害国家利益、社会公共利益或者他人合法权益的,处五万元以上二十五万元以下的罚款,对单位直接负责的主管人员和其他直接责任人员处单位罚款数额百分之五以上百分之十以下的罚款;有违法所得的,并处没收违法所得;情节严重的,暂停直至取消招标代理资格。

第四十七条 投标人违反本办法,相互串通投标或者与招标人串通投标,投标人以向招标人或者评标委员会成员行贿的手段谋取中标的,中标无效,处中标项目金额千分之五以上千分之十以下的罚款;有违法所得的,并处没收违法所得;情节严重的,取消其一年至二年内参加依法必须进行招标的项目的投标资格并予以公告。

第四十八条 评标委员会成员收受投标人的财务或者其他好处的,评标委员会成员或者参加评标的有关工作人员向他人透露对投标文件的评审和比较、中标候选人的推荐以及与评标有关的其他情况的,给予警告,没收收受财物,可以并处三千元以上五千元以下的罚款,对违法的评标委员会成员取消其评标委员会专家资格,建议所在单位按有关规定给予行政处分。

第四十九条 招标人在评标委员会推荐的中标候选人以外确定中标人的,所有投标被评标委员会否决后自行确定中标人的,中标无效,责令改正,可以处中标项目金额千分之五以上千分之十以下的罚款;对单位直接负责的主管人员和其他直接责任人员依法给予处分。

第五十条 中标人将中标项目转让给他人的,将中标项目肢解后分别转让给他人的,违反本办法规定将中标项目的部分主体、关键性工作分包给他人的,或者分包人再次分包的,转让、分包无效,处转让、分包项目金额千分之五以上千分之十以下的罚款,对单位直接负责的主管人员和其他直接责任人员依法给予处分。

第五十一条 任何单位违反本办法规定,限制或者排斥本地区、本系统以外的潜在投标人参加投标的,为招标人指定招标代理机构的,强制招标人委托招标代理机构办理招标事宜的,或者以其他方式干涉招标投标活动的,责令改正;对单位直接负责的主管人员和其他直接责任人员依法给予处分。

第五十二条 交通主管部门的工作人员徇私舞弊、滥用职权、索贿、行贿、受贿、干预正常招标投标活动的,视情况由交通主管部门会同有关部门依法给予行政处分,构成犯罪的,依法追究刑事责任。

第六章 附 则

第五十三条 使用国际组织或者外国政府贷款、援助资金的项目进行招标,贷款方、资金提供方对招标投标有特殊规定的,可以适用其规定,但违背中华人民共和国的社会公共利益的除外。

第五十四条 本办法由交通部负责解释。

第五十五条 本办法自 2002 年 1 月 1 日起施行。

附录七

公路工程施工监理招标投标管理办法

(2006年5月25日交通部2006年第6号)

第一章 总 则

第一条 为规范公路工程施工监理招标投标活动,保证公路工程质量,维护招标投标活动各方当事人合法权益,依据《公路法》和《招标投标法》,制定本办法。

第二条 依法必须进行招标的公路工程施工监理项目,其招标投标活动应当遵守本办法。

本办法所称公路工程施工监理,包括路基路面(含交通安全设施)工程、桥梁工程、隧道工程、机电工程、环境保护配套工程的施工监理以及对施工过程中环境保护和施工安全的监理。

第三条 公路工程施工监理招标投标应当遵循公开、公平、公正和诚实信用的原则。

第四条 交通部负责全国公路工程施工监理招标投标活动的监督管理。

县级以上地方人民政府交通主管部门负责本行政区域内公路工程施工监理招标投标活动的监督管理工作。

交通主管部门可以委托其所属的质量监督机构具体负责施工监理招标投标活动的监督管理工作。

第五条 交通主管部门应当加强对公路工程施工监理招标投标活动全过程的监督管理。

第六条 交通主管部门应当按照《工程建设项目招标投标活动投诉处理办法》和国家有关规定,建立公正、高效的招标投标投诉处理机制。

任何单位和个人认为公路工程施工监理招标投标活动违反法律、法规、规章规定,都有权向招标人提出异议或者依法向交通主管部门投诉。

第七条 交通主管部门应当逐步建立公路工程施工监理企业和人员信用档案体系。

信用档案中应当包括公路工程施工监理企业和人员的基本情况、业绩以及行政处罚记录。

第二章 招 标

第八条 依照本办法进行施工监理招标的公路工程项目,应当具备下列条件:

(一)初步设计文件应当履行审批手续的,已经批准;

(二)建设资金已经落实;

(三)项目法人或者承担项目管理的机构已经依法成立。

第九条 公路工程施工监理招标人,应当是依照本办法规定提出公路工程施工监理招标项目、进行招标的公路工程项目法人或者其他组织。

第十条 招标人可以将整个公路工程项目的施工监理作为一个标一次招标，也可以按不同专业、不同阶段分标段进行招标。

招标人分标段进行施工监理招标的，标段划分应当充分考虑有利于对招标项目实施有效管理和监理企业合理投入等因素。

第十一条 公路工程施工监理招标分为公开招标和邀请招标。

第十二条 公路工程施工监理应当公开招标。

符合下列条件之一的项目，经有审批权的部门批准后，可以进行邀请招标：

（一）技术复杂或者有特殊要求的；

（二）符合条件的潜在投标人数量有限的；

（三）受自然地域环境限制的；

（四）公开招标的费用与工程监理费用相比，所占比例过大的；

（五）法律、法规规定不宜公开招标的。

第十三条 采用公开招标方式的，招标人应当依法在国家指定媒介上发布招标公告，并可以在交通主管部门提供的媒介上同步发布。

第十四条 公路工程施工监理招标的招标人应当对潜在投标人进行资格审查。资格审查方式分为资格预审和资格后审。

资格预审是招标人在发布招标公告后，发出投标邀请书前对潜在投标人的资质、信誉和能力进行的审查。招标人只向通过资格预审的潜在投标人发出投标邀请书和发售招标文件。

资格后审是招标人在收到投标人的投标文件后，对投标人的资质、信誉和能力进行的审查。

第十五条 资格审查方法分为强制性条件审查法和综合评分审查法。

强制性条件审查法是指招标人只对投标人或者潜在投标人的资格条件是否满足招标文件规定的投标资格、信誉要求等强制性条件进行审查，并得出“通过”或者“不通过”的审查结论，不对投标人或潜在投标人的资格条件进行具体量化评分的资格审查方法。

综合评分审查法是指在投标人或者潜在投标人的资格条件满足招标文件规定的最低资格、信誉要求的基础上，招标人对投标人或者潜在投标人的施工监理能力、管理能力、履约情况和施工监理经验等进行量化评分并按照分值进行筛选的资格审查方法。

第十六条 公路工程施工监理招标，应当按照下列程序进行。

（一）招标人确定招标方式。采用邀请招标的，应当履行审批手续。

（二）招标人编制招标文件，并按照项目管理权限报县级以上地方交通主管部门备案；采用资格预审方式的，同时编制投标资格预审文件，预审文件中应当载明提交资格预审申请文件的时间和地点。

（三）发布招标公告。采用资格预审方式的，同时发售投标资格预审文件；采用邀请招标的，招标人直接发出投标邀请，发售招标文件。

（四）采用资格预审方式的，对潜在投标人进行资格审查，并将资格预审结果通知所有参加资格预审的潜在投标人，向通过资格预审的潜在投标人发出投标邀请书和发售招标文件。

（五）必要时组织投标人考察招标项目工程现场，召开标前会议。

（六）接受投标人的投标文件。

（七）公开开标。

（八）采用资格后审方式的，招标人对投标人进行资格审查。

（九）组建评标委员会评标，推荐中标候选人。

（十）确定中标人，将评标报告和评标结果按照项目管理权限报县级以上地方交通主管部门备案并公示。

（十一）招标人发出中标通知书。

（十二）招标人与中标人签订公路工程施工监理合同。

二级以下公路、独立中、小桥及独立中、短隧道的新建、改建以及养护大修工程项目，可根据具体条件和实际需要对上述程序适当简化，但应当符合《招标投标法》的规定。

第十七条 招标人应当根据施工监理招标项目的特点和需要编制招标文件，招标文件应当符合交通部部颁标准《公路工程施工监理规范》中要求强制性执行的规定。

二级及二级以上公路、独立大桥及特大桥、独立长隧道及特长隧道的新建、改建以及养护大修工程项目，其主体工程的施工监理招标文件，应当使用交通部颁布的《公路工程施工监理招标文件范本》，附属设施工程及其他等级的公路工程项目的施工监理招标文件，可以参照交通部颁布的《公路工程施工监理招标文件范本》进行编制，并可适当简化。

第十八条 招标文件应当包括以下主要内容：

（一）投标邀请书；

（二）投标须知（包括工程概况和必要的工程设计图纸，提交投标文件的起止时间、地点和方式，开标的时间和地点等）；

（三）资格审查要求及资格审查文件格式（适用于采用资格后审方式的）；

（四）公路工程施工监理合同条款；

（五）招标项目适用的标准、规范、规程；

（六）对投标监理企业的业务能力、资质等级及交通和办公设施的要求；

（七）根据招标对象是总监理机构还是驻地监理机构，提出对投标人投入现场的监理人员、监理设备的最低要求；

（八）是否接受联合体投标；

（九）各级监理机构的职责分工；

（十）投标文件格式，包括商务文件格式、技术建议书格式、财务建议书格式等；

（十一）评标标准和办法。评标标准应当考虑投标人的业绩或者处罚记录等诚信因素，评标办法应当注重人员素质和技术方案。

第十九条 招标人对重要监理岗位人员的数量、资格条件和备选人员的要求，应当符合《公路工程施工监理规范》的规定。

第二十条 招标人要求投标人提交投标担保的，投标人应当按照要求的金额和形式提交。投标保证金金额一般不得超过五万元人民币。

第二十一条 招标人不得在招标文件中制定限制性条件阻碍或者排斥投标人，不得规定以获得本地区奖项等要求作为评标加分条件或者中标条件。

第二十二条 招标公告、投标邀请书应当载明下列内容：

（一）招标人的名称和地址；

（二）招标项目的名称、技术标准、规模、投资情况、工期、实施地点和时间；
（三）获取招标文件或者资格预审文件的办法、时间和地点；
（四）招标人对投标人或者潜在投标人的资质要求；
（五）招标人认为应当公告或者告知的其他事项。

第二十三条 资格预审文件和招标文件的发售时间不得少于5个工作日。

第二十四条 招标人应当合理确定投标人编制资格预审申请文件和投标文件的时间。

采用资格预审的招标项目，潜在投标人编制资格预审申请文件的时间，自开始发售资格预审文件之日起至提交资格预审申请文件截止之日止，不得少于14日。

投标人编制投标文件的时间，自发售招标文件之日起至提交投标文件截止之日止不得少于20日。

第二十五条 招标人发出的招标文件补遗书至少应当在投标截止日期15日前以书面形式通知所有投标人或者潜在投标人。补遗书应当向招标文件的备案部门补充备案。

第二十六条 招标人应当根据编制成本，合理确定资格预审文件和招标文件的售价。

第三章　投　　标

第二十七条 公路工程施工监理投标人是依法取得交通主管部门颁发的监理企业资质，响应招标、参加投标竞争的监理企业。

第二十八条 招标人允许监理企业以联合体方式投标的，联合体应当符合以下要求。

（一）联合体成员可以由两个以上监理企业组成，联合体各方均应当具备承担招标项目的相应能力和招标文件规定的资格条件。由同一专业的监理企业组成的联合体，按照资质等级较低的企业确定资质等级。

（二）联合体各方应当签订共同投标协议，约定各方拟承担的工作和责任，并将共同投标协议连同投标文件一并提交招标人。联合体各方签订共同投标协议后，只能以一个投标人的身份投标，不得针对同一标段再以各自名义单独投标或者参加其他联合体投标。

第二十九条 投标人应当按照招标文件的要求编制投标文件，并对招标文件提出的实质性要求和条件做出响应。

第三十条 采用本办法规定的技术评分合理标价法和综合评标法的项目，投标文件由商务文件、技术建议书、财务建议书组成。商务文件和技术建议书应当密封于一个信封中，财务建议书密封于另一个信封中。上述两个信封应当再密封于同一信封内，成为一份投标文件。

采用本办法规定的固定标价评分法的项目，投标文件由商务文件、技术建议书组成。商务文件和技术建议书应当密封于一个信封中，成为一份投标文件。

投标文件及任何说明函件应当经投标人盖章，投标文件内的任何有文字页须经其法定代表人或者其授权的代理人签字。

第四章　开标、评标和中标

第三十一条 开标由招标人主持，邀请所有投标人的法定代表人或其授权的代理人参加。

交通主管部门应当对开标过程进行监督。

第三十二条 开标时，由投标人或者其推选的代表检查投标文件的密封情况，也可以由招标人委托的公证机构进行检查并公证；经确认无误后，当众拆封商务文件和技术建议书所在的信封，宣读投标人名称和主要监理人员等内容。

投标文件中财务建议书所在的信封在开标时不予拆封，由交通主管部门妥善保存。在评标委员会完成对投标人的商务文件和技术建议书的评分后，在交通主管部门的监督下，再由评标委员会拆封参与评分的投标人的财务建议书的信封。

第三十三条 开标过程应当记录，并存档备查。

第三十四条 投标人少于三个的，招标人应当重新招标。

第三十五条 招标人设有标底的，标底应当符合有关价格管理规定。标底应当综合考虑项目特点、要求投入的监理人员、配备的监理设备等因素。标底应当在开标时予以公布。

招标人不设标底且不采用固定标价评分法的，招标人可以在规定的范围内设定投标报价上下限。

第三十六条 评标工作由招标人依法组建的评标委员会负责。

对国家和交通部重点公路建设项目，评标委员会的专家应当从交通部设立的监理专家库中随机抽取，或者根据交通部授权从省级交通主管部门设立的监理专家库中随机抽取；其他公路建设项目评标委员会的专家从省级交通主管部门设立的监理专家库中随机抽取。

第三十七条 评标委员会应当按照招标文件确定的评标标准和方法，对投标文件进行评审和比较。未列入招标文件的评标标准和方法，不得作为评标的依据。

第三十八条 评标可以使用固定标价评分法、技术评分合理标价法、综合评标法以及法律、法规允许的其他评标方法。

固定标价评分法，是指由招标人按照价格管理规定确定监理招标标段的公开标价，对投标人的商务文件和技术建议书进行评分，并按照得分由高至低排序，确定得分最高者为中标候选人的方法。

技术评分合理标价法，是指对投标人的商务文件和技术建议书进行评分，并按照得分由高至低排序，确定得分前二名中的投标价较低者为中标候选人的方法。

综合评标法，是指对投标人的商务文件和技术建议书、财务建议书进行评分、排序，确定得分最高者为中标候选人的方法。其中财务建议书的评分权值应当不超过10%。

第三十九条 评标委员会成员应当客观、公正地履行职务，遵守职业道德，对所提出的评审意见承担个人责任。

评标委员会成员及参加评标的有关工作人员不得私下接触投标人，不得收受商业贿赂。

第四十条 评标委员会完成评标后，应当向招标人提交书面评标报告。

评标报告应当包括以下内容：

（一）评标委员会的成员名单；

（二）开标记录情况；

（三）符合要求的投标人情况；

（四）评标采用的标准、评标办法；

（五）投标人排序；

（六）推荐的中标候选人；

（七）需要说明的其他事项。

第四十一条 招标人确定中标人后，应当及时向中标人发出中标通知书，并同时将中标结果告知所有的投标人。

第四十二条 招标人和中标人应当自中标通知书发出之日起30日内订立书面合同。招标人和中标人均不得提出招标文件和投标文件之外的任何其他条件。

招标文件中要求中标人提交履约担保的，中标人应当按要求的金额、时间和形式提交。以保证金形式提交的，金额一般不得超过合同价的5%。

第四十三条 招标人应当在与中标人签订合同后的5个工作日内，向中标人和未中标的投标人退还投标保证金。

第五章 法律责任

第四十四条 违反本办法，由交通主管部门根据各自的职责权限按照《招标投标法》和有关法规、规章及本办法进行处罚。

第四十五条 招标人有下列情形之一的，交通主管部门责令其限期改正，根据情节可以处三万元以下的罚款：

（一）公开招标的项目未在国家指定的媒介发布招标公告的；

（二）应当公开招标而不公开招标的；

（三）不具备招标条件而进行招标的；

（四）资格预审文件及招标文件出售时限、潜在投标人提交资格预审申请文件的时限、投标人提交投标文件的时限少于规定时限的；

（五）在规定时限外接收资格预审申请文件和投标文件的。

第四十六条 评标过程中有下列情形之一的，评标无效，应当依法重新进行评标：

（一）使用招标文件没有确定的评标标准和方法评标的；

（二）评标标准和方法含有倾向或者排斥投标人的内容，妨碍或者限制投标人之间竞争，且影响评标结果的；

（三）应当回避担任评标委员会成员的人员参与评标的；

（四）评标委员会的组建及人员组成不符合法定要求的。

第四十七条 评标委员会成员及参加评标的有关工作人员收受投标人的商业贿赂，向他人透露对投标文件的评审和比较、中标候选人的推荐以及与评标有关的其他情况的，给予警告，没收收受的财物，可以并处三千元以上五万元以下的罚款，对评标委员会成员，如有上述违规行为，则取消其担任评标委员会成员的资格，不得再参加任何依法必须进行招标的项目的评标；构成犯罪的，依法追究刑事责任。

第四十八条 交通主管部门及其所属质量监督机构的工作人员违反本办法规定，在监理招标投标活动的监督管理工作中徇私舞弊、收受商业贿赂、滥用职权或者玩忽职守，构成犯罪的，依法追究刑事责任；不构成犯罪的，依法给予行政处分。

第六章　附　　则

第四十九条　国际金融组织或者外国政府贷款、援助资金的公路工程项目，贷款方或者资金提供方对施工监理招标投标的具体条件和程序有不同规定的，可以适用其规定，但不得违背中华人民共和国的社会公众利益。

第五十条　本办法自2006年7月1日起施行。交通部1998年12月28日发布的《公路工程施工监理招标投标管理办法》（交通部令1998年第9号）同时废止。

附录八

公路工程施工招标投标管理办法

第一章 总 则

第一条 为规范公路工程施工招标投标活动,保证公路工程施工质量,维护招标投标活动各方当事人合法权益,依据《中华人民共和国公路法》、《中华人民共和国招标投标法》,制定本办法。

第二条 在中华人民共和国境内进行公路工程施工招标投标活动,适用本办法。

本办法所称公路工程,包括公路、公路桥梁、公路隧道及与之相关的安全设施、防护设施、监控设施、通信设施、收费设施、绿化设施、服务设施、管理设施等公路附属设施的新建、改建与安装工程。

第三条 下列公路工程施工项目必须进行招标,但涉及国家安全、国家秘密、抢险救灾或者利用扶贫资金实行以工代赈等不适宜进行招标的项目除外:

(一)投资总额在3000万元人民币以上的公路工程施工项目;

(二)施工单项合同估算价在200万元人民币以上的公路工程施工项目;

(三)法律、行政法规规定应当招标的其他公路工程施工项目。

第四条 公路工程施工招标投标活动应当遵循公开、公平、公正和诚信的原则。

第五条 依法必须进行招标的公路工程施工项目,其招标投标活动不受地区或者部门的限制,任何具备从事公路建设规定条件的企业法人都可以参加投标。

任何组织和个人不得以任何方式非法干预公路工程施工招标投标活动。

第六条 交通部依法负责全国公路工程施工招标投标活动的监督管理。

县级以上地方人民政府交通主管部门按照各自职责依法负责本行政区域内公路工程施工招标投标活动的监督管理。

第二章 招 标

第七条 公路工程施工招标的项目应当具备下列条件:

(一)初步设计文件已被批准;

(二)建设资金已经落实;

(三)项目法人已经确定,并符合项目法人资格标准要求。

第八条 公路工程施工招标的招标人,应当是依照本办法规定提出公路工程施工招标项目、进行公路工程施工招标的项目法人。

第九条 具备下列条件的招标人,可以自行办理招标事宜:

(一)具有与招标项目相适应的工程管理、造价管理、财务管理能力;

(二)具有组织编制公路工程施工招标文件的能力;

(三)具有对投标人进行资格审查和组织评标的能力。

招标人不具备本条前款规定条件的,应当委托具有相应资格的招标代理机构办理公路工程施工招标事宜。

任何组织和个人不得为招标人指定招标代理机构。

第十条 公路工程施工招标分为公开招标和邀请招标。

采用公开招标的,招标人应当通过国家指定的报刊、信息网络或者其他媒体发布招标公告,邀请具备相应资格的不特定的法人投标。

采用邀请招标的,招标人应当以发送投标邀请书的方式,邀请三家以上具备相应资格的特定的法人投标。

第十一条 公路工程施工招标应当实行公开招标,法律、行政法规和本办法另有规定的除外。

符合下列条件之一,不适宜公开招标的,依法履行审批手续后,可以进行邀请招标:

(一)项目技术复杂或有特殊技术要求,且符合条件的潜在投标人数量有限的;

(二)受自然地域环境限制的;

(三)公开招标的费用与工程费用相比,所占比例过大的。

第十二条 公路工程施工招标,可以对整个建设项目分标段一次招标,也可以根据不同专业、不同实施阶段分别进行招标,但不得将招标工程化整为零或者以其他任何方式规避招标。

第十三条 公路工程施工招标标段,应当按照有利于对项目实施管理和规模化施工的原则,合理划分。

施工工期应当按照批复的初步设计建设工期,结合项目实际情况,合理确定。

第十四条 公路工程施工招标,应当按下列程序进行。

(一)确定招标方式。采用邀请招标的,应当按照国家规定报有关主管部门审批。

(二)编制投标资格预审文件和招标文件。招标文件按照本办法规定备案。

(三)发布招标公告,发售投标资格预审文件;采用邀请招标的,可直接发出投标邀请书,发售招标文件。

(四)对潜在投标人进行资格审查。

(五)向资格预审合格的潜在投标人发出投标邀请书和发售招标文件。

(六)组织潜在投标人考察招标项目工程现场,召开标前会。

(七)接受投标人的投标文件,公开开标。

(八)组建评标委员会评标,推荐中标候选人。

(九)确定中标人。评标报告和评标结果按照本办法规定备案并公示。

(十)发出中标通知书。

(十一)与中标人订立公路工程施工合同。

第十五条 公路工程施工招标投标应当对潜在投标人进行资格审查。

公路工程施工采用公开招标的,招标公告发布后,招标人应当根据潜在投标人提交的资格预审申请文件，对潜在投标人的资格进行审查。招标人只向资格预审合格的潜在投标人发售招标文件。

公路工程施工采用邀请招标的，投标邀请书发出后，招标人应当根据投标人提交的投标文件，对投标人的资格进行审查。

公路工程施工招标资格预审办法由交通部另行制定。

第十六条 招标人审查潜在投标人的资格，应当严格按照资格预审的规定进行，不得采用抽签、摇号等博彩性方式进行资格审查。

第十七条 招标人应当根据招标项目的特点和需要，编制招标文件。

二级及以上公路和大型桥梁、隧道工程的主体工程施工招标文件，应当按照交通部颁布的《公路工程国内招标文件范本》的格式和要求编制。

本条前款规定以外的其他公路工程和公路附属设施工程的施工招标文件，可参照《公路工程国内招标文件范本》的格式和内容编制，并可根据实际需要适当简化。

第十八条 招标文件中关于投标人的资质要求，应当符合法律、行政法规的规定。

招标人不得在招标文件中制定限制性条件阻碍或者排斥投标人，不得规定以获得本地区奖项等要求作为评标加分条件或者中标条件。

第十九条 招标文件应当载明以下主要内容：

（一）投标邀请书；

（二）投标人须知；

（三）公路工程施工合同条款；

（四）招标项目适用的技术规范；

（五）施工图设计文件；

（六）投标文件格式，包括投标书格式及投标书附录格式、投标书附表格式、工程量清单格式、投标担保文件格式、合同格式等。

投标人须知应当载明以下主要内容：

（一）评标标准和方法；

（二）工期要求；

（三）提交投标文件的起止时间、地点和方式；

（四）开标的时间和地点。

招标公告、投标邀请书应当载明下列内容：

（一）招标人的名称和地址；

（二）招标项目的名称、技术标准、规模、投资情况、工期、实施地点和时间；

（三）获取资格预审文件或者招标文件的办法、时间和地点；

（四）对潜在投标人的资质要求；

（五）招标人认为应当公告或者告知的其他事项。

第二十条 招标人应当按照招标公告或者投标邀请书规定的时间、地点出售资格预审文件和招标文件。资格预审文件和招标文件的发售时间不得少于5个工作日。

第二十一条 招标人应当合理确定资格预审申请文件和投标文件的编制时间。

编制资格预审申请文件的时间，自开始发售资格预审文件之日起至潜在投标人提交资格预审申请文件截止时间止，不得少于14日。

编制投标文件的时间，自招标文件开始发售之日起至投标人提交投标文件截止时间止，高速公路、一级公路、技术复杂的特大桥梁、特长隧道不得少于28日，其他公路工程不得少于20日。

第二十二条 国道主干线和国家高速公路网建设项目的工程施工招标文件应当报交通部备案，其他公路建设项目的工程施工招标文件应当按照项目管理权限报县级以上地方人民政府交通主管部门备案。

交通主管部门发现招标文件存在不符合法律、法规及规章规定内容的，应当在收到备案文件后的7日内，提出处理意见，及时行使监督检查职责。

第二十三条 招标人如需对已出售的招标文件进行必要的澄清或修改，应当在投标截止日期15日前以书面形式通知所有招标文件收受人，并应当按照第二十二条的规定备案。

对招标文件澄清或者修改的内容为招标文件的组成部分。

第二十四条 招标人设定标底的，可自行编制标底或者委托具备相应资格的单位编制标底。

标底编制应当符合国家有关工程造价管理的规定，并应当控制在批准的概算以内。

招标人应当采取措施，在开标前做好标底的保密工作。

第二十五条 国道主干线和国家高速公路网建设项目的资格预审结果报交通部备案，其他公路建设项目的资格预审结果按照项目管理权限报县级以上地方人民政府交通主管部门备案。

第三章 投 标

第二十六条 公路工程施工招标的投标人是响应招标、参加投标竞争的公路工程施工单位。

投标人应当具备招标文件规定的资格条件，具有承担所投标项目的相应能力。

第二十七条 两个以上施工单位可以组成联合体参加公路工程施工投标。联合体各成员单位都应当具备招标文件规定的相应资质条件。由同一专业施工单位组成的联合体，按照资质等级较低的单位确定资质等级。

以联合体形式参加公路工程施工投标的单位，应当在资格预审申请文件中注明，并提交联合体各成员单位共同签订的联合体协议。

联合体协议应当明确主办人及成员单位各自的权利和义务。

第二十八条 投标人应当按照招标文件的要求，按时参加招标人主持召开的标前会并勘察现场。

第二十九条 投标人应当按照招标文件的要求编制投标文件，并对招标文件提出的实质性要求和条件作出响应。

第三十条 投标人根据招标文件载明的项目实际情况，拟在中标后将中标项目的部分非关键性工作进行分包的，应当向招标人提交分包计划，并在投标文件中载明。分包单位的资质应当与其承担的工程规模标准相适应。

第三十一条 投标文件中投标书及投标书附录、投标报价部分应当由投标人的法定代表人或其授权的代理人签字，并加盖投标人印章，其他部分应当按照招标文件的要求签署。

投标文件应当由投标人密封，并按照招标文件规定的时间、地点和方式送达招标人。

第三十二条 投标文件按照要求送达后，在招标文件规定的投标截止时间前，投标人如需撤回或者修改投标文件，应当以正式函件提出并作出说明。

修改投标文件的函件是投标文件的组成部分，其形式要求、密封方式、送达时间，适用对投标文件的规定。

第三十三条 招标人对投标人按时送达并符合密封要求的投标文件，应当签收，并妥善保存。

招标人不得接受未按照要求密封的投标文件及投标截止时间后送达的投标文件。

第三十四条 投标人参加投标，不得弄虚作假，不得与其他投标人互相串通投标，不得采取贿赂以及其他不正当手段谋取中标，不得妨碍其他投标人投标。

第四章 开标、评标和中标

第三十五条 开标时间应当与招标文件中确定的提交投标文件截止时间一致。

开标地点应当是招标文件中预先确定的地点，不得随意变更。

第三十六条 开标应当公开进行。

开标由招标人主持，邀请交通主管部门和所有投标人的法定代表人或其授权的代理人参加。

第三十七条 开标时，由投标人或者其推选的代表检查投标文件的密封情况，也可以由招标人委托的公证机构检查并予以公证。

投标文件的密封情况经确认无误后，招标人应当当众拆封，并宣读投标人名称、投标价格和投标文件的其他主要内容。

招标人设有标底的，应当同时公布标底。

第三十八条 招标人应当记录开标过程，并存档备查。

第三十九条 评标由招标人依法组建的评标委员会负责。

评标委员会由招标人的代表和技术、经济专家组成。评标委员会委员人数为五人以上单数，其中专家人数不得少于成员总数的三分之二。

第四十条 国道主干线和国家高速公路网建设项目，评标委员会专家从交通部设立的评标专家库中随机抽取，其他公路建设项目的评标委员会专家从省级人民政府交通主管部门设立的评标专家库中随机抽取。

与投标人有利害关系的人员不得进入相关招标项目的评标委员会。

第四十一条 评标委员会成员名单在中标结果确定前应当保密。

第四十二条 评标委员会成员应当客观、公正地履行职责，遵守职业道德，对所提出的评审意见承担责任。

评标委员会成员不得私下接触投标人，不得收受贿赂或者投标人的其他好处，不得透露对投标文件的评审、中标候选人的推荐情况以及与评标有关的其他情况。评标委员会成员存在违规行为的，一经查实，取消其评标委员会成员资格，并不得再参加任何依法必须进行招标的项目的评标。

任何单位和个人不得非法干预、影响评标过程和结果。

第四十三条 评标委员会可以要求投标人对投标文件中含义不明确的内容作出必要的澄清或者说明，但是澄清或者说明不得超出或者改变投标文件的实质性内容。

第四十四条 公路工程施工招标的评标方法可以使用合理低价法、最低评标价法、综合评估法和双信封评标法以及法律、法规允许的其他评标方法。

合理低价法，是指对通过初步评审和详细评审的投标人，不对其施工组织设计、财务能力、技术能力、业绩及信誉进行评分，而是按招标文件规定的方法对评标价进行评分，并按照得分由高到低的顺序排列，推荐前3名投标人为中标候选人的评标方法。

最低评标价法，是指按由低到高顺序对评标价不低于成本价的投标文件进行初步评审和详细评审，推荐通过初步评审和详细评审且评标价最低的前3名投标人为中标候选人的评标方法。

综合评估法，是指对所有通过初步评审和详细评审的投标人的评标价、财务能力、技术能力、管理水平以及业绩与信誉进行综合评分，按综合评分由高到低排序，并推荐前3名投标人为中标候选人的评标方法。

双信封评标法，是指投标人将投标报价和工程量清单单独密封在一个报价信封中，其他商务和技术文件密封在另外一个信封中，分两次开标的评标方法。第一次开商务和技术文件信封，对商务和技术文件进行初步评审和详细评审，确定通过商务和技术评审的投标人名单。第二次再开通过商务和技术评审投标人的投标报价和工程量清单信封，当场宣读其报价，再按照招标文件规定的评标办法进行评标，推荐中标候选人。对未通过商务和技术评审的投标人，其报价信封将不予开封，当场退还给投标人。

公路工程施工招标评标，一般应当使用合理低价法。使用世界银行、亚洲开发银行等国际金融组织贷款的项目和工程规模较小、技术含量较低的工程，可使用最低评标价法。

第四十五条 评标委员会应当按照招标文件确定的评标标准和方法，对投标文件进行评审和比较。

招标文件中没有规定的标准和方法，不得作为评标的依据。

第四十六条 评标委员会完成评标工作后，应当向招标人提出书面评标报告。评标报告应当由所有评标委员会委员签字。

评标报告应当载明以下内容：

（一）评标委员会的成员名单；

（二）开标记录情况；

（三）评标采用的标准和方法；

（四）对投标人的评价；

（五）符合要求的投标人情况；

（六）推荐的中标候选人；

（七）需要说明的其他事项。

第四十七条 评标委员会推荐的中标候选人应当限定在1至3人，并标明排列顺序。

招标人应当根据评标委员会提出的书面评标报告确定排名第一的中标候选人为中标人。排名第一的中标候选人放弃中标、因不可抗力不能履行合同,或者在招标文件规定的期限内未能提交履约担保的,招标人可以确定排名第二的中标候选人为中标人。

排名第二的中标候选人因前款规定的原因也不能签定合同的,招标人可以确定排名第三的中标候选人为中标人。

招标人可以授权评标委员会直接确定中标人。

第四十八条 招标人应当将评标结果在招标项目所在地省级交通主管部门政府网站上公示,接受社会监督。公示时间不少于 7 日。

第四十九条 属于下列情况之一的,应当作为废标处理:

(一)投标文件未经法定代表人或者其授权代理人签字,或者未加盖投标人公章;

(二)投标文件字迹潦草、模糊,无法辨认;

(三)投标人对同一标段提交两份以上内容不同的投标文件,未书面声明其中哪一份有效;

(四)投标人在招标文件未要求选择性报价时,对同一个标段,有两个或两个以上的报价;

(五)投标人承诺的施工工期超过招标文件规定的期限或者对合同的重要条款有保留;

(六)投标人未按招标文件要求提交投标保证金;

(七)投标文件不符合招标文件实质性要求的其他情形。

第五十条 有下列情形之一的,招标人应当依照本办法重新招标:

(一)少于 3 个投标人的;

(二)经评标委员会评审,所有投标均不符合招标文件要求的;

(三)由于招标人、招标代理人或投标人的违法行为,导致中标无效的;

(四)中标人均未与招标人签订公路工程施工合同的。

重新招标的,招标文件、资格预审结果和评标报告应当按照本办法的规定重新报交通主管部门备案,招标文件未作修改的可以不再备案。

第五十一条 招标人确定中标人后,应当向中标人发出中标通知书,并同时将中标结果通知所有未中标的投标人。

第五十二条 招标人应当自确定中标人之日起 15 日内,将评标报告向第二十二条规定的备案机关进行备案。

第五十三条 招标人和中标人应当自中标通知书发出之日起 30 日内订立书面公路工程施工合同。

公路工程施工合同应当按照招标文件、中标人的投标文件、中标通知书订立。

招标人和中标人不得再行订立背离合同实质性内容的其他协议。

第五十四条 招标人应当自订立公路工程施工合同之日起 5 个工作日内,向中标人和未中标的投标人退还投标保证金。由于中标人自身原因放弃中标,招标文件约定放弃中标不予返还投标保证金的,中标人无权要求返还投标保证金。

第五章 附 则

第五十五条 违反本办法及《招标投标法》的行为,依法承担相应的法律责任。

第五十六条 使用国际金融组织或者外国政府贷款的公路工程施工招标,贷款方或者资金提供方对施工招标投标的具体条件和程序有特殊规定的,可以适用其规定,但不得违背中华人民共和国的社会公共利益。交通部对其有另行规定的,适用其规定。

第五十七条 本办法自2006年8月1日起施行,交通部2002年6月6日发布的《公路工程施工招标投标管理办法》同时废止。

附录九

公路建设市场管理办法

（2004 年 11 月 22 日交通部 2004 年第 14 号令）

第一章 总 则

第一条 为加强公路建设市场管理，规范公路建设市场秩序，保证公路工程质量，促进公路建设市场健康发展，根据《中华人民共和国公路法》、《中华人民共和国招标投标法》、《建设工程质量管理条例》，制定本办法。

第二条 本办法适用于各级交通主管部门对公路建设市场的监督管理活动。

第三条 公路建设市场遵循公平、公正、公开、诚信的原则。

第四条 国家建立和完善统一、开放、竞争、有序的公路建设市场，禁止任何形式的地区封锁。

第五条 本办法中下列用语的含义是指：

公路建设市场主体是指公路建设的从业单位和从业人员；

从业单位是指从事公路建设的项目法人，项目建设管理单位，咨询、勘察、设计、施工、监理、试验检测单位，提供相关服务的社会中介机构以及设备和材料的供应单位；

从业人员是指从事公路建设活动的人员。

第二章 管理职责

第六条 公路建设市场管理实行统一管理、分级负责。

第七条 国务院交通主管部门负责全国公路建设市场的监督管理工作，主要职责是：

（一）贯彻执行国家有关法律、法规，制定全国公路建设市场管理的规章制度；

（二）组织制定和监督执行公路建设的技术标准、规范和规程；

（三）依法实施公路建设市场准入管理、市场动态管理，并依法对全国公路建设市场进行监督检查；

（四）建立公路建设行业评标专家库，加强评标专家管理；

（五）发布全国公路建设市场信息；

（六）指导和监督省级地方人民政府交通主管部门的公路建设市场管理工作；

（七）依法受理举报和投诉，依法查处公路建设市场违法行为；

（八）法律、行政法规规定的其他职责。

第八条 省级人民政府交通主管部门负责本行政区域内公路建设市场的监督管理工作，主要职责是：

（一）贯彻执行国家有关法律、法规、规章和公路建设技术标准、规范和规程，结合本行政区域内的实际情况，制定具体的管理制度；

（二）依法实施公路建设市场准入管理，对本行政区域内公路建设市场实施动态管理和监督检查；

（三）建立本地区公路建设招标评标专家库，加强评标专家管理；

（四）发布本行政区域公路建设市场信息，并按规定向国务院交通主管部门报送本行政区域公路建设市场的信息；

（五）指导和监督下级交通主管部门的公路建设市场管理工作；

（六）依法受理举报和投诉，依法查处本行政区域内公路建设市场违法行为；

（七）法律、法规、规章规定的其他职责。

第九条 省级以下地方人民政府交通主管部门负责本行政区域内公路建设市场的监督管理工作，主要职责是：

（一）贯彻执行国家有关法律、法规、规章和公路建设技术标准、规范和规程；

（二）配合省级地方人民政府交通主管部门进行公路建设市场准入管理和动态管理；

（三）对本行政区域内公路建设市场进行监督检查；

（四）依法受理举报和投诉，依法查处本行政区域内公路建设市场违法行为；

（五）法律、法规、规章规定的其他职责。

第三章 市场准入管理

第十条 凡符合法律、法规规定的市场准入条件的从业单位和从业人员均可进入公路建设市场，任何单位和个人不得对公路建设市场实行地方保护，不得对符合市场准入条件的从业单位和从业人员实行歧视待遇。

第十一条 公路建设项目依法实行项目法人负责制。项目法人可自行管理公路建设项目，也可委托具备法人资格的项目建设管理单位进行项目管理。

项目法人或者其委托的项目建设管理单位的组织机构、主要负责人的技术和管理能力应当满足拟建项目的管理需要，符合国务院交通主管部门有关规定的要求。

第十二条 收费公路建设项目法人和项目建设管理单位进入公路建设市场实行备案制度。

收费公路建设项目可行性研究报告批准或依法核准后，项目投资主体应当成立或者明确项目法人。项目法人应当按照项目管理的隶属关系将其或者其委托的项目建设管理单位的有关情况报交通主管部门备案。

对不符合规定要求的项目法人或者项目建设管理单位，交通主管部门应当提出整改要求。

第十三条 公路工程勘察、设计、施工、监理、试验检测等从业单位应当按照法律、法规的规定，取得有关管理部门颁发的相应资质后，方可进入公路建设市场。

第十四条 法律、法规对公路建设从业人员的执业资格作出规定的，从业人员应当依法取得相应的执业资格后,方可进入公路建设市场。

第四章　市场主体行为管理

第十五条　公路建设从业单位和从业人员在公路建设市场中必须严格遵守国家有关法律、法规和规章,严格执行公路建设行业的强制性标准、各类技术规范及规程的要求。

第十六条　公路建设项目法人必须严格执行国家规定的基本建设程序,不得违反或者擅自简化基本建设程序。

第十七条　公路建设项目法人负责组织有关专家或者委托有相应工程咨询或者设计资质的单位,对施工图设计文件进行审查。施工图设计文件审查的主要内容包括:

(一)是否采纳工程可行性研究报告、初步设计批复意见;

(二)是否符合公路工程强制性标准、有关技术规范和规程要求;

(三)施工图设计文件是否齐全,是否达到规定的技术深度要求;

(四)工程结构设计是否符合安全和稳定性要求。

第十八条　公路建设项目法人应当按照项目管理隶属关系将施工图设计文件报交通主管部门审批。施工图设计文件未经审批的,不得使用。

第十九条　申请施工图设计文件审批应当向相关的交通主管部门提交以下材料:

(一)施工图设计的全套文件;

(二)专家或者委托的审查单位对施工图设计文件的审查意见;

(三)项目法人认为需要提交的其他说明材料。

第二十条　交通主管部门应当自收到完整齐备的申请材料之日起20日内审查完毕。经审查合格的,批准使用,并将许可决定及时通知申请人。审查不合格的,不予批准使用,应当书面通知申请人并说明理由。

第二十一条　公路建设项目法人应当按照公开、公平、公正的原则,依法组织公路建设项目的招标投标工作。不得规避招标,不得对潜在投标人和投标人实行歧视政策,不得实行地方保护和暗箱操作。

第二十二条　公路工程的勘察、设计、施工、监理单位和设备、材料供应单位应当依法投标,不得弄虚作假,不得串通投标,不得以行贿等不合法手段谋取中标。

第二十三条　公路建设项目法人与中标人应当根据招标文件和投标文件签订合同,不得附加不合理、不公正条款,不得签订虚假合同。

国家投资的公路建设项目,项目法人与施工、监理单位应当按照国务院交通主管部门的规定,签订廉政合同。

第二十四条　公路建设项目依法实行施工许可制度。国家和国务院交通主管部门确定的重点公路建设项目的施工许可由国务院交通主管部门实施,其他公路建设项目的施工许可按照项目管理权限由县级以上地方人民政府交通主管部门实施。

第二十五条　项目施工应当具备以下条件:

(一)项目已列入公路建设年度计划;

(二)施工图设计文件已经完成并经审批同意;

（三）建设资金已经落实，并经交通主管部门审计；

（四）征地手续已办理，拆迁基本完成；

（五）施工、监理单位已依法确定；

（六）已办理质量监督手续，已落实保证质量和安全的措施。

第二十六条　项目法人在申请施工许可时应当向相关的交通主管部门提交以下材料：

（一）施工图设计文件批复；

（二）交通主管部门对建设资金落实情况的审计意见；

（三）国土资源部门关于征地的批复或者控制性用地的批复；

（四）建设项目各合同段的施工单位和监理单位名单、合同价情况；

（五）应当报备的资格预审报告、招标文件和评标报告；

（六）已办理的质量监督手续材料；

（七）保证工程质量和安全措施的材料。

第二十七条　交通主管部门应当自收到完整齐备的申请材料之日起20日内作出行政许可决定。予以许可的，应当将许可决定及时通知申请人；不予许可的，应当书面通知申请人并说明理由。

第二十八条　公路建设从业单位应当按照合同约定全面履行义务。

（一）项目法人应当按照合同约定履行相应的职责，为项目实施创造良好的条件。

（二）勘察、设计单位应当按照合同约定，按期提供勘察设计资料和设计文件。工程实施过程中，应当按照合同约定派驻设计代表，提供设计后续服务。

（三）施工单位应当按照合同约定组织施工，管理和技术人员及施工设备应当及时到位，以满足工程需要。要均衡组织生产，加强现场管理，确保工程质量和进度，做到文明施工和安全生产。

（四）监理单位应当按照合同约定配备人员和设备，建立相应的现场监理机构，健全监理管理制度，保持监理人员稳定，确保对工程的有效监理。

（五）设备和材料供应单位应当按照合同约定，确保供货质量和时间，做好售后服务工作。

（六）试验检测单位应当按照试验规程和合同约定进行取样、试验和检测，提供真实、完整的试验检测资料。

第二十九条　公路工程实行政府监督、法人管理、社会监理、企业自检的质量保证体系。交通主管部门及其所属的质量监督机构对工程质量负监督责任，项目法人对工程质量负管理责任，勘察设计单位对勘察设计质量负责，施工单位对施工质量负责，监理单位对工程质量负现场管理责任，试验检测单位对试验检测结果负责，其他从业单位和从业人员按照有关规定对其产品或者服务质量负相应责任。

第三十条　各级交通主管部门及其所属的质量监督机构对工程建设项目进行监督检查时，公路建设从业单位和从业人员应当积极配合，不得拒绝和阻挠。

第三十一条　公路建设从业单位和从业人员应当严格执行国家有关安全生产的法律、法规、国家标准及行业标准，建立健全安全生产的各项规章制度，明确安全责任，落实安全措施，履行安全管理的职责。

第三十二条　发生工程质量、安全事故后，从业单位应当按照有关规定及时报有关主管部门,不得拖延和隐瞒。

第三十三条 公路建设项目法人应当合理确定建设工期,严格按照合同工期组织项目建设。项目法人不得随意要求更改合同工期。如遇特殊情况,确需缩短合同工期的,经合同双方协商一致,可以缩短合同工期,但应当采取措施,确保工程质量,并按照合同规定给予经济补偿。

第三十四条 公路建设项目法人应当按照国家有关规定管理和使用公路建设资金,做到专款专用,专户储存;按照工程进度,及时支付工程款;按照规定的期限及时退还保证金、办理工程结算。不得拖欠工程款和征地拆迁款,不得挤占挪用建设资金。

施工单位应当加强工程款管理,做到专款专用,不得拖欠分包人的工程款和农民工工资;项目法人对工程款使用情况进行监督检查时,施工单位应当积极配合,不得阻挠和拒绝。

第三十五条 公路建设从业单位和从业人员应当严格执行国家和地方有关环境保护和土地管理的规定,采取有效措施保护环境和节约用地。

第三十六条 公路建设项目法人、监理单位和施工单位对勘察设计中存在的问题应当及时提出设计变更的意见,并依法履行审批手续。设计变更应当符合国家制定的技术标准和设计规范要求。

任何单位和个人不得借设计变更虚报工程量或者提高单价。

重大工程变更设计应当按有关规定报原初步设计审批部门批准。

第三十七条 勘察、设计单位经项目法人批准,可以将工程设计中跨专业或者有特殊要求的勘察、设计工作委托给有相应资质条件的单位,但不得转包或者二次分包。

监理工作不得分包或者转包。

第三十八条 施工单位可以将非关键性工程或者适合专业化队伍施工的分部工程分包给具有相应资质的单位,并对分包工程负连带责任。允许分包的工程范围应当在招标文件中规定,分包的工程不得超过总工程量的30%。分包工程不得再次分包,严禁转包。

任何单位和个人不得违反规定指定分包、指定采购或者分割工程。

项目法人和监理单位应当加强对施工单位工程分包的管理,工程分包计划和所有分包协议须报监理工程师审查,并报项目法人同意。

第三十九条 施工单位可以直接招用农民工或者将劳务作业发包给具有劳务分包资质的劳务分包人。施工单位招用农民工的,应当依法签订劳动合同,并将劳动合同报项目监理工程师和项目法人备案。

施工单位和劳务分包人应当按照合同按时支付劳务工资,落实各项劳动保护措施,确保农民工安全。

劳务分包人应当接受施工单位的管理,按照技术规范要求进行劳务作业。劳务分包人不得将其分包的劳务作业再次分包。

第四十条 项目法人和监理单位应当加强对施工单位使用农民工的管理,对不签订劳动合同、非法使用农民工的,或者拖延和克扣农民工工资的,要予以纠正。拒不纠正的,项目法人要及时将有关情况报交通主管部门调查处理。

第四十一条 项目法人应当按照交通部《公路工程竣(交)工验收办法》的规定及时组织项目的交工验收,并报请交通主管部门进行竣工验收。

第五章 动态管理

第四十二条 各级交通主管部门应当加强对公路建设从业单位和从业人员的市场行为的动态管理。应当建立举报投诉制度,查处违法行为,对有关责任单位和责任人依法进行处理。

第四十三条 国务院交通主管部门和省级地方人民政府交通主管部门应当建立公路建设市场的信用管理体系,对进入公路建设市场的从业单位和主要从业人员在招投标活动、签订合同和履行合同中的信用情况进行记录并向社会公布。

第四十四条 公路工程勘察、设计、施工、监理等从业单位应当按照项目管理的隶属关系,向交通主管部门提供本单位的基本情况、承接任务情况和其他动态信息,并对所提供信息的真实性、准确性和完整性负责。项目法人应当将其他从业单位在建设项目中的履约情况,按照项目管理的隶属关系报交通主管部门,由交通主管部门核实后记入从业单位信用记录中。

第四十五条 从业单位和主要从业人员的信用记录应当作为公路建设项目招标资格审查和评标工作的重要依据。

第六章 法律责任

第四十六条 对公路建设从业单位和从业人员违反本办法规定进行的处罚,国家有关法律、法规和交通部规章已有规定的,适用其规定;没有规定的,由交通主管部门根据各自的职责按照本办法规定进行处罚。

第四十七条 项目法人违反本办法规定,实行地方保护的或者对公路建设从业单位和从业人员实行歧视待遇的,由交通主管部门责令改正。

第四十八条 从业单位违反本办法规定,在申请公路建设从业许可时,隐瞒有关情况或者提供虚假材料的,行政机关不予受理或者不予行政许可,并给予警告;行政许可申请人在1年内不得再次申请该行政许可。

被许可人以欺骗、贿赂等不正当手段取得从业许可的,行政机关应当依照法律、法规给予行政处罚;申请人在3年内不得再次申请该行政许可;构成犯罪的,依法追究刑事责任。

第四十九条 投标人相互串通投标或者与招标人串通投标的,投标人以向招标人或者评标委员会成员行贿的手段谋取中标的,中标无效,处中标项目金额5‰以上10‰以下的罚款,对单位直接负责的主管人员和其他直接责任人员处单位罚款数额5%以上10%以下的罚款;有违法所得的,并处没收违法所得;情节严重的,取消其1年至2年内参加依法必须进行招标的项目的投标资格并予以公告;构成犯罪的,依法追究刑事责任。给他人造成损失的,依法承担赔偿责任。

第五十条 投标人以他人名义投标或者以其他方式弄虚作假,骗取中标的,中标无效,给招标人造成损失的,依法承担赔偿责任;构成犯罪的,依法追究刑事责任。

依法必须进行招标的项目的投标人有前款所列行为尚未构成犯罪的,处中标项目金额5‰以上10‰以下的罚款,对单位直接负责的主管人员和其他直接责任人员处单位罚款数额5%以上10%以下的罚款;有违法所得的,并处没收违法所得;情节严重的,取消其1年至3年内参加依法必须进行招标的项目的投标资格并予以公告。

第五十一条 项目法人违反本办法规定，拖欠工程款和征地拆迁款的，由交通主管部门责令改正，并由有关部门依法对有关责任人员给予行政处分。

第五十二条 除因不可抗力不能履行合同的，中标人不按照与招标人订立的合同履行施工质量、施工工期等义务，造成重大或者特大质量和安全事故，或者造成工期延误的，取消其2年至5年内参加依法必须进行招标的项目的投标资格并予以公告。

第五十三条 施工单位有以下违法违规行为的，由交通主管部门责令改正，并由有关部门依法对有关责任人员给予行政处分。

（一）违反本办法规定，拖欠分包人工程款和农民工工资的；

（二）违反本办法规定，造成生态环境破坏和乱占土地的；

（三）违反本办法规定，在变更设计中弄虚作假的；

（四）违反本办法规定，不按规定签订劳动合同的。

第五十四条 违反本办法规定，承包单位将承包的工程转包或者违法分包的，责令改正，没收违法所得，对勘察、设计单位处合同约定的勘察费、设计费25%以上50%以下的罚款；对施工单位处工程合同价款5‰以上10‰以下的罚款；可以责令停业整顿，降低资质等级；情节严重的，吊销资质证书。

工程监理单位转让工程监理业务的，责令改正，没收违法所得，处合同约定的监理酬金25%以上50%以下的罚款；可以责令停业整顿，降低资质等级；情节严重的，吊销资质证书。

第五十五条 公路建设从业单位违反本办法规定，在向交通主管部门填报有关市场信息时弄虚作假的，由交通主管部门责令改正。

第五十六条 各级交通主管部门和其所属的质量监督机构的工作人员违反本办法规定，在建设市场管理中徇私舞弊、滥用职权或者玩忽职守的，按照国家有关规定处理。构成犯罪的，由司法部门依法追究刑事责任。

第七章　附　　则

第五十七条 本办法由交通部负责解释。

第五十八条 本办法自2005年3月1日起施行。交通部1996年7月11日公布的《公路建设市场管理办法》同时废止。

附录十

公路工程施工招标资格预审办法

（2006 年 2 月 16 日交通部交公路发[2006]57 号文）

第一章　总　　则

第一条　为规范公路工程施工招标资格预审工作，依据《中华人民共和国招标投标法》和《公路工程施工招标投标管理办法》，制定本办法。

第二条　公路工程施工招标实行资格预审的，适用本办法。

第三条　公路工程施工招标资格预审是指招标人在发出投标邀请前，对潜在投标人的投标资格进行的审查。只有通过资格预审的潜在投标人，方可取得投标资格。

第四条　潜在投标人是具有独立法人资格、持有营业执照、具有与招标项目相应的施工资质和施工能力的施工企业。

第五条　资格预审工作由招标人负责，任何单位和个人不得非法干预。

第六条　资格预审工作应遵循公开、公平、公正、科学、择优的原则，不得实行地方保护和行业保护，不得对不同地区、不同行业的潜在投标人设定不同的资格标准。

第二章　资格预审程序和要求

第七条　资格预审按下列程序进行：

（一）招标人编制资格预审文件；

（二）发布资格预审公告；

（三）出售资格预审文件；

（四）潜在投标人编制并递交资格预审申请文件；

（五）对资格预审申请文件进行评审；

（六）编写资格评审报告；

（七）发出资格预审结果通知。

第八条　资格预审文件应当载明以下主要内容：

（一）资格预审公告；

（二）资格预审须知；

（三）资格预审申请表格式；

（四）有关附件：工程概况、各标段详细情况、计划工期、实施要求、建设环境与条件、招标时间安排等。

招标人应根据工程实际,科学划分标段,合理确定资格标准。

第九条 资格预审公告应当载明以下内容:

(一)招标人的名称和地址;

(二)招标项目和各标段的基本情况;

(三)各标段投标人的合格条件和资质要求;

(四)获得资格预审文件的办法、时间、地点和费用;

(五)递交资格预审申请文件的地点和截止时间;

(六)招标人认为应当告知的其他事项。

资格预审公告应在国家指定的媒介上公开发布。公告中不得含有限制具备条件的潜在投标人购买资格预审文件的内容。

第十条 资格预审须知应当载明以下内容:

(一)潜在投标人可以申请资格预审的标段数量,以及可以通过资格预审的标段数量;

(二)对潜在投标人的施工经验、施工能力(包括人员、设备和财务状况)、管理能力和履约信誉等的要求;

(三)对工程分包、子公司施工、联合体投标的规定和要求;

(四)资格预审申请文件编制和递交要求(包括编制格式、内容、签署、装订、密封及递交方式、份数、时间、地点等);

(五)资格预审文件的修改和资格预审申请文件的澄清的要求;

(六)资格预审方法、评审标准(包括符合性条件、强制性标准、评分标准等)和合格标准;

(七)资格审查结果的告知方式和时间;

(八)招标人和潜在投标人分别享有的权利;

(九)招标人认为应当告知的其他事项。

第十一条 招标人应当按照资格预审公告规定的时间、地点出售资格预审文件。自资格预审文件出售之日起至停止出售之日止,最短不得少于5个工作日。

第十二条 资格预审文件的售价应当合理,不得以营利为目的。具备条件的,可以通过信息网络发售资格预审文件。

第十三条 招标人应当合理确定资格预审申请文件的编制时间,自开始发售资格预审文件之日起至潜在投标人递交资格预审申请文件截止之日止,不得少于14个工作日。

第十四条 招标人如需对已出售的资格预审文件进行补充、说明、勘误或者局部修正,应在递交资格预审申请文件截止之日7日前以编号的补遗书的形式通知所有已购买资格预审文件的潜在投标人。对已出售的资格预审文件进行补充、说明、勘误或者局部修正的内容,为资格预审文件的组成部分。

购买资格预审文件或递交资格预审申请文件的单位少于三家的,招标人应重新组织资格预审或经有关部门批准采取邀请招标方式。

第三章 资格预审申请

第十五条 潜在投标人应当按照资格预审文件的要求,编制资格预审申请文件,并应载明以下内容：

(一)营业执照；

(二)相关工程施工资质证书；

(三)法人证书或法定代表人授权书及公证书；

(四)财务资信和能力的证明文件(包括近三年来财务平衡表及财务审计情况等)；

(五)拟派出的项目负责人与主要技术人员的简历、相关资格证书及业绩证明,并按要求提供备选人员的相关信息；

(六)拟用于完成投标项目的主要施工机械设备；

(七)初步的施工组织计划,包括质量保证体系、安全管理措施等内容；

(八)近五年来完成的类似工程施工业绩情况及履约信誉的证明材料；

(九)目前正在承担和已经中标的全部工程情况；

(十)资产构成情况及投资参股的关联企业情况；

(十一)潜在投标人若存在工程分包、分公司施工或以联合体形式投标,应符合第十七、十八、十九条要求；

(十二)招标人要求的其他相关文件。

第十六条 资格预审申请文件(正本)应加盖法人单位公章,并由其法定代表人或其授权代理人签字。

资格预审申请文件应当密封,并按照资格预审文件规定的时间、地点和方式送达招标人。

第十七条 潜在投标人如有工程分包计划,应遵守以下规定：

(一)分包人应具备与其分包工程内容相适应的资质和施工能力；

(二)提供分包人的营业执照、资质证书、人员、设备等资料表以及拟分包的工作量。

第十八条 潜在投标人如由所属分公司承担施工,应遵守以下规定：

(一)明确具体承担施工的分公司名称及负责施工的主要内容；

(二)该分公司不得再以任何形式参加该标段的资格预审；

(三)资格预审申请文件应提供分公司施工经验、施工能力(包括人员、设备)、管理能力和履约信誉等方面的资料。

第十九条 潜在投标人如以联合体形式申请资格预审,应遵守以下规定。

(一)联合体主办人应具备与所投标段工程内容相适应的施工资质,成员单位应具备与所承担工程内容相适应的施工资质。由同一专业的单位组成的联合体,按照施工资质等级较低的单位确定施工资质等级。

(二)联合体主办人所承担的工程量必须超过总工程量的50%。

(三)联合体各方签订联合体协议后,不得再以自己名义单独或以其他联合体成员的名义申请同一标段的资格预审。

(四)提交联合体各成员单位共同签订的联合体协议,明确主办人及成员单位各自的权利和义务以及应当承担的责任。

第二十条 具有投资参股关系的关联企业,或具有直接管理和被管理关系的母子公司,或同一母公司的子公司,不得同时申请同一标段的资格预审。

第二十一条 凡投资参股招标项目或承担招标项目代建工作的法人单位不得申请该项目

的资格预审。

第二十二条 资格预审申请文件按要求送达后,在规定的递交截止时间前,潜在投标人可以撤回申请文件或修改申请文件。如需修改申请文件,应当以正式函件提出并作出说明。

修改资格预审申请文件的正式函件是资格预审申请文件的组成部分,其形式要求、密封方式、送达时间,应符合资格预审文件的要求。

第二十三条 对于按时送达并符合密封要求的资格预审申请文件,招标人应当向潜在投标人出具签收证明,并妥善保管,在规定的截止时间前不得开启。

第二十四条 在规定的截止时间后送达的或未按要求密封的资格预审申请文件为无效的资格预审申请文件。

第四章 资格评审

第二十五条 资格评审工作由招标人组建的资格评审委员会负责。

第二十六条 资格评审委员会由招标人代表和有关方面的专家组成,人数为五人以上单数,其中专家人数应不少于成员总数的二分之一。

第二十七条 资格评审委员会的专家从国务院交通主管部门或省级交通主管部门设立的评标专家库中抽取。

但有下列情形之一者,不得进入资格评审委员会:

(一)与潜在投标人的主要负责人或授权代理人有近亲属关系的人员;

(二)当地交通主管部门或行政监督部门的人员;

(三)与潜在投标人有利害关系,可能影响公正评审的人员;

(四)法律、法规和规章规定的其他情形。

资格评审委员会成员名单在评审工作结束前应当保密。

第二十八条 资格评审委员会成员应当客观、公正地履行职责,遵守职业道德,对所提出的评审意见承担个人责任。

第二十九条 资格评审委员会成员不得私下接触潜在投标人,不得收受潜在投标人的财物或者其他好处,不得透露资格评审的有关情况。

第三十条 资格评审方法分强制性资格条件评审法和综合评分法两种。招标人可根据工程特点和潜在投标人的数量选择合适的评审方法。

第三十一条 对潜在投标人的资格评审,应当严格按照资格预审文件载明的资格预审的条件、标准和方法进行。不得采用抽签、摇号等博彩方式进行资格审查。

第三十二条 资格评审按以下程序进行:

(一)符合性检查;

(二)强制性资格条件评审或综合评分;

(三)澄清与核实。

第三十三条 通过符合性检查的主要条件:

(一)资格预审申请文件组成完整;

(二)资格预审申请文件正本应加盖潜在投标人法人单位公章,并由其法定代表人或其授

权的代理人签字;

(三)潜在投标人的营业执照、法定代表人授权书及公证书有效;

(四)潜在投标人的施工资质满足资格预审文件的要求;

(五)潜在投标人没有正受到责令停产、停业的行政处罚或正处于财务被接管、冻结、破产的状态;

(六)潜在投标人没有正受到取消投标资格的行政处罚;

(七)潜在投标人没有涉及正在诉讼的案件,或涉及正在诉讼的案件但经评审委员会认定不会对承担本项目造成重大影响;

(八)潜在投标人符合本办法第十七条至第二十一条规定;

(九)潜在投标人没有提供虚假材料。

符合以上条件的,方可进入下一阶段的评审。

第三十四条 采用强制性资格条件评审法的,招标人应按照标段内容和特点,对潜在投标人的施工经验、财务能力、施工能力、管理能力和履约信誉等资格条件,制定强制性的量化标准。只有全部满足强制性资格条件的潜在投标人才可通过资格审查。评审结论分"通过"和"未通过"两种。

第三十五条 采用综合评分法的,招标人应对潜在投标人的施工经验、财务能力、施工能力、管理能力、施工组织和履约信誉等资格条件,制定可以量化的评分标准,并明确通过资格审查的最低总得分值。只有总得分超过规定的最低总得分值的潜在投标人才能通过资格审查。

对重要的资格条件也可制定最低资格条件要求,不符合最低资格条件的,不得通过资格审查。计算得分时应以评审委员会的打分平均值确定,该平均值以去掉一个最高分和一个最低分后计算。

第三十六条 综合评分法采用百分制,评分内容和权重分值划分如下:

(一)类似工程施工经验　分值范围15~25;

(二)财务能力　分值范围10~20;

(三)拟投入本标段的主要机械设备　分值范围10~20;

(四)拟投入本标段的主要人员资历　分值范围15~25;

(五)初步施工组织计划　分值范围10~15;

(六)履约信誉　分值范围15~25。

第三十七条 资格评审委员会对资格预审申请文件中不明确之处,可通过招标人要求潜在投标人进行澄清,但不应作为资格审查不通过的理由。如潜在投标人不按照招标人的要求进行澄清,其资格审查可不予通过。澄清应以书面材料为主,一般不得直接接触潜在投标人。

第三十八条 资格评审委员会在审查潜在投标人的主要人员资历和施工业绩、信誉时,应当通过省级以上交通主管部门设立的交通行业施工企业信息网进行查询;若潜在投标人所提供信息与企业信息网上的相关内容不符,经核实存在虚假、夸大的内容,不予通过资格审查。

第三十九条 对联合体进行资格评审时,其施工能力为主办人和各成员单位施工能力之和。对含分包人的潜在投标人进行资格评审时,其施工能力为潜在投标人和分包人施工能力之和。

第四十条 对通过资格评审的潜在投标人明显偏少的标段,在征得潜在投标人同意的情况下，评审委员会可以对通过评审的潜在投标人申请的标段进行调整。经调整后，合格的潜在投标人仍少于三家的，招标人应重新组织资格预审或经有关部门批准采取邀请招标方式。

第五章　资格评审报告

第四十一条　资格评审工作结束后，由资格评审委员会编制资格评审报告，其内容包括：

（一）工程项目概述；

（二）资格审查工作简介；

（三）资格审查结果；

（四）未通过资格审查的主要理由及相关附件证明；

（五）资格评审表等附件。

第四十二条　招标人应在资格评审工作结束后15日内，按项目管理权限，将资格评审报告报交通主管部门备案。

第四十三条　交通主管部门在收到资格评审报告后5个工作日内未提出异议的，招标人可向通过资格审查的潜在投标人发出投标邀请书，向未通过资格审查的潜在投标人告知资格审查结果。

第四十四条　招标人不得向他人透露已通过资格审查的潜在投标人名称、数量，以及可能影响公平竞争的有关招标投标的其他情况。

第四十五条　资格预审工作出现下列情况之一的，招标人负责组织重新评审。

（一）由于招标人提供给资格评审委员会的信息有误或不完整，导致评审结果出现重大偏差的；

（二）由于评审委员会的原因导致评审结果出现重大偏差的；

（三）由于潜在投标人有违法违规行为，导致评审结果无效的。

第六章　附　　则

第四十六条　对于公路工程附属设施以及工程规模较小、技术较简单、工期特别紧的工程或潜在投标人数量较少的，招标人如采取资格后审的方式，可参照本办法执行。

第四十七条　利用国际金融组织贷款、外国政府贷款和采用合资、合作、独资方式融资的公路项目，有特殊规定的从其规定。

第四十八条　本办法由交通部负责解释。

第四十九条　本办法自2006年5月1日起施行。交通部1997年8月1日发布的《公路工程施工招标资格预审办法》（交公路发[1997]451号）同时废止。

【资格预审评审报告格式】

I. 封面格式

中华人民共和国

__________省(自治区、直辖市)

_________至_________公路项目(　　　　至　　　　段)

施工招标

资格预审评审报告

建设单位:____________

(招标代理单位:____________)

年　月　日

II. 目录

目　　录

III. 内容要求

一、项目概述

主要包括以下内容：

(1)项目的前期准备工作及批准情况；

(2)项目所在地区位置、工程规模及特点；

(3)主要技术标准及特殊要求；

(4)合同段的划分及主要工程量情况。

二、资格预审工作简介

主要包括以下内容：

(1)资格预审文件的编制情况；

(2)发布资格预审通告(或邀请书)及发售资格预审文件的情况；

(3)投标申请人递交申请书情况；

(4)资格预审评审程序说明。

三、资格预审评审结果

主要包括以下内容：

(1)评审结果说明；

(2)未能通过资格预审的单位名单；

(3)通过资格预审的单位名单。

四、附件

1. 资格预审评审表

包括：(1)资格预审评审结果汇总表(表1)；

(2)资格预审符合性检查汇总表(表2)；

(3)资格预审强制性标准评审汇总表(表3)；

(4)资格预审评分汇总表(表4)；

(5)资格预审符合性检查表(表5,推荐)；

(6)资格预审强制性标准审查表(表6,推荐)；

(7)资格预审强制性标准审查明细表A　施工经验要求(表7推荐)；

资格预审评审结果汇总表 表1

序号	申请人/主办人名称	联合体成员	通过资格预审合同号					可授予合同数量
			合同1	合同2	合同3	合同4	—	
1								
2								
3								
4								
5								
6								
7								
8								
9								

注:资格评审结果分“通过”和“不通过”两种。

资格预审符合性检查汇总表 表2

序号	申请人/主办人名称	联合体成员	合同1	合同2	合同3	合同4	—	结论
1								
2								
3								
4								
5								
6								
7								
8								
9								

注:符合性检查结果分“通过”和“不通过”两种。

资格预审强制性标准评审汇总表 表3

序号	申请人/主办人名称	联合体成员	合同1	合同2	合同3	合同4	—	—
1								
2								
3								
4								
5								
6								
7								
8								
9								

注:审查结果分“通过”和“不通过”两种。

资格预审评分汇总表

表4

序号	申请人/主办人名称	联合体成员	合同1	合同2	合同3	合同4	—	—
1								
2								
3								
4								
5								
6								
7								
8								
9								

资格预审符合性检查表

表5

第________合同段

序号	申请人/主办人名称	联合体成员	申请书			申请人资质				联合体		分包人		其他	结论
			递交时间	完整性	签署情况	资质证书	资信登记	授权代理人	营业执照	联合体协议	联合体主办人	人员设备	资信登记		
1															
2															
3															
4															
5															
6															

该表为评审过程推荐用表

资格预审强制性标准审查表

表6

第________合同段

序号	申请人/主办人名称	联合体成员	施工经验					财务能力	人员	机械设备	履约	其他	结论
			道路工程	结构工程	路面工程	土石方	隧道工程						
1													
2													
3													
4													
5													
6													
7													
8													

该表为评审过程推荐用表

资格预审强制性标准审查明细表A　施工经验要求　表7

第________合同段　申请人:________

序号	项　目	要　求	申请人满足情况
1	道路工程		
2	结构工程		
3	路面工程		
4	土石方工程		
5	隧道工程		

该表为评审过程推荐用表

(8)资格预审强制性标准审查明细表B　财务、人员、设备及履约表现(表8,推荐);

(9)资格预审评分表(表9,推荐);

(10)资格预审评分明细表(表10,推荐)。

2. 资格预审评审委员会名单

组成人员姓名、单位、职称及职务等。

3. 资格预审评审细则

按照《公路工程施工招标资格预审办法》的规定,由建设单位有针对性地制定资格预审评审细则。

资格预审强制性标准审查明细表B　财务、人员、设备及履约表现　表8

第________合同段　申请人:________

序号	项　目	强制性标准	申请人满足情况
1	财务能力		
2	主要人员		
3	关键机械设备		
4	履约表现		

结论:　该表为评审过程推荐用表

资格预审评分表　表9

第________合同段

序号	申请人/主办人名称	联合体成员	财务状况得分	技术能力得分	施工经验得分	总得分	备注
1							
2							
3							
4							
5							
6							
7							
8							
9							

该表为评审过程推荐用表

资格预审评分明细表

表 10

第________合同段　　　　申请人:________

序号	项　目	满分	得分	说　明
1	财务状况	30		
1.1	合同收入	15		按年均合同收入与此合同年均合同额比较评分
1.2	投标能力	10		按净资产值×5与流动资本净额×10的较低值减去尚未完成的合同价值评分
1.3	信贷能力	5		银行借款能力
2	技术能力	30		
2.1	现场管理	4		按对管理机构和人员满意程度评分
2.2	主要人员	8		对项目经理、工程师、质检人员等的满意程度评分
2.3	分包情况	4		按分包数量及分包工程的重要程度评分
2.4	机具设备	8		按设备拥有的比例、设备寿命及使用年限评分
2.5	工程质量情况	4		按获部优质奖和省优秀奖情况评分
2.6	在建工程项目	2		按完成计划的能力及信誉情况评分
3	施工经验	40		
3.1	类似项目施工经验	15		按类似项目数量和规模评分
3.2	类似工作经验	15		按从事类似工作的人员数量和素质评分
3.3	类似工作年限	10		按工作年限长短评分
其他				

注:表中“满分”值仅供参考,可根据项目具体情况调整。

该表为评审过程推荐用表

附录十一

公路工程施工招标评标委员会评标工作细则

第一章 总 则

第一条 为规范公路工程施工招标评标工作,维护招标投标活动当事人的合法权益,依据《中华人民共和国招标投标法》、交通部《公路工程施工招标投标管理办法》及国家有关法规,制定本细则。

第二条 依法实行公开招标或邀请招标的公路建设项目,其土建工程施工招标评标工作适用本细则,其材料采购、设备安装的招标评标工作可参照本细则执行。

第三条 公路工程施工招标评标委员会评标是指招标人依法组建的评标委员会根椐国家有关法律、法规和招标文件,对投标文件进行评审,推荐中标候选人或由招标人授权直接确定中标人的工作过程。

第四条 评标工作应当遵循公平、公正、科学、择优的原则。任何单位和个人不得非法干预或者影响评标过程和结果。

第五条 招标人应当采取必要措施,保证评标工作在保密情况下进行。评标委员会应当接受交通主管部门依法实施的监督。

第二章 评标工作的组织与准备

第六条 评标工作应按以下程序进行:

(一)组建清标工作组;

(二)组建评标委员会;

(三)初步评审;

(四)详细评审;

(五)撰写评标报告。

第七条 清标工作组由招标人选派熟悉招标工作、政治素质高的人员组成,协助评标委员会工作。

评标委员会由评标专家和招标人代表共同组成,人数为五人以上单数。其中,评标专家人数不得少于成员总数的三分之二。评标专家按照交通部有关规定从评标专家库中抽取。

清标工作组和评标委员会人员的具体数量由招标人视评标工作量确定。

第八条 清标工作组和评标委员会成员应实行回避制度。

属于下列情况之一的人员,不得进入清标工作组和评标委员会:

（一）本地交通主管部门或者其他行政监督部门的人员；

（二）与投标人法定代表人或者授权代理人有近亲属关系的人员；

（三）与投标人有利害关系的，可能影响公正评标的人员；

（四）在与招标投标有关的活动中有过违法违规行为、五年内曾受过行政或党纪处分的人员。

第九条 清标工作组应在评标委员会开始工作之前进行评标的准备工作，主要内容包括：

（一）根据招标文件，制定评标工作所需各种表格；

（二）根据招标文件，汇总评标标准、对投标文件的合格性要求，以及影响工程质量、工期和投资的全部因素；

（三）对投标文件响应招标文件规定的情况进行摘录，列出相对于招标文件的所有偏差；

（四）对所有投标报价进行算术性校核。

评标工作使用的表格和评标内容必须注明依据和出处，招标文件未规定的事项不得作为评标依据。

第十条 清标工作应全面、客观、准确，不得营私舞弊、歪曲事实，不得对投标文件作出任何评价。

第十一条 评标委员会应民主推荐一名主任委员，负责组织协调评标委员会成员开展评标工作。评标委员会应根据评标工作量和工程特点，制订工作计划，明确分工，交叉审核，确保评标质量。

第三章 初步评审

第十二条 对投标文件的初步评审包含符合性审查和算术性修正。只有通过初步评审的投标文件才能参加详细评审。

第十三条 评标委员会开始评标工作之前，首先要听取招标人或者其委托的招标代理机构及清标工作组关于工程情况和清标工作的说明，并认真研读招标文件，获取评标所需的重要信息和数据，主要包括以下内容：

（一）招标项目建设规模、标准和工程特点；

（二）招标文件规定的评标标准和评标方法；

（三）工程的主要技术要求、质量标准及其他与评标有关的内容。

第十四条 评标委员会应根据招标文件规定，对清标工作组提供的评标工作用表和评标内容进行认真核对，对与招标文件不一致的内容要进行修正。

对招标文件中规定的评标标准和方法，评标委员会认为不符合国家有关法律、法规，或其中含有限制、排斥投标人进行有效竞争的，评标委员会有权按规定对其进行修改，并在评标报告说明修改的内容和修改原因。

第十五条 通过符合性审查的主要条件包括：

（一）投标文件按照招标文件规定的格式、内容填写，字迹清晰可辨；

（二）投标文件上法定代表人或法定代表人授权代理人的签字（含小签）齐全，符合招标文件规定；

(三)与申请资格预审时比较,投标人资格未发生实质性变化;

(四)投标人按照招标文件规定的格式、内容和要求提供了投标担保;

(五)投标人法定代表人若授权代理人,其授权书符合招标文件规定;

(六)投标人以联合体形式投标时,提交了符合招标文件要求的联合体协议,联合体成员单位与申请资格预审时未发生实质性变化;

(七)投标人如有分包计划,应提交分包协议,分包工作量不应超过投标价的30%;

(八)一份投标文件应只有一个投标报价,在招标文件没有规定的情况下,不得提交选择性报价;

(九)投标人提交的调价函符合招标文件要求;

(十)投标文件载明的招标项目完成期限不得超过招标文件规定的时限;

(十一)投标文件不应附有招标人不能接受的其他条件。

投标文件不符合以上条件之一的,评标委员会应认为其存有重大偏差,并对该投标文件作废标处理。

如果有证据显示投标人以他人名义投标、与他人串通投标、以行贿手段谋取中标,以及投标弄虚作假的,评标委员会应对该投标文件作废标处理。

第十六条 投标文件若满足符合性审查条件,但在其他方面存在细微偏差,评标委员会可要求投标人进行书面澄清、补正或者依据招标文件规定对投标文件进行不利于该投标人的评标量化,但不得对该投标文件作废标处理。

第十七条 符合性审查工作完成后,评标委员会应按照招标文件规定对投标人报价进行算术性修正。清标工作组做出的算术性校核结果必须经评标委员会复核后方可采用。算术性修正后,投标人的报价排序与开标时不一致的,评标委员会应对修正的内容作详细说明。

第十八条 对算术性修正结果,评标委员会应通过招标人向投标人进行书面澄清。投标人对修正结果进行书面确认的,其投标文件可参加详细评审。

投标人对修正结果存有不同意见或未做书面确认的,评标委员会应重新复核算术性修正结果。如果确认算术性修正无误,应对该投标文件作废标处理;如果发现算术性修正存在差错,应作出及时调整并重新进行书面澄清。

第十九条 评标委员会对通过初步评审的投标文件进行详细评审前,发现有效投标文件不足三个,投标明显缺乏竞争的,评标委员会可以否决投标,招标人应当依法重新招标。

第四章 详细评审

第二十条 初步评审工作结束后,评标委员会应对投标文件从合同条件、投标报价、财务能力、技术能力、管理水平以及投标人以往施工业绩及履约信誉等方面进行详细评审。

第二十一条 投标人通过合同条件评审的主要条件:

(一)投标人接受招标文件规定的风险划分原则,未提出新的风险划分办法;

(二)投标人未增加业主的责任范围,也未减少投标人义务;

(三)投标人未提出不同的工程验收、计量、支付办法;

(四)投标人未对合同纠纷、事故处理办法提出异议;

(五)投标人在投标活动中没有欺诈行为;

(六)投标人对合同条款没有重要保留。

投标文件不符合以上条件之一的,评标委员会应对其作废标处理。

第二十二条 评标委员会对投标报价的评审,应在算术性修正和扣除非竞争性因素后,以计算出的评标价进行评审。

评标委员会对投标报价进行评审前,发现投标人的投标价或主要单项工程报价明显低于其他投标人报价或者在设有标底时明显低于标底(一般控制在低于标底15%左右),应当要求该投标人对相应投标报价作出单价构成说明,并提供相关证明材料。

如果投标人不能提供有关证明材料,证明该报价可以按招标文件规定的质量标准和工期完成招标工程,评标委员会应当认定该投标人以低于成本价竞标,并作废标处理。

如果评标委员会发现所有投标人的报价均高于标底或相应工程概算投资,评标委员会可以否决所有投标,并建议招标人重新招标。

第二十三条 评标委员会要对投标人的财务能力、技术能力、管理水平和以往施工业绩及履约信誉进行详细评审。如发现投标文件有以下情况之一的,评标委员会应对其作废标处理。

(一)相对资格预审时,其施工能力和财务能力有实质性降低,且不能满足本工程实施的最低要求;

(二)承诺的质量标准低于招标文件或国家强制性标准要求;

(三)关键工程技术方案不可行;

(四)施工业绩及履约信誉证明材料虚假。

投标文件存在的其他问题应视为细微偏差,评标委员会可要求投标人进行澄清,或对投标文件进行不利于该投标人的评标量化,但不得作废标处理。

第二十四条 评标委员会不得接受投标人主动提出的澄清。投标人的澄清不得改变投标文件的实质性内容。

投标人的澄清内容将视为投标文件的组成部分。

第二十五条 评标方法包括综合评分法、最低评标价法,或者法律、行政法规允许的其他评标方法。

第二十六条 综合评分法是按照招标文件设定的不同分值权重对投标人的评标价、财务能力、技术能力、管理水平和以往施工履约信誉进行评分,按照得分高低推荐中标候选人。综合评分采用百分制。

第二十七条 采用综合评分法评标的,对各项内容的评分方法如下:

(一)按照招标文件规定的方法计算评标价得分,一般采用直线内插法计算;

(二)以投标人拟投入的财力资源情况,包括投标人的财务报表和相关证明材料,评价投标人的财务能力;

(三)以投标人承诺的拟投入本工程的技术人员、设备的配置情况,以及投标人制定的关键工序技术方案是否严密、可靠、有效评价投标人的技术能力;

(四)以投标人编制的施工组织设计、主要管理人员素质和安全生产保障措施与招标文件规定的质量与进度要求的符合程度评价投标人的管理水平;

(五)以投标人近五年完成类似公路工程的质量、工期和履约表现评价投标人以往施工业绩和履约信誉情况。

评标委员会应在充分讨论、沟通情况的基础上,分别对投标文件进行打分。除评标价得分外,投标文件各项得分均不应低于其权重分的60%,且各项得分应以评标委员会的打分平均值确定,该平均值以去掉一个最高和一个最低分后计算。

第二十八条 采用综合评分法评标的工作步骤:

(一)对通过初步评审的投标文件进行列表;

(二)对在符合性评审过程中拒绝澄清的,按照招标文件规定对其进行不利于该投标人的量化评分;

(三)对不能满足**第二十一条**要求的投标文件作废标处理;

(四)计算投标文件的评标价,并按照招标文件规定进行评分,其中以低于成本价竞标的,应作废标处理;

(五)对投标文件财务能力、技术能力、管理水平和投标人以往施工履约信誉进行评分,对不能满足**第二十三条**要求的作废标处理,对存在细微偏差的投标文件应进行澄清或量化评分;

(六)对各项评分进行汇总,拟定"综合评分排序表",按评分从高到低进行排序,推荐得分最高的投标人为中标候选人,得分排名第二和第三的为后备的中标候选人。

第二十九条 最低评标价法是对通过初步评审和详细评审的投标人按照评标价由低到高排序,推荐评标价最低的投标人为中标候选人。

第三十条 采用最低评标价法评标的工作步骤:

(一)对通过初步评审的投标文件报价进行列表;

(二)对在符合性评审过程中拒绝澄清的,按照招标文件规定对其进行不利于该投标人的评标量化;

(三)按照招标文件规定扣除非竞争性因素,计算出评标价,其中以低于成本价竞标的,作废标处理;

(四)对投标文件的合同条件、财务能力、技术能力、管理水平和投标人以往施工履约信誉进行评审,对不符合**第二十一条、第二十三条**要求的作废标处理,对存在细微偏差的投标文件进行澄清或者按招标文件规定对其进行不利于该投标人的评标量化;

(五)拟定"标价排序表",按评标价由低到高进行排序,推荐评标价最低的投标人为中标候选人,评标价排第二和第三的为后备的中标候选人。

第三十一条 对于划分有多个标段进行招标的项目,招标文件如果允许投标人为获得一个以上合同而提出优惠,评标委员会应考虑投标人提出的优惠,并按照招标文件规定的评标标准和方法进行审查,以最有利于招标人利益为原则推荐中标候选人。

第三十二条 评标委员会在评标过程中应充分评议,发扬民主,实行少数服从多数的原则。

第五章 评标报告

第三十三条 评标工作完成后,评标委员会主任委员应组织编写评标报告(格式见附件),提交给招标人,并抄报交通主管部门。

第三十四条 评标报告应当记录以下内容：

（一）项目概况（包括招标项目基本情况和数据）；

（二）招标过程（包括资格预审和开标记录）；

（三）评标工作（包括评标委员会组成、评标标准与办法、初步评审、详细评审，以及废标说明）；

（四）评标结果；

（五）评标附表及有关澄清记录。

第三十五条 评标委员会所有成员应在**第三十四条**规定的评标报告（三）（四）（五）项的每一页上签字。招标人和由招标人组织成立的清标工作组应对其所提供的评标信息签字负责。

第三十六条 评标委员会成员对评标结论持有异议的，可保留意见，但应以书面方式在评标报告中阐述理由。评标委员会成员拒绝在评标报告上签字且不陈述理由的，视为同意评标结论。

第三十七条 评标工作结束后，如发现招标人提供给评标委员会的信息、数据有误或不完整，或者由于评标委员会的原因导致评标结果出现重大偏差，有关交通主管部门应及时通知招标人，由招标人邀请原评标委员会成员重新评标，修正评标报告和评标结论。

第六章 纪　律

第三十八条 评标委员会应当严谨、客观、公正地履行职责，遵守职业道德，对所提出的评审意见承担个人责任。

第三十九条 评标委员会向招标人提交书面评标报告后自动解散。评标工作中使用的文件、表格以及其他资料应当同时归还招标人。

第四十条 评标委员会成员和其他参加评标活动的人员不得与任何投标人，或者与投标人有利害关系的人进行私下接触，不得收受投标人和其他与投标有利害关系的人的财物或者其他好处。

第四十一条 评标委员会成员和其他参加评标活动的人员，不得向他人透露对投标文件的评审、中标候选人的推荐情况以及与评标有关的其他情况。

第七章 附　则

第四十二条 本细则由交通部负责解释。

第四十三条 利用国际金融组织贷款和外国政府贷款的项目，贷款方对评标工作有特殊规定的，可适用其规定，但违背中华人民共和国社会公共利益的除外。

第四十四条 本细则自 2003 年 5 月 1 日起施行。

【评标报告格式】

I. 封面格式

中华人民共和国

省(自治区、直辖市)

公路　　　　工程

评　标　报　告

招标人:

年　　月　　日

II. 目录

目　　录

一、项目概况
1. 项目范围
2. 建设标准、规模和施工标段划分情况
3. 资金来源
4. 项目批复
二、招标过程
1. 招标代理（可选择内容）
2. 资格预审结果
3. 标书出售
4. 开标记录（如果有标底，标底应为开标内容之一）
三、评标工作
1. 采用的标准、办法及依据
2. 评标委员会和清标工作组人员组成名单（表1）
3. 初步评审
(1)符合性审查（表2）
(2)资格复核
(3)投标价算术性修正（表3）
(4)澄清及有关情况说明
4. 详细评审
(1)合同条件审查（表4）
(2)评标价计算与评审（表5）
(3)技术评审（表6）
(4)澄清情况说明
(5)综合评价（表7）
四、评标结果
(1)评价排序并推荐中标候选人（表8）
(2)有关不同意见（如果有）
(3)合同签署前建议招标人应处理的有关事宜
五、附表及有关澄清资料

评标委员会和清标工作组人员组成名单　　表1

项目名称：

	姓 名	现(原)工作单位	职务或职称	签字
主任委员				
委员				
清标工作组人员	姓 名	工作单位	职务或职称	签字
组长				
成员 1				
2				
3				
4				

符合性审查表　　表2

项目名称：

合 同 段：

序号	投标人名称 审查内容	1	2	3	4	5	6	7	8
1	投标文件(含投标书)按照招标文件规定的格式和内容填写,字迹清晰								
2	投标人法定代表人或法定代表人授权代理人的签字(含小签)齐全,符合招标文件的规定								
3	与申请资格预审时比较,除法人名称发生合法变更外未发现投标法人变化或重组,其资格没有实质性下降								
4	投标人按照招标文件规定的格式、时效、内容和要求提供了投标担保								
5	投标人法定代表人的授权代理人,其授权书符合招标文件规定								
6	投标人以联合体形式投标时,提交了符合招标文件规定的联合体协议,此协议不应与申请资格预审时发生实质性变化								

续上表

序号	审查内容 \ 投标人名称	1	2	3	4	5	6	7	8
7	投标人如有分包计划应提交分包协议,分包工作量不应超过投标价的30%								
8	一份投标文件应只有一个投标报价,在招标文件没有规定的情况下,不得提交选择性报价								
9	投标人提交的调价函符合招标文件要求								
10	投标文件载明的招标项目完成期限不得超过招标文件规定的时限								
11	投标文件不应附有招标人不能接受的其他条件								
	结　　论								

说明:(1)上述各项中用"√"表示通过,"×"表示不通过;

(2)上述各项中如有一项为"×",则结论为"×",表示该投标文件中存在重大偏差,不能通过符合性审查;

(3)上述各项中如有一项为"×",必须单独说明,附有关附件。

主任委员:　　　　委员:　　　　　　　　　　行政监督人:

投标价算术性修正表　　　　表3

项目名称:

合 同 段:

章节	内容 \ 投标单位	1			2			3		
		最终投标报价	修正后报价	修正率	最终投标报价	修正后报价	修正率	最终投标报价	修正后报价	修正率
第100章	总　则									
第200章	路　基									
第300章	路　面									
第400章	桥梁、通道、涵洞									
第500章	隧　道									
第600章	安全设施及预埋管线									
第700章	绿化及环境保护									
(1)	工程量清单									
(2)	计日工									
(3)	暂定金及其他非竞争性因素									
(4)	报价(1)+(2)+(3)									

主任委员:　　　　委员:　　　　　　　　　　行政监督人:

合同条件审查表 表4

项目名称：

合 同 段：

序号	审查内容 \ 投标人名称	1	2	3	4	5	6	7	8
1	投标人接受招标文件规定的风险划分原则，未提出新的风险划分办法								
2	投标人未增加业主的责任范围，也未减少投标人义务								
3	投标人未提出不同的工程验收、计量、支付办法								
4	投标人未对合同纠纷、事故处理办法提出异议								
5	投标人在投标活动中没有欺诈行为								
6	投标人对合同条款没有重要保留								
	结 论								

说明：(1)上述各项中用"√"表示通过，"×"表示不通过；

(2)上述各项中如有一项为"×"，则结论为"×"，表示该投标文件中存在重大偏差，不能通过审查；

(3)上述各项中如有一项为"×"，必须单独说明，附有关附件。

主任委员： 委员： 行政监督人：

评标价计算与评审表 表5

项目名称：

合 同 段：

项 目	1	2	3	4	5	6	7	8
最终投标报价								
算术性修正结果								
评标价								
依招标文件规定计算的投标人评标价的算术平均								
招标人标底(如果有)								
评标价/招标人标底(%)								
复合标底计算结果								
评标价/复合标底(%)								
计算各投标人评标价得分								
确定投标人排名顺序								

说明：(1)应说明招标人标底编制与概算相应内容之间的关系；

(2)应给出复合标底计算原则和计算公式；

(3)应明示打分方法和依据。

主任委员： 委员： 行政监督人：

技术评审表(汇总表)

表6

项目名称:

合 同 段:

评 价 内 容	招标文件要求	投标文件主要情况	权重分	1	2	3	4	5	6	7
投标人财务能力和投入本工程的财力资源										
投标人承诺的质量检测设备完备情况和拟投入本工程的技术人员、设备的配置情况,以及投标人制定的关键工序技术方案是否严密、可靠、有效										
投标人编制的施工组织设计、主要管理人员素质和安全生产保障措施与招标文件规定的质量与进度要求的符合程度										
投标人近五年完成的公路工程项目的质量、工期,以及履约表现,评价投标人以往施工履约信誉情况										
得分汇总										

说明:(1)应给出招标文件规定的各项内容评分或评价依据;

(2)投标人资格与能力相对资格预审时发生退化,如为实质性的,应按规定进行废标;否则,应按标准扣减得分;

(3)对技术评审各项内容的评分结果不应小于该项权重最高得分的60%。

主任委员: 委员: 行政监督人:

技术评审表(个人打分表)　　表6(续)

项目名称:

合 同 段:

评 价 内 容	招标文件要求	投标文件主要情况	权重分	1	2	3	4	5	6	7
投标人财务能力和投入本工程的财力资源										
投标人承诺的质量检测设备完备情况和拟投入本工程的技术人员、设备的配置情况,以及投标人制定的关键工序技术方案是否严密、可靠、有效										
投标人编制的施工组织设计、主要管理人员素质和安全生产保障措施与招标文件规定的质量与进度要求的符合程度										
投标人近五年完成的公路工程项目的质量、工期,以及履约表现,评价投标人以往施工履约信誉情况										
得分汇总										

说明:(1)应给出招标文件规定的各项内容评分或评价依据;

(2)投标人资格与能力相对资格预审时发生退化,如为实质性的,应按规定进行废标;否则,应按标准扣减得分;

(3)对技术评审各项内容的评分结果不应小于该项权重最高得分的60%。

评标委员签字:

综合评价汇总表

表 7

项目名称：

标段	投标人名称	评标价得分	技术评审得分	总分	排序
1					1
					2
					3
					4
					5
					6
					7
					8
2					1
					2
					3
					4
					5
					6
					7
					8
3					1
					2
					3
					4
					5
					6
					7
					8
4					1
					2
					3
					4
					5
					6
					7
					8

主任委员：　　　　委员：　　　　行政监督人：

推荐中标候选人名单

表8

项目名称：

合同段	推荐中标候选人		预期中标价	备注
1	1			
	2			
	3			
2	1			
	2			
	3			
3	1			
	2			
	3			
4	1			
	2			
	3			
5	1			
	2			
	3			
6	1			
	2			
	3			

说明：(1)有关情况说明；

(2)不同意见(如果有)。

主任委员：　　　　委员：　　　　行政监督人：

附录十二

关于贯彻国务院办公厅关于进一步规范招投标活动的若干意见的通知

（2004 年 11 月 22 日　交通部　交公路发〔2004〕688 号）

为贯彻落实《国务院办公厅关于进一步规范招投标活动的若干意见》（国办发〔2004〕56 号，见附件 1），进一步加强公路建设项目招投标管理，规范招投标活动，现提出如下意见。

一、充分认识规范公路建设项目招投标项目活动的意义

公路建设行业是最早全面开放建设市场，最先实行招投标制度的行业之一。2000 年 1 月《中华人民共和国招标投标法》实施以来，各级交通主管部门不断完善规章制度，加强对招投标活动的监督管理，公路建设项目执行招标投标制度总体上是好的。由于我国市场经济体制还不完善，市场诚信体系还不健全，公路建设市场开放度大，市场主体比较复杂，公路建设项目的招投标活动仍存在一些急需解决的问题：如部分投标人弄虚作假、串通投标、低价抢标或以行贿等不正当手段谋取中标；有的项目招标工作不规范、评标工作深度不够；少数地区存在地方保护倾向和对招投标工作进行不正当的行政干预；等等。这些问题如果得不到有效解决，将严重影响公路建设市场秩序，影响公路行业的良好形象，影响公路交通事业的可持续发展。

各级交通主管部门要充分认识规范招投标活动的重大意义，结合本地区实际，认真查找招投标中存在的问题，深入分析原因，通过健全制度、完善机制、强化监督，进一步规范招投标活动。

二、清理招投标规章和规范性文件，确保招投标制度的统一协调

各级交通管理部门要加快清理有关招投标管理的各类规范性文件，对省级人民政府或地方人大出台的地方性规章和法规，要会同有关部门提出清理意见，尽快废止或修订与《中华人民共和国招标投标法》、《中华人民共和国行政许可法》等法律法规相抵触的规定和要求，并向社会公布，特别是要取消地方自行设置的招投标环节的行政审批、资质验证、注册登记等手续，以确保招投标制度的统一和协调。

三、调整资格预审办法，深化资格预审工作

资格预审工作是严格市场准入、保证有序竞争的重要环节。针对资格预审工作中存在的评审不规范、透明度不够以及投标人围标、串通投标等问题，迫切需要改进资格预审办法。要调整施工招标的资格预审工作的内容，将投标阶段对投标人技术能力、管理水平、财务能力和以往业绩信誉的审查前移到资格预审阶段，对项目主要负责人员要提出备选人员的要求。为保证资格预审工作的公平、公正和准确，招标人应邀请评标专家参加资格预审工作，评标专家

的人数应达到资格预审评审委员会人数的三分之一以上。要充分利用互联网等信息渠道收集申请资格预审单位的详细情况，真正选择能力强、信用好的单位通过资格预审。为防止潜在投标人围标或串通投标，通过资格预审的单位数量要适当增加，但也要防止过度竞争和恶性竞争。根据目前施工招标的情况，通过资格预审的单位数量宜控制在8～12家。

四、改进评标办法，减少人为因素影响

评标办法要科学、合理，尽可能减少人为因素影响。评标办法的选择既要考虑降低建设成本，又要能确保工程质量和进度。针对现行施工招标评标办法存在的问题，部经广泛调研并征求各方面意见，提出了《关于改进公路工程施工招标评标办法的指导意见》（见附件2）。今后，除技术特别复杂的特大桥和长大隧道工程外，在评标阶段不再对投标人的技术、管理、财务能力和履约信誉进行打分，评标阶段的工作重点是对投标文件是否存在重大偏差进行审查，并按照招标文件规定的合同授予条件，推荐中标候选人。

要推行合理低价中标，鼓励无标底招标。对技术含量较低、规模较小的工程也可采用最低评标价法，但要通过适当提高履约保证金的形式，防止低价抢标。对随意放弃中标的投标人，要没收投标保证金。评标结果要及时公布，接受社会监督。

五、加强对招标人的管理，规范招标行为

各省级交通主管部门要按照部有关规定，切实加强对招标人的管理，严格实行项目法人资格核备制度。要督促招标人严格执行国家规定的基本建设程序和招投标管理制度，按照公开、公平、公正的原则，依法组织公路建设项目的招标工作。要按照部制订的招标文件范本的要求，进一步规范招标文件的编制，提高资格预审和评标工作的透明度。招标人得规避招标，不得对潜在投标人和投标人实行歧视政策，不得实行地方保护和暗箱操作，不得违反规定确定中标人，不得指定分包、指定采购或分割工程。

六、加强对评标专家的管理，规范专家评标行为

各省级交通主管部门要严格执行部《公路建设项目评标专家库管理办法（试行）》的规定，严把专家准入关。要加强对评标专家的培训、考核、评价和动态管理。未经培训或培训考核不合格的，不得担任评标专家。对在评标工作中有索贿、受贿、暗箱操作等违法违规行为的，一经查实，要取消评标专家资格，并依法处理。

评标专家抽取要按照部《关于加强公路工程评标专家管理工作的通知》（交公路发〔2003〕464号），采取随机抽取方式，严格执行回避制度。要做好评标专家名单的保密工作，对泄露专家情况的，要追究有关人员的责任。政府部门的行政人员不得作为评标专家参加本地区所管辖范围内的项目的评标工作。招标人和招标代理机构的人员只能作为招标人代表参加本项目的评标工作。评标专家要严格执行有关法律法规和规章，按照规定的程序和招标文件载明的评标办法进行评标，不受任何单位和个人的非法干预。评标工作应严谨、客观、准确，并达到应有的深度。对招标人提供的清标结果要认真复核，全面评审。

七、建立从业单位信息系统，加快信用体系建设

各省级交通主管部门要按照部下发的《关于开通公路施工企业信息系统网页有关事宜的通知》(交公路发〔2003〕497 号)要求，尽快完成省级信息系统的开发工作，并按要求及时上报公路建设市场的动态信息。要加快建立公路建设从业单位的信用评价指标体系，制订科学的信用评价方法，定期向社会公布相关信息，防止投标人弄虚作假、超能力投标、骗取中标，引导从业单位加强自律，讲信誉、守合同。

八、加强监督检查，查处违法违规行为

各级交通主管部门要依法履行对招投标活动的监管职责，不得干预招标人正当的招标工作，不得剥夺招标人定标的权力。要重点打击招投标中的串通投标、出借资质、低价抢标、暗箱操作、行贿受贿、地方保护、指定分包等违法违规行为。要加大对中标人履约情况的监督检查力度，解决投标承诺与施工过程脱节的问题。对严重违约或由于低价抢标导致质量差、进度慢的施工单位，要依法处理，公开曝光。不得采用以奖代补或工程变更等方法解决低价中标问题，从根本上杜绝低价抢标行为。要按照发展改革委、交通部等七部委发布的《工程建设项目招标投标活动投诉处理办法》的规定，依法受理、办理、处理招投标活动中的投诉举报，追究有关责任单位及人员的责任。对主观臆造事端、中伤他人的投诉，也要依法处理，以维护建设市场秩序，营造公开、公平、公正的市场竞争环境。

九、积极引入竞争，拓宽招投标领域

按照《国务院关于投资体制改革的决定》和《收费公路管理条例》的要求，对经营性收费公路建设项目，要采用招标方式选择投资人；对公路工程咨询、招标代理单位的选择要逐步推行招标方式；对公路大修、中修等养护工程要逐步引入竞争机制，通过招标选择养护队伍，以降低养护成本，提高管理效率。各级交通主管部门要严格执行《招标投标法》等法律法规，按照国务院文件精神，加强对招标工作的领导，履行好对招投标活动的监管职责，进一步规范招投标活动，促进公路交通事业的持续、快速、健康发展。

本意见在执行中有何问题，请及时报部公路司。

附件 1

国务院办公厅关于进一步规范招投标活动的若干意见

（国办发〔2004〕56 号）

各省、自治区、直辖市人民政府，国务院各部委、各直属机构：

2000 年 1 月《中华人民共和国招标投标法》（以下简称《招标投标法》）实施以来，我国招投标市场发展总体是好的，招投标活动日趋普及，招投标领域不断扩大，已经成为经济生活的重要内容。但是，招投标活动中仍然存在一些不容忽视的问题，妨碍了《招标投标法》的实施，扰乱了市场经济秩序，滋生了腐败现象。为深入贯彻党的十六届三中全会精神，整顿和规范市场经济秩序，创造公开、公平、公正的市场经济环境，推动反腐败工作的深入开展，必须加强和改进招投标行政监督，进一步规范招投标活动。经国务院同意，现就有关工作提出以下意见。

一、充分认识进一步规范招投标活动的重要意义

进一步规范招投标活动，是完善社会主义市场经济体制的重要措施。当前，招投标活动中存在着严重问题，一些部门和地方违反《招标投标法》，实行行业垄断、地区封锁；少数项目业主逃避招标、虚假招标，不按照法定程序开标、评标和定标；有的投标人串通投标，以弄虚作假和其他不正当手段骗取中标，在中标后擅自转包和违法分包；有关行政监督部门对违法行为查处不力；工程建设招投标活动中存在行贿受贿、贪污腐败现象，一些政府部门和领导干部直接介入或非法干预招投标活动。这些问题需要通过健全制度、完善机制、强化监督、规范行为来切实加以解决。

进一步规范招投标活动，是维护公平竞争的市场经济秩序，促进全国统一市场形成的内在要求。规范的招投标活动有利于鼓励竞争，打破地区封锁和行业保护，促进生产要素在不同地区、部门、企业之间自由流动和组合，为招标人选择符合要求的供货商、承包人和服务商提供机会。

进一步规范招投标活动，是深化投资体制改革，提高国有资产使用效益的有效手段。在政府投资领域引入竞争机制，严格执行招投标制度，有助于提高投资决策的科学化和民主化水平，促使企业增强市场意识，改善经营管理，这对于保障国有资金有效使用，提高投资效益具有重要意义。

进一步规范招投标活动，是加强工程质量管理，预防和遏制腐败的重要环节。工程质量是百年大计，直接关系建设项目的成败和广大人民群众的生命、财产安全。我国这些年来发生的重大工程质量事故和重大腐败案件，大多与招投标制度执行不力，搞内幕交易、虚假招标有关。认真贯彻《招标投标法》，严格规范招投标程序，将招投标活动的各个环节置于公开透明的环境，能够有效地约束招投标当事人的行为，从源头上预防和治理腐败，保证项目建设质量。

二、打破行业垄断和地区封锁,促进全国市场统一

招投标制度必须保持统一和协调。各地区、各部门要加快招投标规章和规范性文件的清理工作,修改或废止与《招标投标法》和《行政许可法》相抵触的规定和要求,并向社会公布。坚决纠正行业垄断和地区封锁行为,不得制定限制性条件阻碍或者排斥其他地区、其他系统投标人进入本地区、本系统市场;取消非法的投标许可、资质验证、注册登记等手续;禁止以获得本地区、本系统奖项等歧视性要求作为评标加分条件或者中标条件;不得要挟、暗示投标人在中标后分包部分工程给本地区、本系统的承包人、供货商。鼓励推行合理低价中标和无标底招标。

三、实行公告制度,提高招投标活动透明度

为保证投标人及时、便捷地获取招标信息,依法必须招标的工程建设项目的招标公告,必须严格按照《招标投标法》规定在国家或省、自治区、直辖市人民政府指定的媒介发布,在招标人自愿的前提下,可以同时在其他媒介发布。任何单位和个人不得违法指定或者限制招标公告的发布地点和发布范围。除国家另有规定外,在指定媒介发布依法必须招标项目的招标公告,不得收取费用。对非法干预招标公告发布活动的,依法追究领导和直接责任人责任。

加快招投标信息公开的步伐,提高政府监管和公共服务能力。要公布招标事项核准、招标公告、中标候选人、中标结果、招标代理机构代理活动等信息,及时公告对违规招投标行为的处理结果、招投标活动当事人不良行为记录等相关信息,以利于社会监督。

四、完善专家评审制度,提高评标活动公正性

加强对评标专家和评标活动的管理和监督,保证招投标活动的客观公正。为切实保证评标专家独立、公正地履行职责,要逐步对现有分散的部门专家库进行整合,吸纳一定比例的跨部门、跨地区的专家组建评标专家库,专家的抽取和管理按照《招标投标法》执行。

建立健全评标专家管理制度,严格评标专家资格认定,加强对评标专家的培训、考核、评价和档案管理,根据实际需要和专家考核情况及时对评标专家进行更换或者补充,实行评标专家的动态管理。严格执行回避制度,项目主管部门和行政监督部门的工作人员,不得作为专家和评标委员会成员参与评标。严明评标纪律,对评标专家在评标活动中的违法违规行为,要严肃查处,视情节依法给予警告、没收收受的财物、罚款等处罚;情节严重的,取消其评标委员会成员资格,并不得参加任何依法必须进行招标项目的评标;同时建议主管单位给予相应的政纪处分,构成犯罪的,要依法追究刑事责任。

五、规范代理行为,建立招投标行业自律机制

依法整顿和规范招标代理活动。招标代理机构必须与行政主管部门脱钩,并不得存在任何隶属关系或者其他利益关系。凡违反《招标投标法》和《行政许可法》规定设立和认定招标代理机构资格的行为,一律无效。建立健全招标代理市场准入和退出制度。招标代理机构应当依法经营,平等竞争,对严重违法违规的招标代理机构,要取消招标代理资格。招标代理机构可以依法跨区域开展业务,任何地方和部门均不得以登记备案等方式变相加以限制。

建立和完善招投标行业自律机制，推动组建跨行业、跨地区的招标投标协会。由协会制定行业技术规范和行为准则，通过行业自律，维护招投标活动的秩序。

六、积极引入竞争，进一步拓宽招投标领域

按照深化投资体制改革的要求，逐步探索通过招投标引入竞争机制，改进项目的建设和管理。对经营性的、有合理回报和一定投资回收能力的公益事业、公共基础设施项目建设，以及具有垄断性的项目，可逐步推行项目法人招标制。进一步探索采用招标等竞争性方式选择工程咨询、招标代理等投资服务中介机构的办法。对政府投资的公益项目，可以通过招标选择项目管理单位对项目建设进行专业化管理。

大力推行和规范政府采购、科研课题、特许经营权、土地使用权出让、药品采购、物业管理等领域的招投标活动。

七、依法实施管理，完善招投标行政监督机制

有关行政监督部门应当严格按照《招标投标法》和国务院规定的职责分工，各司其职，密切配合，加强管理，改进招投标行政监督工作。

发展改革委要加强对招投标工作的指导和协调，加强对重大建设项目建设过程中工程招投标的监督检查和工业项目招投标活动的监督执法。水利、交通、铁道、民航、信息产业、建设、商务部门，应当依照有关法律、法规，加强对相关领域招投标过程中泄露保密资料、泄露标底、串通招标、串通投标、歧视和排斥投标等违法活动的监督执法。加大对转包、违法分包行为的查处力度，对将中标项目全部转让、分别转让，或者违法将中标项目的部分主体、关键性工作层层分包，以及挂靠有资质或高资质单位并以其名义投标，或者从其他单位租借资质证书等行为，有关行政监督部门必须依法给予罚款、没收违法所得、责令停业整顿等处罚，情节严重的，由工商行政管理机关吊销其营业执照。同时，对接受转包、违法分包的单位，要及时清退。

有关行政监督部门不得违反法律法规设立审批、核准、登记等涉及招投标的行政许可事项；已经设定的一律予以取消。加快职能转变，改变重事前审批、轻事后监管的倾向，加强对招投标全过程的监督执法。项目审批部门对不依照核准事项进行招标的行为，要及时依法实施处罚。建立和完善公正、高效的招投标投诉处理机制，及时受理投诉并查处违法行为。任何政府部门和个人，特别是各级领导干部，不得以权谋私，采取暗示、授意、打招呼、递条子、指定、强令等方式，干预和插手具体的招投标活动。各级行政监察部门要加强对招投标执法活动的监督，严厉查处招投标活动中的腐败和不正之风。地方各级人民政府应当依据《行政许可法》的要求，规范招投标行政监督部门的工作，加强招投标监督管理队伍建设，提高依法行政水平。

各省、自治区、直辖市人民政府和国务院各有关部门要加强对招投标工作的领导，及时总结经验，不断完善政策，协调、处理好招投标工作中的新矛盾、新问题。

中华人民共和国国务院办公厅
二〇〇四年七月十二日

附件 2

关于改进公路工程施工招标评标办法的指导意见

《公路工程国内招标文件范本》(2003 年版)自实施以来,对指导和规范施工招标评标工作起到了重要作用,但也存在一些问题。为进一步完善评标办法,经广泛调研,并征求有关方面的意见,借鉴各地一些好的经验和做法,现提出以下四种评标办法。请各地根据招标项目的具体情况,选择合适的评标办法,并可根据在工作中的实际情况,及时总结经验教训,提出意见,报部公路司研究修正。

一、合理低价法

(一)方法简介

评标委员会对通过初步评审和详细评审的投标文件,按其投标价得分由高到低的顺序,依次推荐前 3 名投标人为中标候选人(当投标价得分相等时,以投标价较低者优先)。在评标时,一般按照投标价得分由高到低的顺序,对投标文件进行初步评审和详细评审,对存在重大偏差的投标文件按废标处理。对施工组织设计、投标人的财务能力、技术能力、业绩及信誉不再进行评分。

为防止哄抬标价,招标人可以设定投标控制价上限,由招标人自行编制或委托有资质单位编制,并在开标前公布。投标价超出招标人控制价上限的,视为超出招标人的支付能力,作废标处理。在开标现场,宣读完投标人的投标价后,应当场计算评标基准价。评标基准价的计算一般有两种方式,一是采用所有被宣读的投标价的平均值(或去掉一个最低值和一个最高值后的算术平均值),并对所有不高于平均值的投标人的投标报价进行二次平均,作为评标基准价;二是计算所有被宣读的投标价的平均值(或去掉一个最低值和一个最高值后,取算术平均值),将该平均值下降若干百分点(现场随机确定)作为评标基准价。评标基准价在整个评标期间保持不变,不随通过初步评审和详细评审的投标人的数量发生变化。

投标人的投标价等于评标基准价者得满分,高于或低于评标基准价者按一定比例扣分,高于评标基准价的扣分幅度应比低于评标基准价的扣分幅度大。评标基准价的计算方法和评分方法应在招标文件中载明。

(二)适用范围

除技术特别复杂的特大桥和长大遂道工程外,采用合理低价法进行评标。

(三)应注意的问题

招标人在出售招标文件时,应同时提供"工程量清单的数据应用软件盘","工程量清单的数据应用软件盘"中的格式、工程数量及运算定义等应保证投标人无法修改。投标人只需填写各细目单价或总额价,即可自动生成投标价,评标阶段无需进行算术性复核。

二、最低评标价法

(一)方法简介

评标委员会按评标价由低到高顺序对投标文件进行初步评审和详细评审,推荐通过初步评审和详细评审且评标价最低的前三个投标人为中标候选人。若评标委员会发现投标人的评标价或主要单项工程报价明显低于其他投标人报价或者在设有标底时明显低于标底(一般为15%以下)时,应要求该投标人做出书面说明并提供相关证明材料。

如果投标人不能提供相关证明材料证明该报价能够按招标文件规定的质量标准和工期完成招标工程,评标委员会应当认定该投标人以低于成本价竞标,作废标处理。如果投标人提供了证明材料,评标委员会也没有充分的证据证明投标人低于成本价竞标,为减少招标人风险,招标人有权要求投标人增加履约保证金。一般在确定中标候选人之前。要求投标人作出书面承诺,在收到中标通知书 14 天内,按照招标文件规定的额度和方式提交履约担保。履约担保增加幅度建议如下。

(1)当$(A-B)/A \leq 15\%$时,履约担保为 10% 合同价的银行保函。

(2)当$15\% < (A-B)/A \leq 20\%$时,履约担保为 10% 合同价的银行保函加 5% 合同价的银行汇票。

(3)当$20\% < (A-B)/A \leq 25\%$时,履约担保为 10% 合同的银行保函加 10% 合同价的银行汇票。

(4)当$25\% < (A-B)/A$时,履约担保为 10% 合同价的银行保函加 15% 合同价的银行汇票。

其中:B 为中标候选人的评标价;A 为招标人标底或所有投标人评标价的平均值。

若投标人未作出书面承诺或虽承诺但未按规定的时间和额度提交履约担保,招标人可取消其中标资格或宣布其中标无效,并没收其投标担保。

(二)适用范围

使用世界银行、亚洲开发银行等国际金融组织贷款的项目和工程规模较小、技术含量较低的工程采用最低评标价法进行评标。

(三)应注意的问题

为防止投标人以低于成本价抢标,并减少由于低价中标带来的实施阶段的问题,建议招标人设立标底,严格控制低价抢标行为,标底应在开标时公布;在签定合同时要特别明确施工人员、设备的进场要求、工程进度要求,以及违约责任和处理措施。

三、综合评估法

(一)方法简介

评标委员会对所有通过初步评审和详细评审的投标文件的评标价、财务能力、技术能力、管理水平以及业绩与信誉进行综合评分,按综合评分由高到低排序,推荐综合评分得分最高的三个投标人为中标候选人。

根据招标项目的不同特点,可采用有标底招标和无标底招标两种形式。

(1)有标底方式。标底应在开标时公布,在评标过程中仅作为参考,不能作为决定废标的直接依据。评标价得分计算方法如下。

计算所有通过初步评审和详细评审的投标文件的评标价的平均值，将标底同评标价的平均值进行复合，得到复合标底；将复合标底下降若干百分点（现场随机确定）作为评标基准价，投标人的评标价等于评标基准价得满分，高于或低于评标基准价按不同比例扣分。

（2）无标底方式。评标价得分计算方法如下。

计算所有通过初步评审和详细评审的投标文件的评标价的平均值，将该平均值下降若干百分点（现场随机确定）作为评标基准价，投标人的评标价等于评标基准价得满分，高于或低于评标基准价按不同比例扣分。

高于评标基准价者扣分幅度应比低于评标基准价者的扣分幅度大，具体比例应在招标文件中规定。

（二）适用范围

本办法仅适用于技术特别复杂的特大桥梁和长大隧道工程。

（三）应注意的问题

为控制投标报价，建议招标人设立标底，或设定投标控制价上限。设立标底的，中标人应采取有效措施，确保开标前的标底保密。

四、双信封评标法

（一）方法简介

要求投标人将投标报价和工程量清单单独密封在一个报价信封中，其他商务和技术文件密封在另外一个信封中。在开标前，两个信封同时提交给招标人。评标程序如下。

（1）第一次开标时，招标人首先打开商务和技术文件信封，报价信封交监督机关或公证机关密封保存。

（2）评标委员会对商务和技术文件进行初步评审和详细评审。

①若采用合理低标价法或最低评标价法，评标委员会应确定通过和未通过商务和技术评审的投标人名单。

②若采用综合评估法，评标委员会应确定通过和未通过商务和技术评审的投标人名单，并对这些投标文件的技术部分进行打分。

（3）招标人向所有投标人发出通知，通知中写明第二次开标的时间和地点。招标人将在开标会上首先宣布通过商务和技术评审的名单并宣读其报价信封。对于未通过商务和技术评审的投标人，其报价信封不予开封，当场退还给投标人。

（4）第二次开标后，评标委员会按照招标文件规定的评标办法进行评标，推荐中标候选人。

（二）适用范围

适合规模较大、技术比较复杂或特别复杂的工程，但应按照本指导意见和项目的不同特点，采用合理低价法、最低评标价法或综合评估法。

（三）应注意的问题

采用本办法评标程序比较复杂、时间较长，但可以消除技术部分和投标报价的相互影响，更显公平。特别注意技术评标期间的信息保密和报价信封的保管工作。

附录十三

常 用 支 付 表

支表 1　工程进度表
支表 2　中期支付证书
支表 3　清单支付报表
支表 4　计日工支付报表
支表 5　工程变更一览表
支表 6　价格调整汇总表
支表 7　价格调整表
支表 8　单价变更一览表
支表 9　永久性工程材料价差金额一览表
支表 10　永久性工程材料到达现场计量表
支表 11　扣回材料设备预付款一览表
支表 12　扣回动员预付款一览表
支表 13　中间计量表
支表 14　中间计量支付汇总表

________公路工程

________公路工程支付月报(第______合同段)

(编号：　　　)

承包单位：
监理单位：
高级驻地监理工程师：
编制时间：　　年　　月　　日

支表 1

工程进度表

项目名称：　　　　承包单位：　　　　合同号：

截止日期：　　　　监理单位：　　　　编　号：

开工令日期： 业主：　　　合同期限： 合同完成日期： 由至全长　km　时间延长： 修改合同完成日期：	合同总价： 暂定金额： 工程量清单金额： 工程变更： 估计最终金额：

清单号	名称	合同金额（元）	单价占合同价（%）	单项完成（%）	完成占合同价（%）	按月计划与实际完成（%）																				
						年												年								
						1	2	3	4	5	6	7	8	9	10	11	12	1	2	3	4	5	6	7	8	
																										100%
																										80%
																										60%
																										40%
																										20%
总计						1	2	3	4	5	6	7	8	9	10	11	12	1	2	3	4	5	6	7	8	0%
监理工程师收到日期		实际进度	累计（%）																							
			月计（%）																							
		计划进度	累计（%）																							
			月计（%）																							

承包人：　　　　监理工程师：

支表 2

中期支付证书

项目名称：　　　　　　　　承包单位：　　　　　　　　合同号：

截止日期：　　　　　　　　监理单位：　　　　　　　　编　号：

由至

全长 L(m)

清单号	项目内容	合同价及变更金额			到本期末完成			到上期末完成			本期完成		
		原有总金额	变更总金额	变更后总金额	金额（人民币）	人民币部分	外汇（人民币计）	金额（人民币）	人民币部分	外汇（人民币计）	金额（人民币）	人民币部分	外汇（人民币计）
100													
200													
300													
400													
500													
600													
700													
800													
900													
1000													
1100													
1200													
1300													
1400													
1500													
1600													
暂定金额													
小计													
价格调整													
索赔金额													
违约罚金													
迟付款利息													
合计													
动员预付款													
扣回动员预付款													
材料设备预付款													
扣回材料设备预付款													
保留金													
支付													

承包人：　　　　　　　　监理工程师：　　　　　　　　业主：

清 单 支 付 报 表

支表 3

项目名称：　　　　承包单位：　　　　合同号：

截止日期：　　　　监理单位：　　　　编　号：

项目编号	项 目 内 容	单位	合同数量			到本期末完成		到上期末完成		本期完成	
			原合同数量	单价	变更后数量	数量	金额(元)	数量	金额(元)	数量	金额(元)
小　计											

承包人：　　　　监理工程师：

计日工支付报表

支表 4

项目名称：　　　　承包单位：　　　　合同号：

截止日期：　　　　监理单位：　　　　编　号：

清单号	位置	工程项目	计日工类别和名称	单位	单价（元）	计日工数量		计日工金额						批准文号
								到本期末完成		到上期末完成		本期完成		
						到本期末完成	其中本期	数量	金额（元）	数量	金额（元）	数量	金额（元）	
小计														

承包人：　　　　监理工程师：

支表 5

工程变更一览表

项目名称：　　　　承包单位：　　　　合同号：

截止日期：　　　　监理单位：　　　　编　号：

清单号	变更内容	单位	合同数量（元）	单价（元）	工程量增减（+ -）		工程量增减金额（+ -）						批准文号
							到本期末完成（+ -）		到上期末完成（+ -）		本期完成		
					到本期末完成	其中本期	数量	金额	数量	金额	数量	金额	
小计													

承包人：　　　　监理工程师：

价格调整汇总表

支表 6

项目名称：　　　　承包单位：　　　　合同号：

截止日期：　　　　监理单位：　　　　编　号：

时间	应调价基数（元）	到本期末调价金额			到上期末调价金额			本期调价金额		
		增减金额（+ -）（元）	人民币部分（元）	外币部分（人民币计）	增减金额（+ -）（元）	人民币部分（元）	外币部分	增减金额（+ -）（元）	人民币部分（元）	外币部分
		A	$B=A\times\%$	$C=A\times\%$	D	$E=D\times\%$	$F=D\times\%$	G	$H=G\times\%$	$J=G\times\%$
合计										

承包人：　　　　监理工程师：

支表 7

价格调整表

项目名称：　　　　承包单位：　　　　合同号：

截止日期：　　　　监理单位：　　　　编　号：

承包人：

监理工程师：

年度调价基数：LCP

人民币部分应调整金额：$ADJ_2 = LCP \times [(1 + D_1)(1 + D_2)\cdots(1 + D_n) - I]$

D_i 为当年度综合调价系数。

价格调整公式：

$$ADJ_2 = LCP \times \left(X + a\frac{LL_1}{LL_0} + b\frac{PL_1}{PL_0} + c\frac{ST_1}{ST_0} + d\frac{TI_1}{TI_0} + e\frac{CE_1}{CE_0} + f\frac{LM_1}{LM_0} + g\frac{OM_1}{OM_0} + h\frac{BI_1}{BI_0} - 1\right)$$

式中："0"基本价格指数；"1"现行价格指数。

式中符号	符号说明	编号	加权系数	现行价格指数	基本价格指数	计算值
			A	B	C	$A \times B/C$
X	非调整因子	x			100	
LL	当地劳务	a			100	
PL	设备使用和维修	b			100	
ST	钢材	c			100	
TI	木材	d			100	
CE	水泥	e			100	
LM	地方材料	f			100	
OM	其他材料	g			100	
BI	沥青	h			100	
	固定价					1
	总计		1			DI =
计算式：						

单价变更一览表

支表 8

项目名称：　　　　承包单位：　　　　合同号：

截止日期：　　　　监理单位：　　　　编　号：

清单号	名称	单位	调整前单价（人民币元）	调整后单价（人民币元）	单价变更增减金额									批准文号
					单价增减（人民币元）	到期末完成				本期完成				
						数量	金额（人民币元）	人民币部分	外汇（人民币元）	数量	金额（人民币元）	人民币部分	外汇（人民币元）	
		A	B	C	D = C − B	E	F = E × D	G = % × F	H = % × F	I	J = I × D	K = % × J	L = % × J	M
合计														
说明														

承包人：　　　　监理工程师：

支表 9

永久性工程材料价差金额一览表

项目名称：　　　　承包单位：　　　　合同号：

截止日期：　　　　监理单位：　　　　编　号：

序号	材料名称	单位	数量	基本价格		现行价格		价差金额（元）	材料来源	单据号	存放地点
				合计价（元）	其中：综合费（元）	合计价（元）	其中：综合费（元）				
		A	B	C	D	E	F	C = B(E－C)	H	I	J
合　计											

承包人：　　　　监理工程师：

支表 10

永久性工程材料到达现场计量表

项目名称：　　　　　　　　承包单位：　　　　　　　　合同号：

截止日期：　　　　　　　　监理单位：　　　　　　　　编　号：

序号	材料名称	单位	数量	单价	合计价	合计价的%			材料来源	单据号	备注
						金额（人民币）	人民币部分	外汇（人民币计）			
			A	B	C = A × B	D = %C	E = %D	F = %D			
合　计											

承包人：　　　　　　　　监理工程师：

支表 11

扣回材料设备预付款一览表

项目名称：　　　　承包单位：　　　　合同号：

截止日期：　　　　监理单位：　　　　编　号：

月份	累计垫付金额			本期垫付金额			本期末回扣金额			上期末回扣金额			本期回扣金额		
	金额（人民币元）	人民币部分	外汇（人民币元）	金额（人民币元）	人民币部分	外汇（人民币计）	金额（人民币元）	人民币部分	外汇（人民币计）	金额（人民币元）	人民币部分	外汇（人民币计）	金额（人民币元）	人民币部分	外汇（人民币计）
	A			B			C			D			E		
合计															
备注															

承包人：　　　　监理工程师：

支表 12

扣回动员预付款一览表

项目名称： 承包单位： 合同号：

截止日期： 监理单位： 编 号：

A:合同总价(人民币元)			
B:合同总价(人民币元)			
C:到本月末表2“合计”栏累计完成金额(人民币元)			
D:C＞B时的时间	第 月		
E:合同期限(月)			
F:已付动员预付款(人民币元)			
G:月扣除动员付款			
扣除动员预付款	总计金额(人民币元)	人民币(%)(人民币元)	外汇%(人民币计)
到上月末完成			
本月完成			
到本月末完成			

承包人： 监理工程师：

支表 13

中间计量表

项目名称：　　　　承包单位：　　　　合同号：

截止日期：　　　　监理单位：　　　　编　号：　　　　第　页　共　页

支付项目编号		项目名称	
起始桩号		部　位	
图　号		中间交工证书号	
计量草图几何尺寸			
计算式			
计量单位		工程数量	

承包人：　　　　监理工程师：

支表 14

中间计量支付汇总表

项目名称：　　　承包单位：　　　合同号：

截止日期：　　　监理单位：　　　编　号：　　　第　页　共　页

项目编号	项目名称	凭证号	单　位	数　量	单　价	金　额
本页小计						
合计						

承包人：　　　监理工程师：

参 考 文 献

[1] 中华人民共和国交通部. 公路工程国内招标文件范本(2003 年). 北京:人民交通出版社,2003.

[2] 交通部公路工程定额站. 公路工程施工招投标与费用监理. 北京:人民交通出版社,2002.

[3] 中华人民共和国行业标准. JTG B01—2003 公路工程技术标准. 北京:人民交通出版社. 2004.